Théorie et expérience

La vérité

La démonstration

L'interprétation

Le vivant

La matière et l'esprit

La politique

L'État

La société

Les échanges

La justice et le droit

La morale

La liberté

Le devoir

Le bonheur

Bescherelle
Philo

T^{le} toutes séries

Sabrina Cerqueira
Agrégée de philosophie
Professeur au lycée Simone-de-Beauvoir
à Garges-lès-Gonesse

Fabien Lamouche
Agrégé de philosophie
Ancien élève de l'ENS de Fontenay-Saint-Cloud
Professeur au Lycée français de Madrid

Arnaud Rosset
Agrégé de philosophie
Docteur en philosophie
Professeur au lycée César-Baggio à Lille

Conception de la maquette
Frédéric Jély

Mise en pages
Dany Mourain

Suivi éditorial
Chloé Salvan et Marie-Gabrielle Houriez

Illustrations
Charles Monnier et Antoine Moreau-Dusault

Relecture
Monika Gabbay et Tara Mazelié

© Hatier, Paris 2017   ISBN 978-2-218-99199-8

Sous réserve des exceptions légales, toute représentation ou reproduction intégrale ou partielle, faite, par quelque procédé que ce soit, sans le consentement de l'auteur ou de ses ayants droit, est illicite et constitue une contrefaçon sanctionnée par le Code de la Propriété Intellectuelle. Le CFC est le seul habilité à délivrer des autorisations de reproduction par reprographie, sous réserve en cas d'utilisation aux fins de vente, de location, de publicité ou de promotion de l'accord de l'auteur ou des ayants droit.

Avant-propos

Philosopher, ça s'apprend

On n'apprend pas la philosophie, on apprend à philosopher disait en substance Emmanuel Kant dans l'annonce du programme d'un de ses cours. Mais comment ? Durant l'année de terminale, un élève qui s'initie à la philosophie doit avant tout exercer et développer ses facultés de critique rationnelle et de rigueur argumentative. À cela s'ajoute la nécessité de faire face aux exercices d'un genre nouveau que sont la dissertation et l'explication de texte du baccalauréat.

En complément des ouvrages parascolaires et des manuels scolaires, ce Bescherelle de philosophie s'adresse à **tous les élèves** des classes de terminale des séries générales (L, ES et S). Il se présente comme un instrument de travail dont le but est de les aider à acquérir une culture philosophique initiale et à apprendre à construire leur réflexion, sans prétendre pour autant se substituer à un cours.

Comment l'ouvrage est organisé

La première partie est consacrée aux **notions**. Après une page de définitions, chaque notion est traitée sous la forme d'une réponse à une question clé, introduite par un extrait de texte expliqué. Des **sujets expliqués** viennent alors donner un éclairage plus complet sur cette notion. Des encadrés et des illustrations accompagnent l'ensemble afin de souligner certains aspects de la réflexion.

La seconde partie est consacrée aux **textes**, qui sont classés par ordre alphabétique d'**auteurs**. Nous avons choisi de présenter rapidement une vingtaine d'auteurs du programme, et de donner à lire pour chacun d'eux quelques textes, chacun étant suivi d'un résumé visant à en faciliter la compréhension.

Tout au long de l'ouvrage, un système de **renvois** fait apparaître les liens qui existent entre les notions, les textes et les repères du programme. Et en fin d'ouvrage, un **lexique** rassemble les définitions des termes qui nécessitent un éclairage particulier.

Nous tenons à remercier tous ceux qui nous ont apporté leur concours et leurs conseils, et nous vous souhaitons, à vous qui découvrez cet ouvrage, un travail fructueux et enrichissant et une très bonne année de terminale.

Les auteurs

Sommaire

Les notions des séries L, ES et S

Le sujet
- Le sujet (L, ES, S) 8
- La conscience (L, ES, S) 16
- La perception (L) 24
- L'inconscient (L, ES, S) 32
- Autrui (L, ES) 40
- Le désir (L, ES, S) 48
- L'existence et le temps (L) 56

La culture
- La culture (L, ES, S) 64
- Le langage (L, ES) 72
- L'art (L, ES, S) 80
- Le travail (L, ES, S) 88
- La technique (L, ES, S) 96
- La religion (L, ES, S) 104
- L'histoire (L, ES) 112

La raison et le réel
- La raison et le réel (L, ES, S) 120
- Théorie et expérience (L) 128
- La vérité (L, ES, S) 136
- La démonstration (L, ES, S) 144
- L'interprétation (L, ES) 152
- Le vivant (L, S) 160
- La matière et l'esprit (L, ES, S) 168

La politique
- La politique (L, ES, S) 176
- L'État (L, ES, S) 184
- La société (L, ES, S) 192
- Les échanges (ES) 200
- La justice et le droit (L, ES, S) 208

La morale
- La morale (L, ES, S) 216
- La liberté (L, ES, S) 224
- Le devoir (L, ES, S) 232
- Le bonheur (L, ES, S) 240

Les textes

- Arendt ... 250
- Aristote ... 255
- Bergson ... 261
- Descartes ... 265
- Épictète ... 271
- Épicure ... 275
- Freud ... 279
- Hegel ... 285
- Hobbes ... 290
- Hume ... 294
- Kant ... 298
- Leibniz ... 304
- Locke ... 308
- Machiavel ... 312
- Marx ... 316
- Montesquieu ... 321
- Nietzsche ... 325
- Pascal ... 330
- Platon ... 334
- Rousseau ... 339
- Sartre ... 344
- Schopenhauer ... 349
- Sénèque ... 353
- Spinoza ... 357

Annexes

- Repères ... 362
- Lexique ... 372

Les n

Les notions des séries L, ES et S

Le sujet
- Le sujet (L, ES, S) 8
- La conscience (L, ES, S) 16
- La perception (L) 24
- L'inconscient (L, ES, S) 32
- Autrui (L, ES) 40
- Le désir (L, ES, S) 48
- L'existence et le temps (L) 56

La culture
- La culture (L, ES, S) 64
- Le langage (L, ES) 72
- L'art (L, ES, S) 80
- Le travail (L, ES, S) 88
- La technique (L, ES, S) 96
- La religion (L, ES, S) 104
- L'histoire (L, ES) 112

La raison et le réel
- La raison et le réel (L, ES, S) ... 120
- Théorie et expérience (L) 128
- La vérité (L, ES, S) 136
- La démonstration (L, ES, S) 144
- L'interprétation (L, ES) 152
- Le vivant (L, S) 160
- La matière et l'esprit (L, ES, S) .. 168

La politique
- La politique (L, ES, S) 176
- L'État (L, ES, S) 184
- La société (L, ES, S) 192
- Les échanges (ES) 200
- La justice et le droit (L, ES, S) .. 208

La morale
- La morale (L, ES, S) 216
- La liberté (L, ES, S) 224
- Le devoir (L, ES, S) 232
- Le bonheur (L, ES, S) 240

Séries L, ES et S

Le sujet

Nous avons le pouvoir de dire « je », mais de nombreuses déterminations extérieures influencent la construction de notre identité.

On a coutume d'opposer le sujet à l'objet : d'un côté, la personne, vivante et consciente d'elle-même, de l'autre, la chose inerte et sans âme. Le sujet, c'est l'être actif qui est capable de dire « je » ou « moi », et qui se perçoit comme l'auteur de ses pensées et de ses actes. Il reste à savoir ce qui rend possible cette capacité, jusqu'où elle s'étend et la responsabilité qu'elle implique en retour. C'est là l'un des apports de la philosophie.

Les notions — La conscience, l'inconscient, autrui, la culture, théorie et expérience, la vérité, la matière et l'esprit, la morale

Les auteurs — Aristote, Descartes, Freud, Hume, Kant, Marx, Nietzsche, Platon

Les repères — Essentiel/accidentel, objectif/subjectif, universel/général/particulier/singulier

Qu'est-ce que le sujet ?

L'unité du sujet

▶ Le mot « sujet » vient du latin *subjectum* qui signifie littéralement « jeté dessous ». Il évoque l'idée d'un support auquel sont rapportées certaines qualités (➔ **objectif/subjectif**). Au sens métaphysique, le sujet est l'**être réel** qui demeure identique en dépit de ses changements. Ainsi, c'est le même Socrate qui fut un enfant puis un jeune homme avant d'avoir une barbe blanche (➔ **essentiel/accidentel**).

▶ L'idée de sujet renvoie à un noyau unique constituant l'**identité** d'un être humain unique et indépendant. Chaque « individu » possède des traits particuliers (sa personnalité, son histoire, son caractère, etc.) qui font qu'on ne peut le confondre avec aucun autre.

Une part d'universalité

▶ Cet individu qui dit « je » est, du point de vue philosophique, un sujet **comme tous les autres**, capable de juger, de connaître, de sentir, de vouloir, etc. : ces facultés, qui permettent de penser et d'agir, sont universelles.

▶ C'est pourquoi, en philosophie, l'emploi du pronom « je » peut tantôt renvoyer à l'**individu** particulier, tantôt prendre une valeur universelle. Par exemple, Descartes parle à la première personne dans ses *Méditations métaphysiques*, mais il ne raconte pas son histoire personnelle. Sa démarche est celle de n'importe quel esprit en quête de **vérité** : il faut donc distinguer l'individu et le sujet (➔ **universel/général/particulier/singulier**).

La constitution du sujet

▶ Devenir un sujet au **sens actif** du terme n'est pas acquis d'emblée, car de nombreuses déterminations extérieures influencent la construction de notre identité. Pour Marx, par exemple, une meilleure compréhension de soi passe par une meilleure **connaissance du monde** et de la manière dont il nous influence (➔ **Marx**).

▶ **Penser par soi-même** suppose de surmonter des obstacles qui ne sont pas seulement extérieurs, mais aussi en nous-mêmes : il faut du temps et des efforts pour « devenir soi-même ». C'est pourquoi la psychanalyse remet en question l'idée d'un sujet souverain, maître de lui-même (➔ **la conscience, l'inconscient**).

question clé
Est-ce le sujet qui pense ?

Penser consiste à forger des idées, à se représenter des objets, à éprouver des sentiments. C'est une activité et, à ce titre, il semble qu'il faille un « agent » pour l'exercer. Cet agent, capable de dire « je » et de se reconnaître comme l'auteur de ses pensées, est souvent qualifié de « sujet », mais qui est-il au juste ?

La réponse de Descartes

Puisque c'est le sujet qui pense, il doit être caractérisé comme un esprit, par opposition à la matière.

❝ Mais, aussitôt après, je pris garde que, pendant que je voulais ainsi penser que tout était faux, il fallait nécessairement que moi, qui le pensais, fusse quelque chose. Et remarquant que cette vérité : *je pense, donc je suis*, était si ferme et si assurée que toutes les plus extravagantes suppositions des sceptiques n'étaient pas capables de l'ébranler, je jugeai que je pouvais la recevoir, sans scrupule, pour le premier principe de la philosophie que je cherchais.
Puis, examinant avec attention ce que j'étais, [...] je connus de là que j'étais une substance dont toute l'essence ou la nature n'est que de penser, et qui pour être n'a besoin d'aucun lieu ni ne dépend d'aucune chose matérielle ; en sorte que ce moi, c'est-à-dire l'âme par laquelle je suis ce que je suis, est entièrement distincte du corps, et même qu'elle est plus aisée à connaître que lui, et qu'encore il ne fût point, elle ne laisserait pas d'être tout ce qu'elle est.

R. DESCARTES, *Discours de la méthode*, 1637.

Ce que dit Descartes

▶ Descartes cherche une vérité absolument certaine, indubitable. Pour cela, il met en œuvre une démarche originale, le « **doute méthodique** », qui consiste à considérer comme faux tout ce qui n'est pas absolument certain.

▶ Or les données des sens sont souvent incertaines et les raisonnements sont parfois trompeurs. On pourrait même faire la supposition – certes un peu folle – que le **monde n'est qu'un rêve**, et le doute serait alors total.

▶ Mais au moment où le doute semble s'imposer, l'esprit prend conscience de sa propre existence : <u>douter, c'est penser, et pour penser, il faut être</u>. Voilà donc une première vérité bien établie : une pensée est nécessairement produite par un **sujet pensant**. Autrement dit, le sujet est le support de toutes les pensées, c'est l'être (unique et identique) qui se tient sous les pensées (multiples et diverses).

▶ Le *cogito* (« je pense » en latin) place le sujet en position fondatrice : la première chose qui apparaît comme absolument certaine, parce qu'elle résiste au doute, même le plus « extravagant », c'est qu'à l'instant où je pense, j'existe nécessairement.

Les **enjeux** philosophiques

Quel est le lien entre une activité dont l'existence est indéniable (« penser ») et un agent qui n'est que supposé (« le sujet ») ? On peut certes considérer comme une chose acquise qu'il y a des pensées, mais doit-on en déduire qu'il faut un sujet pour les produire ? Et si oui, n'est-il pas abusif de considérer que ce sujet en est entièrement l'auteur ?

L'esprit s'affirme par la pensée

▶ La thèse de Descartes tend à **identifier** le sujet et l'esprit : il parle à propos de l'esprit de « chose pensante » (*res cogitans*), par opposition à la matière qui est « chose étendue » (*res extensa*). Quoi qu'il en soit de l'existence ou non d'un monde matériel en dehors de ma pensée, je sais que « **je suis une chose qui pense** ». C'est ainsi que je me définis (c'est mon « essence »).

▶ L'esprit affirme par là sa **supériorité sur la matière** : les choses de la nature n'existent que d'une seule façon, car elles ne sont que matière, ce ne sont que des « objets ». En revanche, l'homme est « sujet », car non seulement il existe, mais il sait qu'il existe. Il n'est pas simplement un corps, il est d'abord un esprit maître de ses pensées (➔ **la matière et l'esprit**).

Faut-il un sujet pour produire des pensées ?

▶ On pourrait cependant se demander s'il est légitime de conclure de l'existence de la pensée à l'existence *d'une chose qui pense*. Qu'il y ait des pensées, voilà qui est difficilement contestable. Mais à bien examiner ces pensées, qu'y trouve-t-on sinon **une suite d'impressions et de sensations** qui se succèdent d'une façon difficilement maîtrisable ? On peine à trouver dans cette « rhapsodie de perceptions », comme l'écrit Hume dans l'*Essai philosophique concernant l'entendement humain*, un principe fixe qui en serait le support : c'est pourquoi l'idée d'un « sujet », d'un « moi » maître de ses pensées pourrait bien n'être qu'un mirage (➔ Hume).

▶ Assimiler le sujet à un noyau purement actif de production des pensées semble donc très abusif : en effet, le mot « sujet » peut tout aussi bien signifier une certaine **passivité**. Par exemple, on emploie l'expression « être sujet à quelque chose » pour désigner une influence subie. De même, au sens politique, le mot « sujet » désigne le citoyen soumis à une autorité. Ainsi, lorsque nous avons des pensées, cela n'est peut-être que le produit des impressions venues du monde extérieur : dans ce cas, le sujet n'en serait pas vraiment l'auteur.

> *L'idée d'un « sujet », d'un « moi » maître de ses pensées pourrait bien n'être qu'un mirage.*

▶ Il semble également problématique de réduire la production des pensées à l'activité de la conscience. Comme le rappelle Nietzsche – préfigurant ainsi la psychanalyse –, toute pensée ne devient pas nécessairement consciente (➔ Nietzsche). Rien n'interdit de considérer que tout être vivant pense à sa manière mais sans nécessairement le savoir : un **instinct** est déjà une forme de pensée, et la pensée qui devient consciente est simplement celle qui se trouve portée au niveau du **langage**, remarque-t-il dans *Le Gai Savoir*. Dans ces conditions, il peut également paraître suspect d'identifier le sujet à l'esprit : aux yeux du penseur allemand, cette assimilation illustre surtout un mépris du corps profondément ancré dans la philosophie traditionnelle.

Le sujet, une « illusion grammaticale »

Ce n'est pas parce que nous employons le pronom « je » que le sujet correspond à une réalité. Pour Nietzsche, ce n'est là qu'une « illusion grammaticale » : notre croyance spontanée à la grammaire nous pousse à introduire, dans le flux du devenir et des apparences, l'idée d'un sujet comme support stable des pensées. Tel est « le coup de maître par lequel on a inventé le sujet, le moi », affirme-t-il dans *La Volonté de puissance*. ➔ Nietzsche

Penser par soi-même

▶ On pourrait avancer que le sujet pensant n'est pas à proprement parler un être réel, une substance*, mais plutôt **une activité qu'il s'agit d'analyser**. Même les empiristes*, pour qui toute connaissance vient de l'expérience, conviennent en effet que les données provenant des sens doivent être « traitées » par l'esprit pour former des idées (➔ **théorie et expérience**). Le sujet n'est pas un simple réceptacle d'informations : c'est par son activité qu'il réussit à « penser » au sens fort, c'est-à-dire qu'il parvient à clarifier ses impressions, à donner forme à ses jugements et finalement à constituer une connaissance du réel.

> *Le sujet n'est pas un simple réceptacle d'informations.*

▶ Mais accomplir pleinement et correctement cette activité ne se fait pas en un jour. Le sujet se construit lui-même en exerçant et en fortifiant sa pensée : on n'est pas toujours dès le départ l'auteur de ses propres pensées, mais on peut le devenir.

▶ Nous sommes tous d'abord « sujets » au sens passif du terme, c'est-à-dire « assujettis » à de multiples influences : la société, notre éducation, les habitudes liées à notre milieu, etc. Mais il est possible de devenir un « sujet » au sens actif du terme, c'est-à-dire un **individu autonome et responsable**. C'est ce que Kant appelle « penser par soi-même » dans *Qu'est-ce que les Lumières ?* : il faut une maturation plus ou moins longue pour atteindre ce qu'on appelle « l'âge de raison ». Mais la « majorité » n'est pas seulement une question d'âge, c'est surtout le fruit d'une initiative personnelle encouragée par le philosophe : « Aie le courage de te servir de ton propre entendement ! Voilà la devise des Lumières. » (➔ **Kant**)

▶ L'**esprit critique** et le doute sont le point de départ d'une pensée autonome : une telle pensée ne se satisfait plus d'une idée sous prétexte qu'elle émane d'une quelconque autorité, mais l'examine par ses propres moyens. On peut alors dire que c'est bien le sujet qui pense et non pas d'autres qui pensent à travers lui.

Les sujets expliqués

Les **dissertations**

Le sujet peut-il se comprendre en dehors de la société à laquelle il appartient ?

▶ Seul l'homme cherche à se comprendre lui-même. Or les sciences de l'homme, telles la psychologie, la sociologie et l'anthropologie, montrent la dépendance de l'individu à l'égard de la communauté – « appartenir » doit être interprété au sens fort.

▶ Mais la question laisse ouverte la possibilité d'une autre forme de compréhension de soi, plus personnelle et philosophique, où la société est reléguée au second plan au profit d'une démarche introspective.

Un plan possible

▶ Au-delà de sa position sociale et de ses particularités, un individu peut entamer une démarche introspective au terme de laquelle il se reconnaît comme un sujet pensant : c'est la voie empruntée par Descartes, qui s'isole pour mieux se comprendre (→ **Descartes**).

▶ Mais cette voie sous-estime l'influence que la société a sur nous. C'est tout l'apport de la sociologie, qui met l'accent sur les contraintes sociales qui pèsent sur les individus, et de Marx, auteur d'une définition fondatrice de la notion d'idéologie* : « L'homme n'est pas un être abstrait blotti quelque part hors du monde. L'homme, c'est le monde de l'homme, l'État, la société. » (*Critique de la philosophie du droit de Hegel*) (→ **Marx**)

▶ Enfin, la connaissance du sujet par lui-même passe par autrui. Lorsqu'on porte le regard vers le « dehors », au-delà de la société à laquelle on appartient, on se comprend mieux grâce à l'image que les autres nous renvoient. Ainsi, l'anthropologue

Comme l'a compris l'anthropologue Claude Lévi-Strauss, la rencontre de peuples différents est l'occasion de modifier notre point du vue et de porter sur nous-mêmes un « regard éloigné ».

Claude Lévi-Strauss démontre dans *Tristes Tropiques* que la civilisation occidentale n'est pas un modèle, mais un mode d'existence parmi d'autres dont nous pouvons apprendre.

Les notions ▸ La conscience, autrui, la culture

Peut-on être en conflit avec soi-même ?

▶ Le conflit désigne une situation de désaccord qui peut prendre un tour violent et dont l'exemple le plus terrible est la guerre.

▶ C'est normalement avec les autres qu'on est en conflit et non avec soi-même, d'où l'aspect paradoxal de la question. Mais un conflit intérieur au sujet n'est-il pas aussi concevable ?

Un plan possible

▶ Le « conflit avec soi-même » peut être intellectuel et logique : dans la confusion ou la contradiction, nos idées ne s'accordent pas. Cela se résout par un exercice plus rigoureux de la pensée. Ainsi, pour Platon, le rôle du dialogue philosophique est de révéler ce conflit afin de le dépasser et d'atteindre la vérité (▸ **Platon**).

▶ Mais le conflit est plus fondamentalement de nature morale : on n'est pas « en paix avec soi-même » dans la culpabilité ou le remords. Dans l'*Éthique à Nicomaque*, Aristote considère que l'homme méchant est pris dans un conflit insurmontable. N'étant pas aimable, ce dernier sent en effet que les autres ne l'aiment pas et que lui-même n'a aucune raison de s'aimer, c'est pourquoi il est accablé par un malheur profond (▸ **Aristote**).

▶ Enfin, ce conflit est psychologique et s'éclaire par l'opposition entre la conscience et l'inconscient. Selon Freud, « la vie psychique est une arène où luttent en permanence des tendances opposées » (*Introduction à la psychanalyse*). Il y a donc au cœur du psychisme un jeu de forces, faites de pensées et de pulsions contradictoires, que la psychanalyse attribue au refoulement* (▸ **Freud**).

Les notions ▸ La conscience, l'inconscient, la vérité, la morale

Les **explications** de **textes**

▶ Des extraits des œuvres suivantes sont expliqués dans l'ouvrage.

ARISTOTE, *Éthique à Nicomaque*,	▸ **Aristote** p. 258
FREUD, *Introduction à la psychanalyse*,	▸ **Freud** p. 280
MARX, *Critique du droit politique hégélien*,	▸ **Marx** p. 319
PLATON, *Alcibiade majeur*,	▸ **Platon** p. 336

Séries L, ES et S

La conscience

Le sujet

La célèbre sculpture de Rodin intitulée *Le Penseur* est devenue l'emblème de l'homme plongé dans une profonde méditation.

Certaines maladies liées à des troubles psychiques ou à l'extrême vieillesse nous placent devant des cas où la conscience disparaît partiellement ou totalement : perte du sens de la réalité, perte de la mémoire, perte durable et parfois irrémédiable de conscience.

La conscience est en effet un savoir qui nous accompagne lorsque nous pensons. C'est elle qui tout à la fois nous relie au monde, nous renseigne sur notre identité et permet de discerner le bien du mal. Mais en quoi consiste-t-elle exactement ? Quelles sont ses fonctions, comment s'exercent-elles et quelles limites lui sont assignées ?

Les notions : Le sujet, la perception, l'inconscient, autrui, l'existence et le temps, la vérité, la morale, le devoir

Les auteurs : Arendt, Aristote, Descartes, Freud, Hegel, Kant, Locke, Marx, Spinoza

Les repères : Abstrait/concret, contingent/nécessaire/possible, croire/savoir

La conscience **Le sujet**

Qu'est-ce que la conscience ?

Une ouverture au monde

▶ Le mot «conscience» vient du latin *cum scientia*, qui signifie «avec science», «avec connaissance». La conscience est donc un **savoir** que nous partageons tous. L'inconscience indique, au contraire, une privation : ignorer un danger, perdre connaissance.

▶ Nous savons par la conscience qu'il y a un monde extérieur avec lequel nous sommes en rapport. Contrairement aux choses, qui sont seulement dans le monde, **l'homme est face au monde**, c'est-à-dire qu'il le connaît et le transforme. La conscience introduit donc une séparation entre le **sujet qui pense** et l'objet qui est pensé. Cette faculté d'ouvrir à un dehors, à des objets extérieurs, s'appelle l'intentionnalité*.

Un retour sur soi

▶ La conscience peut aussi se prendre elle-même pour objet et opérer un retour sur soi : elle devient **conscience réflexive***, le verbe réfléchir signifiant à la fois l'activité de la pensée et le fait qu'un miroir renvoie une image. Ainsi, le sujet peut faire son «examen de conscience», s'observer et se juger lui-même.

▶ La conscience instaure donc aussi une **distance** par rapport à soi-même : comme elle permet de conserver des images du passé ou d'anticiper l'avenir, elle est pour l'homme conscience du temps et aussi de la mort (➡ **l'existence et le temps**).

▶ Le **mode d'existence** des hommes n'est donc pas comparable à celui des choses : les choses sont seulement «en soi*» (elles existent effectivement dans le monde), alors que l'homme est aussi «pour soi*» (il existe et il se voit exister).

Une capacité morale

▶ Au sens moral, la conscience est la capacité de **distinguer le bien** et **le mal**, de porter des jugements de valeur qui vont guider notre conduite : elle s'oppose donc à l'instinct, pure détermination naturelle (➡ **la morale**).

▶ La conscience se manifeste comme un **juge intérieur** qui peut être extrêmement sévère et qu'on s'efforcerait en vain d'ignorer. Dans la *Métaphysique des mœurs*, Kant la compare à une voix terrible qui ordonne de conformer nos actions à notre devoir. Pour lui, cet «impératif catégorique» exprime une exigence de la raison (➡ **le devoir**).

question clé

La conscience est-elle source d'illusions ?

Nous nous trompons parfois, mais pourquoi ? On dit souvent que nous sommes « victimes » d'illusions, comme si c'était un accident dû à des causes extérieures, mais n'y a-t-il pas aussi une tendance propre de l'esprit à « fabriquer » des illusions ?

La réponse de Spinoza

La conscience produit des illusions sous l'effet de l'ignorance.

❝ Pour comprendre cela clairement, concevons une chose très simple. Une pierre, par exemple, reçoit une quantité précise de mouvement d'une cause extérieure, qui lui donne l'impulsion. Par la suite, l'impulsion de la cause extérieure ayant cessé, la pierre poursuivra nécessairement son mouvement. [...] Ensuite, conçois à présent, si tu le veux bien, que la pierre pense, tandis qu'elle poursuit son mouvement. Elle sait qu'elle s'efforce, autant qu'il est en elle, de poursuivre son mouvement. Eh bien, dans la mesure où elle n'est consciente que de son effort et qu'elle est tout sauf indifférente, cette pierre croira être parfaitement libre et persévérer dans son mouvement sans nulle autre cause que parce qu'elle le veut. Et voilà cette fameuse liberté humaine que tous se vantent d'avoir ! Elle consiste uniquement dans le fait que les hommes sont conscients de leurs appétits et ignorants des causes par lesquelles ils sont déterminés. C'est ainsi que le bébé croit librement appéter le lait, que l'enfant en colère croit vouloir la vengeance, et le peureux, la fuite. Et puis l'homme ivre croit que c'est par un libre décret de l'esprit qu'il dit des choses qu'il voudrait avoir tues, une fois dégrisé. C'est ainsi que le fou, le bavard et beaucoup d'autres de cette farine croient qu'ils agissent par un libre décret de l'esprit, et non qu'ils sont emportés par une impulsion ! Parce que ce préjugé est inné chez tous les hommes, ils ne s'en libèrent pas si facilement.

B. SPINOZA, Lettre 58 à Schuller, 1674.

Ce que dit Spinoza

▶ Les hommes ressentent en eux des **désirs** qu'ils s'efforcent de réaliser, et ils s'imaginent pour cette raison qu'ils sont tout à fait maîtres de leur conduite. Mais la comparaison avec une pierre montre que cette liberté n'est qu'une illusion produite par l'ignorance.

► En vertu du principe d'inertie, une pierre en mouvement tend à « persévérer dans son mouvement ». Elle poursuit son mouvement à la même vitesse et selon une trajectoire rectiligne tant que rien ne l'arrête ou ne la dévie, comme si elle faisait un « effort » pour cela. Si elle prenait soudainement conscience de son mouvement, cette pierre imaginerait sans doute qu'elle a forgé spontanément cette tendance et qu'elle la réalise librement. Or elle ne tient pas cette impulsion d'elle-même, mais d'une « **cause externe** ». Son illusion viendrait du fait qu'elle ignore la véritable cause de son mouvement.

► Il en est de même des hommes, dont les différents désirs viennent de **l'influence d'éléments extérieurs** sur eux : ainsi « l'ivrogne » qui parle trop parce qu'il est sous l'emprise de l'alcool. Les hommes « se vantent d'être libres », mais ils ne forgent cette croyance que parce qu'ils sont à la fois conscients de leurs désirs et ignorants des véritables causes de leurs désirs.

► D'une façon originale et surprenante, Spinoza soutient donc que la conscience fabrique des illusions parce qu'elle est seulement **partielle** : c'est sous l'effet de l'ignorance que les hommes s'enferment dans des « préjugés » sur eux-mêmes.

Les **enjeux** philosophiques

La conscience produit des représentations dont la vérité n'est pas toujours facile à établir. Comment vérifier que nos certitudes les plus fortes ne sont pas de simples illusions ? Comment parvenir à discerner avec assurance nos croyances et nos savoirs ? Pour envisager ce problème, il faut distinguer les illusions dont nous sommes victimes à propos des choses extérieures et celles que nous nous faisons sur nous-mêmes.

La conscience est le foyer de tout jugement

► Au sens étymologique, la conscience est la représentation adéquate de la chose (du latin *cum scientia*, « avec science »). *A priori* la conscience ne trompe pas, elle permet au contraire de former des idées en distinguant le vrai et le faux, le bien et le mal.

► D'où vient alors que nous nous trompons ? Pas de la conscience elle-même, car celle-ci possède les **ressources** pour connaître le vrai, mais de la manière dont nous en usons. Descartes considère que l'erreur vient en général d'un **défaut de méthode** (*Discours de la méthode*) : nous devons nous garder de juger de façon précipitée et bien examiner les choses.

► Descartes illustre cette idée avec **l'exemple du bâton** qui, lorsqu'il est plongé dans l'eau, apparaît brisé à notre œil même si nous le regardons attentivement. Or cette illusion d'optique peut être corrigée par le raisonnement, puisqu'elle peut facilement être expliquée par un phénomène de réfraction. Ce n'est donc pas la conscience qui produit des illusions, mais plutôt les sens. Le jugement vrai reste possible, précisément, grâce à un bon usage de la pensée.

▶ Si, dans ses textes, Descartes n'emploie jamais le mot «conscience», c'est bien à elle qu'il se réfère pour fonder sa **philosophie du sujet**. La conscience de soi, parce qu'elle ne passe pas par le corps, et donc par les sens qui sont trompeurs, n'est pas une illusion, mais une vérité dont nous ne pouvons douter (⇒ **le sujet**).

La raison permet de corriger nos illusions, comme dans l'exemple du bâton plongé dans l'eau.

 les automates

Si je regarde à la fenêtre des hommes passer dans la rue, qu'est-ce qui m'assure que ce sont bien des hommes et non des automates portant des chapeaux et des manteaux ? Pas mes yeux, qui s'y tromperaient, répond Descartes, dans les *Méditations métaphysiques*, mais mon jugement, qui me fait dire que cette hypothèse est très improbable. Le philosophe en conclut que la perception est une «inspection de l'esprit» : elle ne passe pas seulement par les sens, mais sollicite aussi l'activité de la conscience. ⇒ **Descartes**

Le soupçon sur la conscience

▶ Néanmoins, ce qui est vrai des **illusions d'optique** ne l'est pas de toutes les illusions. Ce n'est pas nécessairement sous l'influence des sens que la conscience est victime d'illusions. Au contraire, elle est capable de les fabriquer elle-même : ne dit-on pas qu'on « se fait » des illusions et, plus précisément, que l'on « prend ses désirs pour la réalité » ?

▶ Dans *L'Avenir d'une illusion*, Freud distingue l'erreur et l'illusion : l'**erreur** est une croyance qui ne s'accorde pas avec la réalité, alors que l'**illusion** est plus spécifiquement une croyance motivée par un désir le plus souvent inconscient (⇒ **Freud**).

▶ Aussi l'illusion est-elle, d'un point de vue **psychologique**, beaucoup plus difficile à corriger que l'erreur, surtout s'il s'agit d'une illusion qu'on se fait sur soi-même – telle la croyance en la liberté, dont Spinoza dit que les hommes ne se défont pas facilement (➔ **Spinoza**).

▶ Outre le désir, la conscience subit de nombreuses influences dont elle ne connaît pas toujours la nature : pour Marx, elle n'est pas autonome mais ne fait que **refléter les conditions d'existence.** Dans *L'Idéologie allemande*, il affirme que « ce n'est pas la conscience qui détermine la vie », mais « la vie qui détermine la conscience » : c'est ce qu'il appelle l'idéologie* (➔ **Marx**).

Devenir plus conscient

▶ Si la conscience est naturellement productrice d'illusions, il n'est toutefois pas impossible d'acquérir un point de vue plus lucide sur le monde et sur soi-même. Mais cette **lucidité** passe d'abord par une « prise de conscience » plus ou moins douloureuse, et par un travail plus ou moins long pour accéder à la **vérité**. Cela peut se faire principalement par deux voies (➔ **la vérité**).

▶ D'abord, la prise de conscience est inséparable d'un accroissement de la **connaissance objective** : ainsi, Marx affirme que ce n'est que par la connaissance des rouages économiques qu'on peut acquérir sur la société – et par là sur nous-mêmes – une vision adéquate (➔ **croire/savoir**).

▶ Ensuite, le passage par une autre conscience peut s'avérer nécessaire. C'est un aspect décisif de la **cure psychanalytique**, mais c'est aussi une chose que nous apprend l'**expérience quotidienne** : un ami en sait parfois plus que nous-mêmes sur notre propre compte, et c'est souvent le dialogue qui occasionne des remises en question nécessaires (➔ **autrui**).

> *Acquérir un point de vue plus lucide sur le monde et sur soi-même n'est pas impossible.*

▶ Une conscience pleine et entière apparaît alors davantage comme un **objectif** que comme un point de départ : en effet, la conscience, de soi ou du monde n'est pas immédiatement donnée comme une connaissance.

▶ Dans *De l'interprétation*, Paul Ricœur estime que le principal apport des « **philosophies du soupçon** » élaborées par Marx, Nietzsche et Freud, est d'avoir remis en question la conscience comme « source » du sens : avec eux, nous avons dépassé le doute sur la chose et sommes entrés dans le doute sur la conscience. La prise de conscience devient alors une « tâche », un exercice plus ou moins difficile et un objectif parfois long à atteindre.

Les sujets expliqués

Les dissertations

La conscience n'est-elle tournée que vers elle-même ?

▶ La question est paradoxale, car *a priori* la conscience est tournée vers le monde extérieur : sans elle, on ne saurait même pas qu'il y a des objets autour de nous.

▶ Néanmoins, sommes-nous sûrs que la conscience a bien accès à une réalité extérieure, et pas seulement à ses propres idées ou à ses propres impressions ? Comment prouver que la conscience n'est pas renfermée sur elle-même et qu'elle nous ouvre bien au monde ?

Un plan possible

▶ La conscience est tournée vers le monde extérieur puisqu'elle y trouve la source de ses idées. Ainsi l'empirisme* pose que toutes nos idées nous viennent des impressions reçues du monde extérieur. Dans l'*Essai philosophique concernant l'entendement humain*, Locke démontre que toutes ces informations sont traitées par l'esprit et qu'une conscience qui ne serait tournée que vers elle-même tournerait à vide (➔ **Locke**).

▶ Mais la conscience doit aussi s'examiner elle-même dans une démarche introspective – celle qui amène Descartes à formuler le *cogito* et à définir le sujet comme « substance pensante ». Cela conduit à reconnaître que la conscience est largement indépendante du monde extérieur, au point qu'elle pourrait même exister sans lui et former d'elle-même ses propres idées.

▶ Seule l'action nous fait vraiment sortir de ce doute, en montrant de façon concrète que la conscience n'a pas seulement affaire à elle-même, mais bien à un monde. Celui-ci doit non seulement être connu de façon objective, mais il doit aussi et surtout être affronté dans l'action morale et politique, et transformé au moyen du travail ou de l'art (➔ **abstrait/concret**). Dans l'*Esthétique*, Hegel explique que c'est par cette confrontation avec la matière (le monde, le travail, l'art, ce qui est extérieur à nous) qu'un esprit prend peu à peu conscience de lui-même (➔ **Hegel**).

Les notions   Le sujet, la perception

La conscience **Le sujet**

Peut-on échapper aux exigences de la conscience ?

▶ Les « exigences » considérées sont avant tout celles de la conscience morale, qui ordonne de conformer notre action au devoir, ainsi que l'expose Kant dans les *Fondements de la métaphysique des mœurs* (➔ **Kant**).

▶ Le sujet présuppose que la conscience est un maître sévère auquel on peut être tenté de désobéir : cela ne paraît pas acceptable, mais est-ce seulement possible ?

Un plan possible

▶ L'existence de lois morales est un fait universel, mais les valeurs qui nous sont inculquées ne sont pas toujours les mêmes, et les individus n'ont pas tous le même degré d'exigence morale. Il y a donc une certaine contingence (➔ **contingent/nécessaire/possible**) de la conscience morale, qui ne s'impose pas partout et toujours avec la même rigueur.

▶ Mais si les règles morales sont diverses et parfois difficiles à discerner, on peut cependant les ramener à quelques règles simples dont aucune société ne peut s'écarter sans se mettre en péril (par exemple, l'interdiction de tuer). Par ailleurs, aucun individu ne peut légitimement se soustraire à l'exigence minimale d'examiner la valeur de ses actes. C'est pourquoi Arendt résume ainsi l'exigence de conscience : « Arrête-toi et réfléchis au sens de tes actes. » (➔ **Arendt**)

▶ Cela dit, la voix de la conscience n'est guère facile à étouffer. Dans la *Métaphysique des mœurs*, Kant dit même que rien ne peut crier plus fort, et qu'elle nous suit comme notre ombre (➔ **Kant**). Même le pire des scélérats peut être, comme on dit, « rattrapé par sa conscience » et éprouver du remords au point de ne plus pouvoir trouver la paix avec lui-même, ainsi que le rappelle Aristote dans l'*Éthique à Nicomaque*. En tant qu'êtres humains, l'obligation de bien agir est donc une exigence attachée à notre nature même (➔ **Aristote**).

Les notions   L'inconscient, la morale, le devoir

Les **explications** de **textes**

▶ Des extraits des œuvres suivantes sont expliqués dans l'ouvrage.

ARENDT, *Eichmann à Jérusalem*,	➔ **Arendt** p. 253
KANT, *Métaphysique des mœurs*,	➔ **Kant** p. 299
LOCKE, *Essai philosophique concernant l'entendement humain*,	➔ **Locke** p. 310
MARX, ENGELS et WEYDEMEYER, *L'Idéologie allemande*,	➔ **Marx** p. 317

Série L

La perception

Cette illusion d'optique nous laisse apercevoir une construction impossible, c'est-à-dire contraire aux lois physiques.

Il serait tentant de croire que notre perception du monde est un miroir fidèle de ce dernier. Mais il suffit juste de changer d'échelle, en utilisant un microscope, un télescope ou une sonde, pour comprendre que nous ne percevons pas tout ce qui nous entoure et que beaucoup de choses sont indiscernables pour nos sens.
La perception humaine n'est donc qu'un point de vue limité sur le réel, une perspective parmi d'autres. Pour autant, il n'en existe pas moins différentes façons d'envisager ses apports et sa fonction. Est-elle une forme d'hallucination qu'il s'agit de combattre, ou un rapport singulier au monde dont il faut cultiver la richesse ?

Les notions Le sujet, la conscience, l'art, théorie et expérience, la vérité, la démonstration, l'interprétation, la matière et l'esprit
Les auteurs Bergson, Hume, Leibniz, Locke, Platon
Les repères Essentiel/accidentel, formel/matériel

La perception **Le sujet**

Qu'est-ce que la perception ?

Une faculté pour accéder au monde extérieur

▶ La perception est définie comme la faculté par laquelle notre conscience accède au monde extérieur en récoltant les informations fournies par les sens (➡ **la conscience**).

▶ Toute une tradition philosophique distingue donc la perception des sensations produites par nos sens – la vue, l'ouïe, l'odorat, le toucher et le goût. La perception les organise et les accompagne d'un **jugement unifié** afin de saisir de manière stable le monde extérieur. Elle permet ainsi de penser et de mémoriser ce que nous sentons.

Une faculté subjective

▶ La perception n'est pas une réception passive de sensations. Elle opère un **tri** parmi ces dernières, qui dépend des caractéristiques physiques et mentales du sujet qui perçoit. La perception est en ce sens relative et même subjective (➡ **le sujet**).

▶ Cette **relativité** tient d'abord à la configuration des organes sensoriels, qui influence la façon dont la réalité est perçue. Ainsi, chaque animal possède son propre système perceptif : par exemple, la tique, sourde et aveugle, se repère grâce à l'odorat et à la grande sensibilité de sa peau à la lumière.

▶ Nos **idées**, **désirs**, **croyances** et **usages** peuvent également influencer notre perception. Le fou a une perception altérée par ses fantasmes, tandis que le technicien ne perçoit que l'aspect fonctionnel de ses outils de travail (➡ **l'interprétation**).

Une faculté au statut incertain

▶ Le caractère relatif de la perception soulève le problème de son **degré de vérité** (➡ **la vérité**). En effet, si la perception met en relation le sujet avec le réel dont il a conscience, que nous révèle-t-elle de véritable sur ce dernier ? Nous donne-t-elle accès à l'**essence des choses**, ou seulement à des apparences trompeuses ?

▶ Dans la mesure où elle varie en fonction des personnes, la perception pose la question de son éducation. Si le musicien aguerri a une perception plus affinée que le débutant, alors qu'ils écoutent les mêmes sons, est-ce en raison d'un don (inné) ou d'un apprentissage (acquis) ? (➡ **l'art**)

Qu'y a-t-il de vrai dans la perception ?

question clé

Dès l'enfance, nos perceptions nous permettent de donner forme au monde qui nous entoure. Pourtant, nous avons peu à peu appris à nous méfier de certaines d'entre elles et à distinguer le monde réel de celui que nous percevons immédiatement. Cela doit-il nous conduire à envisager les perceptions comme une forme de connaissance trompeuse ? Ou devons-nous les considérer comme un instrument nécessaire qu'il faut maîtriser ?

La réponse de **Platon**

La perception sensible* nous induit en erreur, car elle nous amène à prendre les apparences pour le réel lui-même.

> SOCRATE. – [...] Imagine des hommes dans une demeure souterraine en forme de caverne, possédant une entrée ouverte à la lumière, qui s'étend sur toute sa longueur. Imagine aussi que ces hommes sont là depuis l'enfance, les jambes et le cou enchaînés, de sorte qu'ils restent toujours à la même place et ne peuvent rien voir que ce qui se trouve devant eux, leur chaîne les empêchant de tourner la tête. Imagine, enfin, que la lumière d'un feu allumé loin derrière eux, sur une hauteur, leur parvient ; et qu'entre le feu et les prisonniers s'élève un chemin le long duquel un petit mur a été construit, semblable aux panneaux que les montreurs de marionnettes dressent entre eux et le public, et au-dessus desquels ils font voir leurs tours prestigieux. [...] Envisage maintenant tout au long de ce petit mur des hommes portant toutes sortes d'objets fabriqués qui dépassent le mur, des statuettes d'hommes et des animaux en pierre, en bois, façonnés dans toutes les formes ; et, bien entendu, parmi ces hommes qui défilent, les uns parlent et les autres se taisent.
> GLAUCON. – Ton image et tes prisonniers sont très étranges.
> SOCRATE. – Pourtant, ils nous ressemblent. Et d'abord, penses-tu que de tels hommes aient vu autre chose d'eux-mêmes et de ceux qui les entourent que les ombres projetées par le feu sur la paroi de la caverne en face d'eux ?
> GLAUCON. – Comment pourraient-ils faire autrement, s'ils sont forcés de garder la tête immobile pendant toute leur vie ? [...]
> SOCRATE. – Il ne fait aucun doute que, dans une telle situation, ces hommes ne considéreraient comme vraies que les ombres des objets fabriqués.
>
> PLATON, *République*, IVe siècle av. J.-C.

La perception **Le sujet**

Ce que dit **Platon**

▶ Par l'intermédiaire de Socrate, Platon veut nous faire comprendre que les hommes sont emprisonnés dans le **monde sensible**.

▶ Il emploie une **allégorie** : des hommes sont enchaînés dans une caverne, condamnés à regarder une seule de ses parois. Derrière eux, un feu est allumé, et des objets fabriqués portés par d'autres hommes passent devant ce feu. Mais les prisonniers de cette caverne n'ont jamais vu directement la lumière du jour, et ils ne connaissent des choses que les ombres des objets projetées sur les murs et les échos des sons de ceux qui les portent.

▶ Selon Platon, nous sommes semblables à ces prisonniers : nous confondons le monde que nous percevons grâce à nos sens avec la réalité même, alors qu'il ne s'agit que d'apparences trompeuses. Si nous ne faisons pas la différence, c'est que nous n'avons jamais connu autre chose. La perception est notre premier mode d'accès au monde extérieur. Par la **force de l'habitude**, notre conception du réel est façonnée et déformée par elle. Si nous voulons accéder à l'essence des choses, nous devons la rejeter au profit de la connaissance rationnelle.

▶ Ce rejet possède aussi chez Platon une **dimension politique**. Refuser la prison du monde sensible revient en effet à réfuter l'**opinion** comme forme de connaissance. C'est une façon d'affirmer que c'est celui qui accède à l'essence des choses – celui qui sort de la caverne –, et non celui qui reste au niveau de l'opinion commune, qui est apte à gouverner la Cité.

Les **enjeux** philosophiques

La perception organise les informations fournies par nos sens. Or ces dernières varient en permanence en fonction du contexte, de la personne, etc. Comment pouvons-nous alors produire une connaissance stable et objective ? La faculté de percevoir contient-elle une forme de vérité ?

L'illusion de percevoir le réel

▶ Une illusion d'optique suffit à jeter le doute sur nos perceptions. En effet, même une fois l'illusion détectée, nous n'en continuons pas moins de la percevoir de la même façon au moyen de nos sens : je sais que la fenêtre peinte sur la maison est un trompe-l'œil, mais je la perçois toujours comme une fenêtre « réelle ». Cela révèle donc l'**écart** séparant la perception des choses de leur connaissance véritable.

🔹 Pourquoi avons-nous alors l'impression de connaître les choses par la perception ? Parce que nous ne remarquons pas tout le **travail de l'esprit** qui s'ajoute à celle-ci. Lorsque je perçois un objet de forme cubique, je le vois en même temps que je le conçois par la pensée. Ma vue ne me donne accès qu'à trois faces du cube, jamais à l'ensemble des six faces en même temps. C'est mon esprit qui, par la mémoire et le raisonnement, est capable de produire le concept d'un cube avec ses six faces lorsque la vue n'en saisit à chaque fois que quelques-unes. Ici, ce qu'il y a de vrai dans la perception vient du **jugement intellectuel** qui la corrige, pas de la récolte des sensations elles-mêmes.

> *Lorsque je perçois un objet de forme cubique, je le vois en même temps que je le conçois par la pensée.*

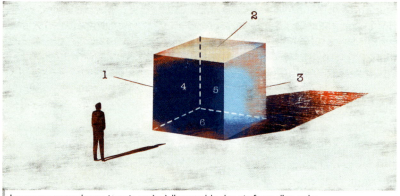

La vue ne nous donne jamais accès à l'ensemble des six faces d'un cube en même temps.

🔹 Devons-nous en conséquence rejeter l'aspect sensible de la perception au profit du seul jugement intellectuel ? Les qualités sensibles (odeur, couleur, etc.) sont variables et se modifient dans le temps, alors que la chose continue d'exister en dépit de ces modifications. Pour saisir ses **propriétés essentielles** (➡ **essentiel/accidentel**) plutôt que ses qualités apparentes et accidentelles, il faudrait donc privilégier une connaissance de type conceptuel (dans l'exemple, le concept de cube). C'est d'ailleurs au nom de cette opposition entre l'essence du réel et les apparences que Platon rejette la perception sensible (➡ **Platon**).

La source de toutes nos idées

🔹 S'il est nécessaire d'analyser, voire de corriger nos perceptions, peut-on cependant leur dénier tout apport véritable ? Comment nos idées pourraient-elles se former si elles ne prenaient pas leur source dans les informations fournies par nos sens, informations que nos perceptions visent justement à organiser ?

La perception **Le sujet**

▶ L'esprit semble vide sans ce matériau initial et il n'est donc pas absurde d'affirmer que toute connaissance trouve son origine dans des perceptions. C'est en tout cas la thèse de la tradition empiriste*, qui fait reposer toutes nos connaissances sur **l'expérience**. Hume estime par exemple que même nos idées les plus complexes sont des formes de perception (⇒ Hume). Plus spécifiquement, elles sont des mélanges faits à partir de copies mentales des premières impressions sensibles*.

l'aveugle, le cube et le globe

Dans son *Essai philosophique concernant l'entendement humain*, Locke répond à la question du savant Molyneux qui lui demande si un aveugle venant de recouvrir la vue pourrait distinguer par le seul regard un globe et un cube faits du même métal qu'il n'a jusque-là perçus que par le toucher. Il estime que l'aveugle n'y parviendrait pas tout de suite, dans la mesure où c'est la perception, en tant qu'elle récolte les données sensorielles, qui serait à l'origine de nos idées. Lorsque cette récolte ne peut avoir lieu, la conception des choses n'est pas possible. Comme cet ancien aveugle n'a encore aucune information visuelle sur les objets qu'il découvre, il ne peut s'en faire une idée qu'à partir des informations tactiles, qui, dans ce cas, ne l'aideront pas. ⇒ **Locke**

Un point de vue singulier sur le monde

▶ Si les perceptions constituent une source de connaissance du monde extérieur, leur niveau de conformité au réel reste cependant variable. D'une part, la perception dépend de la spécificité de nos organes sensoriels – par exemple, la chauve-souris se repère à l'aide d'ultrasons et a donc une perception différente de la nôtre. D'autre part, il existe des **degrés de perception**. Leibniz distingue ainsi les multiples perceptions inconscientes que nous enregistrons à notre insu des perceptions conscientes que finit par produire leur regroupement, tel le mugissement audible de la vague qui est la somme des petits bruits inaudibles qui le composent (⇒ **Leibniz**).

> *La perception dépend de la spécificité de nos organes sensoriels.*

▶ Pourtant, cette relativité propre à la faculté de percevoir est aussi ce qui lui permet de dévoiler des **parts insoupçonnées du réel**. Pour Bergson, l'artiste est, par exemple, celui qui perçoit ce qui passe inaperçu aux yeux du plus grand nombre. Détaché des conventions sociales et d'un rapport utilitaire au réel, il est attentif aux détails jugés sans intérêt par tous les autres. Il perçoit la **singularité de chaque chose**, là où les autres confondent tout ce qui a un usage à peu près similaire (⇒ **Bergson**).

Les sujets expliqués

Les **dissertations**

Les sens sont-ils notre unique source de connaissance ?

▶ Même si nous doutons parfois de la fiabilité de nos sens, ils n'en restent pas moins notre première source d'informations sur le monde extérieur et sur nous-mêmes.

▶ Mais l'humain possède la capacité de réfléchir sur les relations entre les données sensorielles. Il produit ainsi des idées générales qui lui permettent de parvenir à établir des connaissances stables.

▶ Cette aptitude à raisonner sur les données des sens doit-elle alors être considérée comme une source de connaissance autonome ou comme une partie intégrante du système perceptif lui-même ?

Un plan possible

▶ Sans les données sensorielles, notre faculté de raisonner tournerait à vide. Nous avons besoin de « quelque chose » sur quoi raisonner, or d'où provient ce quelque chose, sinon de l'unique accès au monde extérieur dont nous disposons, à savoir les organes des sens ? Il semble donc pertinent d'adopter le point de vue des empiristes*, qui pensent que tout ce qui est dans l'esprit provient de nos sensations (→ **Locke**).

▶ Néanmoins, notre esprit met en forme les données des sens pour produire des idées. Comment ne serait-il pas une source de connaissance distincte ? D'ailleurs, là où l'expérience des sens ne nous fournit que des exemples particuliers et ponctuels, les cadres de l'esprit produisent des vérités rationnelles de portée universelle, telles que les vérités mathématiques. Or, ces vérités semblent séparées de l'expérience sensorielle, puisqu'il s'agit d'abstractions formelles (→ **formel/matériel**, → **Leibniz**).

▶ Il reste à savoir si l'état actuel des connaissances scientifiques nous per-met de séparer radicalement les organes des sens de « l'esprit » et de distinguer les genres de connaissance qui en découlent. Par exemple, les aires cérébrales dites « d'association », qui assurent les fonctions principales de l'intelligence, supposent une véritable interaction avec les aires motrices et sensorielles. Existe-t-il alors des connaissances complètement indépendantes de notre système perceptif ?

Les notions Théorie et expérience, la démonstration, la matière et l'esprit

La perception **Le sujet**

La perception peut-elle s'éduquer ?

▶ Le fait que tous les êtres humains organisent le monde des objets d'une façon globalement similaire atteste d'un système perceptif commun.

▶ Néanmoins, l'acuité perceptive varie d'un individu à l'autre. Par exemple, le connaisseur de café apprécie des arômes imperceptibles pour le non-initié, alors même que leurs sens reçoivent les mêmes données.

▶ Cet écart dépend-il d'une plus grande habitude, et donc d'un meilleur usage, ou d'une différence de nature ? Suffit-il d'éduquer la faculté de percevoir pour la rendre plus efficace ? Ou doit-on admettre qu'elle est une propriété innée, distribuée de façon inégale suivant les personnes ?

Un plan possible

▶ La perception ne se confond pas avec les sensations qu'elle récolte et unifie. Les sensations sont des données brutes que la perception ne reçoit pas passivement, mais qu'elle trie et organise. Or, avec le temps, ces activités s'affinent, comme le montre la spécialisation de certaines qualités perceptives requises par tel ou tel métier (parfumeur, œnologue, etc.). Ce constat d'une progression de la perception nous laisse alors envisager sa possible éducation.

▶ Pourtant, il ne suffit pas d'un apprentissage pour que notre perception atteigne à coup sûr l'excellence. Faut-il alors supposer que la capacité d'un individu à développer sa faculté de percevoir relève d'un don inné plutôt qu'acquis ?

▶ La notion d'éducation mérite par ailleurs d'être élargie. Notre perception est orientée par notre usage pratique des choses ; aussi, ce qui ne présente aucun intérêt pour nous peut passer inaperçu. Éduquer la perception reviendrait donc à apprendre à porter un autre regard sur le réel, tel l'artiste qui se détache des conventions sociales et de la fonction utilitaire des choses pour percevoir une beauté qui est sous nos yeux, mais que nous ne voyons pas (▶ **Bergson**).

Les notions ▶ L'art, l'interprétation

Les **explications** de **textes**

▶ Des extraits des œuvres suivantes sont expliqués dans l'ouvrage.

LEIBNIZ, *Nouveaux Essais sur l'entendement humain*,	▶ **l'inconscient** p. 34
LEIBNIZ, *Nouveaux Essais sur l'entendement humain*,	▶ **Bergson** p. 262
BERGSON, *La Pensée et le Mouvant*,	▶ **Leibniz** p. 306
LOCKE, *Essai philosophique concernant l'entendement humain*,	▶ **Locke** p. 310

Séries L, ES et S

L'inconscient

Le sujet

L'étrangeté de nos rêves indique que nous ne savons pas tout sur notre esprit. Pour Sigmund Freud, fondateur de la psychanalyse, « l'interprétation des rêves est la voie royale qui mène à la connaissance de l'inconscient ».

Depuis la diffusion des thèses de la psychanalyse, on sait que l'inconscient désigne une partie de notre esprit qui nous est inconnue. De quoi l'inconscient est-il fait ? Pourquoi certaines de nos pensées nous paraissent-elles étranges ou étrangères ? À quel point l'inconscient est-il déterminant dans notre caractère et dans notre façon d'agir ?

Ce sont des problèmes dont la philosophie doit se saisir, car les enjeux en sont la lucidité et la maîtrise que l'on peut acquérir sur soi-même.

Les notions Le sujet, la conscience, la perception, autrui, l'interprétation, la morale, la liberté

Les auteurs Bergson, Descartes, Freud, Leibniz, Nietzsche, Sartre

Les repères Médiat/immédiat

L'inconscient **Le sujet**

Qu'est-ce que l'inconscient ?

Ce qui n'est pas conscient

▶ On qualifie d'inconscient tout individu privé de conscience ou tout processus physique ou psychique non aperçu de la conscience. Ainsi l'inconscient apparaît-il naturellement comme « ce qui n'est pas conscient » : par exemple, tout ce qui se fait dans le corps sans qu'on ait besoin d'y penser, tels les **mécanismes** ou les **habitudes**, ou tout ce qui résulte de l'influence que la société exerce sur nous, comme les **coutumes** ou l'**idéologie**.

▶ Mais l'« inconscient » est un terme surtout employé en **psychanalyse** pour désigner une instance de l'esprit. Selon Freud, sont *conscients* les processus psychiques dont nous avons une perception immédiate. Par opposition, sont inconscients ceux qui sont actifs sans que nous le sachions.

Ce qui est refoulé par la conscience

▶ Freud distingue ce qui échappe à la conscience et peut facilement redevenir conscient (le préconscient) de ce qui est maintenu à l'écart de la conscience par le refoulement* (l'inconscient proprement dit). Ce terme désigne donc un ensemble de pensées non seulement inconnues du sujet, mais refusées par lui : l'inconscient, c'est le refoulé qui cherche en permanence à accéder à la conscience, mais qui se heurte à une **résistance** ou à une **censure**.

▶ La psychanalyse pose ainsi l'idée d'un clivage au cœur du psychisme : dans son *Introduction à la psychanalyse*, Freud compare la vie psychique à « une arène où luttent en permanence des tendances opposées » (➔ **Freud**).

Ce qui nous détermine

▶ L'ambition de la psychanalyse est de « rendre conscient l'inconscient » et ainsi de permettre à chacun de devenir plus **lucide** sur lui-même, bien qu'il s'agisse d'une entreprise longue et difficile. En effet, l'inconscient influence grandement notre caractère, nos goûts et nos pensées. « Dans la vie psychique, écrit Freud dans *Psychopathologie de la vie quotidienne*, il n'y a rien d'arbitraire, d'indéterminé » (➔ **Freud**).

▶ Mais la psychanalyse n'exagère-t-elle pas ce **déterminisme** de l'inconscient au point de remettre en question la liberté (➔ **Sartre**) ? Rien n'assure par ailleurs que l'hypothèse d'un inconscient conçu sous cette forme ait un caractère scientifique.

Une pensée peut-elle être inconsciente ?

question clé

Une partie de la tradition philosophique affirme l'identité de la conscience et de la pensée, toute pensée étant toujours en même temps pensée d'elle-même. Dire que certaines de nos pensées sont produites sans que notre esprit en soit informé peut donc sembler contradictoire. S'il est possible de surmonter cette contradiction, quelles sont ces pensées qui ont lieu dans notre esprit sans que nous n'en ayons conscience ?

La réponse de **Leibniz**

Des pensées ont lieu dans notre esprit sans que nous en ayons conscience, de même qu'une multitude de petites perceptions s'opèrent sans que nous nous en apercevions.

> Il y a à tout moment une infinité de perceptions en nous, mais sans aperception et sans réflexion, c'est-à-dire des changements dans l'âme même dont nous ne nous apercevons pas, parce que les impressions sont trop petites et en trop grand nombre ou trop unies, en sorte qu'elles n'ont rien d'assez distinguant à part, mais jointes à d'autres, elles ne laissent pas de faire leur effet et de se faire sentir au moins confusément dans l'assemblage. [...] Et pour juger encore mieux des petites perceptions que nous ne saurions distinguer dans la foule, j'ai coutume de me servir de l'exemple du mugissement ou du bruit de la mer dont on est frappé quand on est sur le rivage. Pour entendre ce bruit comme l'on fait, il faut bien que l'on entende les parties qui composent ce tout, c'est-à-dire les bruits de chaque vague, quoique chacun de ces petits bruits ne se fasse connaître que dans l'assemblage confus de tous les autres ensemble, c'est-à-dire dans ce mugissement même, et ne se remarquerait pas si cette vague qui le fait était seule.
>
> G. W. LEIBNIZ, *Nouveaux Essais sur l'entendement humain*, 1704.

L'inconscient **Le sujet**

Ce que dit **Leibniz**

▶ Le texte distingue « **percevoir** » et « **apercevoir** » : la perception est une « impression » ou un « changement » qui se fait dans l'esprit sous l'effet d'un événement extérieur, par exemple un bruit. Or nous ne nous rendons pas compte de toutes les perceptions qui ont lieu dans notre esprit.

▶ En effet, l'importance de l'**impression ressentie** est proportionnelle à celle du stimulus extérieur. Par exemple, l'habitude d'entendre un bruit constant (comme celui d'un moulin ou d'une chute d'eau) fait qu'on ne le remarque plus, tandis qu'un bruit inhabituel attire notre attention.

▶ Mais il y a surtout des seuils quantitatifs : les perceptions n'atteignent la conscience qu'à partir d'une certaine **intensité**. Ainsi, une personne assise au bord du rivage n'entendrait pas le bruit d'une seule vague, mais elle entend le bruit de la mer, qui n'est rien d'autre que la somme des bruits faits par l'ensemble des vagues (➔ **la perception**).

▶ Autrement dit, de même qu'un bruit infime n'est pas « rien », une perception peut avoir lieu tout en restant **inaperçue** : il y a donc bien des pensées qui ont lieu dans notre esprit de façon inconsciente.

Les **enjeux** philosophiques

Parler d'« inconscient psychique », c'est dire que certaines de nos pensées sont produites sans que notre esprit en soit informé. Mais cela ne revient-il pas à affirmer que les « pensées inconscientes » ne sont pas vraiment des pensées ? L'idée d'une pensée inconsciente est paradoxale, car cela signifierait qu'elle n'est pas aperçue, donc pas vraiment pensée : cela ne semble pas logiquement possible.

Une idée contradictoire

▶ Le verbe penser signifie **former des représentations** : au sens large, penser signifie avoir des idées et des sensations, juger, imaginer, désirer, vouloir, etc. : l'esprit, que Descartes identifie à la « chose pensante », est le support de ces représentations. Qu'il les produise activement ou qu'il les reçoive du monde extérieur, il en a généralement connaissance (➔ **le sujet**).

▶ Ce sont autant d'actions, en effet, qui supposent nécessairement une forme de conscience de la part du sujet qui les accomplit. C'est pourquoi Descartes identifie dans les *Principes de la philosophie* la **pensée** et la **conscience** : « Par le mot de penser, j'entends tout ce qui se fait en nous de telle sorte que nous l'apercevons immédiatement par nous-mêmes. » On ne peut pas imaginer une pensée sans sujet, ni un sujet sans conscience (→ **la conscience**).

> *On ne peut pas imaginer une pensée sans sujet, ni un sujet sans conscience.*

◗ S'il y a des pensées qui nous viennent sans que nous le voulions, il ne faut donc pas l'attribuer à une activité inconsciente de l'esprit mais à des **automatismes** : l'inconscient, c'est tout ce qui se fait « sans y penser » et qui relève plutôt du corps que de l'esprit. Ainsi, des mécanismes physiologiques, tels que la digestion ou la circulation du sang, s'effectuent inconsciemment. Il y a aussi tous les automatismes acquis du fait de l'habitude ou des coutumes, et qui sont le résultat d'un **conditionnement**. Ce n'est pas de l'ordre de la pensée mais de l'ordre du réflexe : il suffirait, par exemple, de fouetter un chien cinq ou six fois au son du violon pour qu'il déteste cet instrument.

Une fille « un peu louche »

Afin d'illustrer les conditionnements parfois anciens qui nous déterminent sans que nous en ayons conscience, Descartes confie dans une lettre que, lorsqu'il était enfant, il était amoureux d'une petite fille de son âge qui louchait un peu. C'est ce qui, selon lui, explique que, par la suite, il a toujours éprouvé une sympathie spontanée et irréfléchie pour les personnes atteintes de strabisme.

→ **Descartes**

La pensée ne se réduit pas à la conscience

◗ On doit reconnaître cependant qu'il y a des **degrés de conscience**. Les pensées ne sont pas soit connues, soit ignorées, mais plus ou moins conscientes : il est arrivé à chacun d'entre nous de voir surgir sans la chercher la solution d'un problème sur lequel nous avions réfléchi en vain, comme si l'esprit avait la capacité de travailler tout seul. De même, on dit que « la nuit porte conseil », comme si l'on restait capable de réfléchir dans l'inconscience du sommeil.

◗ Si certains gestes ou pensées deviennent « automatiques », c'est parce que la conscience s'en est peu à peu retirée, mais elle y revient dès qu'une difficulté se présente. Ainsi, on fait en général ses lacets sans y penser, mais c'est une entreprise qui demande beaucoup plus d'attention si l'on est un jeune enfant ou si l'on a une main dans le plâtre. « Les variations d'intensité de notre conscience, écrit Bergson dans *La Conscience et la Vie*, semblent donc bien correspondre à la somme plus ou moins considérable de choix ou, si vous voulez, de création, que nous distribuons sur notre conduite. » (→ **Bergson**)

L'inconscient **le sujet**

▶ C'est dans les moments de **crise intérieure** ou d'**hésitation** que nous sommes le plus conscients, mais, le reste du temps, la pensée s'élabore sans attention particulière car la conscience n'est pas sollicitée.

▶ Cela impose de redéfinir le terme de « pensée » non plus comme l'activité consciente d'un sujet pensant, mais plutôt comme une **vie intérieure** qui se déroule largement à notre insu, c'est-à-dire sans que nous en soyons informés, ni même que nous soyons en mesure de la formuler avec des mots.

▶ C'est pourquoi Nietzsche considère dans *Le Gai Savoir* que, à leur manière, tous les êtres vivants pensent « même s'ils ne le savent pas » : la conscience est associée à des représentations claires et communicables au moyen du langage, tandis que la pensée désigne une vie intérieure et intime, à la fois plus confuse, plus profonde et moins contrôlable, car elle est l'expression de l'**instinct** (➔ **Nietzsche**).

L'inconscient est l'essentiel de la vie psychique

▶ Si tel est bien le cas, il faut alors avouer que la pensée est pour l'essentiel inconsciente. Selon la psychanalyse, les pensées inconscientes sont des pensées au même titre que celles qui sont conscientes, et elles ont même davantage de **vivacité**. Si elles restent en dehors de la conscience, c'est seulement parce qu'une **force psychique** les y maintient : le refoulement* empêche ces pensées interdites ou désagréables de se présenter à la conscience, mais il n'est pas en mesure de les réduire à néant.

> *Selon la psychanalyse, les pensées inconscientes ont davantage de vivacité que les pensées conscientes.*

▶ Par définition, ces pensées inconscientes ne sont pas observables, ce qui pourrait suggérer qu'elles ne relèvent que d'une hypothèse. Mais on peut observer un certain nombre de phénomènes qui en sont des manifestations : les **rêves** plus ou moins étranges, les **actes manqués**, tels que les lapsus ou les oublis, les **symptômes névrotiques**, tels que les obsessions ou les phobies, restent inexplicables si l'on s'obstine à ne pas reconnaître l'existence de pensées inconscientes (➔ **l'interprétation**).

▶ L'idée d'une pensée inconsciente ne paraît étrange qu'à celui qui confond conscience et psychisme, et auquel Freud répond dans *Une difficulté de la psychanalyse* : « Le psychique en toi ne coïncide pas avec ce dont tu es conscient ; ce sont deux choses différentes, que quelque chose se passe dans ton âme, et que tu en sois par ailleurs informé. » (➔ **Freud**)

Les sujets expliqués

Les **dissertations**

L'hypothèse de l'inconscient exclut-elle la connaissance de soi ?

Le sujet invite à s'interroger sur les conséquences d'une théorie de l'inconscient qui pourrait être incompatible avec la connaissance de soi. En effet, si l'essentiel de la vie psychique se déroule dans l'inconscient, l'individu est pour une grande part obscur à lui-même. Mais cela signifie-t-il qu'il soit condamné à le rester ?

Un plan possible

Depuis 2 500 ans, le précepte « Connais-toi toi-même » s'est imposé comme le mot d'ordre de la pensée occidentale.

▶ L'injonction à la connaissance de soi vient du précepte delphique repris par Socrate comme devise : « Connais-toi toi-même ». Cette connaissance se fait traditionnellement par l'examen de soi par soi : l'âme examine à l'intérieur d'elle-même pour scruter ses propres intentions (examen de conscience) ou sa nature profonde (introspection).

▶ Ce faisant, on n'accède pas à la totalité des pensées, mais seulement à celles qui sont conscientes. Or Freud soutient que « les données de la conscience sont lacunaires », c'est-à-dire très incomplètes : elles ne renseignent pas sur l'essentiel de la vie psychique qui se déroule dans l'inconscient. La conscience de soi n'est donc pas une connaissance de soi (➔ **Freud**).

▶ Si la connaissance de soi n'est pas immédiate, c'est-à-dire donnée au départ, elle peut cependant s'acquérir en rendant conscient ce qui est inconscient. C'est l'objectif de la méthode psychanalytique de la « libre association », qui nécessite une démarche plus ou moins longue et la médiation d'autrui en la personne du thérapeute (➔ **médiat/immédiat**).

Les notions Le sujet, la conscience, autrui

L'inconscient **Le sujet**

L'inconscient m'empêche-t-il d'être le maître de moi-même ?

▶ La maîtrise de soi est d'abord un idéal moral formulé par les Anciens, notamment par les stoïciens* : l'enjeu de cette question est la liberté de l'esprit et le pouvoir qu'on a sur soi-même. Mais si nous ne maîtrisons pas toutes nos pensées, pouvons-nous être responsables de nos actes ? Quoi qu'il en soit, il n'est pas évident que l'existence de l'inconscient soit incompatible avec l'exigence de contrôle de soi.

Un plan possible

▶ Si le terme « inconscient » désigne simplement ce qui n'est pas présent à la conscience, rien ne s'oppose à ce qu'on reste pleinement maître de soi-même. Au contraire, l'inconscient peut être au service d'une meilleure maîtrise, puisque les automatismes ou habitudes permettent de concentrer l'attention de la conscience sur d'autres tâches (comme le musicien dont les doigts se promènent avec aisance sur son instrument).

▶ Il n'en va plus de même avec la notion d'inconscient introduite par Freud qui affirme dans l'*Introduction à la psychanalyse* que « le moi n'est pas maître dans sa propre maison ». L'individu pense et agit sous une influence qu'il ne soupçonne pas : il est dépossédé du sens de ses propres conduites (➔ **Freud**).

▶ Cependant, l'inconscient ne doit pas constituer une excuse pour justifier nos faiblesses. Très critique à l'égard de la psychanalyse, Sartre dénonce la « mauvaise foi » qui consiste à invoquer l'inconscient pour se déresponsabiliser de nos actes comme si c'était « lui » qui agissait à notre place. En effet, il n'y a pas un autre personnage en moi qui agirait à mon insu (➔ **Sartre**).

Les notions La morale, la liberté

Les **explications** de **textes**

▶ Des extraits des œuvres suivantes sont expliqués dans l'ouvrage.

SPINOZA, Lettre 58 à Schuller,	➔ la conscience	p. 18
FREUD, *Introduction à la psychanalyse*,	➔ Freud	p. 280
FREUD, *Métapsychologie*,	➔ Freud	p. 282
SARTRE, *L'existentialisme est un humanisme*,	➔ Sartre	p. 345

Séries L et ES

Autrui

le sujet

« Je suis homme et rien de ce qui est humain ne m'est étranger » écrit le poète latin Térence (v. 185-159 av. J.-C.) : autrui est mon semblable. Pourtant il est aussi différent, puisque chaque individu est unique.

Celui qui est différent parce qu'il n'a pas la même couleur de peau, le même sexe, le même âge, ou tout simplement parce qu'il est un autre est nimbé de mystère. À la fois proche et lointain, qui est cet *alter ego* que nous désirons connaître ? Il peut être tour à tour un ami, un frère, un modèle, mais aussi un inconnu, un étranger, un rival...
Que nous le voulions on non, nous vivons dans la dépendance de cet autre. Si nos relations avec autrui sont parfois conflictuelles, elles sont aussi source d'épanouissement. C'est l'ensemble de ces relations, étroites ou distantes, simples ou complexes, qu'il appartient à la philosophie d'éclairer par ses questions.

Les notions   Le sujet, le désir, la culture, la société, la morale, le devoir
Les auteurs   Freud, Hobbes, Hume, Kant, Platon, Rousseau, Sartre, Sénèque
Les repères   Identité/différence/égalité, principe/conséquence

Autrui **le sujet**

Qu'est-ce qu'autrui ?

Un *alter ego*

▶ « Autrui » est un terme par lequel on désigne non pas une personne précise, mais **l'autre en général**. Le mot indique à la fois une proximité et une distance : autrui, comme l'écrit Sartre, « c'est l'autre, c'est-à-dire le moi qui n'est pas moi ». Il me ressemble car il dit « moi », comme moi, mais il est pourtant différent de moi.

▶ C'est pourquoi autrui est au sens strict un *alter ego*, ce qui en latin veut dire un « **autre moi** » : c'est un autre comme moi, mais c'est un autre que moi (➔ **le sujet**).

Un semblable et un étranger

▶ Autrui est mon semblable. Ce **fonds commun** nous permet par exemple de communiquer même quand on ne parle pas la même langue ou encore de « se mettre à la place de l'autre » quand on le voit souffrir : c'est le ressort de la pitié* que Rousseau développe dans le *Discours sur l'origine et les fondements de l'inégalité parmi les hommes*.

▶ Pourtant, les différences entre les hommes sont parfois le prétexte à une **attitude méprisante** ou agressive : ainsi, considérer l'étranger comme un sauvage ou un barbare revient à dire qu'il n'est pas tout à fait humain (➔ **la culture**). La **tolérance** est au contraire une attitude par laquelle on prend acte du fait que les hommes ne sont ni tout à fait identiques (du latin *idem*, « le même »), ni tout à fait différents (du latin *differe*, « séparer »), mais égaux (du latin *æqualis*, « du même niveau »).

Un modèle et un rival

▶ Si chacun d'entre nous possède sa personnalité propre, il n'en est pas moins vrai que le **regard d'autrui** nous importe. C'est parmi les autres et en leur compagnie que nous traversons toute notre existence.

▶ La relation à autrui se joue principalement sur le plan du **désir**. À l'image des enfants qui se donnent des modèles, on s'imite les uns les autres : « je désire ce que tu désires. » On aspire de plus à la reconnaissance et à la réciprocité : « je désire que tu me désires. » (➔ **le désir**)

▶ Dans ces conditions, autrui représente tantôt un modèle, tantôt un rival, mais, dans tous les cas, il est un **partenaire indispensable** pour forger sa propre identité : comme le dit Sartre dans *L'Être et le Néant*, « autrui est le médiateur indispensable entre moi et moi-même » (➔ **Sartre**).

question clé

Peut-on penser par soi-même sans se soucier de ce que pensent les autres ?

Il paraît difficile et même condamnable de ne pas se soucier de ce que pensent les autres. Mais n'est-ce pas une démarche à effectuer pour développer une pensée personnelle et autonome ?

La réponse de Sénèque

Comme le sage, on peut et, même, on doit penser par soi-même, sans accorder aucune importance aux opinions de la foule.

❝ Rien [...] n'a plus d'importance que d'éviter de suivre, comme le font les moutons, le troupeau de ceux qui nous précèdent, nous dirigeant non pas où il faut aller, mais où il va. Et pourtant rien ne nous empêtre dans de plus grands maux que de nous régler sur les bruits qui courent, dans l'idée que le meilleur c'est ce qui est généralement reçu et c'est de vivre non selon la raison mais par imitation, ce dont nous avons de nombreux exemples. De là vient un tel amoncellement de gens les uns sur les autres. Ce qui se passe dans une grande bousculade quand la populace se comprime elle-même (alors nul ne tombe sans en attirer un autre avec lui et les premiers sont la perte de ceux qui les suivent), tu peux le voir arriver dans toute existence : nul ne se trompe seulement pour son propre compte, mais il est la cause et l'auteur de l'erreur d'autrui. Il est nuisible, en effet, d'être attaché à ceux qui nous précèdent : chacun préférant croire plutôt que juger, on ne porte jamais de jugement sur la vie, on est toujours dans la croyance ; et l'erreur transmise de main en main nous remue en tous sens et nous mène à notre ruine. Nous périssons par l'exemple des autres. Nous guérirons pour peu que nous nous séparions de la foule.

Sénèque, *La Vie heureuse*, Ier siècle.

Ce que dit Sénèque

▶ Le sage stoïcien* critique le genre de vie que mène la « foule », car les gens, tels des moutons, agissent plus souvent par **mimétisme** que par décision réfléchie. On imite les autres, qui eux-mêmes se règlent sur les conduites les plus communes sans jamais les questionner : l'erreur se propage comme par contagion, et c'est la société entière qui devient folle à cause de l'**ignorance générale**.

Autrui **le sujet**

▶ Le genre de vie philosophique est très différent, car le « sage », qui cherche en toutes circonstances à agir selon la **raison**, ne tient pas pour évident ce qui est communément reçu. Il est plus soucieux de connaître la **vérité** et de pratiquer la **vertu** que de plaire aux autres. En opposant le sage et la foule, Sénèque montre qu'il faut préférer la lucidité à la folie et la science à l'opinion : tel est le modèle de vie qu'il faut viser.

▶ C'est une **faiblesse** d'accorder trop d'importance au regard des autres et d'aller tantôt dans un sens, tantôt dans l'autre, dans le souci permanent de ne pas leur déplaire : Sénèque refuse la « vie tourmentée de celui qui craint les rires et les mauvaises langues à toute heure et en tout lieu ».

▶ Le sage au contraire a de la « **constance** » dans ses décisions et ses actes. Sûr de lui-même, il ne prête attention ni aux louanges de la foule ni à ses insultes : ce ne sont que des éléments extérieurs.

Les **enjeux** philosophiques

On ne saurait trop dénoncer le conformisme qui porte à l'imitation plutôt qu'à la réflexion. Peut-on dire pour autant que les autres n'ont rien à nous apprendre et, réciproquement, que nous n'avons rien à leur enseigner ? Est-il réaliste, compte tenu du fait que nous vivons avec les autres, de prétendre avoir une pensée totalement autonome ?

L'indépendance d'esprit du sage

▶ La thèse de Sénèque revient à dire que le sage doit sa **tranquillité** à son indépendance d'esprit. De fait, le philosophe n'est pas enclin à adopter les opinions de la foule sans les avoir examinées au préalable. Sa référence n'est pas le nombre des voix mais la vérité (➔ **Sénèque**).

▶ Socrate ne cesse de rappeler qu'aussi nombreux qu'on soit à se tromper, on n'en est pas moins dans l'erreur. C'est pourquoi il n'hésite pas à soutenir des **paradoxes***, c'est-à-dire, littéralement, des idées allant contre (*para* en grec) l'opinion commune (*doxa* en grec) : il sait qu'il est dans le vrai même quand tous les autres sont contre lui.

▶ Cela ne signifie pas qu'il se désintéresse pour autant de ce que pensent les autres, bien au contraire : en remettant en question les opinions les plus communes, il essaie d'éveiller leur **conscience** et de montrer la voie par son exemple (➔ **Platon**).

▶ Aussi personnelle soit-elle, une pensée se forge toujours au sein d'un groupe humain : or il n'est pas si facile de dépasser les **préjugés** propres à ce groupe, même quand on pense l'avoir fait (➔ **la culture**).

Par ailleurs, cette attitude n'est pas sans risque : c'est sans doute à cause de sa personnalité dérangeante que Socrate a été condamné à mort par un jury populaire athénien en 399 avant Jésus-Christ.

Dans l'*Apologie de Socrate* de Platon, Socrate se compare lui-même à un taon qui pique ses contemporains pour les sortir de leur torpeur.

L'importance du regard d'autrui

🔺 Il est difficile de faire totalement abstraction de l'**opinion** que les autres ont de nous. Même lorsqu'on jouit d'une certaine indépendance d'esprit, on accorde toujours de l'importance au regard que les autres portent sur nous car celui-ci est indispensable à la conscience que nous avons de nous-même.

🔺 On peut imaginer, avec Sartre, une situation où l'on serait surpris en train d'écouter à une porte ou de regarder par le trou d'une serrure. C'est bien quand l'autre surgit que la **honte** apparaît, car la honte est toujours ressentie devant quelqu'un.

🔺 Le sens de cet exemple est de montrer que ce que nous pensons à propos de nous-mêmes n'est jamais indépendant de ce que pensent les autres : « Quand nous pensons sur nous, quand nous essayons de nous connaître, au fond nous usons des connaissances que les autres ont déjà sur nous, nous nous jugeons avec les moyens que les autres ont, nous ont donnés, de nous juger, explique Sartre à propos de la genèse de sa pièce de théâtre *Huis clos*. Quoi que je dise sur moi, toujours le **jugement d'autrui** entre dedans. Quoi que je sente de moi, le jugement d'autrui entre dedans. »

> *Ce que nous pensons à propos de nous-mêmes n'est jamais indépendant de ce que pensent les autres.*

Autrui **Le sujet**

« L'enfer, c'est les autres »

Dans sa pièce de théâtre *Huis clos* (1944), Sartre met en scène trois personnages qui sont enfermés dans une pièce et se jugent tour à tour sur les actes peu glorieux dont ils se sont rendus responsables. Ils ne tardent pas à comprendre qu'ils sont morts et en enfer, même s'il n'y a ni soufre ni bûcher ni bourreau : « L'enfer, c'est les autres », déclare l'un d'eux. Cette réplique très célèbre marque l'importance du regard d'autrui, pour le meilleur et souvent pour le pire. Lorsque autrui me voit, il m'attribue des qualités et des défauts qui ont pour effet de me figer et sur lesquels je n'ai pas prise : ce regard peut être perçu comme une forme de violence et de négation de ma liberté. **Sartre**

▶ L'importance du regard d'autrui donne lieu à un **besoin de reconnaissance** : le mimétisme n'est pas nécessairement à interpréter comme un manque d'autonomie ou d'intelligence, mais aussi et surtout comme une forme de rivalité dont l'enjeu est d'affirmer son **identité**, son « être » face à l'autre (**identité/différence/égalité**).

La confrontation des opinions

▶ Accéder à une totale autonomie de pensée n'est pas facile, mais n'est pas non plus nécessairement souhaitable. En effet, une pensée personnelle se nourrit d'abord de l'**apprentissage** et ensuite de l'**échange**.

▶ Dans les relations entre les individus, cela passe par le dialogue, qui suppose de savoir parler, mais aussi de savoir écouter. On peut même en faire une **méthode philosophique**, à l'image de Platon dont quasiment toutes les œuvres sont des dialogues : fondée sur l'échange des questions et des réponses, la dialectique* consiste à examiner la valeur des opinions et à chercher la vérité en commun.

> Le dialogue suppose de savoir parler, mais aussi de savoir écouter.

▶ Au niveau de l'ensemble d'une société, le **débat** est sain car il peut éviter le recours à la violence en accordant des points de vue d'abord divergents. On peut supposer que plusieurs hommes ajoutant leurs compétences jugent mieux qu'un seul homme enfermé dans ses certitudes. L'ambition de penser par soi-même n'est pas incompatible avec le souci de ce que pensent les autres. Ainsi, toute **démocratie** s'appuie sur l'existence d'un espace public d'expression et d'écoute réciproque.

Les sujets expliqués

Les dissertations

Nos rapports avec autrui sont-ils nécessairement conflictuels ?

Le mot « nécessaire » désigne ce qui ne peut pas ne pas avoir lieu ou qui ne peut avoir lieu autrement. Y a-t-il une « nature humaine » qui pousse les hommes à des conflits, des simples querelles personnelles jusqu'à la guerre ? Ne peut-on pas espérer une possible harmonie entre les hommes, et, si oui, sous quelle forme ?

Un plan possible

▶ La violence est une tendance inscrite dans la nature humaine. Selon Hobbes, celle-ci découle des passions des hommes : leurs désirs les rendent rivaux, leurs craintes les incitent à se méfier les uns des autres (➡ **Hobbes**). Mais on peut aller plus loin et faire l'hypothèse d'une pulsion sadique dans l'âme humaine, comme l'expose Freud dans *Malaise dans la civilisation* (➡ **Freud**).

▶ Ce qui est naturel n'est pas pour autant une fatalité : c'est précisément le rôle de la culture de corriger la nature. Le droit, la morale, l'éducation pacifient les relations entre les hommes et créent même des solidarités et des liens d'amitié au sein de groupes humains relativement nombreux.

▶ Le problème est que les tendances agressives peuvent persister à l'égard de l'« autre » entendu comme celui qui reste extérieur au groupe constitué (par exemple, sous la forme de la haine de l'étranger ou de l'intolérance). C'est pourquoi il faut cultiver d'autres tendances naturelles capables d'adoucir nos rapports avec autrui : dans le *Traité de la nature humaine*, Hume s'intéresse ainsi à la sympathie qui nous rend profondément sociables et partageurs (➡ **Hume**).

La célèbre phrase de Plaute « l'homme est un loup pour l'homme » est citée à la fois par Hobbes et Freud.

Les notions ▸ Le désir, la culture, la société, la morale

Autrui **Le sujet**

Pour bien agir, faut-il vouloir le bien d'autrui ?

▶ Si l'on admet qu'il faut vouloir le bien d'autrui pour bien agir, il faut se demander si c'est *un moyen* (parmi d'autres) de bien agir, ou si c'est plus fondamentalement *le principe* qui inspire toute conduite morale (**▶ principe/conséquence**).

▶ Mais même cette idée n'est pas en soi évidente, puisqu'il est possible qu'on cherche surtout par là son propre bien en retour. La question présente aussi une ambiguïté car le mot « bien » est employé une première fois au sens moral et la seconde fois comme synonyme d'intérêt.

Un plan possible

▶ Le fait d'agir en se souciant d'abord de l'autre est l'altruisme (du latin *alter*, « autre ») par opposition à l'égoïsme (du latin *ego*, « je », « moi »). C'est une idée commune de voir dans ce souci le fondement de toute conduite morale : *ne fais pas aux autres ce que tu ne voudrais pas qu'on te fasse*. Selon Rousseau, ce précepte implique au minimum de ne pas faire de mal aux autres, à défaut de leur faire du bien (**▶ Rousseau**).

▶ Mais n'est-ce pas trop demander à un individu de vouloir le bien d'autrui avant son propre bien ? Surmonter son amour de soi n'est pourtant pas nécessaire pour agir bien : parce que le pur altruisme peut conduire à des comportements irréfléchis, l'utilitarisme* propose de régler sa conduite sur la recherche, non pas du bien d'autrui, mais de celui du groupe tout entier.

▶ Il faut cependant distinguer « bien agir » (au sens moral) et « chercher le bien d'autrui » (au sens de se mettre au service de ses intérêts). Selon Kant, la morale ne prescrit pas de faire le bonheur d'autrui, surtout s'il n'a rien demandé, mais de le respecter en tant que personne, ce qui interdit de le réduire à un moyen en vue de son propre bonheur (**▶ Kant**).

Les notions La morale, le devoir

Les **explications** de **textes**

▶ Des extraits des œuvres suivantes sont expliqués dans l'ouvrage.

FREUD, *Malaise dans la civilisation*,	**▶ Freud** p. 283
HUME, *Traité de la nature humaine*,	**▶ Hume** p. 296
NIETZSCHE, *Aurore*,	**▶ Nietzsche** p. 327
SARTRE, *L'Être et le Néant*,	**▶ Sartre** p. 346

Séries L, ES et S

Le désir

Edvard Munch a peint à plusieurs reprises le thème du baiser, dans lequel les contours de visages se fondent, figurant la force du désir.

Le désir nous apparaît souvent comme une volonté libre et puissante : si nous disons parfois que nous désirons une pomme, nous sentons bien tout ce qui sépare un tel désir du désir amoureux, par exemple, ou du désir de liberté.

Mais qu'ont donc en commun un peuple avide de liberté et un amoureux ? Indépendamment des objets vers lesquels il tend, le désir semble exercer sur nous, et à travers nous, une puissance. Mais quelle est cette puissance ? Et devons-nous nous en méfier ?

Les notions Le sujet, la conscience, autrui, la liberté, le bonheur
Les auteurs Épicure, Hegel, Hume, Platon, Spinoza
Les repères Essentiel/accidentel

Le désir — **Le sujet**

Qu'est-ce que le désir ?

Un sentiment né de la représentation d'un manque

▶ On se représente souvent le désir comme un sentiment joyeux : pourtant, il naît de la représentation d'un manque, d'une privation.

▶ Le désir persiste dans le temps parce qu'il se nourrit de cette idée d'un manque qui le fait durer en l'absence de l'objet désiré. En ce sens, il se distingue de l'**envie**, qui n'est qu'une volonté passagère, mais aussi du **besoin**, qui naît d'un manque que l'on peut facilement combler.

▶ Mais d'où vient l'idée qu'il nous manque quelque chose ? L'étymologie du mot « désir » témoigne de l'ambiguïté de ce qui motive notre désir. Il a deux origines possibles : *desiderare*, qui signifie en latin « nostalgie », « regret de l'astre perdu », et *desidere*, qui veut dire « ne plus contempler l'astre », « ne plus être fasciné par lui ». Désirer reviendrait donc à chercher à retrouver ce que nous avons perdu, ou bien à conquérir ce que nous n'avons pas encore.

Un sentiment qui tend à la satisfaction

▶ Le désir cherche la satisfaction, ou le plaisir, en ciblant un objet qui lui en apparaît comme une source possible. Mais le rapport du désir à sa satisfaction est ambivalent : le désir tend-il vers sa propre **disparition** (le plaisir serait de posséder l'objet), ou vers sa **renaissance** permanente (le plaisir consisterait à désirer) (➔ **le bonheur**) ?

▶ Épicure considère que le désir est la **tendance qui va du besoin au plaisir**. Il est provoqué par le manque, dont la disparition produit le plaisir. Cette définition remet donc en cause la spécificité du désir par rapport au besoin : les vrais désirs, pour Épicure, sont les désirs « nécessaires et naturels », c'est-à-dire ceux qui s'apparentent à des besoins (se nourrir, se chauffer), et le plaisir n'est que le signe naturel de la disparition du besoin (➔ **Épicure**).

▶ Mais alors que le besoin s'éteint une fois satisfait, le **propre du désir** n'est-il pas, au contraire, de ne jamais s'épuiser dans sa satisfaction ?

Faut-il craindre la puissance de nos désirs ?

question clé

Évoquer la puissance de nos désirs, c'est envisager l'intensité des désirs face auxquels nous pouvons nous sentir vulnérables. Mais comment pouvons-nous être victimes de nos désirs et en quoi sont-ils susceptibles de nous menacer, puisque c'est nous qui désirons ? Il s'agit de savoir ce qui, en eux, dépasserait nos propres forces, et si nous avons les moyens de nous opposer à leur puissance.

La réponse de **Platon**

Nous devons nous méfier de l'illimitation du désir.

> SOCRATE. – Regarde bien si ce que tu veux dire, quand tu parles de ces deux genres de vie, une vie d'ordre et une vie de dérèglement, ne ressemble pas à la situation suivante. Suppose qu'il y ait deux hommes qui possèdent, chacun, un grand nombre de tonneaux. Les tonneaux de l'un sont sains, remplis de vin, de miel, de lait, et cet homme a encore bien d'autres tonneaux, remplis de toutes sortes de choses. Chaque tonneau est donc plein de ces denrées liquides qui sont rares, difficiles à recueillir et qu'on n'obtient qu'au terme de maints travaux pénibles. Mais, au moins, une fois que cet homme a rempli ses tonneaux, il n'a plus à y reverser quoi que ce soit ni à s'occuper d'eux ; au contraire, quand il pense à ses tonneaux, il est tranquille. L'autre homme, quant à lui, serait aussi capable de se procurer ce genre de denrées, même si elles sont difficiles à recueillir, mais comme ses récipients sont percés et fêlés, il serait forcé de les remplir sans cesse, jour et nuit, en

Le désir **Le sujet**

s'infligeant les plus pénibles peines. Alors, regarde bien, si ces deux hommes représentent chacun une manière de vivre, de laquelle des deux dis-tu qu'elle est la plus heureuse ? Est-ce la vie de l'homme déréglé ou celle de l'homme tempérant ? En te racontant cela, est-ce que je te convaincs d'admettre que la vie tempérante vaut mieux que la vie déréglée ? Est-ce que je ne te convaincs pas ?
CALLICLÈS. – Tu ne me convaincs pas, Socrate. Car l'homme dont tu parles, celui qui a fait le plein en lui-même et en ses tonneaux, n'a plus aucun plaisir, il a exactement le type d'existence dont je parlais tout à l'heure : il vit comme une pierre. S'il a fait le plein, il n'éprouve plus ni joie ni peine. Au contraire, la vie de plaisirs est celle où on verse et on reverse autant qu'on peut dans son tonneau !

PLATON, *Gorgias*, IVe siècle av. J.-C.

Ce que dit **Platon**

▶ Socrate distingue d'abord deux types d'existence : la « **vie d'ordre** » et la « **vie déréglée** ». La première est représentée par l'image d'un homme possédant des tonneaux remplis d'aliments, la seconde par celle d'un homme dont les tonneaux sont troués.

▶ Il invite alors Calliclès à comparer ces deux modes de vie du point de vue du bonheur et attire son attention sur la **nature morale** de cette alternative : l'« homme tempérant », celui qui dispose de tonneaux en bon état, combat l'illimitation du désir, alors que l'« homme déréglé », celui dont les tonneaux sont endommagés, entretient un mauvais rapport avec son désir.

▶ Calliclès lui oppose alors une autre image : l'homme qui jouit du contenu de ses tonneaux « **vit comme une pierre** », c'est-à-dire qu'il mène une **vie non vivante**, alors que l'homme aux tonneaux fêlés, lui, vit une « **vie de plaisirs** ». Pour Calliclès, la démesure du désir n'est pas à combattre, car elle épouse le mouvement perpétuel de la vie.

▶ Le dialogue s'achève sur deux définitions de la **bonne vie** : la bonne vie de celui qui, combattant la puissance de ses désirs, est sans manque et sans désir (tonneaux remplis), et la bonne vie de celui qui jouit de cette puissance et dont le désir est plaisir (tonneaux toujours à remplir).

Les **enjeux** philosophiques

On pourrait penser que ce qui est à craindre dans le désir est l'emprise qu'il exerce sur nous. S'il n'apparaît pas effrayant en soi, il semble que nous fassions l'expérience de sa puissance dans notre propre incapacité à contenir certains de nos désirs : c'est le caractère excessif et aliénant du désir que nous serions alors fondés à craindre.

Craindre la puissance de nos désirs

▶ En effet, la crainte est un sentiment triste issu de notre projection dans un avenir où nous entrevoyons qu'une chose peut nous nuire ou nous détruire. Or, soumis à une quête permanente marquée par les impulsions du manque, nous souffrons, comme le dit Socrate, à la fois du manque et du caractère illimité de cette quête qui nous conduit de désir en désir sans que nous puissions en voir le terme. Ce serait donc du point de vue du bonheur que nous serions fondés à craindre l'illimitation du désir.

Le tonneau des Danaïdes

L'image de la « vie déréglée » fait écho au supplice des Danaïdes. Après avoir tué leurs époux, les filles du roi Danaos furent condamnées à remplir aux Enfers un tonneau percé. Comme souvent dans la mythologie, le supplice prend la forme d'une tâche sans fin, en réponse à l'*hybris* (la « démesure » en grec) qu'il sanctionne.
➔ **Platon**

▶ Mais si l'illimitation du désir peut nous conduire à nous en méfier, sommes-nous pour autant fondés à le fuir ? Face à nos désirs, sommes-nous sans armes ?

Ne pas craindre nos désirs mais les réguler

▶ Le désir semble se caractériser par une tendance à se perpétuer. Mais devons-nous être victimes de cette tendance ou pouvons-nous la combattre ? Selon Socrate, seul l'« homme tempérant » trouve en lui la force d'opposer à l'excès du désir sa propre satisfaction, en jouissant de ce qu'il possède une fois un désir comblé. Pourtant, certains désirs ne sont-ils pas par nature inextinguibles ?

▶ C'est ce que soutient Épicure dans la *Lettre à Ménécée*. Les désirs qui ne nous sont pas donnés par la nature, dit-il, sont des « **désirs vides** » : parce qu'ils ne sont pas limités, ils nous condamnent au malheur d'une quête

> *Le désir se caractérise par une tendance à se perpétuer.*

sans fin. Comment nous en libérer ? En opposant à leur puissance, dit Épicure, cette autre puissance qu'est la **connaissance vraie du désir**. Si le désir est la tendance de l'âme qui va du besoin au plaisir, s'il disparaît donc dans le plaisir, les désirs vides sont de **faux désirs** qu'il convient d'identifier en tant que tels. Dès lors, nous n'avons aucune raison de craindre la puissance de ces désirs, qui, de fait, ne tient qu'à notre ignorance (**Épicure**).

▶ Pourtant, n'est-ce pas dénaturer le désir que de le ramener à une **limite** en vue de le maîtriser ? La puissance n'est-elle pas, comme le dit Calliclès, l'**essence** même du désir (**essentiel/accidentel**) ?

▶ Tout le problème est de savoir si la puissance du désir s'exerce contre nous. Quand la force d'un désir nous dépasse, sommes-nous les esclaves malheureux du désir, ou expérimentons-nous notre propre puissance ?

Éprouver notre puissance

▶ Dans le *Banquet* de Platon, Socrate raconte comment la prêtresse Diotime lui a enseigné l'essence du **désir amoureux**. Nul ne sait ce qu'est le désir, dit Diotime, s'il n'interroge le mythe de la naissance d'Éros : le demi-dieu de l'amour est né du viol de Poros, figure de l'abondance, par Pénia, figure de la pauvreté, un jour que Poros s'était endormi, ivre, dans les jardins où les dieux fêtaient la naissance d'Aphrodite, déesse de la beauté (**Platon**).

> Le désir est tendu par essence entre le dénuement et la plénitude.

▶ Si le désir est indissociablement **ardeur** et **souffrance**, c'est ainsi parce qu'il est tendu par essence entre le dénuement et la plénitude. Dans le sentiment amoureux, nous éprouvons cette puissance qui nous projette de façon indéfinie au-delà de nos propres forces. Comment pouvons-nous alors craindre une puissance qui, en réalité, est la nôtre ? Craindre nos désirs à cause de leur puissance, n'est-ce pas méconnaître l'essence même du désir ?

▶ C'est au fond ce que dit Spinoza lorsqu'il définit le désir comme essence de l'homme : si le désir est notre essence, on ne voit pas en quoi il serait bon de le contenir ni de distinguer entre de bons et de mauvais désirs. Puisque notre essence s'exprime dans le désir, sa puissance n'est pas une source de peur mais, au contraire, d'une **joie** qui n'est autre que le signe de l'augmentation de notre propre puissance (**Spinoza**).

▶ Par conséquent, si un désir peut nous effrayer, ce n'est jamais du fait de sa puissance, mais de notre aveuglement ou de notre incapacité à déterminer ses causes. Bien sûr, nous pouvons nous perdre dans notre désir, nous tromper en désirant une chose. Pourtant, nous ne devons avoir peur ni du désir ni de sa puissance, puisqu'il nous revient alors d'opérer un travail de compréhension et de connaissance, qui sera encore l'occasion de nous renforcer.

Les sujets expliqués

Les **dissertations**

Faut-il désirer l'impossible ?

▶ Désirer l'impossible, ce serait faire porter notre désir sur un objet inaccessible. Pourtant, ce qu'il nous est impossible d'atteindre maintenant le sera-t-il toujours ? Et comment savons-nous qu'il nous est impossible de l'obtenir si nous ne mettons pas en œuvre notre désir pour faire en sorte que l'impossible devienne possible ?

▶ La question est ici de savoir s'il est bon ou mauvais de faire porter notre désir sur des objets qu'il nous est difficile, voire impossible d'atteindre. Si le désir a pour but de s'éteindre dans sa satisfaction, mieux vaut alors identifier ce qu'il nous est possible d'atteindre. Néanmoins, le fait de désirer sans cesse n'est-il pas aussi source de plaisir ? Par ailleurs, est-il possible de faire porter notre désir sur des choses faciles à obtenir ? Sommes-nous maîtres de nos désirs ?

Un plan possible

▶ On pourra d'abord démontrer qu'il est préférable ne pas désirer l'impossible, dans la mesure où un tel désir pourrait nous faire souffrir. C'est ce que soutient Épicure, en condamnant les « désirs vides ». Ces derniers, dont l'exemple type est le « désir d'immortalité », sont produits par notre imagination ou résultent de notre oubli de la limite naturelle assignée au désir (➔ **Épicure**).

▶ Cependant, il faut envisager les limites d'une telle hypothèse, en interrogeant la frontière qui sépare le besoin du désir. Le propre du désir n'est-il pas de chercher autre chose que sa seule satisfaction ? Aussi, n'avons-nous pas intérêt à faire porter notre désir sur ce qui nous est inaccessible, afin de lui garantir une pérennité (➔ **Platon**) ?

▶ Enfin, si le désir élargit le champ du possible, en exprimant notre puissance d'agir, condamner le désir de l'impossible est absurde, dans la mesure où ce qui est en jeu dans tout désir est l'augmentation de notre puissance (➔ **Spinoza**).

Les notions   La liberté, le bonheur

Le désir   **Le sujet**

Le désir suppose-t-il autrui ?

▶ Le désir relève de ma subjectivité et, en tant que tel, il m'apparaît comme une réalité personnelle, voire intime : il semble *a priori* étrange de penser qu'autrui intervient d'une quelconque manière dans sa formation. Bien sûr, le désir amoureux vise autrui comme son objet, mais en quoi et comment tout désir impliquerait-il autrui ?

▶ Le désir a-t-il besoin d'autrui pour exister ? Autrui, celui qui à la fois me ressemble et diffère de moi, est-il la cause nécessaire, ou seulement occasionnelle du désir ?

▶ Il convient donc de s'interroger sur la formation du désir : pouvons-nous affirmer que notre désir, même quand il ne porte pas sur autrui, est « pur » de toute relation à l'autre ? Mais comment se fait-il que nous désirions certains objets et pas d'autres ?

Un plan possible

▶ Seuls nos désirs sociaux supposent autrui, mais ce sont de faux désirs, à la différence des désirs donnés par la nature. En effet, ces derniers ne proviennent ni ne se réfèrent à autrui (**Épicure**).

▶ Pourtant, le désir est-il possible dans la solitude ? Autrui n'est-il pas celui qui détermine non seulement mes choix d'objets, mais jusqu'à l'existence de désirs en moi, ainsi que leur valeur à mes yeux (**Hume**) ?

▶ Si le désir suppose autrui, c'est parce que, quand je désire un objet, ce que je désire, plus que cet objet, c'est la reconnaissance de l'autre. Le désir suppose autrui dans la mesure où ce que je veux, à travers tout désir, c'est exister aux yeux d'autrui (**Hegel**).

Les notions   Le sujet, la conscience, autrui

Les **explications** de **textes**

▶ Des extraits des œuvres suivantes sont expliqués dans l'ouvrage.

PLATON, *Gorgias*,	**bonheur** p. 242
DESCARTES, Lettre à Élisabeth,	**Descartes** p. 268
PLATON, *Banquet*,	**Platon** p. 335
SCHOPENHAUER, *Le Monde comme volonté et comme représentation*,	**Schopenhauer** p. 350

Série L

L'existence et le temps

le sujet

La perspective de la mort menace de priver nos existences de sens.

Les saisons, le vieillissement des corps sont autant de marques du passage du temps. Soumis aux changements par lesquels il s'imprime sur nous, nous sommes aussi définis par notre conscience du temps. Notre mémoire nous rapporte au passé, notre imagination à l'avenir, notre attention au présent. Ainsi faits, nous affrontons l'existence et nous nous interrogeons sur son sens. Nous savons en effet que nous allons mourir : que faire, alors, de ce temps qui nous est imparti ? Une existence vouée à la mort peut-elle seulement avoir un sens ?

Les notions — Le sujet, la conscience, le désir, l'art, théorie et expérience, la vérité, la liberté, le bonheur

Les auteurs — Bergson, Épicure, Kant, Nietzsche, Pascal, Schopenhauer

Les repères — Contingent/nécessaire/possible

L'existence et le temps **Le sujet**

Qu'est-ce que l'existence, qu'est-ce que le temps ?

L'existence et la conscience du temps

▶ Quand nous disons qu'une chose est, cela signifie qu'elle existe, qu'elle est inscrite dans la **réalité**. En revanche, quand nous disons ce qu'est cette chose, nous ne parlons pas de son **existence**, mais de son **essence**. L'existence est donc ce qui se distingue de l'essence.

▶ Ordinairement, on confond l'**existence** et la **vie**, or exister, ce n'est pas seulement être inscrit dans la réalité. Quand je parle de ma vie, je n'entends pas seulement par là ma **vie biologique**, celle que j'ai en commun avec les plantes et les animaux, mais mon existence, qui se définit par le fait que je ne me contente pas d'être en vie, ni d'être là. J'ai en même temps conscience d'être là et **conscience** du fait qu'un temps m'est donné et que je dois en faire quelque chose (➔ **la conscience**).

▶ C'est la raison pour laquelle on ne parle pas de l'existence d'un poisson – on parle de sa vie –, mais de l'existence de l'homme, qui, parce qu'il a conscience de son existence et de sa finitude, se pose la question de son **sens** (➔ **la liberté**).

Le temps, une réalité subjective

▶ On pourrait définir le temps, qui est ce en quoi se déploie notre existence, comme l'ensemble du **passé**, du **présent** et de l'**avenir**. Mais comme le remarque Augustin, ce serait alors définir le temps comme l'ensemble de ce qui n'est plus, de ce qui n'est pas encore et de ce qui passe sans cesse de l'un à l'autre.

▶ Il est bien sûr possible de donner au temps une certaine **matérialité** : sur une horloge, nous croyons voir le temps comme s'il était extérieur à nous. Pourtant, nous savons bien que certaines heures nous semblent plus longues que d'autres, et que le temps des horloges ne correspond pas à celui que nous vivons.

▶ Le temps existe-t-il en dehors de nous, ou seulement par nous ? Le passé, le présent et l'avenir n'existent-ils pas seulement grâce à notre **mémoire**, notre **attention** et notre **imagination** (➔ **le sujet**) ?

question clé
Peut-on vaincre le temps ?

Inscrits dans le temps par une existence vouée à la mort, nous sommes doublement temporels, puisque nous avons aussi conscience du temps. Nous l'éprouvons physiquement (nous grandissons, nous vieillissons) et affectivement (nous perdons des choses, des gens). Comment alors combattre cette réalité fuyante qui, à la fois, nous échappe et nous traverse ? Comment espérer une victoire sur ce qui nous conduit inéluctablement vers la mort ?

La réponse de **Nietzsche**

C'est par la conscience que nous avons du temps que nous sommes vaincus par lui.

> Observe le troupeau qui paît sous tes yeux : il ne sait ce qu'est hier ni aujourd'hui, il gambade, broute, se repose, digère, gambade à nouveau, et ainsi du matin au soir et jour après jour, étroitement attaché par son plaisir et son déplaisir au piquet de l'instant, et ne connaissant pour cette raison ni mélancolie ni dégoût. C'est là un spectacle éprouvant pour l'homme, qui regarde, lui, l'animal du haut de son humanité, mais envie néanmoins son bonheur – car il ne désire rien d'autre que cela : vivre comme un animal, sans dégoût ni souffrance, mais il le désire en vain, car il ne le désire pas comme l'animal. L'homme demanda peut-être un jour à l'animal : « Pourquoi ne me parles-tu pas de ton bonheur, pourquoi restes-tu là à me regarder ? » L'animal voulut répondre, et lui dire : « Cela vient de ce que j'oublie immédiatement ce que je voulais dire » – mais il oublia aussi cette réponse, et resta muet – et l'homme de s'étonner.
> Mais il s'étonne aussi de lui-même, de ne pouvoir apprendre l'oubli et de toujours rester prisonnier du passé : aussi loin, aussi vite qu'il coure, sa chaîne court avec lui. C'est un véritable prodige : l'instant, aussi vite arrivé qu'évanoui, aussitôt échappé du néant que rattrapé par lui, revient cependant comme un fantôme troubler la paix d'un instant ultérieur. L'une après l'autre, les feuilles se détachent du registre du temps, tombent en virevoltant, puis reviennent soudain se poser sur les genoux de l'homme. Celui-ci dit alors : « Je me souviens », et il envie l'animal qui oublie immédiatement et voit réellement mourir chaque instant, retombé dans la nuit et le brouillard, à jamais évanoui.

F. NIETZSCHE, *Considérations inactuelles*, 1873-1876.

L'existence et le temps **Le sujet**

Ce que dit **Nietzsche**

▶ Nietzsche part d'une scène de la vie animale : vie biologique faite de cycles et de répétitions, celle-ci se déroule dans le seul présent de l'action.

▶ Observant l'animal, l'homme mesure à travers lui ce qui le sépare du bonheur. Certes, sa conscience du temps l'avantage du point de vue de la connaissance, mais elle se révèle pour sa vie une entrave. D'où la mise en scène du dialogue avorté avec l'animal, qui ne dispose pas de cette **mémoire**, nécessaire au langage articulé, que l'homme considère comme la preuve de sa supériorité mais dont la valeur s'inverse au regard de la vie.

▶ Nietzsche décrit alors l'impossible combat de l'homme avec le temps. Incapable d'« **apprendre l'oubli** », écartelé entre un passé auquel l'attache sa mémoire et un avenir auquel son imagination le lie, l'homme, victime du temps par la conscience qu'il en a, est impuissant à se saisir de l'instant. Inconsistant et écrasant, le temps a prise sur lui à travers ces facultés proprement humaines qui l'écartent à jamais du **bonheur** et de sa propre puissance.

Les **enjeux** philosophiques

Notre mémoire et notre imagination nous permettent de convoquer l'avenir et le passé dans ce que nous faisons ou pensons. Pourtant, nous ne sommes pas maîtres de ces facultés : le temps s'écoule à travers nous sans que nous puissions l'arrêter. Mais, au fond, pourquoi voudrions-nous le maîtriser ?

Le temps subi et destructeur

▶ De fait, nous faisons l'**expérience négative** du temps dans les changements qu'il imprime sur nous. Le vieillissement nous apparaît comme la preuve tangible du passage de ce temps évanescent dont tout l'être, comme le dit Augustin, consiste pourtant à fuir. Nous vieillissons, et ces marques nous rappellent que le temps, dont l'essence est de passer, passe sur nous, et que, vivants, nous sommes destinés à mourir. Aussi le temps apparaît-il comme cette **réalité toxique** qui nous déforme et nous pousse vers la mort.

▶ Nous sommes alors tentés de recourir à certaines tactiques, telles que la chirurgie esthétique, le sport ou la cosmétique. Mais s'agit-il ici de lutter contre le temps ou contre les **changements** produits sur nous par le temps ? Rien ne peut enrayer le processus du vieillissement – nous pouvons tout au plus espérer mourir en ayant l'air jeune. Espérer échapper à la mort est vain. C'est pourquoi Épicure considère le désir d'immortalité comme le pire des **désirs vides** (→ **Épicure**) : loin de nous arracher à l'emprise du temps, il nous y livre sans merci, en faisant du temps compté de notre existence un temps d'efforts vains et de souffrance (→ **le désir**).

> *S'agit-il de lutter contre le temps ou contre les changements produits par le temps ?*

la bulle de savon

Dans *Le Monde comme volonté et comme représentation*, Schopenhauer compare notre existence, promise au triomphe de la mort, à une bulle de savon : « C'est ainsi, écrit-il, que nous suivons le cours de notre vie, avec un intérêt extraordinaire, avec mille soucis, mille précautions, aussi longtemps que possible, comme on souffle une bulle de savon, s'appliquant à la gonfler le plus possible et le plus longtemps, malgré la certitude qu'elle finira par éclater. »
→ **Schopenhauer**

Le temps combattu

▶ Pourtant, si nous subissons l'action destructrice du temps, ne nous est-il pas possible de le combattre ? Bien sûr, être immortel, arrêter le temps, en inverser le cours ou en sortir relèvent tout au plus d'une science-fiction consolatrice. Mais n'est-il pas possible au moins de lui résister ?

▶ Si nous ne pouvons être immortels, nous pouvons au moins **fuir** l'idée de notre mort. Dans les *Pensées*, Pascal évoque le divertissement* comme un pis-aller trouvé par l'homme pour ne plus penser à sa propre mort. Si seule l'idée de Dieu donne vraiment un sens à notre existence de mortels, celui qui n'a pas compris cela peut au moins s'absorber dans cette fuite de lui-même, qui n'est autre que la marque de sa misère humaine (→ **Pascal**). Mais, alors, sommes-nous condamnés à fuir devant le temps ? Ne pouvons-nous réunir les conditions d'un véritable affrontement ?

▶ Affronter le temps supposerait de trouver des points de résistance en lui. Dans *La Crise de la culture*, Arendt montre que l'art peut apparaître comme une tentative d'**éterniser** ce qui, de nous, peut l'être. La spécificité de l'œuvre d'art, parmi tous les objets du monde, tient en effet à son rapport au temps. Défis humains adressés au passage du temps et à la contingence de notre existence, les œuvres d'art « ne sont pas fabriquées pour les hommes, mais pour le monde, qui est destiné à survivre à la vie

L'existence et le temps **Le sujet**

> *Libre de tout rapport à la vie biologique, l'œuvre d'art accède à une potentielle immortalité.*

limitée des mortels, au va-et-vient des générations » (➜ **contingent/nécessaire/possible**). Libre de tout rapport à la vie biologique, l'œuvre d'art accède à une potentielle immortalité en créant un point d'arrêt dans le flux du temps. Mais est-ce vraiment une victoire sur le temps ? Et après tout, pourquoi devrions-nous le combattre (➜ **l'art**) ?

Le temps vaincu

▶ Si le temps est notre ennemi, il apparaît que c'est avant tout par la tristesse que peut provoquer notre déclin, et, à travers lui, l'idée de notre mort. Mais en quoi notre mort serait-elle notre défaite ?

▶ Certes, le temps nous conduit à la mort, mais cette idée doit-elle contaminer nos vies en nous condamnant à la défier ou à la fuir ? Pour Épicure, la plupart de nos souffrances et de nos comportements irrationnels ou excessifs découlent de notre peur de la mort, dont il est urgent de nous délivrer. Seul le **savoir**, dit Épicure, nous libère de cette peur, car il permet de se forger une **idée vraie de la mort**. Qu'est-elle en réalité ? Un phénomène physique qui est le contraire de la vie et que nous n'éprouverons jamais puisque nous ne serons plus là (➜ **Épicure**). Ramenée à ses limites, la mort se révèle impuissante à ruiner nos vies.

▶ La mort n'est donc plus notre défaite mais, au contraire, ce par quoi nous sommes ramenés à l'urgence de **bien vivre**. La perspective s'inverse si nous modifions notre idée de la mort : elle nous rappelle que le temps nous est compté et qu'il est donc urgent de nous en saisir et d'en faire bon usage. Le sage, dit Épicure, « cueille les fruits du temps non pas le plus long mais le plus agréable ».

▶ Vaincre le temps, c'est donc **s'affranchir** de l'idée selon laquelle la mort est un mal et que le temps est ce qui nous y conduit. Séparée de notre vie, présente en nous sous la forme d'une idée qui nous incline au plaisir, la mort n'est plus à vaincre, parce qu'elle n'est plus à craindre. C'est seulement ainsi que le temps, vaincu, peut devenir notre allié.

Les sujets expliqués

Les **dissertations**

Le temps peut-il être défini ?

▶ Nous croyons faire l'expérience concrète du temps lorsque nous grandissons. Mais la croissance n'est qu'un changement, or le changement suppose le temps mais ne le définit pas.

▶ Est-il possible de définir le temps ou n'en avons-nous qu'une intuition confuse ? S'interroger sur sa définition, c'est se poser la question de ses limites. Mais le temps n'est-il pas infini, et donc impossible à définir ?

▶ Pourtant, définir ce qui est infini est possible : la suite des entiers naturels, par exemple, est infinie, mais définie par son principe d'engendrement. Le problème posé par la définition du temps ne tient donc pas à son infinité, mais à sa fluidité : le temps est fait d'un passé qui n'existe plus, d'un avenir qui n'existe pas encore et d'un présent qui s'écoule sans cesse de l'avenir vers le passé. Mais comment une chose dont tout l'être est de passer pourrait-elle être définie, donc figée ?

Un plan possible

▶ Le temps ne peut pas être l'objet d'une définition mais d'une intuition. C'est ce que démontre Bergson par sa critique du temps mesuré : si l'on pense définir le temps en le mesurant, on se trompe, puisqu'on le spatialise. Or on ne se promène pas dans le temps comme on le fait dans l'espace. À cette mesure du temps qui l'objective et le fausse, Bergson oppose ce qu'il appelle la durée, temps vécu dont on ne peut avoir que l'intuition (➔ **Bergson**).

▶ Si le temps n'est pas un objet extérieur à nous, c'est aussi parce qu'il est la condition de toute expérience, de notre rapport au monde. L'idée du temps fait donc partie des structures de notre esprit, ainsi que l'indique Kant : il est une structure transcendantale* de notre subjectivité (➔ **Kant**).

▶ Enfin, le temps est le produit de notre subjectivité, dans la mesure où il n'existe que par nous. En effet, le passé n'existe pas sans notre mémoire, le présent sans notre attention, et l'avenir sans notre imagination.

Les notions Le sujet, théorie et expérience, la vérité

L'existence et le temps   **Le sujet**

Faut-il vivre l'instant présent ?

▶ Une certaine sagesse populaire nous invite à profiter de la vie, tout en nous incitant à anticiper les conséquences de nos actes et à tirer les leçons du passé. Mais alors, comment vivre l'instant présent ?

▶ Il s'agirait de « saisir le temps », c'est-à-dire ne pas perdre sa vie dans les regrets ou les souffrances du passé ni dans les incertitudes de l'avenir. Mais comment saisir le temps, alors qu'il passe continuellement ? Même le présent n'est que le point de passage de l'avenir dans le passé, qui se réduit à cette unité si mince qu'est l'instant, mesuré en minute, seconde, fraction de seconde…

▶ Tout l'enjeu est de savoir ce que signifie « vivre l'instant présent » pour des êtres marqués par leur conscience du temps. Est-ce oublier son passé et ne pas se soucier de l'avenir ? Mais est-ce seulement possible, et en quoi serait-ce souhaitable ?

Un plan possible

▶ Vivre l'instant présent peut sembler difficile. Nous avons en effet conscience du temps, et la mémoire et l'imagination qui font de nous des êtres temporels nous interdisent l'innocence nécessaire à celui qui entend s'absorber dans l'instant (⇒ **Nietzsche**).

▶ Pourtant, notre tendance à vivre dans le regret et la crainte pourrait s'expliquer par une absence de recul sur notre existence. De fait, celle-ci est un instant de la vie qui circule à travers des générations et s'incarne provisoirement en nous (⇒ **Schopenhauer**).

▶ Par conséquent, nous devons nous efforcer de saisir ce temps qui nous est compté, de « cueillir les fruits du temps », pour reprendre l'expression d'Épicure. Bien vivre consiste alors à se libérer, grâce au savoir et à l'effort, de tout ce qui nous détourne du plaisir (⇒ **Épicure**).

Les notions   La liberté, le bonheur

Les **explications** de **textes**

▶ Des extraits des œuvres suivantes sont expliqués dans l'ouvrage.

PASCAL, *Pensées*,	⇒ **Pascal**	p. 331
SARTRE, *L'existentialisme est un humanisme*,	⇒ **Sartre**	p. 345
SÉNÈQUE, *De la brièveté de la vie*,	⇒ **Sénèque**	p. 355

Séries L, ES et S

La culture

Depuis l'Antiquité, les bibliothèques constituent des lieux de conservation et de transmission de l'héritage culturel.

La culture englobe toute activité ou production spécifiquement humaine. Transmise de génération en génération, elle définit notre identité, que ce soit au niveau des individus, d'un groupe social, d'une nation ou encore de l'espèce humaine. Elle s'opposerait donc à ce qu'il y a de naturel, d'inné, voire de sauvage en l'homme. Mais si elle constitue pour certains l'essentiel de la condition humaine et marque sa rupture avec le règne animal, elle n'est pour d'autres qu'un vernis ne parvenant jamais à cacher notre nature profonde. C'est donc l'intérêt d'une réflexion philosophique que d'éclairer ces écarts d'interprétation.

Les notions La conscience, l'histoire, la raison et le réel, la société, la justice et le droit, la morale, la liberté

Les auteurs Hegel, Kant, Rousseau, Sartre

Les repères Genre/espèce/individu, universel/général/particulier/singulier

Qu'est-ce que la culture ?

La transformation de la nature par l'homme

▶ Dans son sens le plus large, la culture désigne l'ensemble des activités humaines visant à transformer la nature et le résultat de cette transformation. Réalité universelle, elle comprend des **productions matérielles** (vêtements, outils, œuvres d'art, etc.), **intellectuelles** (langues, idées, etc.) et **morales** (habitudes, valeurs, croyances, etc.).

▶ La culture se réfère aux éléments qui, n'étant pas immédiatement présents dans la nature (n'étant ni innés* biologiquement ni donnés par l'environnement), sont **acquis***, **inventés** ou **créés** par l'homme, puis **transmis** à travers les générations (l'héritage culturel). Le phénomène culturel est donc au fondement de l'histoire humaine (➔ **l'histoire**).

Un ensemble particulier d'institutions

▶ Dans un sens plus restreint, c'est-à-dire dans une **perspective sociologique ou ethnologique**, la culture se définit comme un ensemble de pratiques et de représentations propres à une société historiquement et géographiquement définie (➔ **la société**). Il convient alors de parler des cultures – la culture française, la culture chinoise, etc. –, dans la mesure où chacune renvoie à des règles et à des valeurs qui caractérisent le mode de vie d'une société et la différencient des autres.

▶ Ces différents systèmes culturels évoquent aussi la notion de **civilisation**. Celle-ci désigne un certain état d'avancement d'une culture, une transmission durable de ses mœurs, de son art, de sa science, etc. Cependant, cette notion est ambiguë, car elle induit parfois une hiérarchie entre les cultures (des civilisations sont jugées « plus évoluées » que d'autres), voire le rejet de certaines (les « civilisés » s'opposent eux-mêmes aux « barbares ») (➔ **la morale**).

Un développement individuel

▶ D'un point de vue individuel, la culture désigne l'ensemble des **connaissances** acquises par une personne qui vont lui permettre de développer ses idées, ses goûts et son jugement (➔ **la conscience, la liberté**).

▶ Il s'agit donc du **processus** par lequel un individu intègre les savoirs et les codes de la société à laquelle il appartient.

question clé : La culture dénature-t-elle l'homme ?

L'homme se distingue de l'animal par le fait que son savoir, ses techniques et ses valeurs se transmettent et s'accumulent au fil des générations. Mais faut-il considérer cette capacité d'évolution comme un véritable progrès ? L'héritage culturel rend-il l'être humain plus moral et plus heureux, ou bien relève-t-il d'une forme de perversion à l'égard de ce qui constitue sa nature profonde ?

La réponse de **Rousseau**

La faculté de se perfectionner, qui fait de l'homme un être de culture, l'éloigne de la nature et devient la source de tous ses malheurs.

[...] il y a une autre qualité très spécifique qui [...] distingue [l'homme de l'animal], et sur laquelle il ne peut y avoir de contestation, c'est la faculté de se perfectionner ; faculté qui, à l'aide des circonstances, développe successivement toutes les autres, et réside parmi nous tant dans l'espèce que dans l'individu, au lieu qu'un animal est, au bout de quelques mois, ce qu'il sera toute sa vie, et son espèce, au bout de mille ans, ce qu'elle était la première année de ces mille ans.

Pourquoi l'homme seul est-il sujet à devenir imbécile ? N'est-ce point qu'il retourne ainsi dans son état primitif, et que, tandis que la bête, qui n'a rien acquis et qui n'a rien non plus à perdre reste toujours avec son instinct, l'homme reperdant par la vieillesse ou d'autres accidents tout ce que sa *perfectibilité* lui avait fait acquérir, retombe ainsi plus bas que la bête même ?

Il serait triste pour nous d'être forcés de convenir que cette faculté distinctive, et presque illimitée, est la source de tous les malheurs de l'homme ; que c'est elle qui le tire, à force de temps, de cette condition originaire, dans laquelle il coulerait des jours tranquilles et innocents ; que c'est elle, qui faisant éclore avec les siècles ses lumières et ses erreurs, ses vices et ses vertus, le rend à la longue le tyran de lui-même, et de la Nature.

J.-J. Rousseau, *Discours sur l'origine et les fondements de l'inégalité parmi les hommes*, 1755.

Ce que dit **Rousseau**

▶ Ce qui différencie l'homme de l'animal est sa **capacité de se perfectionner** en conservant et en accumulant ce qu'il a acquis* aux niveaux individuel et collectif.

▶ Cette « perfectibilité » fait de nous des **êtres de culture**. Elle nous permet de sortir de notre « condition originaire » : la condition de l'homme primitif, l'homme sans ses qualités acquises au cours du temps. Pour Rousseau, cette interprétation reste par ailleurs une fiction théorique, puisque rien ne permet de savoir ce qu'a pu être cet homme primitif.

▶ Pour autant, cette qualité spécifique n'est pas sans effets néfastes. Rousseau remarque ainsi que cette capacité de se perfectionner peut entraîner notre **perte** : une fois sorti de l'état de nature, l'homme « retombe plus bas que la bête » lorsqu'il oublie ou est privé de ce qu'il a acquis. Ne possédant plus l'instinct propre à l'animal, il est alors démuni.

▶ Plus tragiquement encore, cette capacité est à l'origine des malheurs humains. En se civilisant et en développant des vertus morales, l'homme a produit les vices qui les accompagnent nécessairement (méchanceté, servitude, perversion, etc.). En perdant son innocence originaire, il est sorti de la **neutralité propre à l'état de nature***. De plus, l'enrichissement intellectuel permis par l'invention de la société a engendré en retour une corruption à sa mesure.

Les **enjeux** philosophiques

S'il est difficile de nier que l'homme soit un être de culture, il est en revanche légitime de s'interroger sur les réels bienfaits que produit cette situation particulière. En transformant leur condition au moyen de ce qu'ils ont acquis, les êtres humains deviennent-ils meilleurs ? Toute la difficulté de cette interrogation est qu'elle suppose un point de départ, une nature originaire de l'homme, que ce dernier améliorerait ou, à l'inverse, dégraderait. Mais peut-on identifier cette nature originaire ?

La critique de la culture au nom de la nature

▶ Guerres, crimes, esclavage, etc., le **spectacle de l'homme** dit civilisé est loin d'être toujours réjouissant. Il convient alors de se demander si notre condition d'origine n'était pas plus simple. Si les individus y déployaient moins de qualités, peut-être leurs conduites étaient-elles moins déviantes. C'est l'hypothèse de Rousseau, qui postule l'innocence de l'homme primitif (▶ **Rousseau**).

▶ Cette **remise en cause des bienfaits de la culture** semble être renforcée par le constat du caractère très divers et relatif des normes* sociales et culturelles. Celles-ci varient en fonction des lieux et des époques, et paraissent souvent arbitraires, voire absurdes, à celui qui les observe de l'extérieur. Il est alors tentant de dénoncer certaines particularités culturelles au nom des éléments plus universels que l'on trouverait dans la nature (➲ **universel/général/particulier/singulier**).

Le gobelet de Diogène

Diogène le Cynique (v. 404-v. 323 av. J.-C.) est resté célèbre pour sa détermination à mener une vie anticonformiste. Se moquant de toute forme de pouvoir et de reconnaissance sociale, le penseur grec habitait dans une simple jarre et faisait les choses les plus intimes sur la place publique. Il transgressait toutes les règles sociales et culturelles en se réclamant de la nature. Un jour, voyant un enfant boire de l'eau dans ses mains, il jeta aussitôt son gobelet réalisant que ce récipient était superflu. Ce geste est une façon de dénoncer l'arbitraire des normes culturelles au nom d'une loi supposée de la nature*.

La nature de l'homme : une fausse question

▶ Mais ces réflexions sur un hypothétique état de l'homme avant sa transformation par la culture ont-elles un sens ? D'une part, la plupart des données paléontologiques montrent que l'*Homo sapiens* a toujours vécu en groupe et transmis son savoir-faire. D'autre part, même l'**héritage biologique** de l'homme s'est modifié parallèlement à la transformation de son environnement culturel. Dans *Le Paradigme perdu*, le sociologue Edgar Morin souligne par exemple que les évolutions culturelles et anatomiques de notre espèce ont toujours été interdépendantes, les avancées des premières rendant à chaque fois possibles les secondes, et réciproquement. L'espèce humaine se caractériserait donc par le changement et l'acquisition plutôt que par une nature stable et définie une fois pour toutes (➲ **genre/espèce/individu**).

L'existentialisme est un humanisme est le texte à peine retouché d'une conférence donnée en 1945.

▶ Ne faut-il pas alors reconnaître que le propre de l'homme est de ne pas avoir de nature ? C'est la thèse que défend Sartre dans *L'existentialisme est un humanisme* : selon lui, l'homme s'invente lui-même au gré de ses projets. Loin d'avoir une nature originelle, une essence qui le définit au départ, ce dernier choisit ce qu'il veut être. Son **existence** seule le définit (➔ Sartre). La culture ne saurait donc « dénaturer » l'homme, puisque celui-ci se caractérise par la transformation permanente de sa condition initiale.

La culture, une ruse de la nature

▶ Mais si la quête de « l'homme primitif » est une impasse, la négation de toute nature humaine n'est pas non plus exempte d'incohérences. Après tout, si l'homme se caractérise par une **constante autotransformation**, pourquoi ne pas attribuer cette qualité à un don de la nature elle-même ? En effet, les manifestations variées du phénomène culturel sont peut-être justement le plein accomplissement du potentiel que la nature a mis en nous.

▶ Explorant cette idée, Kant émet l'hypothèse d'un **plan caché de la nature**. L'homme aurait été doté de la raison et de la faculté de libre choix afin de pouvoir échapper à l'instinct et de développer progressivement ses dispositions au niveau de l'espèce tout entière (➔ Kant).

Par-delà le culturel et le naturel

▶ Même si cette idée d'un plan caché de la nature est invérifiable, elle renouvelle notre compréhension du problème. D'abord, elle nous invite à renoncer à scinder l'homme en deux, le naturel et le culturel, dont il s'agirait de délimiter les parts d'influence respectives. Ce renoncement est salutaire, ces deux dimensions étant chez l'homme moderne si enchevêtrées qu'un tel départage est scientifiquement difficile à établir. Il est ardu de distinguer en nous le biologique et l'héréditaire, d'un côté, de l'éducatif et l'acquis*, de l'autre.

> *Il est difficile de distinguer en nous le biologique et l'héréditaire, d'un côté, de l'éducatif et l'acquis, de l'autre.*

▶ Se focaliser sur le point d'arrivée du processus culturel (plutôt que sur son origine) permet aussi de comprendre que l'idée d'une « dénaturation » traduit un **jugement de valeur** à l'égard du type de culture que nous produisons. Cela revient à penser que nous ne sommes pas à la hauteur de ce que nous devrions être. Dans ce cas, n'est-il pas préférable de se demander quelles sont les normes culturelles que l'on juge dignes de correspondre à une « seconde nature », à l'aboutissement de la culture humaine ? Cela nécessiterait d'isoler au sein des différentes cultures, non pas ce qu'il reste de naturel, d'originaire en l'homme, mais ce qui converge vers ce qu'il y a d'idéal pour lui.

Les sujets expliqués

Les **dissertations**

La culture nous protège-t-elle contre la violence ?

▶ L'idée que la violence est moins présente à mesure que le degré de culture s'élève repose sur une opposition de bon sens : alors que la violence se traduit par un déchaînement irréfléchi et mal contrôlé de la force, les règles culturelles visent à discipliner nos comportements.

▶ Pourtant, aucune culture n'est capable de garantir l'absence de conduites déviantes. Le XXe siècle nous rappelle d'ailleurs que c'est au sein des sociétés occidentales dites les plus « civilisées » qu'ont germé des conflits mondiaux sanglants.

▶ Est-il possible de dépasser cette tension ? Le développement culturel peut-il canaliser les formes de violence inédites qu'il participe à créer ?

Un plan possible

▶ L'héritage culturel transmet aux membres d'un groupe des pratiques et des interdits qui les aident à coexister comme des êtres civilisés plutôt que de survivre comme des bêtes. En ce sens, le phénomène culturel permet à l'humanité de s'extraire de l'état de nature en maîtrisant la violence des éléments extérieurs – la nature non domestiquée – et celle des éléments intérieurs – les instincts (➔ Hegel).

▶ Cependant, les normes culturelles génèrent des contradictions. D'une part, tout interdit peut engendrer le désir de sa transgression. D'autre part, les valeurs culturelles varient suivant les lieux et les époques, et c'est souvent de leur confrontation que surgit la violence.

▶ L'enjeu du politique et du droit est alors à la fois de protéger la culture contre ses propres dérives et d'éviter que la valorisation d'une culture ne se fasse au détriment d'une autre.

Les notions ▶ L'histoire, la justice et le droit

La culture | **La culture**

Sommes-nous prisonniers de notre culture ?

🔴 Chaque culture est un système spécifique de représentations et de pratiques qui façonne les consciences des individus. Notre éducation nous a appris à considérer nos règles et nos valeurs culturelles comme « normales », aussi nous est-il difficile d'être objectifs à leur égard.

🔴 Mais cet enracinement culturel ne doit pas être vécu comme un enfermement. Cela signifierait que notre propre tradition culturelle ne fait que nous contraindre sans jamais nous construire. Or un tel point de vue présuppose naïvement que l'on peut développer nos goûts et notre jugement sans partir d'une base préalable.

🔴 Le véritable problème est donc de déterminer sous quelles conditions notre héritage culturel devient un obstacle à tout jugement objectif et freine le développement de notre potentiel individuel. Autrement dit, il s'agit de comprendre dans quels cas le rapport à notre identité culturelle rend impossible le libre usage de notre raison et de notre volonté.

Un plan possible

🔴 La transmission culturelle, qui s'opère à travers la socialisation et l'éducation, oriente notre vision du monde et notre rapport aux autres. C'est pourquoi l'ethnocentrisme – attitude qui consiste à prendre sa culture comme seule norme de référence – est aussi répandu.

🔴 Comment s'élever au-dessus de ce conditionnement initial ? On peut d'abord se tourner vers la raison, faculté universellement partagée, et les méthodes garantissant son bon usage, les protocoles de la science. La conjugaison des deux vise à dépasser une partie de nos particularités culturelles par l'élaboration d'un langage commun et la formation de l'esprit critique.

🔴 Il est ensuite nécessaire de définir les conditions morales et politiques qui favorisent, au sein d'une culture, une authentique liberté de pensée : l'éducation doit être orientée vers l'autonomie individuelle, et le régime politique doit garantir la liberté d'expression des citoyens.

Les notions La conscience, la raison et le réel, la liberté

Les **explications** de **textes**

🔴 Des extraits des œuvres suivantes sont expliqués dans l'ouvrage.

KANT, *Idée d'une histoire universelle au point de vue cosmopolitique*,	➔ l'histoire	p. 114
FREUD, *Malaise dans la civilisation*,	➔ Freud	p. 283
HEGEL, *Leçons sur la philosophie de l'histoire*,	➔ Hegel	p. 287
SARTRE, *L'existentialisme est un humanisme*,	➔ Sartre	p. 345

Séries L et ES

Le langage

Nés d'une volonté de remédier aux malentendus de la communication écrite, les emoticônes prétendent exprimer, par des symboles qui se donnent pour universels, la singularité de nos émotions.

Nous avons tendance à envisager le langage comme un simple outil de communication : il ne serait que le véhicule du sens. Pourtant, apprendre une langue étrangère nous déstabilise souvent, comme si des mots ou des syntaxes nouveaux ouvraient sur une autre représentation du réel.
Mais alors, si le langage est plus qu'un vêtement posé sur les choses, les pensées ou les sentiments, quel est donc son rapport à la réalité et à l'ensemble de nos représentations ?

Les notions La conscience, la culture, l'art, la vérité, la politique, les échanges
Les auteurs Bergson, Hegel, Nietzsche, Platon
Les repères Universel/général/particulier/singulier

Le langage — La culture

Qu'est-ce que le langage ?

introduction

Un moyen de communiquer et d'exprimer

▶ Dans un sens large, le langage désigne tout système de signes et de règles permettant la communication ou l'expression. Un **signe** est une réalité sensible qui a une double fonction : il doit **exprimer** une chose, et donc rendre présent ce qui ne l'est pas, et, par ailleurs, pour nous permettre de **communiquer**, il doit pouvoir être perçu en tant que signe.

▶ On parle ainsi du langage informatique, du langage des fleurs, du langage des corps, etc. : chacun est en effet composé de signes permettant d'échanger des informations dans un certain but (➜ **les échanges**).

Une faculté créatrice

▶ En un sens plus précis, le langage est un **pouvoir**, une capacité propre à certains êtres, leur permettant d'apprendre, d'utiliser et de créer des systèmes de signes. Ces systèmes de signes linguistiques sont appelés des **langues** et ils diffèrent en fonction des cultures. Les langues sont conventionnelles et sociales : comme le remarque le linguiste Ferdinand de Saussure, le lien entre le **signifiant** (image acoustique ou « empreinte psychique ») et le **signifié** (le concept d'une chose associé au signe) est arbitraire ou « immotivé », c'est-à-dire qu'il n'est pas naturel. Cela est prouvé par la pluralité des langues (➜ **la culture**).

▶ Celui qui est doté à la fois du langage et d'une langue jouit de ce qu'on appelle la **parole**. Celle-ci n'est pas nécessairement vocale : les sourds-muets parlent. Elle est l'acte singulier et créateur par lequel s'exerce cette faculté qu'est le langage. Par conséquent, s'il existe un langage informatique, il n'est pas possible de dire que les ordinateurs parlent, ni qu'ils s'expriment, puisque leurs messages ne résultent d'aucune intention personnelle et ne sont pas maîtrisés.

La question du langage animal

Cette capacité à s'exprimer est au cœur de la **controverse** portant sur le langage animal. Les animaux ont bien un langage, au sens où ils communiquent, mais sont-ils doués de parole ? La question est de savoir si le langage humain est simplement plus perfectionné que le langage animal, ou s'il y a entre eux une différence radicale.

Peut-on tout dire ?

La loi nous interdit de tenir des propos homophobes ou racistes. La pudeur ou la morale nous empêchent aussi de dire certaines choses. La question n'est donc pas tant de savoir si nous avons le droit de tout dire mais si nous sommes capables de tout dire. Il nous arrive en effet d'avoir du mal à nous exprimer. Est-ce alors une défaillance de notre part, ou notre parole est-elle impuissante à dire certaines choses ?

La réponse de Hegel

Nous avons la possibilité de dire tout ce que nous pensons.

❝ Nous n'avons conscience de nos pensées, nous n'avons de pensées déterminées et réelles que lorsque nous leur donnons la forme objective, que nous les différencions de notre intériorité, et que par suite nous les marquons de la forme externe, mais d'une forme qui contient aussi le caractère de l'activité la plus haute. [...] Et il est également absurde de considérer comme un désavantage et comme un défaut de la pensée cette nécessité qui lie celle-ci au mot.
On croit ordinairement, il est vrai, que ce qu'il y a de plus haut, c'est l'ineffable. Mais c'est là une opinion superficielle et sans fondement ; car, en réalité, l'ineffable c'est la pensée obscure, la pensée à l'état de fermentation, et qui ne devient claire que lorsqu'elle trouve le mot. Ainsi le mot donne à la pensée son existence la plus haute et la plus vraie.
Sans doute on peut se perdre dans un flux de mots sans saisir la chose. Mais la faute en est à la pensée imparfaite, indéterminée et vide, elle n'en est pas au mot. Si la vraie pensée est la chose même, le mot l'est aussi lorsqu'il est employé par la vraie pensée. Par conséquent, l'intelligence, en se remplissant de mots se remplit aussi de la nature des choses.

G. W. HEGEL, *Philosophie de l'esprit*, 1817.

Le langage **La culture**

Ce que dit **Hegel**

▶ Hegel nous invite ici à remettre en cause l'idée romantique selon laquelle la pensée précéderait le langage : en réalité, dit-il, **il n'y a pas de pensée sans langage**.

▶ Autrement dit, il n'y a pas, d'une part, une **pensée pure**, subjective et intérieure, et, d'autre part, une **parole objective** et extérieure qui la recueillerait. Nous ne pouvons prendre conscience de nos pensées que lorsqu'elles sont formulées.

▶ Mais alors, le langage ne fausse-t-il pas cette pensée qui ne peut nous apparaître qu'à travers lui ? Puisqu'on ne peut pas penser en dehors du langage, puisqu'il **révèle la pensée**, il ne peut la trahir, dit Hegel.

▶ S'il nous est parfois difficile de dire notre pensée, c'est donc seulement parce qu'elle est inaboutie.

Les **enjeux** philosophiques

Dire la réalité extérieure ne semble pas poser de problème : cette réalité nous est commune, et le langage humain semble suffisant pour communiquer. Mais nous est-il possible de dire aussi cette réalité singulière qui se déploie en nous sous la forme de la pensée ?

Il nous est possible de tout dire

▶ De fait, il semble que nous rencontrions parfois une **limite** du langage quand nous cherchons à exprimer nos pensées. Pourtant, admettre que certaines pensées ne peuvent pas être dites, observe Hegel, c'est supposer que le langage et la pensée sont extérieurs l'un à l'autre. Or comment nous serait-il possible de nous apercevoir de nos pensées si elles restaient informulées ?

▶ Dans le *Théétète*, Platon définit la pensée comme « un discours que l'âme se tient à elle-même sur les objets qu'elle examine ». Si elle **se développe** en nous comme un langage, on ne voit pas comment elle en excéderait les limites. Si penser c'est parler, alors le langage n'est pas seulement nécessaire pour penser, comme le dit Hegel, mais, comme le précisera Merleau-Ponty, la parole **participe** de la pensée.

▶ Si je n'arrive pas à dire ce que je veux dire, c'est donc du fait de mon **incompétence linguistique** particulière – un autre serait capable de le dire – ou bien du fait que ma pensée est encore à l'état de « fermentation » (**Hegel**).

75

▶ Pourtant, une pensée obscure n'est-elle pas une pensée ? Pour quelles raisons faudrait-il faire de la **clarté** le critère d'une pensée ?

Le langage n'est pas fait pour dire la singularité

« Quand je mange un mets réputé exquis, le nom qu'il porte, gros de l'approbation qu'on lui donne, s'interpose entre ma sensation et ma conscience », dit Bergson.

▶ Dire que l'on pense dans le langage et par lui suppose en effet une certaine conception de notre intériorité, selon laquelle se déploierait en nous, comme le dit Saussure, une « nébuleuse » d'idées, de sensations, de sentiments, qui ne trouveraient leur vérité qu'en étant formulés. Mais nos pensées, nos sentiments, nos sensations n'existent-ils que dans leur clarté (➔ **la conscience**) ?

▶ En réalité, dit Nietzsche, la clarté d'une idée manifeste moins sa vérité que le fait que nous l'ayons saisie. Or le propre de nos idées, de nos sensations et de nos sentiments n'est-il pas d'être toujours en mouvement ? Le langage fixe et généralise parce qu'il est avant tout une logique : il soumet la réalité à sa grammaire, qui exige par exemple qu'à un verbe soit attribué un sujet. Mais qui nous dit que nos pensées nous viennent sous la forme d'une grammaire ? Faut-il vraiment croire, lorsqu'elles nous viennent par bribes, éclatées, contradictoires, que leur **vérité** réside dans la forme logique que va leur prêter le langage par un artifice qui les dénature (➔ **Nietzsche**) ?

> *Le langage fixe et généralise parce qu'il est avant tout une logique.*

▶ Le lexique, la grammaire, la syntaxe constituent une limite réelle, qui nous empêche de dire précisément ce qui en nous est singulier (➔ **universel/général/particulier/singulier**). Peut-être faut-il supposer, comme le fait Bergson, que cela tient à ce que le langage est fait pour communiquer, c'est-à-dire rendre commun. Lui échappe la complexité de nos **intuitions**, que nos mots fixent et vont jusqu'à dénaturer : le langage, dit-il, nous trompe même sur nos sensations (➔ **Bergson**).

On peut dire plus que tout

▶ Pourtant, ce que l'on pourrait prendre pour l'insuffisance du langage manifeste en réalité sa **puissance** : n'est-ce pas précisément parce que le langage n'est pas le reflet de la réalité qu'il crée de la réalité ?

Le langage **La culture**

▶ Le langage nous pousse ainsi à prendre des noms communs pour des concepts : « Dieu », le « moi », dit Nietzsche, sont autant de « fétiches* », qui ne tirent leur être que du fait qu'un mot les désigne. Parce que nous croyons à un langage qui révèle l'être, nous nous laissons abuser par ces fictions. Or le langage ne dévoile pas la réalité mais vise à produire des **impressions**. Autrement dit, le langage est originairement rhétorique* : il ne tend pas à dire la vérité (➡ la vérité).

▶ Par conséquent, on ne peut exprimer une réalité singulière qu'à condition de lutter contre la logique propre au langage en mobilisant ses **ressources rhétoriques** (ironie, dithyrambe, insulte, éloge, dialectique...), seules à même de le réinvestir d'une souplesse et d'une complexité qui sont propres à nos pensées.

> *Exprimer une réalité singulière implique de lutter contre la logique propre au langage.*

Le fascisme de la langue

Dans sa *Leçon* (1977), Roland Barthes explique que la langue est « fasciste », en ce qu'elle nous oblige à dire, plutôt qu'elle nous empêche de dire. En français, par exemple, je dois choisir de m'adresser à quelqu'un en lui disant « tu » ou « vous » : la neutralité affective m'est interdite. Seule la littérature, dit Barthes, cette « tricherie salutaire », en renouvelant l'usage de la langue, produit cette nouveauté qui nous « permet d'entendre la langue hors-pouvoir, dans la splendeur d'une révolution permanente du langage ».

▶ Surmonter la pente vulgarisatrice du langage nécessite ainsi que l'on se tourne vers un **usage esthétique** de la langue, débarrassé du souci de dire la vérité. Si le langage refoule la singularité, c'est en particulier parce qu'il écrase la musique propre à la langue en oubliant sa puissance expressive originaire. La poésie est alors une tentative de rendre à la langue sa vie, en s'appuyant en particulier sur le rythme, par lequel nous pouvons nous élever au-delà du sens afin de restituer la force des impressions que le langage dénature (➡ l'art).

▶ Si le langage tend ainsi à dire moins que ce qui est, tout en produisant des effets de réalité, reste alors cette possibilité de **lutter contre le langage** pour le forcer à dire ce qu'il ne nous permet pas de dire.

Les sujets expliqués

Les **dissertations**

Y a-t-il un pouvoir des mots ?

▶ *A priori*, on pourrait penser que les mots se contentent de décrire la réalité. Nous faisons pourtant l'expérience des effets qu'ils peuvent produire sur nous : la communication et la publicité jouent de ces effets. Mais d'où leur vient un tel pouvoir ?

▶ Parler d'un pouvoir des mots, c'est évoquer à la fois les potentialités du langage lui-même et le pouvoir au sens politique du terme, c'est-à-dire en tant qu'autorité ou violence exercées sur autrui.

▶ Mais en quoi le langage serait-il la source d'une emprise sur la réalité ? Et si les mots produisent des effets de pouvoir, cela vient-il du langage lui-même ou d'un certain usage qui en est fait ?

Un plan possible

▶ On peut d'abord remarquer que le langage est ce qui détermine notre rapport au monde. Pour l'enfant, nommer, c'est faire exister. Pourtant, les mots naissent du besoin de communiquer si bien que leur pouvoir, au sens de capacité à dire ce qui est, est relativement limité. En quel sens peut-on parler de leur pouvoir (➔ **Bergson**) ?

▶ Il s'agit alors d'envisager comment un certain usage du discours nous permet d'atteindre la vérité : c'est ce qu'établit Platon dans le *Gorgias* à propos du discours philosophique. On voit bien qu'il existe un rapport étroit entre le langage et la pensée : la pensée, comme le dit Merleau-Ponty, se présente dans les mots. Mais s'agit-il d'un pouvoir des mots, d'un pouvoir de la raison ou encore de la pensée à travers les mots ?

▶ Enfin, il semble que parler d'un pouvoir des mots prenne tout son sens dans un contexte politique. La critique platonicienne d'un usage politique de la rhétorique atteste de la possibilité que le langage débouche sur un pouvoir réel. Détachés de la réalité ou de tout souci de vérité, les mots exercent alors une violence et s'arrogent le pouvoir de penser pour nous, en produisant des effets de domination (➔ **Platon**).

Les notions La vérité, la politique

Le langage **La culture**

Notre pensée est-elle prisonnière de la langue que nous parlons ?

▶ Il paraît évident que notre pensée trouve à s'exprimer par la langue qui est la nôtre. Pourtant, lorsque nous apprenons une langue étrangère, nous faisons l'expérience d'une nouveauté qui ne se réduit pas à celle d'un code superposable à un autre : il nous semble parfois que nous pensons ou sentons différemment. Mais alors, notre langue serait-elle pour nous une limite, une prison ?

▶ La langue est l'usage particulier de cette faculté générale qu'est le langage. L'évoquer comme une prison, c'est l'envisager comme ce qui restreint ou immobilise notre pensée.

▶ Mais comment imaginer une pensée pure de toute langue ? Certes, notre langue particulière est pleine de la représentation d'un monde. Mais en sommes-nous victimes ? Et nous est-il possible de nous en libérer ?

Un plan possible

▶ *A priori*, il n'y a pas de pensée indépendante du langage, puisqu'il est impossible de se représenter une pensée informulée : le langage est donc nécessaire à la pensée. En quel sens pourrait-elle être limitée par lui (→ **Hegel**) ?

▶ Pourtant, notre langage se déploie sous la forme d'une langue particulière, porteuse de catégories mentales liées à un environnement et à une histoire. Par notre langue, nous héritons d'une représentation du réel à laquelle elle nous attache. Mais sommes-nous alors condamnés à subir notre langue (→ **Nietzsche**) ?

▶ La littérature, que Barthes définit comme résistance au fascisme de la langue, peut pourtant apparaître comme un moyen de lutter contre l'assertion et la répétition qui sclérosent notre pensée.

Les notions La culture, l'art

Les **explications** de **textes**

▶ Des extraits des œuvres suivantes sont expliqués dans l'ouvrage.

DESCARTES, *Lettre à Morus*, → **le vivant** p. 162
NIETZSCHE, *Crépuscule des idoles*, → **Nietzsche** p. 328

Séries L, ES et S

L'art

La culture

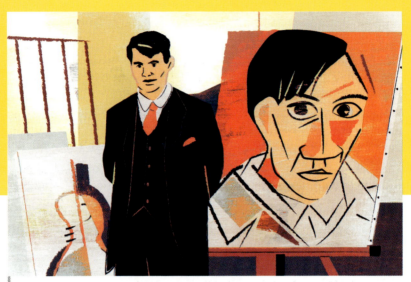

À vingt-six ans, Pablo Picasso peint son autoportrait, dans un style qui annonce le cubisme.

L'art est une activité par laquelle on produit quelque chose. Si les artisans fabriquent des objets utiles, les artistes créent des œuvres que nous valorisons pour leur beauté. La présence et la diversité des productions artistiques dans toutes les civilisations en font une dimension essentielle de la culture, et un thème de premier ordre pour la philosophie : pourquoi avons-nous tellement besoin de l'art ? Qu'on soit spectateur ou producteur, amateur ou professionnel, nous sommes sensibles à l'art parce qu'il manifeste la liberté et la puissance de l'esprit humain.

Les notions : La perception, le travail, la technique, la raison et le réel, la vérité

Les auteurs : Arendt, Bergson, Hegel, Hume, Kant, Nietzsche, Platon

Les repères : Idéal/réel, objectif/subjectif, ressemblance/analogie

L'art | **La culture**

Qu'est-ce que l'art ?
introduction

Une capacité de produire

▶ Le mot « art » (*tekné* en grec, *ars* en latin) signifie au sens large la capacité de produire un objet beau ou utile grâce à un **savoir-faire**, un métier, une habileté ou un talent. Par extension, on parle d'« art de vivre », d'« art de la guerre », etc. (➔ **la technique**)

▶ Par opposition à la nature qui produit de façon spontanée et indépendante de l'homme, l'art est une activité humaine volontaire et consciente dont le résultat est **artificiel** et dont les procédés sont réglés (➔ **le travail**).

▶ L'artisan et l'artiste ne produisent pas de la même manière ni dans les mêmes objectifs. L'**artisan** met en œuvre des techniques apprises et fabrique un objet utile, l'**artiste** doit faire preuve d'originalité pour créer quelque chose de beau.

Une imitation sélective

▶ Selon la conception classique, consignée dans la *Poétique* d'Aristote, l'artiste doit imiter le réel avec habileté et sélectionner avec soin ce qu'il imite. Dans *De l'invention oratoire*, Cicéron raconte que le peintre Zeuxis choisit plusieurs modèles de jeunes filles pour représenter un idéal de la beauté féminine, car aucune d'elles n'était une incarnation parfaite de la beauté (➔ **idéal/réel**).

▶ Pour le spectateur, le plaisir vient non seulement de la beauté du résultat, mais aussi d'une certaine séduction exercée par l'art capable de créer l'**illusion** : on aime entrer dans une histoire, s'identifier à des personnages, être surpris ou trompé par les formes qu'on perçoit.

Une expression de l'esprit

▶ Avec l'**art moderne**, une œuvre n'est plus une fidèle copie du réel et ne prétend plus à être « belle ». Sa valeur n'est plus liée à l'exactitude de la représentation, mais est la manifestation de l'esprit et de la liberté d'un artiste. Aussi, pour Hegel, la **beauté artistique** est-elle supérieure à la **beauté naturelle**.

▶ L'artiste n'a plus forcément besoin de maîtriser une habileté manuelle particulière – comme l'a montré Duchamp avec ses **ready-made** –, ni même de produire des œuvres d'art – c'est le cas des **performances** où c'est l'artiste lui-même qui s'expose.

Que veut-on dire quand on dit « c'est beau » ?

On dit parfois « c'est beau », mais on serait bien en peine de fournir une définition de la beauté. Qu'est-ce qui nous rend alors si sûrs d'un tel jugement ? Sur quelle base en venons-nous à le prononcer, et que voulons-nous dire au juste ?

La réponse de Hume

Nous disons qu'une chose est belle quand nous ressentons du plaisir à la contempler.

❝ Notre sens de la beauté dépend beaucoup de ce principe : quand un objet a tendance à donner du plaisir à qui le possède, il est toujours regardé comme beau ; de même que celui qui tend à causer de la douleur est désagréable et laid. Ainsi, la commodité d'une maison, la fertilité d'un champ, la puissance d'un cheval ou le bon tonnage, la sécurité et la rapidité d'un vaisseau, constituent les beautés principales de ces différents objets. Ici, l'objet que l'on nomme beau ne plaît que par sa tendance à produire un certain effet. Cet effet est le plaisir, ou le profit, de quelque autre personne. Or, le plaisir d'un étranger pour lequel nous n'avons pas d'amitié nous plaît seulement par sympathie. C'est, par conséquent, à ce principe qu'est due la beauté que nous trouvons à tout ce qui est utile. Il apparaîtra aisément, après réflexion, combien ce principe joue pour une part considérable dans la beauté. À chaque fois qu'un objet tend à donner du plaisir à son possesseur, ou, en d'autres termes, quand il est la cause véritable du plaisir, il est sûr de plaire au spectateur, par une sympathie délicate avec le possesseur. On juge belles la plupart des œuvres d'art en proportion de leur adaptation à l'usage de l'homme, et même beaucoup des productions de la nature tirent leur beauté de cette source. Dans la plupart des cas, élégant et beau ne sont pas des qualités absolues mais relatives, et ne nous plaisent par rien d'autre que leur tendance à produire une fin qui est agréable.

D. HUME, *Traité de la nature humaine*, 1739.

L'art — **La culture**

Ce que dit **Hume**

▶ Pour Hume, c'est la sensation de plaisir qui nous pousse à dire qu'une chose est belle, tout comme la sensation de douleur nous pousse à l'associer à la laideur. Quand on dit « c'est beau », on veut donc tout simplement dire que cela agrée à nos **sens**. Et si l'objet remplit de surcroît une utilité, il sera d'autant plus facile de l'apprécier.

▶ Il y a certes des règles du goût qui existent dans la société, mais elles sont variables selon les milieux et les époques (« mode »). C'est pourquoi Hume fonde le **jugement de goût** sur l'unique critère du plaisir.

▶ Certes, on peut apprécier une œuvre d'art en vertu de certains canons de beauté qui ont cours dans la société ou parce qu'on y reconnaît une technique bien maîtrisée. Mais le jugement de goût n'est pas seulement une affaire de convenance ou de technique, et ne concerne pas nécessairement une œuvre d'art. Quand on dit « c'est beau », on exprime par des mots le **plaisir** qu'on ressent à voir ou à entendre quelque chose (un tableau, un paysage, un air de musique, le chant d'un oiseau...) : dire qu'une chose est belle, c'est dire qu'elle nous plaît.

Les **enjeux** philosophiques

Quand on dit qu'une chose est belle, par exemple une œuvre d'art, on prononce un jugement de goût ou jugement esthétique*. Mais en connaissons-nous bien le sens et savons-nous ce qui nous pousse à prononcer ce jugement ?

Le jugement de goût

▶ Lorsque Hume fait du plaisir le fondement du jugement de goût, il prend acte du caractère nécessairement **subjectif** de ce jugement (➔ **Hume**). Le jugement sur le beau est différent du jugement sur le vrai, dans la mesure où il n'est pas réfléchi. Il n'est pas fondé sur des concepts mais sur un sentiment, c'est pourquoi on parle aussi de jugement esthétique (du grec *aisthesis*, « sensation »). Dire « c'est beau » revient nécessairement à formuler une appréciation subjective puisqu'on exprime par là non pas une qualité réelle de l'objet mais plutôt l'état de plaisir qu'on ressent à le contempler. En somme, la beauté ne réside pas tant dans les choses que dans l'esprit de celui qui juge (➔ **objectif/subjectif**).

> *La beauté ne réside pas dans les choses mais plutôt dans l'esprit de celui qui juge.*

▶ La conséquence qu'il faut en tirer est qu'il est vain de chercher à définir la beauté : la question « qu'est-ce que le beau ? », posée par Platon dans le dialogue *Hippias majeur*, n'admet pas de réponse exacte. Au contraire, on trouve qu'une chose est belle non lorsqu'elle est conforme à un certain nombre de règles ou de canons, mais lorsqu'elle provoque une **émotion** et une **surprise**. Quand on dit « c'est beau », on exprime son admiration pour quelque chose d'original et d'inattendu.

Une belle marmite

Dans l'*Hippias majeur*, Socrate interroge Hippias sur la définition du beau. Ce dernier croit tenir la réponse : « Le beau, c'est une belle jeune fille. » Socrate n'a pas de mal à montrer qu'il ne s'agit pas là d'une *définition* mais seulement d'un *exemple*. Ne pourrait-on pas dire, en effet, qu'un cheval aussi est beau, qu'une lyre est belle, et pourquoi pas qu'une marmite peut l'être aussi ? Il ne faut pas confondre *ce qui est beau* et *ce qu'est le beau*. ➔ **Platon**

Le beau n'est pas l'agréable

▶ On pourrait donc considérer que le jugement de goût est relatif aux particularités d'un individu qui a son histoire personnelle et ses propres manières de trouver du plaisir (« tous les goûts sont dans la nature », etc.). Pourtant, Kant observe que ce fait caractérise davantage l'agréable que le beau : en ce qui concerne l'agréable, chacun admet volontiers la **diversité des goûts** (« à chacun ses goûts »). En revanche, quand on dit qu'une chose est belle, on attend des autres qu'ils la trouvent également belle et on conteste leur jugement si ce n'est pas le cas (« tu n'as pas de goût »). Autrement dit, le jugement de goût a une prétention à valoir pour tous, alors même qu'il n'est fondé sur aucune règle : le beau est ce qui plaît « sans concept », certes, mais de façon potentiellement « universelle » (➔ **Kant**).

> *Le jugement de goût a une prétention à valoir pour tous, alors même qu'il n'est fondé sur aucune règle.*

▶ Pour expliquer ce **paradoxe**, il faut s'interroger sur le sens non apparent du jugement de goût. Puisque le beau n'est ni l'agréable ni l'utile, l'appréciation qu'on porte sur lui est désintéressée, mais le beau en lui-même est intéressant pour l'esprit, qui se plaît à faire durer ce plaisir singulier.

▶ Si le beau nous intéresse tant, dit Kant, c'est parce qu'il présente une **analogie avec le bien** : tout comme le souci du bien moral relègue au second plan notre intérêt, le beau nous fait entrer dans un plaisir désintéressé distinct de l'agréable (➔ **ressemblance/analogie**). En ce sens, « le beau est le symbole du bien moral », écrit Kant dans la *Critique de la faculté de juger*.

L'art   La culture

La beauté a une valeur pour les hommes

▶ On ne veut pas consciemment dire tout cela lorsqu'on dit « c'est beau », mais on l'exprime d'une manière ou d'une autre puisqu'on trouve dans la beauté un **motif d'admiration**. Ce sentiment, analogue au **respect**, signifie qu'une distance est gardée entre la chose et le spectateur. Selon Arendt, c'est ce qui fait toute la différence entre la contemplation et la consommation : les produits de consommation sont faits pour disparaître quand on en jouit, tandis qu'on maintient à l'égard de ce qui est beau le respect pour ce qui a de la valeur (▶ **Arendt**). Cette distance est matérialisée dans les musées, où les œuvres sont conservées, entretenues, protégées au titre du patrimoine qu'elles représentent.

Dans son œuvre imposante *100 Years Ago*, Peter Doig rend hommage à *L'Île des morts* d'Arnold Böcklin et revisite à sa façon l'histoire de la peinture moderne.

▶ Pour s'en convaincre, on peut comparer l'expression « c'est beau » à l'expression « c'est bon », ou encore à l'expression « c'est utile », qui elle aussi marque une subordination de l'objet à nos attentes, tandis que la beauté nous surprend.

> *Percevoir la beauté signifie voir au-delà de l'utilité.*

Aussi peut-on dire avec Bergson que percevoir la beauté signifie toujours voir la chose au-delà de l'utilité qu'elle présente. Certes, une chose belle peut être aussi une chose utile (par exemple, un bâtiment a toujours une fonction), mais ce n'est pas ce qui la qualifie comme belle. On dit souvent que les artistes sont des « distraits », qu'ils sont « idéalistes » ou « détachés » : le **propre des artistes**, selon Bergson, est de voir les choses pour elles-mêmes et non pour ce qu'elles nous apportent (▶ **Bergson**). D'une certaine manière, ils éduquent notre regard en nous rendant sensibles à la beauté (▶ **la perception**).

Les sujets expliqués

Les **dissertations**

Peut-on reprocher à l'art d'être mensonger ?

▶ Ce qui est mensonger dissimule et déçoit : il y aurait donc un certain paradoxe à faire ce reproche, puisque l'art au contraire s'expose et procure du plaisir.

▶ Mais si la question se pose, c'est aussi parce que l'art n'est pas astreint à l'exigence de vérité : la fiction, l'illusion, les apparences et les impressions fugitives sont le domaine où il se déploie.

▶ Si cette affinité avec une forme de mensonge était le motif suffisant d'une condamnation morale, cela signifierait qu'on conteste à l'art les voies par lesquelles il procure du plaisir et qu'on lui assigne un autre but, celui de présenter le vrai.

Un plan possible

▶ L'art n'a pas pour finalité la vérité mais le plaisir. Il s'adresse aux émotions (illusions) plutôt qu'à la raison (savoir). Dans la *République*, Platon reproche par exemple aux poètes tragiques de jouer sur la sensiblerie du public : l'art est la culture de l'illusion et de l'émotion, à laquelle il faut opposer la philosophie comme quête de la vérité et de la sagesse (➔ **Platon**).

▶ Mais l'art ne peut être réduit à une supercherie qui fait passer l'apparence pour la réalité, sans quoi il serait sans intérêt et de toute façon voué à l'échec. Pour Hegel, l'art est vrai au sens où il exprime nos préoccupations les plus profondes. Dans l'*Esthétique*, le penseur allemand affirme qu'il est indispensable pour éveiller la conscience et renseigner sur l'humain (➔ **Hegel**).

▶ Il est absurde de reprocher à l'art d'être mensonger puisqu'il ne prétend pas être un miroir fidèle de la réalité – c'est même souvent pour cela qu'il est apprécié. Et s'il atteint son but, c'est aussi parce qu'il est clairement identifié comme illusion par le spectateur. Ce n'est pas l'art qui nous ment, ce sont les spectateurs que nous sommes qui aimons croire à des fictions ou être emportés par les émotions que l'œuvre suscite.

Les notions La raison et le réel, la vérité

L'art **la culture**

Faut-il recourir à la notion d'inspiration pour rendre compte de la production artistique ?

▶ Rendre compte de la production artistique, ce serait expliquer quel processus la rend possible ; or ses ressorts sont très mystérieux. C'est pourquoi on est tenté de recourir à la notion d'inspiration.

▶ Mais sait-on bien ce qu'on dit en employant ce mot, et est-ce vraiment une explication satisfaisante ? L'image de l'artiste qui produit frénétiquement car il est inspiré, ou *a contrario* celle de l'auteur « en panne d'inspiration » ne font que creuser le mystère de la création artistique au lieu de le résoudre.

▶ On risque aussi de voir l'artiste dépossédé de la responsabilité de sa production au profit d'une force qui le dépasse et parfois même le torture : ne serait-ce pas là un cliché à remettre en question ?

Un plan possible

▶ L'inspiration fait de l'artiste un être à part à qui les idées viennent toutes seules. Nietzsche n'y croit pas, car les artistes sont surtout de grands travailleurs. Nous ne voyons en eux de l'inspiration, du talent ou du génie que pour nous dispenser de comprendre et de rivaliser : l'inspiration n'existe que pour les paresseux et les médiocres (**Nietzsche**).

▶ Pourtant, la création artistique ne se réduit pas à appliquer des règles qu'on a apprises. C'est pourquoi Alain distingue, dans le *Système des beaux-arts*, l'artisan et l'artiste : pour l'artisan, « l'idée précède et règle l'exécution », alors que l'idée vient à l'artiste « à mesure qu'il fait ». Parler d'inspiration est une manière de désigner cette énigme.

▶ La notion de génie illustre bien ce qu'il y a d'inexplicable dans la création artistique, ainsi que le montre Kant dans la *Critique de la faculté de juger*. Le génie est original : il invente des formes et des règles nouvelles. Il est exemplaire : il va entraîner les autres dans son sillage et peut-être même faire école. Il est enfin inspiré, c'est-à-dire qu'il n'est pas lui-même capable de rendre compte de la manière dont il a procédé (**Kant**).

Les notions ▸ Le travail, la raison et le réel, la vérité

Les **explications** de **textes**

▶ Des extraits des œuvres suivantes sont expliqués dans l'ouvrage.

PLATON, *République*,   **la perception** p. 26
BERGSON, *La Pensée et le Mouvant*,   **Bergson** p. 262

Séries L, ES et S

Le travail

Dans *Les Temps modernes* (1936), Charlie Chaplin dénonce l'aliénation engendrée par le travail à la chaîne et, plus largement, la déshumanisation de l'homme moderne.

Le travail est au cœur de la société moderne et la recherche d'un emploi est l'une des principales inquiétudes de notre temps. Aussi la signification du mot « travail » est-elle souvent ramenée à l'idée d'une contrainte d'autant plus éprouvante qu'elle est nécessaire pour survivre.

Pourtant, d'autres contextes, tels que le travail sur soi ou le travail créatif, traduisent une transformation positive et une façon de donner du sens à nos actes. Cette variation des registres dépend-elle alors de la perception individuelle, des circonstances ou de la façon dont le travail est socialement conçu et organisé ?

Les notions — La conscience, la culture, la technique, la société, les échanges, la morale, la liberté, le bonheur

Les auteurs — Arendt, Locke, Marx, Nietzsche

Les repères — En acte/en puissance, médiat/immédiat

Le travail   **la culture**

Qu'est-ce que le travail ?

La production collective des moyens de subsistance

▶ Le travail désigne au sens large l'ensemble des activités permettant aux êtres humains de **produire les biens et les services** nécessaires à leur vie quotidienne. En ce sens, il n'est pas immédiatement caractérisé par la rémunération – il existe des formes de travail non rémunérées, comme l'esclavage –, mais par son but, à savoir la satisfaction des besoins.

▶ Cette production de biens et de services implique d'abord une **transformation consciente** de la nature et passe par l'usage de différentes **techniques**. Le travail est de ce point de vue au fondement de la culture humaine, puisqu'il est à l'origine d'éléments artificiels (**la culture**).

▶ Ensuite, cette production de biens et de services est collective et entraîne une répartition des rôles. Cette répartition se traduit par une **division sociale** du travail – les différents types de métier – et par une **division technique** du travail* – les différentes tâches au sein d'un même métier. Cette double division varie en fonction des époques et des sociétés (**la société, les échanges**).

Un effort individuel

▶ D'un point de vue individuel, la notion de travail renvoie cette fois à l'ensemble des efforts fournis pour parvenir à un résultat. Il s'agit donc d'une forme d'investissement psychologique et physique tourné vers la réalisation d'un **but conscient** (**la conscience**).

▶ La valeur de cet investissement peut être envisagée aussi bien dans ses aspects contraignants – l'effort pouvant être perçu comme une forme de souffrance inutile –, que dans ses effets positifs – le produit final étant une forme de récompense pour l'individu, voire un moyen de **reconnaissance** (**la liberté, la morale**).

Une activité socialement reconnue

Enfin, à l'époque moderne, l'emploi du mot « travail » sous-entend surtout une activité professionnelle, c'est-à-dire une activité socialement reconnue faisant l'objet d'une rémunération – un salaire par exemple. Certaines approches philosophiques considèrent d'ailleurs qu'en réduisant le travail à cette seule activité sociale, ce dernier a perdu une partie de sa signification véritable (**le bonheur**).

L'homme s'accomplit-il par le travail ?

Le travail est en théorie une activité permettant de déployer nos facultés intellectuelles et manuelles, nous offrant ainsi l'occasion de réaliser une partie de notre potentiel. Pourtant, la réalité des conditions de travail amène souvent les individus à n'en retenir que les aspects les plus contraignants : fatigue, routine, voire souffrance psychologique. Reste-t-il alors possible de soutenir que le travail favorise l'épanouissement de l'être humain ?

La réponse de Marx

Dans son travail, l'ouvrier ne s'accomplit pas. À l'inverse, il devient étranger à lui-même et à son activité.

> En quoi consiste la dépossession du travail ?
> D'abord, dans le fait que le travail est extérieur à l'ouvrier, c'est-à-dire qu'il n'appartient pas à son être ; que, dans son travail, l'ouvrier ne s'affirme pas, mais se nie ; qu'il ne s'y sent pas satisfait, mais malheureux ; qu'il n'y déploie pas une libre énergie physique et intellectuelle, mais mortifie son corps et ruine son esprit. C'est pourquoi l'ouvrier n'a le sentiment d'être à soi qu'en dehors du travail ; dans le travail, il se sent extérieur à soi-même. Il est lui quand il ne travaille pas et, quand il travaille, il n'est pas lui. Son travail n'est pas volontaire, mais contraint. Travail forcé, il n'est pas la satisfaction d'un besoin, mais seulement un moyen de satisfaire des besoins en dehors du travail. La nature aliénée du travail apparaît nettement dans le fait que, dès qu'il n'existe pas de contrainte physique ou autre, on fuit le travail comme la peste. Le travail aliéné, le travail dans lequel l'homme se dépossède, est sacrifice de soi, mortification. Enfin, l'ouvrier ressent la nature extérieure du travail par le fait qu'il n'est pas son bien propre, mais celui d'un autre, qu'il ne lui appartient pas ; que dans le travail l'ouvrier ne s'appartient pas à lui-même, mais à un autre.
>
> K. MARX, *Manuscrits de 1844*, 1844.

Ce que dit **Marx**

▶ Dans cet extrait, Marx analyse la condition des ouvriers au sein du **capitalisme**. L'organisation de la production propre à ce système économique contraint en effet l'ouvrier, qui ne possède rien d'autre que sa force de travail, à la vendre en échange d'un salaire. Cette configuration spécifique engendre alors un « travail aliéné* » : le travailleur est « dépossédé » de lui-même, de son activité et du produit de celle-ci.

▶ Tout d'abord, il y a « dépossession » pour Marx dans la mesure où le travail n'est plus un but en soi pour l'ouvrier, mais le simple **moyen** d'obtenir de quoi satisfaire ses besoins en dehors du temps de travail. Contraint de faire une activité en vue de sa survie et non de son plaisir, il devient donc étranger à lui-même durant son temps de travail, et toute son énergie prend la forme d'une souffrance du corps et de l'esprit.

▶ Ensuite, il y a dépossession au sens où, ayant vendu sa force de travail, l'ouvrier voit le fruit de son effort devenir la propriété de l'entrepreneur. L'ouvrier est donc réduit à n'être qu'un moyen parmi d'autres de la production, étant en cela plus proche d'un objet que d'un sujet libre.

Les **enjeux** philosophiques

Au niveau individuel, le travail consiste en un ensemble d'efforts tendus vers un but spécifique et pouvant aboutir à une forme de réalisation de soi. Mais au niveau collectif, il reste une activité de production soumise aux conditions et aux objectifs de la société tout entière. La question est donc de savoir dans quelle mesure ces conditions et ces objectifs peuvent coïncider avec les désirs d'épanouissement individuels.

Le travail comme instrument d'oppression

▶ Dans la mesure où la première fonction du travail est de permettre aux êtres humains de produire collectivement leurs moyens de subsistance, son organisation est définie au **niveau social** plutôt qu'individuel. Il est donc probable que des rapports sociaux inégaux s'accompagnent de formes de travail elles-mêmes inégales.

▶ C'est notamment le cas lorsque l'organisation de la production est entre les mains d'une classe sociale* qui possède l'essentiel des moyens de production – les lieux de travail, les outils de travail et les matières premières, etc. –, alors qu'une autre ne possède que sa force manuelle et intellectuelle. Dans cette situation, les membres de la seconde classe n'ont d'autre moyen de survie que de **vendre leur force** de travail à la première. On l'a vu, c'est à ce moment que le travail devient « aliéné » selon

Allégorie du cadre moderne, ferré comme un animal par les nouvelles techniques de *management*.

Marx dans la mesure où celui qui est contraint de se vendre de la sorte est dépossédé de son activité, celle-ci n'étant plus choisie, mais subie (→ **Marx**).

▶ Ce n'est d'ailleurs pas le seul effet pervers du travail dans une société hiérarchisée. Lorsqu'il devient une activité répétitive et dénuée de toute créativité, le travail peut aussi servir d'instrument de contrôle social. C'est entre autres l'hypothèse de Nietzsche, dans *Aurore*, qui affirme que la glorification moderne du travail masque la **volonté d'uniformiser** les individus et de briser ainsi tout esprit de révolte (→ **Nietzsche**). Le travail, compris ici comme un labeur routinier propre aux sociétés industrielles, serait alors la « meilleure des polices », épuisant l'énergie des hommes en les maintenant focalisés sur des buts futiles et à court terme.

▶ En conséquence, lorsqu'il assure ces fonctions d'**asservissement**, le travail éloigne l'homme de lui-même et le dégrade plutôt qu'il ne l'accomplit. L'étymologie du mot prend ainsi tout son sens, puisque le terme « travail » dérive du latin *tripalium*, qui désignait dans l'Antiquité un instrument à trois pieux servant à ferrer les animaux ou à punir les esclaves.

Le travail comme réalisation de soi

▶ Mais cet usage détourné du travail n'est-il pas simplement la conséquence ponctuelle d'un système social inégal ? En effet, le travail est au départ une somme d'efforts tournée vers un but et impliquant une **transformation du monde extérieur**. Or, en elles-mêmes, ces caractéristiques sont susceptibles de devenir des facteurs d'émancipation et d'épanouissement.

▶ Tout d'abord, pour parvenir à transformer le monde extérieur en vue d'un objectif préalablement défini, l'homme a besoin de se représenter à l'avance ce qu'il cherche à produire. Cette **anticipation** est d'ailleurs, selon Marx, ce qui fait la spécificité du travail humain. En effet, si la ruche de l'abeille peut dépasser en complexité certaines réalisations humaines, elle est en revanche le fruit du seul instinct. Là où l'abeille agit de manière spontanée, même le plus mauvais des architectes va dans

Le travail | **La culture**

un premier temps réfléchir à ce qu'il souhaite réaliser. Or cette médiation (➡ **médiat/immédiat**) de la pensée montre que le travail permet à l'homme d'exprimer ce qui fait sa **singularité**, ce qui le distingue du monde animal – ce qui n'est plus le cas lorsque le travail est aliéné.

> *Selon Marx, l'anticipation est ce qui fait la spécificité du travail humain.*

▶ Ensuite, cette spécificité du travail humain amène les individus à une double libération. D'une part, elle permet une transformation du monde extérieur, qui va les affranchir peu à peu des contraintes naturelles en améliorant leur environnement. D'autre part, elle opère une transformation intérieure chez le travailleur, qui va éprouver le pouvoir de se projeter et de se réaliser hors de soi grâce à son activité laborieuse. Il s'agit donc bien ici d'un accomplissement : le travail permet de réaliser en acte, de façon effective, ce que nous sommes en puissance, c'est-à-dire ce qui existe en nous à l'état de simple possibilité (➡ **en acte/en puissance**).

Sisyphe et son rocher

Dans la mythologie grecque, Sisyphe est condamné par les dieux à faire rouler pour l'éternité un rocher jusqu'au sommet d'une montagne d'où il retombe à chaque fois par son propre poids. Cette condamnation est *a priori* l'illustration d'une souffrance terrible liée à un travail absurde. Pourtant, Albert Camus porte un regard original sur le mythe. Dans *Le Mythe de Sisyphe* (1942), il explique que Sisyphe, esclave des dieux, redevient maître de son destin par son labeur. Son effort, dénué de signification au départ, le pousse à se dépasser lui-même et à affirmer la maîtrise de son environnement, à faire de ce rocher « sa chose » et de chaque aspérité de la montagne son monde. C'est donc parce que « la lutte elle-même vers les sommets suffit à remplir un cœur d'homme [qu']il faut imaginer Sisyphe heureux ».

La vie humaine ne se réduit pas au monde du travail

▶ Mais si l'on peut reconnaître que certaines dimensions du travail favorisent l'émancipation, faut-il pour autant considérer le monde du travail comme le lieu d'accomplissement privilégié de l'être humain ? En effet, le travail n'est après tout qu'une activité assurant la **survie biologique de l'espèce**.

▶ C'est pourquoi Arendt estime, dans la *Condition de l'homme moderne*, que c'est plutôt l'**action politique**, soit la liberté de se concerter dans l'espace public afin d'améliorer le vivre-ensemble, qui est la marque distinctive de l'homme (➡ **Arendt**). L'erreur de la société moderne serait donc d'avoir survalorisé le travail au détriment d'activités plus essentielles.

Les sujets expliqués

Les **dissertations**

Que gagne-t-on à travailler ?

▶ Pour beaucoup, le seul gain du travail résiderait dans sa rémunération. L'effort fourni ne serait que le moyen désagréable, mais indispensable, de l'obtenir, moyen dont se passe fort bien celui qui a déjà fait fortune.

▶ Pourtant, cet effort n'a-t-il pas quelques vertus cachées ? Après tout, il développe l'endurance du corps, discipline l'esprit et renforce l'image que nous avons de nous-mêmes et que les autres ont de nous.

▶ Dans quelles conditions devient-il alors possible d'en finir avec l'idée que, durant le temps de travail, nous perdons notre vie à la gagner ?

Un plan possible

▶ Le travail est d'abord le moyen de s'approprier des biens. En effet, celui qui transforme la nature par son effort impose son droit moral à jouir des fruits de cette transformation. Le travail est donc ici le moyen de faire reconnaître une production comme émanant de nous (→ **Locke**).

▶ Il est pourtant possible de dépasser cette conception utilitaire. Indépendamment de son résultat, la discipline propre au travail nous apprend à nous projeter vers un but, ce qui nous permet d'éviter l'ennui et de mieux goûter les moments de repos. De ce point de vue, l'acte même de travailler constitue le gain véritable, dans la mesure où il épanouit les facultés humaines et donne un sens à l'existence (→ **Nietzsche**).

▶ Cependant, cette conception des effets vertueux du travail doit tenir compte du réel. Si l'on peut envisager le travail comme une fin en soi, c'est au sein d'une société qui ne réduit pas l'homme à une machine, et qui ne limite pas l'activité laborieuse à un simple moyen de créer du profit.

Les notions ▶ La société, les échanges, la morale, le bonheur

Que vaut l'opposition du travail manuel et du travail intellectuel ?

▶ Institutionnalisée par le monde du travail, la démarcation entre les activités intellectuelles et manuelles semble aller de soi. Elle rejoint d'ailleurs la distinction intuitive entre la pensée et l'action, l'esprit et le corps, la réflexion préalable et la réalisation matérielle.

Le travail **La culture**

▶ Mais doit-on lire cette démarcation comme une fracture entre deux dimensions irréconciliables du travail humain ? En effet, un regard global nous rappelle qu'il n'est pas de savoir-faire manuel qui ne nécessite au départ une conception du résultat attendu. Réciproquement, la spéculation intellectuelle reste vide si elle est dénuée de toute application concrète.

▶ Est-il alors légitime d'opposer l'activité manuelle et intellectuelle quand n'importe quel processus de production saisi dans son ensemble exige leur pleine coordination ?

Un plan possible

▶ Lorsque la production des moyens de subsistance est collective, il en découle une répartition des métiers et des tâches. Celui possédant un certain savoir ou savoir-faire sera alors responsable des fonctions concernées, afin de garantir la qualité du travail accompli. De plus, la division d'une même activité en un grand nombre de petites opérations permet d'augmenter son efficacité et sa rapidité. De ce fait, il est logique que certaines fonctions et opérations privilégient l'usage du corps quand d'autres visent la réflexion.

▶ Pourtant, cette volonté de séparer à tout prix le corps et l'esprit contredit la spécificité même du travail humain, qui consiste à se représenter à l'avance en pensée ce que l'on va ensuite produire matériellement. Aussi, vouloir ôter cette complémentarité de la pensée et de l'action peut être dangereux. Et le travailleur limité à une tâche manuelle n'exigeant aucune réflexion risque de devenir une machine parmi les machines (➔ **Marx**).

▶ En outre, des formes de travail élaborées, telle l'œuvre d'art, nécessitent la fusion des dimensions intellectuelle et manuelle. Ce constat indique alors peut-être que l'*Homo sapiens* et l'*Homo faber* ne sauraient être radicalement séparés.

Les notions ▶ La technique, la société, les échanges

Les **explications** de **textes**

▶ Des extraits des œuvres suivantes sont expliqués dans l'ouvrage.

ARENDT, *Condition de l'homme moderne*, ➔ **Arendt** p. 251
LOCKE, *Second Traité du gouvernement civil*, ➔ **Locke** p. 309

Séries L, ES et S

La technique

Dans le film *Metropolis* de Fritz Lang, l'inventeur Rotwang crée un robot fait à l'image d'une femme pour ressusciter son amour perdu.

De la multiplication des objets connectés aux transports toujours plus rapides, la technique rythme notre quotidien et déclenche des réactions variées : source d'angoisse pour ceux qui estiment qu'elle envahit leur espace privé ou qui craignent que l'humain soit un jour détruit par ses propres inventions, elle représente aussi un immense espoir pour ceux qui attendent du progrès technique l'amélioration de leurs conditions matérielles et l'allongement de la durée de vie.
Comment la philosophie peut-elle nous aider à distinguer, parmi ces craintes et ces espoirs, ce qui relève du fantasme et ce qui est de l'ordre d'un questionnement pertinent ?

Les notions La culture, le travail, l'histoire, la raison et le réel, la matière et l'esprit, la société, la morale, la liberté, le bonheur
Les auteurs Arendt, Aristote, Bergson, Descartes, Platon
Les repères En théorie/en pratique

La technique · **La culture**

Qu'est-ce que la technique ?

l'ensemble des moyens artificiels

▶ La technique est l'ensemble des **moyens artificiels***, c'est-à-dire inventés par l'homme, mis en œuvre pour parvenir à une fin déterminée (fabrication d'un objet, réalisation d'un projet, etc.). Ces moyens peuvent être intellectuels (méthodes et savoir-faire) ou matériels (outils, machines, robots, etc.) (➔ **la culture**).

▶ La première fonction de la technique est utilitaire puisqu'elle vise à améliorer l'efficacité de l'activité humaine. Elle aide les individus à **transformer la nature** en vue de leurs productions diverses (➔ **le travail**).

Des moyens de plus en plus autonomes

▶ La notion de technique doit aussi être définie à partir de son caractère évolutif. En effet, suivant les époques et les sociétés, la technique humaine possède différents niveaux de complexité. Et chacun de ces niveaux introduit un rapport spécifique entre la technique et les individus qui l'utilisent.

▶ On constate notamment une **automatisation** progressive des techniques. En d'autres termes, les productions techniques deviennent de plus en plus indépendantes de l'intervention humaine dans l'accomplissement de leurs fonctions.

▶ Ainsi, alors que l'outil reste un prolongement direct du corps humain et réclame l'énergie des personnes qui le manient, la **machine** est pour sa part indépendante d'une telle énergie lorsqu'elle réalise les tâches pour lesquelles elle a été fabriquée. Quant au **robot**, il possède une autonomie encore plus importante, étant programmé pour se modifier lui-même, s'adapter à son environnement, voire corriger ses propres erreurs (➔ **le travail, la société**).

Un domaine à part entière

▶ Le développement toujours plus poussé de la technique soulève alors le problème de son véritable statut.

▶ En effet, si elle désigne à l'origine un ensemble de moyens en vue d'une fin préalablement définie, sa place centrale dans les sociétés contemporaines remet en question cette relation à sens unique. La technique constitue à présent un domaine possédant son propre discours, la **technologie***, et ses propres règles (➔ **la culture, l'histoire**).

Le bonheur de l'homme peut-il venir du progrès technique ?

Dans la mesure où la technique permet de transformer le monde extérieur pour rendre l'existence humaine plus confortable, il est raisonnable de penser que le progrès technique permet de meilleures conditions de vie. Pour autant, cela suffit-il à garantir le bonheur collectif ? N'est-il pas trop restrictif, voire contre-productif, de placer tous nos espoirs dans ce type de progrès ?

La réponse de **Descartes**

Les progrès techniques qui découlent de la connaissance de la physique permettent de transformer et d'améliorer la condition humaine.

> [...] sitôt que j'ai eu acquis quelques notions générales touchant la physique, [...] j'ai cru que je ne pouvais les tenir cachées sans pécher grandement contre la loi qui nous oblige à procurer, autant qu'il est en nous, le bien général de tous les hommes. Car elles m'ont fait voir qu'il est possible de parvenir à des connaissances qui soient fort utiles à la vie, et qu'au lieu de cette philosophie spéculative, qu'on enseigne dans les écoles, on peut en trouver une pratique, par laquelle, connaissant la force et les actions du feu, de l'eau, de l'air, des astres, des cieux et de tous les autres corps qui nous environnent, aussi distinctement que nous connaissons les divers métiers de nos artisans, nous les pourrions employer en même façon à tous les usages auxquels ils sont propres et ainsi nous rendre comme maîtres et possesseurs de la Nature. Ce qui n'est pas seulement à désirer pour l'invention d'une infinité d'artifices, qui feraient qu'on jouirait, sans aucune peine, des fruits de la terre et de toutes les commodités qui s'y trouvent, mais principalement aussi pour la conservation de la santé, laquelle est sans doute le premier bien et le fondement de tous les autres biens de cette vie ; car même l'esprit dépend si fort du tempérament, et de la disponibilité des organes du corps que, s'il est possible de trouver quelque moyen qui rende communément les hommes plus sages et plus habiles qu'ils n'ont été jusques ici, je crois que c'est dans la médecine qu'on doit le chercher.
>
> R. DESCARTES, *Discours de la méthode*, 1637.

La technique **La culture**

Ce que dit **Descartes**

🔹 Descartes met ici en valeur la façon dont la connaissance de la physique peut servir un **objectif moral**, à savoir améliorer la vie des hommes. Il interroge ainsi l'intérêt pratique de la science (« les connaissances fort utiles à la vie »), refusant un usage strictement « spéculatif » des connaissances qui se perdrait dans des théories dénuées de tout débouché pour l'action (➜ **en théorie/en pratique**).

🔹 En dévoilant les lois de la nature, la physique devient en effet le moyen d'augmenter radicalement l'**efficacité technique** au point de « nous rendre comme maîtres et possesseurs de la Nature ». Descartes ne dit pas par là que nous dominons la Nature (si nous ne sommes que « comme » maîtres et possesseurs, c'est bien qu'elle reste supérieure à l'homme), mais il indique que nous avons les moyens de parvenir à une compréhension suffisamment complète de ses règles afin de les tourner à notre avantage.

🔹 Plus précisément, il estime que l'efficacité technique découlant de la compréhension de la nature rend possible une **amélioration générale de la condition humaine**. Non pas seulement parce qu'elle augmente le confort matériel par l'invention de machines, mais aussi, et surtout, parce qu'elle assure la conservation de la santé, « bien » le plus essentiel.

🔹 Les diverses applications techniques de la science sont donc l'expression de la **puissance de l'homme**, qui utilise et transforme la nature au point de parvenir à se transformer lui-même et à accroître ainsi son propre bien-être.

Les **enjeux** philosophiques

Si les innovations techniques permettent l'amélioration des conditions matérielles, elles nous imposent aussi de nouvelles façons de vivre. Faut-il alors se résigner à l'idée que le progrès technique porte en lui des effets néfastes ? Ou doit-on admettre qu'il n'est qu'un moyen dont les effets dépendent des objectifs que la société décide de lui faire servir ?

Les apports de la technique

🔹 L'évolution de l'humanité est indissociable du développement technique. En effet, la technique étant l'ensemble des moyens inventés par l'homme pour parvenir à un objectif préalablement défini, elle lui permet de se démarquer du reste de la nature en créant son **propre univers**, qui relève de l'artificiel. Il n'est d'ailleurs pas anodin qu'une partie de la datation de la Préhistoire soit élaborée en fonction du progrès technique (âge de la pierre, du bronze, etc.).

▶ En conséquence, si l'**habileté technique** est une marque distinctive de l'humanité, il est raisonnable d'envisager un lien de cause à effet entre progrès technique et bonheur. Visant l'efficacité et l'utilité, la technique serait le moyen privilégié de trouver des solutions aux problèmes auxquels les êtres humains sont confrontés.

> *Nous pouvons supposer un lien de cause à effet entre progrès technique et bonheur.*

▶ De plus, lorsque la technique dépasse le stade du bricolage pour devenir le fruit d'une **connaissance scientifique**, sa puissance s'accroît au point de permettre à l'homme d'apprivoiser les forces de la nature, ainsi que le pense Descartes. En effet, dès lors que le savoir-faire technique découle d'une connaissance théorique préalable des lois physiques qui régissent l'Univers, il donne à l'homme la capacité de le transformer et de l'adapter à ses besoins (➔ **Descartes**). Le bien-être collectif est alors, au sens littéral comme au sens figuré, « à portée de main ».

Le don de Prométhée

Dans le *Protagoras*, Platon évoque Épiméthée et Prométhée, deux titans chargés par les dieux d'aider à la création des animaux en répartissant équitablement des qualités entre ces derniers. Épiméthée, qui tenait à s'occuper seul de cette répartition, oublia l'espèce humaine dans sa précipitation. Et l'homme se retrouva le plus faible être de la nature : nu et sans défense. Heureusement, Prométhée déroba l'habileté technique ainsi que le feu à Athéna et à Héphaïstos afin de les donner aux hommes. Dans ce mythe, la technique est donc identifiée à une force divine, qui fait passer l'homme du stade d'animal le plus démuni à l'être mortel le plus puissant. ➔ **Platon**

Le bonheur ne se réduit pas au confort matériel

▶ Mais n'est-ce pas trop valoriser le progrès technique que de le considérer comme une cause directe du bonheur ? S'il permet une amélioration des conditions matérielles, il est en effet difficile de réduire l'idée d'une authentique vie heureuse à cette seule amélioration. Le **bonheur** désigne un état de bien-être à la fois global et durable, ce qui implique une certaine façon d'être, un rapport spécifique au monde dont la constance ne dépend pas uniquement du confort matériel (➔ **le bonheur**).

▶ Le progrès technique permet aux hommes de se libérer du problème de la **survie**, mais il n'est pas le garant d'une « **belle vie** ». En effet, une existence qui fasse sens et soit épanouissante résulte plutôt d'une réflexion sur les valeurs morales et politiques qui orientent nos actes.

L'inversion des moyens et des fins

🔹 Plus important encore, toute évolution technique reste dépendante de la fin qu'elle sert et n'est donc jamais en elle-même un progrès ou un déclin. Sa **valeur** ne se conçoit qu'à l'intérieur d'objectifs et d'usages socialement définis. En ce sens, elle peut parfois devenir source de malheur et d'aliénation. Ainsi, quand l'innovation technique est poursuivie pour elle-même au lieu d'être rattachée à une réflexion sur le **progrès moral**, elle peut finir par transformer l'homme en esclave de ses propres productions.

🔹 C'est précisément cette situation qu'Arendt analyse au chapitre quatre de la *Condition de l'homme moderne*. Elle voit dans l'évolution moderne de la technique un renversement aux effets redoutables. Soumise aux **impératifs de productivité** propres au monde du travail, la technique ne s'adapte plus à l'homme, mais force l'homme à s'adapter à elle (➡ **Arendt**).

> *Toute évolution technique peut parfois devenir source de malheur et d'aliénation.*

🔹 L'**automatisation** en est un exemple éloquent : là où l'outil restait au service du corps du travailleur, la machine plie maintenant ce corps à sa propre cadence, parfois infernale. À ce niveau, l'homme devient donc un **moyen au service de la production technique** devenue une fin en soi. Et loin de promouvoir le bonheur, cette production est alors à l'origine d'une souffrance psychologique et physique.

L'homme moderne doit se plier aux cadences de la machine.

Les sujets expliqués

Les **dissertations**

La technique n'est-elle pour l'homme qu'un moyen ?

▶ Si l'importance de la technique dans le fonctionnement des sociétés ne fait aucun doute, elle est pourtant généralement considérée comme un simple moyen de parvenir à une fin, plutôt que comme une fin en elle-même. D'ailleurs, l'organisation propre au monde du travail distingue les tâches strictement techniques de celles réclamant une plus grande créativité.

▶ Mais est-il légitime de réduire la technique à sa seule fonction utilitaire ? Après tout, elle est une forme d'intelligence singulière qui crée un lien entre la théorie et la pratique. Elle relie ce qui n'existe au départ qu'à l'état d'idée abstraite aux différentes étapes d'une réalisation matérielle. Ce processus complexe n'est-il pas alors essentiel à l'homme, et cela indépendamment du résultat final envisagé ?

Un plan possible

▶ Dans la mesure où la technique désigne l'ensemble des moyens permettant à l'homme de rendre ses activités plus efficaces, il semble évident que sa première fonction est utilitaire. Elle reste un instrument, certes essentiel, mais dont l'intérêt réside avant tout dans ce qu'il rend possible.

▶ Pourtant, l'une des grandes spécificités de l'espèce humaine est sa capacité d'invention technique : l'homme est donc à la fois *Homo faber* et *Homo sapiens*. Aussi la technique doit-elle être considérée comme faisant partie intégrante de son mode de fonctionnement, et non comme un outil annexe dont il pourrait se séparer après usage (➔ **Bergson**).

▶ Néanmoins, il serait dangereux d'encourager sans discernement toutes les productions techniques en considérant qu'elles sont leur propre fin. Il s'agit en effet de reconnaître la singularité de l'intelligence créatrice, et non de sacraliser les objets techniques indépendamment de toute considération morale ou sociale.

Les notions : La raison et le réel, la matière et l'esprit, la société, la morale

La technique   **La culture**

La technique nous permet-elle de dominer la nature ?

▶ Dans le roman de Mary Shelley, *Frankenstein ou le Prométhée moderne*, le savant Victor Frankenstein cherche à dominer les forces de la nature en créant un surhomme. Mais il ne parvient qu'à fabriquer un monstre qui ne trouve sa place ni au sein de l'humanité, qu'il finit par menacer, ni dans la nature, pour laquelle il n'a jamais été prévu.

▶ La mésaventure de Frankenstein soulève une interrogation importante : l'ambition de dominer techniquement la nature n'est-elle pas une dangereuse illusion ? Si la technique permet à l'homme d'apprivoiser certains phénomènes naturels, doit-on considérer cette maîtrise relative comme une véritable suprématie ?

Un plan possible

▶ Il est d'abord possible de considérer la puissance technique comme la marque distinctive d'une rupture avec le monde naturel. L'outil serait le symbole de cette rupture : prolongement matériel de nos capacités de réflexion, il nous permet de construire un univers sur mesure. La technique amènerait donc la raison humaine à triompher d'une nature sauvage en la domestiquant progressivement.

▶ Pourtant, cette lecture ne tient pas compte de l'origine naturelle de notre puissance technique. Pour reprendre l'exemple de l'outil, que serait-il sans la main qui l'utilise et le crée au départ ? La main, organe aux multiples fonctions, nous rappelle donc que l'habileté technique découle des capacités données par la nature. Comment, dans ce cas, pourrait-on prétendre devenir supérieur à la puissance dont nous tirons notre force (▶ Aristote) ?

▶ Par ailleurs, l'idée que le petit monde des artifices humains puisse dominer un univers bien plus complexe n'est pas sans danger. Et le contrôle des conséquences de l'innovation technique est loin d'être à la hauteur de nos prétentions morales (pollution industrielle, dégâts du nucléaire, risques liés au clonage, etc.). C'est pourquoi il est préférable d'opposer au désir de suprématie sur la nature le projet d'une collaboration raisonnable avec elle.

Les notions La culture, la morale, la liberté

Les **explications** de **textes**

▶ Des extraits des œuvres suivantes sont expliqués dans l'ouvrage.

ARENDT, *Condition de l'homme moderne*,   ▶ Arendt   p. 251
BERGSON, *L'Évolution créatrice*,   ▶ Bergson   p. 263

Séries L, ES et S

La religion

Les toits de Jérusalem, ville dite trois fois sainte parce qu'elle accueille certains des lieux les plus sacrés du judaïsme, du christianisme et de l'islam.

Repas de Pâques ou de Noël, période du Ramadan, fête de Hanoucca : le quotidien des sociétés laïques reste influencé par les traditions religieuses. Pourtant, l'intérêt vis-à-vis de leur contenu varie largement selon les individus, et il est difficile de mettre sur le même plan ce qui relève des habitudes culturelles, de la foi personnelle ou encore du suivi des rites propres à une communauté de croyants.

Une approche précise de la notion de religion implique alors de distinguer différents niveaux de questionnement afin de ne pas confondre la réflexion sur la pertinence des idées religieuses, celle sur la place des pratiques et celle sur les institutions et leur légitimité.

Les notions — La conscience, la raison et le réel, la vérité, la démonstration, la matière et l'esprit, l'État, la société, la justice et le droit, la morale, la liberté

Les auteurs — Freud, Kant, Locke, Nietzsche, Pascal, Rousseau, Spinoza

Les repères — Croire/savoir, objectif/subjectif, transcendant/immanent

La religion — **La culture**

Qu'est-ce que la religion ?
introduction

Un enchevêtrement de croyances et de rites

▶ La notion de religion peut d'abord se définir d'un point de vue **psychologique**, si l'on prend en compte le rapport personnel et subjectif d'un individu au phénomène religieux. Vue sous cet angle, la religion est un ensemble de croyances, une **foi** en l'existence d'un ou plusieurs êtres, forces ou principes supérieurs (➔ **la vérité**).

▶ Mais si l'on considère ses manifestations collectives et objectivement visibles, la religion est aussi une **réalité sociale**. Il s'agit alors de l'institution qui organise des pratiques (les cérémonies et les rites) en accord avec les croyances partagées par une communauté (➔ **la société**).

▶ Toute religion est donc un enchevêtrement complexe de ces **deux dimensions**, intérieure – la foi – et extérieure – les manifestations reconnues institutionnellement.

L'unité du phénomène religieux

▶ Au-delà de sa définition se pose le problème de l'unité de la religion. En effet, si le phénomène religieux est propre à l'homme, une **grande variété** d'institutions et de croyances religieuses existe. Quelques traits communs sont néanmoins repérables.

▶ Tout d'abord, les institutions religieuses installent au sein de la vie sociale une séparation nette entre les domaines du profane et du sacré. Le **domaine du profane** concerne le quotidien : la production des moyens de subsistance, les activités ordinaires. **Celui du sacré** englobe les réalités propres à la vie religieuse, telles que les cérémonies et les rites, et il est délimité par des règles et des interdits spécifiques (➔ **la morale**).

▶ Ensuite, le phénomène religieux se caractérise par le **lien social** qu'il produit. Les croyances et les rites religieux créent un sentiment d'appartenance collective qui unit les membres au sein d'une même communauté. D'ailleurs, selon une étymologie discutable, le mot « religion » viendrait du latin *religare* (« relier ») (➔ **la conscience, la société**).

▶ Enfin, les croyances religieuses impliquent très souvent le postulat d'une forme de **transcendance**, c'est-à-dire de quelque chose qui relève d'un au-delà de l'expérience ordinaire, du monde connaissable par l'être humain : immortalité, pouvoir absolu, immatérialité, etc. (➔ **la matière et l'esprit**).

À quoi tient la force des religions ?

Souvent contestées, voire combattues au nom du progrès scientifique ou des libertés politiques, les religions ont pourtant toujours occupé une place importante dans le fonctionnement de la vie quotidienne et dans l'imaginaire collectif. Comment expliquer cette solidité, cette résistance des idées et des institutions religieuses face aux différentes critiques soulevées au cours de l'évolution culturelle et sociale ?

La réponse de **Freud**

La force des idées religieuses s'explique par le fait qu'elles proviennent non de la raison ou de l'expérience, mais de désirs inconscients partagés par l'ensemble des êtres humains.

> Les idées religieuses, qui professent d'être des dogmes, ne sont pas le résidu de l'expérience ou le résultat final de la réflexion : elles sont des illusions, la réalisation des désirs les plus anciens, les plus forts, les plus pressants de l'humanité ; le secret de leur force est la force de ces désirs. Nous le savons déjà : l'impression terrifiante de la détresse infantile avait éveillé le besoin d'être protégé – protégé en étant aimé –, besoin auquel le père a satisfait ; la reconnaissance du fait que cette détresse dure toute la vie a fait que l'homme s'est cramponné à un père, à un père cette fois plus puissant. L'angoisse humaine en face des dangers de la vie s'apaise à la pensée du règne bienveillant de la Providence divine, l'institution d'un ordre moral de l'univers assure la réalisation des exigences de la justice, si souvent demeurées non réalisées dans les civilisations humaines, et la prolongation de l'existence terrestre par une existence future fournit les cadres du temps et le lieu où les désirs se réaliseront. Des réponses aux questions que se pose la curiosité humaine touchant ces énigmes : la genèse de l'univers, le rapport entre le corporel et le spirituel, s'élaborent suivant les prémisses du système religieux. Et c'est un énorme allégement pour l'âme individuelle de voir les conflits de l'enfance [...] – conflits qui ne sont jamais entièrement résolus – lui être pour ainsi dire enlevés et recevoir une solution acceptée de tous.
>
> S. FREUD, *L'Avenir d'une illusion*, 1927.

Ce que dit **Freud**

▶ Freud affirme que le **fondement des religions** n'est à chercher ni dans une révélation de l'expérience ni dans une démonstration de la raison, mais dans les **désirs de la petite enfance**, enracinés en chacun de nous.

▶ Considérées par leurs adeptes comme des vérités absolues – des dogmes*–, les idées religieuses ne seraient donc que des **illusions**. Et elles sont d'autant plus tenaces qu'elles durent aussi longtemps que nous avons besoin d'y croire.

▶ Plus précisément, les idées religieuses résulteraient de la **« détresse infantile »**, éprouvée par le nourrisson qui dépend entièrement de la protection et de l'amour de ses parents. En effet, si ce sentiment de vulnérabilité est au départ apaisé par nos parents, il n'en persiste pas moins de façon inconsciente toute notre vie. Il est réveillé à l'âge adulte par les questions angoissantes soulevées par les épreuves de l'existence (malheurs, injustice, inquiétudes face à la mort, etc.).

▶ C'est pour cette raison que la croyance collective en une **puissance divine supérieure, juste et bienveillante**, ainsi que l'idée d'un monde éternel où notre bonheur pourra être assuré permettent aux individus de satisfaire ce **besoin de protection** resté ancré en nous. L'imaginaire religieux est donc un moyen pour les êtres humains de calmer les angoisses issues de leur petite enfance d'une façon socialement acceptée, c'est-à-dire sans perdre leur statut d'adulte.

Les **enjeux** philosophiques

À ce jour, il n'existe aucune société sans croyances ou rites religieux. Mais comment rendre compte du caractère universel des religions, puisque celui-ci ne repose pas sur un système d'explication unique emportant l'adhésion de tous ? Pourquoi la plupart des êtres humains continuent-ils d'éprouver un besoin religieux, alors même que la réponse apportée à ce besoin varie en fonction des lieux et des époques ?

La religion, une explication de l'inexplicable

▶ Il n'est pas possible d'observer ou d'expérimenter de façon empirique* (par les données des sens) ce qui est supposé être **immatériel** : Dieu, l'âme, l'esprit, selon certaines conceptions. De même, il est contradictoire de raisonner sur ce qu'il y aurait avant le début du temps ou après la fin des temps, puisque cela revient déjà à présupposer une forme de temporalité (un avant et un après le temps...). Ainsi, les **limites**

physiques de l'expérience et le **respect des règles logiques** laissent certaines de nos questions sans réponse, ce qui entraîne une frustration.

▶ Or les religions sont justement les seules à proposer une **réponse définitive** aux questions portant sur la création de l'Univers, sur la vie après la mort ou sur les miracles. L'aspect souvent original, voire étrange des dogmes religieux correspond alors peut-être à l'intuition de réalités transcendantes, c'est-à-dire dépassant le monde immanent qui est celui de l'expérience humaine (⇒ **transcendant/immanent**).

▶ Dans cette perspective, les idées religieuses seraient des **vérités supérieures**, inaccessibles à toute justification rationnelle, mais seules capables de répondre à certaines de nos interrogations métaphysiques.

Dans *La Création d'Adam*, Michel Ange illustre le texte biblique selon lequel Dieu crée l'homme à son image.

le cœur et la raison

Dans les *Pensées*, Pascal suppose qu'il existe à côté de la raison une autre source de connaissance qu'il nomme le « cœur ». Ce dernier permet de « sentir » de façon intuitive des vérités que l'on ne peut pas prouver, mais qu'il nous est permis d'éprouver comme une évidence intime. Dans les vérités de l'ordre du cœur, il range notamment les axiomes fondateurs de toute démonstration mathématique et l'existence de Dieu. ⇒ **Pascal**

La fonction psychologique des idées religieuses

▶ Si les idées religieuses correspondent à des vérités supérieures, comment expliquer qu'elles soient **si diverses** et surtout **si divergentes** en fonction des cultures ? De plus, pourquoi celles ayant fait l'objet d'un démenti scientifique sans appel (par exemple, le géocentrisme longtemps défendu par l'Église chrétienne) n'ont-elles pas entraîné le rejet de l'institution qui les soutenait ?

▶ Une réponse possible réside peut-être dans le soutien psychologique qu'apportent les religions aux êtres humains. Face aux **épreuves de la vie** et à l'**angoisse de la mort**, leur imaginaire offre le secours de puissances protectrices, la perspective d'un monde juste et éternel, voire d'une rétribution de nos actes moraux. Plutôt qu'une réponse à notre envie de savoir, la religion serait donc un remède à notre besoin d'être rassurés. C'est ce que souligne Freud, qui considère les idées religieuses comme des illusions et la réalisation de désirs inconscients enracinés en chacun de nous.

> *Plutôt qu'une réponse à notre envie de savoir, la religion serait un remède à notre besoin d'être rassurés.*

▶ On peut néanmoins se demander si le besoin de recourir à ce type de croyance n'est pas à proprement parler le signe de la **faiblesse des hommes** plutôt que celui de la force du religieux. C'est en tout cas le point de vue de Nietzsche, qui estime dans *Par-delà bien et mal* que la religion reste avant tout une consolation pour les « hommes vulgaires », c'est-à-dire ceux qui n'ont d'autres moyens pour justifier et supporter la dureté et le non-sens de leur vie réelle que de croire en un autre monde et une forme différente de vie (➋ **Nietzsche**).

L'importance sociale des institutions religieuses

▶ Cependant, si cette compréhension du phénomène religieux permet d'expliquer le besoin individuel de croire, elle rend plus difficilement compte de son importance institutionnelle, c'est-à-dire des **manifestations collectives** et objectivement visibles de la religion. Pourquoi le besoin d'être rassuré réclamerait-il des rites communs et des croyances socialement partagées plutôt que des pratiques et des conceptions adaptées à la subjectivité de chaque individu (➋ **objectif/subjectif**) ?

▶ Peut-être parce que les religions sont des institutions fondamentales pour l'ordre social. En effet, en plus du soutien psychologique qu'elles procurent, elles créent un lien puissant qui unit tous les membres d'une société. Comme l'explique Émile Durkheim dans *Les Formes élémentaires de la vie religieuse*, les cérémonies religieuses produisent le sentiment d'une **appartenance collective**, et l'effervescence qui s'en dégage n'est rien d'autre que l'effet de ce sentiment. Par conséquent, la force des religions tient peut-être au fait qu'elles permettent aux individus de ressentir indirectement (à travers l'objet de croyance) une forme d'unité supérieure (l'unité de la société) qui les relie et les dépasse.

> *Les religions créent un lien puissant qui unit tous les membres d'une société.*

Les sujets expliqués

Les **dissertations**

Dans quelle mesure la liberté religieuse est-elle une liberté fondamentale ?

▶ La liberté d'opinion, qui inclut la croyance religieuse, est un droit fondamental. Ainsi, la Déclaration des droits de l'homme et du citoyen de 1789 précise que « nul ne doit être inquiété pour ses opinions, même religieuses ».

▶ La difficulté n'est donc pas de savoir si les individus ont le droit de croire, mais de déterminer jusqu'où les conduites induites par leurs croyances (rites, cérémonies, etc.) sont prioritaires d'un point de vue moral et politique. À partir de quand la liberté de pratiquer une religion risque-t-elle de nuire à la liberté tout aussi fondamentale d'opinion et d'expression des autres membres de la société ?

Un plan possible

▶ Si l'on admet sur un plan moral que tous les hommes possèdent un libre arbitre, il devient difficile sur un plan juridique de leur interdire de croire ce qu'ils veulent. Tout régime politique présupposant des êtres libres et égaux devrait donc garantir la liberté de croyance religieuse.

▶ Mais cette liberté est à distinguer de celle de pratiquer une religion sans restrictions. Et c'est d'ailleurs pour garantir la liberté de croyance de tous qu'il faut limiter le pouvoir des institutions religieuses lorsqu'elles imposent un culte comme seule norme valable. À ce titre, les philosophes des Lumières ont défendu, contre les abus des religions institutionnelles, le concept de « religion naturelle* », fruit de notre seule réflexion et de notre sensibilité individuelle (➔ **Rousseau**).

▶ Le principe de laïcité, qui établit une séparation entre le pouvoir politique et le religieux, peut alors être une solution au problème. Par ce principe, l'État garantit sa neutralité envers les religions, tandis que chaque communauté religieuse s'engage à respecter la loi commune et renonce à servir de guide moral officiel pour toute la société (➔ **Locke**).

Les notions L'État, la justice et le droit, la liberté

La religion — **La culture**

Est-il déraisonnable de croire en Dieu ?

▶ Le savoir repose sur des éléments objectifs et vérifiables, tandis que la croyance relève d'une simple conviction subjective. Or, la science moderne considère que l'idée d'un être éternel et tout-puissant appartient à la seconde catégorie. Elle estime donc qu'il n'est pas de son ressort de chercher à prouver son existence (→ **croire/savoir**).

▶ Mais cela ne signifie pas que la foi en Dieu soit incohérente. En revanche, ce type de conviction entraîne forcément des pratiques divergentes. Libre choix intime pour les uns, elle est pour d'autres une façon de légitimer leur intolérance. En ce sens, s'il n'est *a priori* pas absurde de croire en Dieu, n'y a-t-il pas certaines façons de manifester sa croyance qui s'avèrent moralement condamnables ?

Un plan possible

▶ L'absence de preuve rationnelle de l'existence de Dieu ne rend pas la croyance en lui déraisonnable. On ne saurait en effet confondre le champ de la connaissance (ce que l'on a les moyens rationnels de connaître) avec celui de la morale (ce qu'il est raisonnable ou non de faire). À l'inverse, une distinction entre ces deux champs peut conduire à estimer que ce qui ne relève pas du savoir revient à la foi (→ **Kant**). Et ce serait justement parce qu'il n'est pas rationnel de prétendre prouver l'existence de Dieu qu'il devient raisonnable d'y croire.

▶ Cependant, certaines pratiques religieuses rejettent cette frontière entre croire et savoir. La parole supposée de Dieu devient parfois une excuse pour justifier les pires actes. Dans ce cas, les dogmes* sont élevés de façon irrationnelle et déraisonnable au rang de vérités indiscutables.

▶ Deux modes de croyance sont donc à distinguer : d'un côté, la foi en Dieu comprise comme un engagement lucide, qui ne prétend pas outrepasser les limites de la raison ; de l'autre, une adhésion fanatique ou superstitieuse* dont le caractère irrationnel amène les individus à interpréter n'importe quel événement comme un signe divin et à agir en conséquence (→ **Spinoza**).

Les notions La raison et le réel, la vérité, la démonstration

Les **explications** de **textes**

▶ Des extraits des œuvres suivantes sont expliqués dans l'ouvrage.

SPINOZA, *Traité théologico-politique*, → **l'interprétation** p. 154
MARX, *Critique du droit politique hégélien*, → **Marx** p. 319

Séries L et ES

L'histoire

La culture

D'après le tableau de Delacroix, *La Liberté guidant le peuple* (1830), œuvre inspirée par les « trois glorieuses », journées de soulèvement populaire parisien contre Charles X.

En dehors des commémorations officielles (fête nationale, anniversaire de l'armistice, etc.), la grande histoire laisse en général la place aux petits récits de notre vie quotidienne. Mais qu'une guerre, un coup d'État, une révolte populaire éclate et nous réalisons que même si nous n'y prêtons pas attention, l'histoire continue d'avancer.
Cette prise de conscience soulève alors des interrogations légitimes : quel lien établir entre nos actes individuels et l'histoire humaine en train de se faire ? Vers quoi se dirige l'humanité ? Le rôle de la philosophie est donc de mettre en perspective les connaissances des historiens pour mieux réfléchir au sens de notre destinée collective.

Les notions La conscience, la vérité, l'interprétation, la politique, la société, les échanges, la liberté
Les auteurs Hegel, Kant, Marx, Nietzsche, Pascal
Les repères Expliquer/comprendre, idéal/réel

L'histoire — La culture

Qu'est-ce que l'histoire ?
introduction

De la réalité historique à son étude

▶ En son sens le plus large, l'histoire désigne le **devenir des sociétés humaines dans le temps**, c'est-à-dire le déroulement de l'ensemble des faits et événements humains. Il s'agit donc d'une réalité objective à laquelle tout individu participe.

▶ Mais l'histoire est aussi l'étude de ce devenir. De ce point de vue, il s'agit d'une **enquête** (c'est le sens étymologique du mot grec *historia*) qui produit des connaissances permettant de comprendre le déroulement de certains faits et événements. Cette enquête se distingue donc de la **mémoire collective*** sur laquelle elle porte un regard critique. Et si le statut épistémologique* de cette enquête fait l'objet de discussions, elle donne en tout cas son nom à une discipline spécifique intégrée au sein des sciences humaines et du cursus scolaire (➡ l'interprétation).

Le propre de la condition humaine

▶ Sur le plan de l'expérience subjective, l'histoire peut être définie comme le milieu qui conditionne l'**existence des êtres humains**. Tout individu est en effet engagé dans le temps de l'histoire, et sa façon de penser et d'agir est tributaire de son époque. La condition humaine est donc enracinée dans cette « historicité » (➡ la liberté).

▶ Lorsque nous réalisons l'importance de cette historicité, nous développons une **conscience historique**. Nous sommes conscients que notre passé collectif existe, qu'il détermine notre vision du présent ainsi que notre façon d'envisager l'avenir (➡ la conscience, la société).

Progrès et sens de l'histoire

▶ De cette prise de conscience du passé collectif naît ainsi l'interrogation sur le sens de l'histoire, c'est-à-dire sur sa direction et sur sa signification : les événements humains suivent-ils un **plan prédéfini** ? Obéissent-ils à un ordre caché ou ne sont-ils que purs hasards ?

▶ Loin de faire consensus, la réponse à ces interrogations renvoie à des réflexions divergentes sur le caractère effectif ou non du progrès historique. En effet, croire en un sens de l'histoire revient à postuler que l'on peut **mesurer** d'une façon ou d'une autre le **progrès accompli** au cours des générations (➡ la vérité).

Faut-il voir dans l'histoire humaine un progrès constant ?

L'ascension et le déclin des civilisations nous invitent à nous méfier de l'idée de progrès historique. Chaque époque apporte ses lumières, mais véhicule aussi son lot d'infortunes. Au nom de quelle exigence devrait-on alors envisager le devenir de l'humanité sous l'angle d'un progrès régulier plutôt que comme un éternel retour au point initial ?

La réponse de Kant

Supposer que l'histoire humaine obéit à un plan caché de la nature permet d'espérer un progrès constant de l'humanité.

> C'est un projet à vrai dire étrange, et en apparence extravagant, que de vouloir composer une histoire d'après l'idée de la marche que le monde devrait suivre, s'il était adapté à des buts raisonnables certains ; il semble qu'avec une telle intention, on ne puisse aboutir qu'à un roman. Cependant, si on peut admettre que la nature même, dans le jeu de la liberté humaine, n'agit pas sans plan ni sans dessein final, cette idée pourrait bien devenir utile ; et, bien que nous ayons une vue trop courte pour pénétrer dans le mécanisme secret de son organisation, cette idée pourrait nous servir de fil conducteur pour nous représenter ce qui ne serait sans cela qu'un *agrégat* des actions humaines comme formant, du moins en gros, un *système*. [...] un fil conducteur qui ne sera pas seulement utile à l'explication du jeu embrouillé des affaires humaines ou à la prophétie politique des transformations civiles futures [...] ; mais ce fil conducteur ouvrira encore (ce qu'on ne peut raisonnablement espérer sans présupposer un plan de la nature) une perspective consolante sur l'avenir où l'espèce humaine nous sera représentée dans une ère très lointaine sous l'aspect qu'elle cherche de toutes ses forces à revêtir : s'élevant jusqu'à l'état où tous les germes que la nature a placés en elle pourront être pleinement développés et où sa destinée ici-bas sera pleinement remplie.

E. KANT, *Idée d'une histoire universelle d'un point de vue cosmopolitique*, 1784.

Ce que dit **Kant**

▶ Kant propose une approche philosophique originale de l'histoire qui envisage celle-ci à partir d'une **finalité**, d'une destination à atteindre. Il s'agit donc de lire la suite des événements historiques réels à l'aune d'un idéal raisonnable (➔ **idéal/réel**).

▶ Cet idéal, c'est celui d'un « plan de la nature » qui conduirait à son insu l'humanité jusqu'à l'accomplissement de son plein potentiel. L'histoire serait un **perfectionnement progressif** des virtualités propres à la nature humaine.

▶ Kant prend cependant soin de nous indiquer que ce « plan de la nature » reste un « présupposé ». C'est un **postulat***, un principe qu'on pose sans pouvoir le prouver.

▶ Mais ce postulat est nécessaire. D'abord, il amène à voir dans le devenir humain autre chose qu'un tableau chaotique, un « agrégat » d'actions ne possédant aucune unité. Ensuite, il permet sur un plan moral d'espérer un **progrès constant de l'humanité** avec comme issue l'atteinte du plus haut degré de perfection possible.

Les **enjeux** philosophiques

Pour affirmer que le cours de l'histoire est le lieu d'un progrès constant, il faut supposer que les événements tragiques de chaque époque ne suffisent pas à entraver la marche de l'humanité vers un niveau de bien-être plus élevé. Mais a-t-on besoin d'une telle lecture de l'histoire humaine ? Si cela permet de lui donner un sens, n'est-ce pas au prix d'un aveuglement sur les malheurs réels des individus qui vivent l'histoire ?

L'idée d'un progrès cumulatif

▶ L'idée d'un progrès historique s'enracine dans un constat commun : les hommes accumulent leurs expériences passées par le biais d'une **transmission culturelle**. Cela induit la possibilité d'un progrès cumulatif.

▶ Dans la *Préface sur le traité du vide*, Pascal note ainsi que, au contraire des animaux guidés par l'instinct, les hommes ne cessent de s'instruire par leur raison. Surtout, ils conservent et additionnent de génération en génération les fruits de cette instruction grâce à leur **mémoire collective**, au point que l'on peut considérer l'ensemble des individus comme un seul homme ne cessant d'apprendre (➔ **Pascal**).

Le sens de l'histoire

◗ Pourtant, cette accumulation du savoir est contrebalancée par les pages sombres de l'histoire humaine (guerres, génocides, dictatures). La perspective d'un progrès « constant » semble alors conciliable avec la récurrence de ces moments dramatiques, sauf si l'on considère que les aspects négatifs de l'histoire sont la condition nécessaire du progrès. Mais cette dernière hypothèse impliquerait d'envisager un ordre caché, une **logique supérieure** à l'œuvre dans l'histoire, qui utilise la folie des hommes pour lui faire servir un but plus noble.

◗ C'est cette hypothèse audacieuse que défend Hegel dans *La Raison dans l'histoire*. Il affirme que l'histoire humaine obéit à une forme de rationalité supérieure et qu'elle a donc un sens, à savoir la réalisation progressive de la **liberté**. Mais cette réalisation, loin d'être un long fleuve tranquille, réclame les passions et la démesure humaine, c'est-à-dire un « **travail du négatif** ».

> *Les aspects négatifs de l'histoire sont la condition nécessaire du progrès.*

Chaque nouvelle étape du progrès ne peut avoir lieu qu'à travers son lot de crises. S'il y a donc un progrès constant, c'est sous la forme d'une convergence des actions particulières des individus vers un dessein d'ensemble, à vocation universelle, dont ils ne sont pas pleinement conscients (➔ **Hegel**).

Le grand homme et son valet de chambre

Dans la philosophie de l'histoire proposée par Hegel, le « grand homme » (César ou Napoléon par exemple) est celui qui perçoit le sens de l'histoire et participe à l'accomplir par son action. Saisissant « l'esprit de son temps », le « grand homme » porte donc le progrès de la raison et l'accomplissement de la liberté un peu plus loin. Mais cette prise de conscience reste quasiment intuitive, et si le « grand homme » accomplit temporairement le sens de l'histoire, c'est aussi parce que cela rejoint ses propres intérêts. Seul le regard distancié du philosophe peut alors saisir le rôle véritable du « grand homme », la façon dont ses buts particuliers convergent vers un progrès universel. Pour son « valet de chambre » qui gère les petits tracas quotidiens, le « grand homme » n'est en revanche qu'un individu comme les autres, et ce valet ne parvient pas à reconnaître derrière ses défauts bien humains un acteur du progrès. ➔ **Hegel**

La religion du progrès, dangereuse et incertaine

◗ Mais n'est-il pas problématique de justifier ainsi le pire des affaires humaines au nom du sens de l'histoire ? Cela ne revient-il pas à s'aveugler devant la véritable **valeur morale** de certains événements qui, loin d'apparaître comme un progrès pour ceux qui les vivent, relèvent du drame ? De ce point de vue, il apparaît déraisonnable de vouloir à tout prix prouver que la marche du progrès est nécessaire. Cela équivaudrait à ériger l'idée de progrès en **croyance absolue**, au mépris du vécu subjectif des hommes bien réels.

▶ Condamnant la religion du progrès historique, Nietzsche nous invite pour sa part, dans la *Seconde Considération inactuelle*, à nous insurger contre « l'idolâtrie des faits historiques » et à refuser de « courber l'échine » devant la prétendue « puissance de l'histoire ». En effet, une telle attitude entraîne le **culte ambigu** de toute action qui s'impose pour un temps, avec le danger d'approuver de façon automatique n'importe quels « succès », même les plus néfastes à l'épanouissement de l'humain (➔ **Nietzsche**).

> *Refuser de « courber l'échine » devant la prétendue « puissance de l'histoire ».*

▶ Par ailleurs, l'idée d'un progrès « constant » est difficile à vérifier. Quel serait le critère concret permettant de le mesurer dans le temps ? Les différentes **civilisations** n'ayant pas développé les mêmes qualités, la mesure différera en fonction de l'angle d'approche.

▶ Dans *Race et Histoire*, Lévi-Strauss rappelle à ce titre que l'idée d'un progrès régulier et cumulatif reste une **vision réductrice** qui ne valorise que l'accumulation des richesses et des techniques sans prêter attention à d'autres formes de développement des sociétés humaines, telles que l'adaptation à l'environnement par exemple. Or, selon ce dernier critère, les Eskimos seraient depuis fort longtemps l'une des cultures les plus avancées. Il est donc absurde de penser le progrès comme une flèche dans le temps, alors qu'il y a surtout des progrès divers étalés dans l'espace des différentes sociétés, sans régularité apparente.

L'idéal d'un progrès constant comme exigence morale

▶ Quoique critiquable, la perspective d'un progrès constant n'en reste pourtant pas moins une **consolation**, un moyen d'imaginer que nos actions historiques individuelles ne sont pas inutiles, même lorsque le présent n'est pas satisfaisant.

▶ Le **juste compromis** est alors peut-être d'en rester au niveau d'un simple postulat, à l'instar de Kant. L'idée d'un progrès constant serait ainsi une exigence morale, une raison d'espérer, plutôt qu'un fait avéré (➔ **Kant**).

Les sujets expliqués

Les **dissertations**

L'histoire est-elle une science ?

▶ Le champ de la science ne se limite pas aux objets quantifiables par les outils mathématiques. Quant à l'historien, même s'il ne donne qu'une explication partielle des causes d'un événement, il en propose une compréhension globale, l'interprétant par rapport à un ensemble plus large (une courte période, une époque, etc.) (➔ **expliquer/comprendre**).

▶ Mais cette interprétation est-elle de l'ordre d'une connaissance authentique ? Dépend-elle de la seule subjectivité de l'historien (ses goûts et ses valeurs) ? Ou permet-elle d'établir un savoir objectif et vérifiable par une communauté scientifique ?

Un plan possible

▶ Une connaissance objective de l'histoire est difficile à atteindre. D'une part, les faits et les événements étudiés ne sont pas présents, mais partiellement reconstitués à l'aide de traces (témoignages, données archéologiques, etc.), ce qui en interdit une restitution intégrale. D'autre part, l'historien risque de fausser cette reconstitution par son interprétation, rendant compte des faits à travers sa propre subjectivité.

▶ Néanmoins, ces obstacles ne condamnent pas l'ambition d'une méthode scientifique pour étudier l'histoire. L'historien a ainsi pour règle d'élargir la collecte des traces afin de multiplier les angles sur un même événement. Et il révèle publiquement l'usage et la lecture de ces traces de façon à permettre leur analyse rigoureuse et leur vérification. En ce sens, il ne transmet pas la mémoire collective* de façon passive, mais la passe au crible d'un regard critique.

▶ Il est donc *a priori* possible pour l'historien de garantir une forme d'objectivité et de se démarquer d'une vision fictive de l'histoire (roman, film). Cela dit, dans la mesure où il étudie des événements humains impliquant des êtres dotés d'intention et de conscience, son objectivité ne saurait être identique à celle des sciences exactes ou naturelles.

Les notions ▶ L'interprétation, la vérité

L'histoire | **La culture**

Les hommes font-ils leur histoire ?

▶ Face à leur ambition de changer le cours de l'histoire, les individus se sentent souvent impuissants. De fait, quelle grande personnalité n'a pas rencontré d'immenses difficultés à transformer son époque ?

▶ Pourtant, l'histoire « avance » : les sociétés se développent, les savoirs s'accumulent… Il s'agit donc de comprendre comment les hommes peuvent être les seuls à faire leur histoire alors qu'ils ne maîtrisent pas le résultat général de leurs actions. Cet écart est-il insurmontable ou repose-t-il sur l'ignorance des causes réelles du changement historique ?

Un plan possible

▶ Si les intentions des hommes sont à l'origine de leurs actions, il est logique de penser qu'ils font leur histoire. Cela expliquerait que l'on retrouve à chaque époque des scénarios similaires de gloire et de décadence, de prospérité et de crise, etc.

▶ Pourtant, cette thèse n'explique pas pourquoi les effets des actions historiques dépassent souvent l'intention qui les a initiées. En général, les progrès résultent de la convergence imprévue d'actions indépendantes. Si les hommes sont les auteurs de leurs actes, il semble donc qu'ils restent spectateurs de l'évolution historique. Celle-ci dépend-elle alors d'une rationalité supérieure qui ferait converger, à leur insu, les projets particuliers des individus vers un même but universel (**→ Hegel**) ?

▶ Cette hypothèse métaphysique n'est pourtant pas nécessaire pour comprendre comment plusieurs actions individuelles provoquent des événements historiques imprévus. En effet, les individus dépendent toujours d'une situation objective, c'est-à-dire des conditions sociales, économiques, politiques, etc., de leur époque. Si donc les hommes font leur histoire, ils ne la font pas dans des conditions qu'ils ont choisies. Et celui qui prétend changer l'histoire sans égard pour ces conditions objectives ne peut effectivement qu'échouer (**→ Marx**).

Les notions La politique, la société, les échanges, la liberté

Les **explications** de **textes**

▶ Des extraits des œuvres suivantes sont expliqués dans l'ouvrage.

HEGEL, *La Raison dans l'histoire*,	**→ Hegel**	p. 286
MACHIAVEL, *Le Prince*,	**→ Machiavel**	p. 313
MARX, *Le 18 Brumaire de Louis Bonaparte*,	**→ Marx**	p. 318

Séries L, ES et S

La raison et le réel

De même qu'il est difficile de reconnaître un objet trop éloigné, on a parfois du mal à distinguer ce qui est apparent et ce qui est réel. La raison semble un outil indispensable pour mener à bien cet examen.

Nous voyons la raison comme un guide indispensable pour nous orienter face à la réalité. Nous l'identifions au « bon sens », à la capacité de bien apprécier les situations et d'opter pour les conduites les plus souhaitables, et même de connaître le réel. Mais n'est-ce pas trop lui prêter ? Tout en se présentant comme une discipline rationnelle, la philosophie n'hésite pas à remettre en question le pouvoir de la raison et à envisager d'autres voies d'accès au réel.

Les notions	La conscience, la perception, l'inconscient, l'art, la technique, théorie et expérience, la vérité, la morale
Les auteurs	Descartes, Kant, Leibniz, Locke, Pascal, Platon, Sartre
Les repères	Analyse/synthèse, en fait/en droit, idéal/réel, médiat/immédiat

La raison et le réel

Qu'est-ce que la raison, qu'est-ce que le réel ?

La raison est un pouvoir de l'esprit

▶ La raison est le bon sens, la capacité de distinguer le vrai et le faux, mais aussi le bien et le mal. Car si le mot connote une vision **rationnelle** et scientifique du monde (du grec *logos*, « raison », « discours » et du latin *ratio*, « raison », « calcul »), il renvoie aussi à une conduite morale **raisonnable**, c'est-à-dire sage et modérée.

▶ On peut donc distinguer un **usage théorique** de la raison, consistant à connaître le réel au moyen des idées, et un **usage pratique** de celle-ci, consistant à émettre des jugements moraux fondés sur des principes (➔ **Kant**).

Le réel est ce qui nous fait face

▶ Est réel ce qui existe effectivement, par opposition à l'idéal qui n'existe qu'en idée (➔ **idéal/réel**). Le « réel » (du latin *res*, « chose ») désigne l'ensemble des choses existantes, la totalité de ce qui est.

▶ On assimile souvent le réel à ce qui est tangible, matériel, vérifiable par l'expérience. Mais le réel ne se réduit pas à ce qui est perceptible par les sens : une idée, un sentiment sont aussi réels.

▶ Il ne se réduit pas non plus à ce qui est vrai. Par exemple, une croyance ou une opinion sont réelles : qu'elles soient vraies ou fausses, elles existent (➔ **la vérité**).

Le réel et le rationnel

▶ La raison nourrit l'ambition (ou peut-être l'illusion) de rendre compte du réel en comprenant non seulement pourquoi les choses existent, mais aussi pourquoi elles sont ainsi et pas autrement. Dans son *Discours de métaphysique*, Leibniz énonce le **principe de raison suffisante** : « rien n'existe sans avoir une raison suffisante pour exister » (➔ **Leibniz**).

▶ Ce besoin de rendre raison des choses aboutit à la **métaphysique***, considérée comme la science suprême dans la philosophie classique : il s'agit de la connaissance des réalités immatérielles, telles que Dieu, l'âme ou les Idées, au moyen des seules ressources de la raison (les concepts, la logique). Un tel projet n'est pas seulement théorique, mais il a aussi pour enjeu de nous réconcilier avec le monde : même lorsqu'il paraît décevant ou absurde, le réel se révèle rationnel à celui qui en comprend les ressorts cachés.

Est-ce seulement par la raison que l'on peut accéder au réel ?

Le sujet fait implicitement référence à la vérité, c'est-à-dire à une pensée conforme à la réalité. Mais en parlant d'« accéder » au réel, il pose la question de la meilleure méthode (du grec *méthodos*, qui renvoie à l'idée d'un « chemin ») pour y parvenir : la raison s'offre comme un bon guide, mais cela exclut-il d'autres voies d'accès au réel, comme la sensibilité ?

La réponse de **Platon**

C'est en se détachant des sens et en se servant de sa raison qu'on connaît le réel.

> Les amis de la science [...] savent que, quand la philosophie a pris la direction de leur âme, elle était véritablement enchaînée et soudée à leur corps et forcée de considérer les réalités au travers des corps comme au travers des barreaux d'un cachot, au lieu de le faire seule et par elle-même, et qu'elle se vautrait dans une ignorance absolue. Et ce qu'il y a de terrible dans cet emprisonnement, la philosophie l'a fort bien vu, c'est qu'il est l'œuvre du désir, en sorte que c'est le prisonnier lui-même qui contribue le plus à serrer ses liens. Les amis de la science savent, dis-je, que la philosophie, qui a pris leur âme en cet état, l'encourage doucement, s'efforce de la délivrer, en lui montrant que, dans l'étude des réalités, le témoignage des yeux est plein d'illusions, plein d'illusions aussi celui des oreilles et des autres sens, en l'engageant à se séparer d'eux, tant qu'elle n'est pas forcée d'en faire usage, en l'exhortant à se recueillir et à se concentrer en elle-même et à ne se fier qu'à elle-même et à ce qu'elle a conçu elle-même par elle-même de chaque réalité en soi, et à croire qu'il n'y a rien de vrai dans ce qu'elle voit par d'autres moyens et qui varie suivant la variété des conditions où il se trouve, puisque les choses de ce genre sont sensibles et visibles, tandis que ce qu'elle voit par elle-même est intelligible et invisible. En conséquence, persuadée qu'il ne faut pas s'opposer à cette délivrance, l'âme du vrai philosophe se tient à l'écart des plaisirs, des passions, des chagrins, des craintes, autant qu'il lui est possible.
>
> PLATON, *Phédon*, IVe s. av. J.-C.

La raison et le réel

La raison et le réel

Ce que dit **Platon**

🔴 Pour Platon, le réel n'est pas constitué des objets matériels que nous avons sous les yeux, mais des **idées**. Sa philosophie se caractérise en effet par un dépassement du sensible, dans lequel il ne voit qu'une pâle approximation de l'intelligible. Tout ce qui est matériel est entaché d'imperfection et finit par périr, alors que les idées demeurent parfaites et identiques à elles-mêmes.

🔴 Platon est **rationaliste*** : il pense que les objets accessibles à nos sens sont moins réels que les idées contemplées par notre esprit. Tandis que les sens ne nous livrent que l'apparence des objets, la raison nous en fait connaître la réalité en nous permettant d'accéder aux idées dont ils ne sont que la copie.

🔴 Cette **conversion du regard** nécessite une longue démarche où l'on privilégie la raison, opposée à la folie et aux passions qui trouvent leur source dans le corps, notre prison. Le texte dénonce les errements où nous conduit une confiance excessive accordée aux sens : l'illusion et l'intempérance. En conséquence, le philosophe, c'est-à-dire celui qui aspire à la sagesse, se tient autant que possible à l'écart des passions et s'en remet à la raison.

🔴 C'est par la méthode **dialectique***, donc au moyen du seul discours (du grec *logos*, qui signifie aussi « raison », « raisonnement »), qu'on accède selon Platon à la connaissance du réel : par le jeu des questions et des réponses, et au moyen de l'argumentation, les interlocuteurs mettent à l'épreuve leurs opinions et progressent ensemble dans la recherche de la vérité.

l'allégorie de la caverne

Dans la *République* (livre VII), Platon imagine des hommes prisonniers d'une caverne obscure, attachés à un mur sur lequel se reflètent des ombres qu'ils prennent pour la réalité. N'ayant rien connu d'autre, ils ne pourraient pas croire qu'ils ne voient que des ombres. Et si on les amenait au grand jour, ils seraient d'abord aveuglés par la lumière du soleil. Nous sommes tous dans la caverne : nous prenons le sensible pour la réalité, et il nous est difficile de nous affranchir des apparences pour progresser jusqu'aux réalités idéales. ➡ **Platon**

Les **enjeux** philosophiques

La raison est un moyen efficace d'accéder au réel, c'est-à-dire d'acquérir la connaissance vraie de ce qui est. Mais elle n'est pas nécessairement le seul. Cela veut-il dire qu'il faut relativiser son pouvoir ? La sensibilité n'est-elle pas un moyen plus direct d'être en relation avec le réel ?

Se fier au raisonnement et non aux sens

▶ La **sensibilité** nous met en présence de la réalité de façon immédiate, mais la raison propose un chemin plus long et plus rigoureux : il est nécessaire pour connaître de dépasser nos premières impressions (➔ **médiat/immédiat**).

Pour connaître, il faut dépasser nos premières impressions.

▶ En effet, les sens nous trompent souvent. Lorsqu'on plonge un bâton dans l'eau, on a l'illusion qu'il est rompu, alors qu'il ne l'est pas. Descartes prend cet exemple pour opposer à la vision sensible, pleine de confusion, la vision claire et distincte de l'esprit : les yeux voient le bâton comme s'il était cassé, mais la raison rectifie cette erreur et l'explique par la réfraction (➔ **la perception**). Elle est la « puissance de bien juger et distinguer le vrai d'avec le faux » (➔ **Descartes**).

▶ La démarche scientifique rompt avec l'expérience quotidienne, qui constitue selon Bachelard un « **obstacle épistémologique** ». Dans les sciences de la nature, on ne procède pas simplement d'après l'observation du réel, mais on construit en laboratoire une expérimentation qui nécessite une élaboration théorique préalable et des instruments de mesure : dans *La Formation de l'esprit scientifique*, Bachelard explique que le réel envisagé par la raison dans le travail scientifique est un réel « trié, filtré, épuré » (➔ **théorie et expérience**).

Expérience et sensibilité

▶ Ce serait pourtant une erreur de croire que la raison permet à elle seule de connaître le réel, car l'**expérience** reste nécessaire pour cela. L'empirisme* est la doctrine philosophique qui considère que toutes nos connaissances sont d'abord le résultat de l'expérience.

La raison et le réel

▶ Dans son *Essai philosophique concernant l'entendement humain*, Locke pose que toute connaissance est acquise : à l'origine, l'esprit est comme un « papier blanc » sur lequel on n'a encore rien écrit. Le raisonnement ne s'exerce sur rien tant que l'expérience ne lui donne pas matière à s'exercer : la raison réfléchit sur le réel, mais elle n'y accède pas par elle-même sans les sens. Sans l'expérience, elle demeure donc impuissante (➔ **Locke**).

▶ De plus, notre rapport au réel excède largement la connaissance scientifique. Dans notre vie de tous les jours, nous sommes présents au monde sans avoir besoin de la raison pour cela : « **l'être-au-monde** » désigne pour la phénoménologie* ce rapport quotidien à la réalité qui nous fait face. Il n'est pas le fait de la pensée pure mais plutôt du corps et de l'expérience quotidienne, du travail, de l'art, etc.

▶ C'est pourquoi Heidegger dénonce « l'arraisonnement du monde » et la tyrannie du « **principe de raison** » dans la métaphysique : calculer, organiser, mesurer, rendre des comptes sont les obsessions de la raison. Mais le triomphe de la raison dans la science ne signifie pas qu'il faille mépriser toute autre forme de pensée (➔ **la technique**).

La philosophie critique

▶ Le problème de la raison est peut-être moins d'accéder au réel que de ne pas le quitter. Ainsi, lorsqu'elle croit accéder au réel par ses seuls moyens que sont les concepts et la logique, la raison risque de divaguer. L'expérience, qui suppose au contraire un rapport sensible au réel, est la seule « pierre de touche » qui peut lui permettre de ne pas tomber dans la pure abstraction. C'est pourquoi, dans la *Critique de la raison pure*, Kant définit la connaissance comme une **synthèse** entre des concepts et un donné sensible (➔ **analyse/synthèse**).

▶ La philosophie critique montre les limites de la raison pour mieux en établir la légitimité : les concepts sont « vides » en dehors de leur application à l'expérience, et réciproquement, la sensibilité reste « aveugle » si elle n'est pas mise en ordre par des concepts. On doit selon Kant voir la raison comme une condition nécessaire pour accéder au réel, mais pas comme une condition suffisante. Il faut donc se garder à la fois de surestimer la raison et de la censurer.

Il faut se garder à la fois de surestimer la raison et de la censurer.

▶ Un savoir absolu n'est pas à notre portée. Selon Kant, la métaphysique* n'est pas une véritable science. Elle exprime certes un désir de la raison de tout connaître, mais le fond des choses nous échappe. La raison doit donc s'interroger d'abord sur ses propres capacités et distinguer la pensée et la connaissance (➔ **Kant**).

Les sujets expliqués

Les **dissertations**

Peut-on avoir raison contre les faits ?

▶ Il semble y avoir ici un paradoxe : comment les conclusions d'un raisonnement pourraient-elles être justes (« avoir raison ») alors même qu'elles sont en désaccord avec ce qu'on observe (« les faits ») ?

▶ Mais la raison, qui ne se contente pas d'observer les faits, manifeste aussi une capacité de construire et de transformer la réalité en fonction de ses propres exigences : on se demande donc si ce ne sont pas plutôt les faits qui doivent se soumettre à la raison.

Un plan possible

▶ « Le fait est que… », « les faits montrent que… » : ces expressions rappellent qu'en dépit de tous les raisonnements possibles, la seule pierre de touche de la vérité reste l'expérience. Un « fait » désigne ce qui se produit ou s'est produit effectivement. En sciences naturelles ou en histoire, par exemple, une théorie doit être corroborée par des preuves expérimentales ou attestée par des documents.

▶ Mais comprendre le réel n'est pas simplement enregistrer des faits : selon Kant, la raison doit aussi construire le réel qu'elle observe. Ainsi, lorsque Galilée énonce le principe d'inertie, il va au-delà de l'observation : de fait, un mobile lancé sur une trajectoire finit en général par s'arrêter, mais la raison pose une loi selon laquelle il poursuivrait indéfiniment son mouvement si aucune force ne s'exerçait sur lui (➔ **Kant**).

▶ En outre, la raison n'est pas cantonnée à la connaissance de la réalité, mais formule aussi des principes éthiques : il faut distinguer son usage théorique et son usage pratique. La raison n'observe pas simplement ce qui est, mais dit aussi ce qui doit être. Ainsi, Rousseau ouvre son livre *Du Contrat social* en disant : « L'homme est né libre, et partout il est dans les fers. » En opposant ainsi le principe (de droit) et le constat (de fait), il dit implicitement que la réalité doit être transformée pour devenir conforme aux exigences de la raison (➔ **en fait/en droit**).

Les notions Théorie et expérience, la vérité, la morale

La raison et le réel

Faut-il opposer l'imaginaire au réel ?

▶ On a d'un côté ce qui existe de fait, et de l'autre les fantaisies de l'esprit : il faut distinguer le réel et l'imaginaire, mais doit-on les opposer comme si chacun était pour l'autre un obstacle ?

▶ En admettant qu'il faille les opposer, il faudrait encore se demander en faveur de qui joue l'opposition : pourquoi le réel serait-il nécessairement préférable à l'imaginaire ? Ne faut-il pas, au contraire, oublier parfois le réel ou le transformer pour qu'il soit plus conforme à nos attentes ?

Un plan possible

▶ L'imaginaire désigne un ensemble de pensées qui s'éloignent délibérément de la réalité, tandis que la raison permet de comprendre et d'affronter le réel. Avec ses représentations farfelues (fantaisies, rêves, légendes, etc.), l'imagination est, comme dit Pascal dans les *Pensées*, « maîtresse d'erreur et de fausseté » et représente, à ce titre, une « puissance ennemie de la raison » (**Pascal**).

▶ Pour autant, le problème n'est pas l'imaginaire comme tel, mais le fait de le confondre avec le réel (illusion) ou de s'y réfugier par rejet du réel (délire). Le souci de connaître le réel par la pensée, ou de l'affronter dans le travail, ne s'oppose pas à la créativité ni aux plaisirs que l'imagination nous offre.

▶ L'imaginaire peut même être un précieux auxiliaire pour penser le réel et le transformer. Dans les jeux de l'enfant, l'imaginaire est formateur ; de même les mythes, légendes ou fables donnent une représentation imagée du réel pour mieux le comprendre ou pour le transformer. Les utopies en fournissent une critique. L'imaginaire n'est donc pas coupé du réel mais peut le revitaliser, voire le transfigurer dans l'art. Comme le dit Sartre, il manifeste la liberté d'un esprit capable de se distancier du réel (**Sartre**).

Les notions La conscience, la perception, l'inconscient, l'art

Les **explications** de **textes**

▶ Des extraits des œuvres suivantes sont expliqués dans l'ouvrage.

DESCARTES, *Méditations métaphysiques*,	**Descartes** p. 266
KANT, *Critique de la raison pure*,	**Kant** p. 303
LOCKE, *Essai philosophique concernant l'entendement humain*,	**Locke** p. 310
SARTRE, *L'Imaginaire*,	**Sartre** p. 347

Série L

Théorie et expérience

La raison et le réel

On raconte que chargé de vérifier si une couronne était en bien or, Archimède aurait découvert la poussée qui porte son nom dans son bain, en observant des objets immergés.

Nous avons tendance à nous fier plus facilement à notre expérience qu'à des théories qui nous semblent parfois éloignées de la réalité. À l'abstraction des théories serait opposé le caractère concret de notre vécu, de nos observations et de nos perceptions. En généralisant le recours à l'expérimentation, la science moderne accorde elle aussi une place importante à l'expérience. Mais d'où vient cette confiance en une expérience dont nous saisissons par ailleurs le caractère subjectif, et parfois trompeur ?

Les notions La perception, la raison et le réel, la vérité, la démonstration
Les auteurs Aristote, Descartes, Hume, Kant, Locke
Les repères Médiat/immédiat, origine/fondement

Théorie et expérience — **La raison et le réel**

Qu'est-ce qu'une théorie, qu'est-ce qu'une expérience ?

La théorie est une démarche spéculative

▶ Du grec *theoria*, qui désigne la contemplation, la spéculation, la théorie se définit comme une **démarche spéculative** dont le rapport au réel n'est pas immédiat (➜ **médiat/immédiat**).

▶ Plus précisément, une théorie désigne un **ensemble d'hypothèses** ou de **représentations** organisées méthodiquement et portant sur un aspect isolé du réel. Une théorie scientifique reste toujours provisoire, car susceptible d'être remise en cause par une nouvelle expérience (➜ **la raison et le réel**).

L'expérience est observation et expérimentation

▶ Communément, l'expérience désigne une **pratique** qui peut former une connaissance (on parle ainsi d'un « homme d'expérience »). En ce sens, on oppose la théorie, qui concerne le domaine des **idées**, à la pratique, qui renvoie à celui de l'**action**.

▶ L'expérience désigne également l'observation ou le contact direct, **immédiat**, avec le réel, par le biais de sensations ou d'impressions (➜ **la perception**).

▶ Enfin, l'expérience peut désigner l'**expérimentation**, c'est-à-dire la procédure de contrôle destinée à vérifier ou à infirmer une hypothèse scientifique. Pour Karl Popper, une théorie n'est scientifique qu'à condition d'être réfutable, c'est-à-dire susceptible d'être mise à l'épreuve d'une expérience. Ainsi, l'astrologie, la psychanalyse ou l'histoire, dont les hypothèses ne peuvent être réfutées par des expériences, ne sont pas considérées par Popper comme des sciences (➜ **la raison et le réel**).

La théorie et l'expérience sont complémentaires

▶ Il est difficile de penser une théorie sans rapport avec la réalité : elle serait alors vide de tout contenu. Inversement, une expérience pure de toute théorie se bornerait à observer la diversité du réel en renonçant à l'expliquer.

▶ La question du rapport entre théorie et expérience est d'ordre **épistémologique*** : comment se forment nos connaissances ? Quels sont les rôles de l'expérience et de la théorie dans leur formation ?

L'expérience est-elle la seule source de nos connaissances ?

L'expérience nous met au contact direct de la réalité extérieure, si bien que nous avons tendance à croire qu'elle nous livre le réel. Pourtant, est-elle fiable ? Suffit-elle à fonder la connaissance que nous avons du monde ?

La réponse de Descartes

L'expérience est le chemin trompeur de la connaissance.

> Pour le moment, ayant dit un peu plus haut que parmi les sciences déjà connues seules l'arithmétique et la géométrie sont exemptes de fausseté et d'incertitude, il nous faut examiner avec plus de soin pourquoi il en est ainsi, et, à cet égard, il nous faut noter que nous parvenons à la connaissance des choses par deux chemins, à savoir, par l'expérience ou par la déduction. Il faut noter, en outre, que les expériences sont souvent trompeuses, mais que la déduction, ou la simple inférence d'une chose à partir d'une autre, peut sans doute être omise si on ne l'aperçoit pas, mais ne saurait être mal faite même par l'entendement le moins capable de raisonner. [...] En effet, toutes les erreurs où peuvent tomber les hommes (et non les bêtes, bien entendu) ne proviennent jamais d'une mauvaise inférence, mais seulement de ce qu'on admet certaines expériences peu comprises ou qu'on porte des jugements à la légère et sans fondement.
> Par là on voit clairement pourquoi l'arithmétique et la géométrie sont beaucoup plus certaines que les autres sciences : c'est que seules elles traitent d'un objet assez pur et simple pour n'admettre absolument rien que l'expérience ait rendu incertain, et qu'elles consistent tout entières en une suite de conséquences déduites par raisonnement. Elles sont donc les plus faciles et les plus claires de toutes, et leur objet est tel que nous le désirons, puisque, sauf par inattention, il semble impossible à l'homme d'y commettre des erreurs.
>
> R. DESCARTES, *Règles pour la direction de l'esprit*, 1628.

Théorie et expérience — **La raison et le réel**

Ce que dit **Descartes**

▶ Descartes expose dans ce texte le caractère douteux d'une connaissance qui serait fondée sur l'expérience.

▶ Il distingue d'abord deux « chemins » par lesquels nous « parvenons à la connaissance des choses » : nous les connaissons soit par la **déduction***, comme c'est le cas dans les sciences formelles, soit par l'**expérience**.

▶ Or, dit Descartes, nos erreurs ne viennent jamais de la déduction en elle-même, puisque nous sommes tous capables de rationalité, mais de l'expérience, qui est trompeuse.

▶ Par conséquent, seules les connaissances fondées sur la déduction, comme les mathématiques, sont certaines, et peuvent donc servir de modèle à toute connaissance.

Les **enjeux** philosophiques

L'expérience pourrait ainsi s'avérer impuissante à fonder la connaissance, en raison de son rapport avec une sensibilité qui peut être trompeuse. Mais alors, comment se forment nos connaissances ? Peuvent-elles vraiment s'affranchir de tout recours à l'expérience ?

L'expérience n'est pas une source de connaissance

▶ L'exemple du morceau de cire, exposé par Descartes dans les *Méditations métaphysiques*, interroge le statut de la **sensibilité** dans la formation d'une connaissance : quand je fais fondre de la cire et que ses qualités sensibles se modifient, d'où me vient la certitude qu'il s'agit du même objet ? Si j'en crois mes sens, il n'y a pourtant pas d'identité entre l'objet dur et froid et le liquide chaud qu'il est devenu.

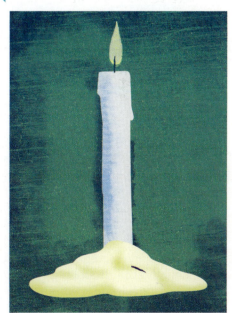

Comme le morceau de cire qu'évoque Descartes, la cire d'une bougie perd ses qualités sensibles au contact du feu.

Pour Descartes, cette certitude nous vient de l'idée de corps flexible et changeant qui se trouve dans notre esprit (➜ **la raison et le réel**).

▶ Ce qui vaut pour la cire vaut pour toute réalité extérieure : c'est donc notre **entendement** seul, dit Descartes, qui est au fondement de toute notre connaissance du réel. Selon cette conception rationaliste*, ce sont les **idées innées** présentes dans notre esprit qui rendent possible la formation d'une connaissance : en l'occurrence, les idées d'extension et de muabilité permettent de comprendre que la cire devienne plus étendue et liquide lorsqu'elle est chauffée (➜ **Descartes**).

▶ Mais si connaître une chose, c'est la penser rationnellement, cela pose le problème de l'existence même d'une réalité extérieure. Dès lors que nous rompons avec l'expérience, qu'est-ce qui nous garantit que ce que nous pensons existe et coïncide avec la réalité ?

L'expérience, origine et fondement de nos connaissances

▶ À Descartes qui affirme que les idées innées ont été déposées par Dieu dans notre esprit pour nous permettre de connaître, Locke répond qu'il est vain de chercher la source de nos idées ailleurs que dans l'expérience. Notre esprit, dit-il dans l'*Essai philosophique concernant l'entendement humain*, est une **tabula rasa**, un « papier blanc, vierge de tout caractère, sans aucune idée », sur lequel viennent s'imprimer les données de l'expérience (➜ **Locke**). Nos impressions sensibles, en se répétant, produisent une **habitude** dont naissent les idées qui permettent à notre esprit de connaître. L'expérience est donc, dit Locke, « le fondement de toutes nos connaissances, et c'est de là qu'elles tirent leur première origine » (➜ **origine/fondement**).

> *Nos impressions sensibles, en se répétant, produisent une habitude dont naissent les idées qui nous permettent de connaître.*

▶ Hume montre ainsi que l'**idée de causalité**, essentielle à la formation d'une connaissance, ne vient en réalité que de l'expérience. La causalité n'est en effet qu'un rapport chronologique entre deux éléments. J'observe que B suit A, et, l'expérience se répétant, je prends l'habitude de considérer que quand A se produit, B va se produire. C'est ainsi que, grâce à l'expérience, l'idée de causalité se forme en moi (➜ **Hume**).

▶ Selon cette conception empiriste*, l'expérience ne rend pas seulement possible la connaissance, mais la contient tout entière. Si j'ai observé une fois que le soleil se levait le matin, cette expérience se répétant, je vais en conclure que le soleil se lèvera demain. Or, tout ce que je peux dire, c'est que je crois qu'il se lèvera. Bien sûr, ce fait est probable. Mais que j'aie observé la succession du jour et de la nuit même un très grand nombre de fois ne m'autorise pas à dire que cette relation est nécessaire : cette nécessité n'est pas rationnellement fondée, dit Hume, mais résulte d'un raisonnement inductif* qui n'est d'aucune rigueur (➜ **la démonstration**).

▶ Par conséquent, la science elle-même ne peut formuler aucune relation nécessaire et universelle au sujet des faits de l'expérience : elle ne peut que décrire le réel en énonçant des relations probables.

le poulet de Russell

Dans les *Problèmes de philosophie*, Bertrand Russell souligne la limite du raisonnement inductif en prenant l'exemple d'un poulet qui, comme tous les animaux domestiques, s'attend à manger en voyant la personne qui lui donne d'habitude sa nourriture. L'habitude nous fait ainsi croire que certains faits sont prévisibles, alors qu'il n'en est rien : « L'homme qui a nourri le poulet tous les jours de sa vie finit par lui tordre le cou, montrant par là qu'il eût été bien utile au dit poulet d'avoir une vision plus subtile de l'uniformité de la nature. »

L'expérience n'est que l'origine de nos connaissances

▶ Pourtant, la physique newtonienne entend bien expliquer le réel en en dégageant des lois nécessaires et universelles. Mais comment est-il possible d'avoir des certitudes au sujet du réel, si de l'expérience ne peuvent se tirer que des lois probables ?

▶ Dans la *Critique de la raison pure*, Kant montre les limites de l'analyse de la causalité par Hume. L'expérience, dit-il, nous donne les termes de la relation causale, et non la relation elle-même. La causalité est donc une **catégorie de notre entendement** qui nous permet d'ordonner le divers de l'expérience en vertu du principe selon lequel « tout ce qui arrive suppose quelque chose dont il résulte suivant une règle ». Ainsi, le principe de causalité fait partie de ces principes contenus dans notre esprit, antérieurs à l'expérience et qui s'appliquent à elle, que Kant nomme **principes transcendantaux*** de la connaissance.

▶ Si on ne peut rien connaître dont on ne puisse faire l'expérience (par exemple on ne peut pas connaître Dieu, seulement le penser), la connaissance se définit comme l'application de nos catégories aux données de l'expérience. Il n'y a donc pas de connaissance indépendante de l'expérience, mais l'expérience n'est pas son seul fondement, dans la mesure où notre connaissance par expérience pourrait être, dit Kant, « un composé de ce que nous recevons des impressions sensibles et de ce que notre propre pouvoir de connaître […] produit de lui-même » (➔ **Kant**).

> *Le pouvoir qu'a notre raison d'ordonner le divers de l'expérience est ce qui rend possible la connaissance.*

▶ Ainsi, les données sensibles sont bien la source de la connaissance, mais non son fondement : ce qui la rend possible, c'est le pouvoir qu'a notre raison d'ordonner le divers de notre expérience.

Les sujets expliqués

Les **dissertations**

L'expérience peut-elle démontrer quelque chose ?

▶ Il semble *a priori* nécessaire qu'une expérience valide une théorie pour que celle-ci soit démontrée. Pourtant, quand nous rapportons une expérience à une théorie, est-ce l'expérience qui démontre quelque chose, ou bien nous qui le démontrons par le moyen de l'expérience ?

▶ L'expérience désigne un contact immédiat au réel. Ce contact se fait par nos sens, si bien que l'expérience est contingente et particulière. Or une démonstration est une opération intellectuelle visant à établir rationnellement la validité d'une théorie, c'est-à-dire sa nécessité et son universalité. Comment alors l'expérience pourrait-elle prétendre démontrer quelque chose ?

▶ La question porte donc sur le rôle de l'expérience dans la formation de la connaissance. Les sciences expérimentales s'appuient sur l'expérience, mais à quel moment et sous quelle forme intervient-elle dans l'élaboration de leurs démonstrations ?

Un plan possible

▶ Dans un premier temps, on pourra démontrer qu'une loi générale nécessaire et universelle ne peut pas être dérivée par induction à partir de l'observation répétée de cas particuliers. En ce sens, une expérience ne démontre jamais rien, mais montre quelque chose (➔ **Aristote**).

▶ Mais alors, ne peut-on rien dire de certain concernant la réalité ? C'est ce qu'établit Hume dans son analyse du rapport de causalité : l'expérience de la répétition d'une succession de faits me permet d'établir des relations probables, mais non nécessaires (➔ **Hume**).

▶ Enfin, il s'agira d'établir en quoi l'expérience peut nous aider à démontrer une hypothèse dans le cadre des sciences expérimentales, en distinguant l'observation de l'expérimentation, et en montrant comment celle-ci peut jouer un rôle dans l'élaboration d'une connaissance scientifique (➔ **Kant**).

Les notions La raison et le réel, la vérité, la démonstration

Théorie et expérience — **La raison et le réel**

Les théories scientifiques décrivent-elles la réalité ?

▶ On pourrait penser que les théories scientifiques rendent compte de la réalité, en ce sens que la science serait une connaissance vraie du monde.

▶ Une théorie scientifique prétend expliquer le réel en en dégageant des lois. Le réel, c'est ce dont nous pouvons faire l'expérience. Mais comment une théorie scientifique pourrait-elle être le pur reflet d'une réalité que nous ne pouvons percevoir que par le biais d'une expérience contingente et particulière ?

▶ La question est ici de savoir comment se forme une théorie scientifique, et quel est son rapport au réel. La science doit-elle se contenter de décrire le réel en se fondant sur l'expérience, ou peut-elle l'expliquer, en mettant au jour des lois universelles et nécessaires ?

Un plan possible

▶ Dans un premier temps, on pourrait dire que la théorie scientifique naît de l'expérience, et qu'elle n'établit en ce sens que des probabilités. Les théories scientifiques ne peuvent, en toute rigueur, que décrire le réel (➜ Hume).

▶ La science doit-elle pour autant renoncer à expliquer le réel ? De fait, on ne peut observer la nécessité. Cela doit-il nous interdire de construire des théories scientifiques et de prétendre connaître le réel (➜ Kant) ?

▶ Enfin, on montrera comment les théories scientifiques, en particulier la physique mathématique, offrent une intelligibilité de la réalité sensible. Les théories scientifiques ont une nécessité et une universalité indiscutables, et nous permettent de comprendre la réalité dans la mesure où elles recourent à l'expérimentation.

Les notions — La raison et le réel, la vérité

Les explications de textes

▶ Des extraits des œuvres suivantes sont expliqués dans l'ouvrage.

DESCARTES, *Discours de la méthode*,	➜ la technique p. 98
DESCARTES, *Méditations métaphysiques*,	➜ Descartes p. 266
HUME, *Enquête sur l'entendement humain*,	➜ Hume p. 295
KANT, *Critique de la raison pure*,	➜ Kant p. 303
LEIBNIZ, *Nouveaux Essais sur l'entendement humain*,	➜ Leibniz p. 306

Séries L, ES, S

La vérité

Il est nécessaire d'établir la vérité, non seulement pour avoir une connaissance de la réalité, mais aussi pour accorder les hommes sur une vision commune et prendre des décisions en conséquence, comme c'est le cas dans un procès.

La question de la vérité renvoie à une double exigence, intellectuelle (celle de « bien penser ») et morale (celle de « bien agir ») : il s'agit, d'une part, de connaître la vérité, et, d'autre part, de dire la vérité. Mais l'esprit humain est-il réellement à la hauteur de cet idéal ? Si la philosophie met la vérité au centre de ses préoccupations, un débat existe sur la définition même du terme, et surtout sur les voies pour y parvenir.

Les notions — Le sujet, l'art, la raison et le réel, la démonstration, l'interprétation, l'État, la société, la morale, le devoir

Les auteurs — Descartes, Freud, Hume, Kant, Machiavel, Nietzsche, Pascal, Platon

Les repères — Croire/savoir, objectif/subjectif

La vérité   La raison et le réel

Qu'est-ce que la vérité ?

Un rapport de l'esprit à la réalité

▶ La vérité est traditionnellement définie comme **correspondance** entre l'idée et la chose : une pensée vraie est une pensée conforme à son objet.

▶ La vérité n'est donc pas la réalité elle-même, mais elle réside dans un **rapport adéquat** de l'esprit à la réalité, supposant une mise en forme convenable de celle-ci par la raison (➔ **la raison et le réel**).

▶ Ainsi la vérité est-elle rigoureusement établie en sciences, par les voies de la démonstration (logique, mathématique), de la preuve expérimentale (sciences naturelles) ou de l'argumentation (sciences humaines). Mais il n'est pas toujours possible d'établir la vérité scientifiquement (➔ **la démonstration**).

Un besoin théorique et pratique

▶ Le **relativisme*** consiste à reconnaître à chaque point de vue sa part de vérité, tout en considérant qu'aucun n'est absolument vrai : « l'homme est la mesure de toute chose », disait Protagoras (➔ **objectif/subjectif**).

▶ L'expression « à chacun sa vérité » n'a toutefois pas de sens puisque les hommes ont besoin de s'accorder sur une vision commune de la réalité, et qu'ils y parviennent dans une large mesure. Dans un procès, par exemple, on cherche à établir la vérité à partir de la confrontation de différentes versions et de différents témoignages sur les mêmes faits. De même dans le dialogue, où l'on confronte des opinions.

Un idéal philosophique

▶ Si la vérité est une, les moyens d'y accéder sont multiples et complémentaires : outre la science, l'art ou encore l'expérience quotidienne nous apprennent quelque chose sur la réalité. Comme le dit Pascal dans les *Pensées*, il faut distinguer la « vérité des sciences », connue par la **raison**, et la « vérité de l'homme », connue par le **cœur** (➔ **Pascal**).

▶ En se désignant elle-même comme « amour de la sagesse », la philosophie se présente comme l'expression d'un désir de vérité au plus profond de l'homme. « Ce à quoi nous aspirons, c'est le vrai », écrit Platon dans le *Phédon* (➔ **Platon**).

question clé

Douter est-ce désespérer de la vérité ?

Douter signifie hésiter, être incertain, s'abstenir de juger parce qu'on estime ne pas avoir les connaissances suffisantes pour le faire. Mais si la vérité apparaît trop lointaine, trop difficile à atteindre, cela ne risque-t-il pas de nous plonger dans le renoncement, voire le désespoir ?

La réponse de Montaigne

La vérité n'est pas à notre portée : il faut reconnaître la faiblesse de notre esprit.

> Si me faut-il voir enfin, s'il est en la puissance de l'homme de trouver ce qu'il cherche, et si cette quête qu'il y a employée depuis tant de siècles, l'a enrichi de quelque nouvelle force et de quelque vérité solide. Je crois qu'il me confessera, s'il parle en conscience, que tout l'acquêt[1] qu'il a retiré d'une si longue poursuite, c'est d'avoir appris à reconnaître sa faiblesse. L'ignorance qui était naturellement en nous, nous l'avons, par longue étude, confirmée et avérée. Il est advenu aux gens véritablement savants ce qui advient aux épis de blé : ils vont s'élevant et se haussant la tête droite et fière, tant qu'ils sont vides, mais, quand ils sont pleins et grossis de grain en leur maturité, ils commencent à s'humilier et à baisser les cornes. Pareillement, les hommes ayant tout essayé et tout sondé, n'ayant trouvé en cet amas de science et provision de tant de choses diverses rien de massif et ferme, et rien que vanité, ils ont renoncé à leur présomption et reconnu leur condition naturelle.

1. L'acquis.

MONTAIGNE, *Apologie de Raymond Sebond*, vers 1580.

Ce que dit Montaigne

▶ Montaigne critique la **vanité** de l'esprit humain qui le pousse à s'enorgueillir de connaissances toujours plus étendues. En réalité, la science est une activité par laquelle on mesure avec toujours plus d'acuité l'étendue de notre **ignorance**.

▶ Le paradoxe est que l'accroissement de la connaissance ne diminue pas l'ignorance mais ne fait que la confirmer : plus on en sait, plus on prend conscience de ce qu'il nous reste à savoir. Montaigne se souvient sans doute de la phrase de Socrate : « Je ne sais qu'une seule chose, c'est que je ne sais rien. » Le savoir est toujours recherché, jamais possédé.

▶ Il faut reconnaître la faiblesse de notre esprit : le **doute** n'est pas l'indice d'un désespoir mais une forme de sagesse, car l'ignorance est la « condition naturelle » des hommes. Par la métaphore du blé qui mûrit, Montaigne rappelle que le temps se charge en général de rabattre la présomption des hommes.

Les **enjeux** philosophiques

Si « douter » est bien une situation inconfortable pour un esprit en proie à l'hésitation ou à l'absence de certitude, « désespérer » peut sembler excessif et présuppose qu'une attente a été déçue. Mais la vérité est-elle toujours désirée et désirable ? Le doute ne peut-il être recherché pour lui-même et utilisé comme méthode ?

Les limites de l'esprit humain

▶ La sagesse de Montaigne le conduit à adopter une position sceptique. Le **scepticisme*** est un courant philosophique fondé sur l'idée que nous ne pouvons pas atteindre à une connaissance certaine du réel. Il prône en conséquence la suspension du jugement et la pratique du doute.

▶ Cette attitude n'est pas nécessairement l'expression d'une forme de désespoir. Pour son fondateur, Pyrrhon (365-275 av. J.-C.), le scepticisme est au contraire la seule voie vers le bonheur. Puisque la quête de la vérité est vaine, mieux vaut s'en abstenir : celui qui cherche la vérité s'expose à une déception permanente, et donc à une forme de désespoir, tandis que celui qui s'y rend indifférent offre à son âme la tranquillité (l'**ataraxie***).

▶ L'autre vertu du scepticisme est de préserver du **dogmatisme***, c'est-à-dire de la tendance à affirmer ce que l'on croit comme vrai en excluant toute discussion possible. Les hommes, étant naturellement enclins à être « dogmatiques » dans leurs opinions, sont impatients et intolérants : il faut donc rabattre leurs prétentions en leur rappelant ce que Hume nomme « les infirmités de l'esprit humain » dans son *Enquête sur l'entendement humain*. Le doute apparaît alors comme une attitude raisonnable, mesurée et réfléchie (➨ **Hume**).

L'indifférence de Pyrrhon

On raconte que Pyrrhon, qui ne tenait rien pour certain, accordait sa vie à sa doctrine : ainsi il suivait sa route quoi qu'il y rencontrât, chariot, précipice ou chien. Il ne dut sa longue vie (Pyrrhon vécut jusqu'à 85 ans) qu'à la sollicitude de ses disciples qui, fort heureusement, le soustrayaient souvent au danger. Anaxarque, qui lui avait enseigné le scepticisme, tomba un jour dans un bourbier : Pyrrhon ne vit pas de raison assurément valable de l'en tirer et l'y laissa. Alors que certains lui en firent reproche, Anaxarque félicita son disciple pour son indifférence et son absence d'attachement.

Le doute philosophique

▶ Le doute risque certes de paralyser l'action et la pensée – il peut être désespérant si l'on y reste enfermé – mais il peut aussi être le point de départ d'une **recherche de la vérité**. C'est en effet par le doute que l'on commence à remettre en question les préjugés et que l'on entre dans la réflexion. Si la philosophie consiste bien à examiner nos croyances, nos manières de vivre et le sens des choses, elle nécessite le doute, ou à tout le moins une prise de distance pour ne pas être naïf et exercer son esprit critique. Dans ce cas, le doute n'est pas le symptôme de l'incertitude mais le moyen d'affirmer nos pensées (➨ **Descartes**).

> *Le doute n'est pas le symptôme de l'incertitude mais le moyen d'affirmer nos pensées.*

▶ C'est pourquoi Alain dit que « le doute est le sel de l'esprit » : il est la pointe par laquelle on ravive la pensée pour renouveler les connaissances. Il distingue donc cette « **incrédulité** », qui est utile et saine, car volontaire, du doute forcé, du « doute de faiblesse » et du « doute triste » dans lesquels entre celui qui s'aperçoit qu'il s'est trompé. « Le vrai c'est qu'il ne faut jamais croire, et qu'il faut examiner toujours », déclare Alain dans ses *Propos* (➨ **croire/savoir**).

▶ De même, dans la *Logique*, Kant distingue le « doute critique » du « **doute sceptique** ». Par opposition au sceptique qui renonce à tout jugement, « le vrai philosophe suspend simplement le sien tant qu'il n'a pas de raisons suffisantes de tenir quelque chose pour vrai ». Il ne s'agit pas de renoncer à la vérité, mais d'éviter de confondre le certain et l'incertain en formulant des jugements définitifs alors qu'on ne dispose pas encore les éléments suffisants pour le faire (➜ **Kant**). Pour les mêmes raisons, Descartes fait même du doute une **méthode** consistant à considérer comme faux tout ce qui n'est pas absolument certain (➜ **le sujet**).

La vérité en question

▶ Se demander si le doute peut nous amener à désespérer de la vérité sous-entend que la vérité serait un idéal et que le fait de ne pas la posséder pourrait nous plonger dans le désespoir. Mais on pourrait se demander si le besoin de vérité existe réellement.

▶ Les hommes ne cherchent pas toujours la vérité et prennent au contraire plaisir au **mensonge** lorsqu'il ne met pas leurs intérêts en jeu : tel est le cas, par exemple, de la fiction ou de l'illusion en art. Nietzsche estime que si la vérité est préférée, c'est parce qu'elle est au service de certains instincts. Les hommes ayant besoin d'accorder leurs points de vue sur le monde, ils ont décidé de tenir certaines choses pour vraies et d'autres pour fausses : « les vérités sont des illusions dont on a oublié qu'elles le sont », déclare-t-il dans *Le Livre du philosophe*, car elles ne sont que certaines interprétations de la réalité privilégiées parmi d'autres possibles (➜ **Nietzsche**).

▶ Le problème survient quand, à l'image du philosophe platonicien, on voit dans la vérité le but ultime de la vie, alors que celle-ci est **au service de la vie**. En soi la vérité n'est pas plus désirable que le mensonge, à moins d'avoir un esprit tourné de telle sorte qu'on ne supporte pas le désordre. D'où vient en effet la volonté de vérité, sinon de la peur et du besoin de stabilité (➜ **l'interprétation**) ?

▶ Seul ce besoin de vérité propre au philosophe fait associer le doute au désespoir, alors que celui-ci, comme tout ce qui porte une contradiction, est fécond et peut embellir la vie : il suffit pour s'en convaincre de regarder l'artiste au travail. Ce n'est pas le doute qui est désespérant, mais la volonté permanente d'y mettre fin pour établir des certitudes : heureusement, comme le dit Nietzsche dans *Le Livre du philosophe*, « nous avons l'art pour ne pas mourir de la vérité » (➜ **l'art**).

> *Ce n'est pas le doute qui est désespérant, mais la volonté permanente d'y mettre fin pour établir des certitudes.*

Les sujets expliqués

Les **dissertations**

Doit-on toujours dire la vérité ?

▶ Ne pas dire la vérité peut signifier mentir activement, c'est-à-dire parler contre sa pensée, ou bien mentir par omission, c'est-à-dire taire la vérité quand on la connaît.

▶ Est-ce un devoir moral de dire la vérité en toute circonstance ? Il est admis comme une règle générale que mentir est immoral, mais l'adverbe « toujours » incite à se demander s'il n'est pas parfois nécessaire de faire des exceptions à cette règle.

▶ Il faut alors se demander au nom de quel principe de telles exceptions pourraient se justifier, l'expression « doit-on » renvoyant avant tout à l'idée d'un devoir moral.

Un plan possible

▶ Le menteur a le « cœur double », dit Augustin dans *Du mensonge* : c'est « celui qui pense quelque chose en son esprit, et qui exprime autre chose dans ses paroles ou dans tout autre signe ». Une telle volonté de tromper est inacceptable car elle ruine toute confiance possible entre les hommes.

▶ Toute règle générale peut cependant souffrir des exceptions dans des situations particulières, notamment si c'est dans l'intérêt de celui auquel on ment. On peut ainsi être amené à mentir par humanité, dans le souci de ne pas blesser quelqu'un par des vérités qu'il n'a pas besoin d'entendre. Machiavel rappelle en outre que les responsabilités du prince l'obligent à recourir parfois au mensonge pour le bien de l'État (➔ **Machiavel**).

▶ Mais la responsabilité ou la bienveillance peuvent constituer des prétextes faciles pour se dérober à une situation inconfortable. C'est pourquoi Kant estime qu'on doit toujours dire la vérité. Dans *D'un prétendu droit de mentir par humanité*, il reconnaît que dire le vrai n'est pas toujours possible car il se peut qu'on ne le connaisse pas, bien que cela n'entre pas dans la catégorie du mensonge. Mais être « vérace », c'est-à-dire sincère dans ses propos, est selon lui un devoir moral inconditionnel (➔ **Kant**).

Les notions L'État, la morale, le devoir

La vérité — **La raison et le réel**

● L'exigence de vérité est-elle compatible avec le souci d'être tolérant ?

▶ On oppose ici une « exigence » théorique (penser conformément à la réalité) et un « souci » moral (respecter ceux qui ne pensent pas comme nous).

▶ La question se présente comme un dilemme puisqu'on est invité à privilégier l'un au détriment de l'autre, alors que les deux seraient nécessaires : dans un monde idéal, chacun chercherait la vérité et la dirait tout en respectant les autres et en comprenant leurs faiblesses.

▶ Mais cette incompatibilité supposée n'est pas évidente : n'est-il pas possible de se montrer tolérant sans pour autant mépriser la vérité ? Quelles seraient les conditions d'une telle attitude ?

Un plan possible

▶ Tolérer consiste à admettre chez autrui des opinions qu'on ne partage pas ou des actions qu'on désapprouve. Or accepter n'est pas adhérer ni approuver (le verbe latin *tolerare* signifie supporter un fardeau physique ou moral) : le souci d'être tolérant est avant tout un souci pratique, celui de vivre avec les autres sans être continuellement en conflit avec eux.

▶ Mais que devient alors l'exigence de vérité ? La tolérance ne rend pas service à celui qui se trompe puisqu'elle le laisse prisonnier de son ignorance ou de ses illusions. Dans la mesure où la réalité doit s'imposer à l'esprit, Freud estime que « la vérité ne saurait être tolérante » : il faut éduquer et non pas laisser subsister l'erreur (→ **Freud**).

▶ Or éduquer n'est pas contraindre. La tolérance n'exprime donc pas un mépris de la vérité mais le refus d'être violent en son nom. Comme le dit Alain dans ses *Définitions*, c'est « un genre de sagesse qui surmonte le fanatisme, ce redoutable amour de la vérité ». La modération et la modestie font préférer le dialogue à la violence, car l'intolérance est un mal pire que l'erreur.

Les notions ▸ La société, la morale, le devoir

Les explications de textes

▶ Des extraits des œuvres suivantes sont expliqués dans l'ouvrage.

DESCARTES, *Discours de la méthode*,	→ **le sujet**	p. 10
PLATON, *Phédon*,	→ **la raison et le réel**	p. 122
HUME, *Enquête sur l'entendement humain*,	→ **Hume**	p. 295
MACHIAVEL, *Le Prince*,	→ **Machiavel**	p. 314
NIETZSCHE, *Le Gai Savoir*,	→ **Nietzsche**	p. 326

Séries L, ES et S

La démonstration

La raison et le réel

Les raisonnements mathématiques prennent la forme d'enchaînements rigoureux et nécessaires qui représentent un modèle démonstratif.

Qu'il s'agisse d'une démonstration d'amour, d'arts martiaux ou de l'usage d'un appareil ménager, démontrer revient dans la vie courante à montrer quelque chose d'une façon suffisamment claire pour qu'elle paraisse évidente à tous. Le registre scientifique et philosophique retient de cette acception commune l'idée que la démonstration est incontestable. Mais ce degré de certitude peut être questionné. Ne provient-il pas d'une forme de croyance dans le bien-fondé des règles logiques ? Peut-il être obtenu de façon équivalente dans tous les domaines ? Enfin, est-il absolument nécessaire pour trouver la vérité ?

Les notions — Le langage, la religion, théorie et expérience, la vérité, la politique

Les auteurs — Aristote, Descartes, Épictète, Hume, Pascal

Les repères — Contingent/nécessaire/possible, croire/savoir, persuader/convaincre, universel/général/particulier/singulier

La démonstration — **La raison et le réel**

Qu'est-ce que la démonstration ?

Un raisonnement déductif garant de certitude

▶ La démonstration vise à établir avec certitude la validité d'une thèse ou d'une proposition* en s'appuyant sur la seule **cohérence du raisonnement**. Elle part de propositions de départ, passe par un enchaînement rigoureux d'arguments et parvient à une conclusion nécessaire (➡ **théorie et expérience**).

▶ La démonstration est donc une **déduction** : la proposition finale est la conséquence logique des propositions de départ. Ce caractère déductif en fait un outil central dans la recherche de la vérité (➡ **la vérité**).

Le critère de validité d'une démonstration authentique

▶ La validité d'une démonstration repose sur les **règles de la logique**. Elles garantissent la cohérence de l'argumentation et permettent d'établir dans quel cas une proposition découle nécessairement d'une ou plusieurs autres propositions. Les **syllogismes** élaborés par Aristote sont des formes élémentaires de ces règles (par exemple : « Tout homme est mortel, Socrate est un homme, donc Socrate est mortel ») (➡ **le langage**).

▶ La présence de ce critère de validité logique permet d'abord de démarquer la démonstration authentique des **raisonnements factices**, qui nous persuadent en donnant l'illusion d'une cohérence, alors qu'ils ne possèdent en réalité aucune rigueur.

▶ Cette présence explique aussi pourquoi les **mathématiques**, qui privilégient précisément un tel critère, sont devenues une sorte de modèle démonstratif.

Les limites de la démonstration

Si la démonstration garantit la cohérence interne du raisonnement, elle ne prouve pas la vérité de ses propositions de départ. Ces dernières peuvent être le résultat d'une autre démonstration (ce qui repousse le problème), une affirmation reconnue comme évidente en elle-même (un **axiome***), ou un simple **postulat*** (une hypothèse fondatrice mais non démontrée). Dans les trois cas, il faut recourir à autre chose qu'à la démonstration (l'expérience, l'intuition, etc.) pour prouver ce point de départ (➡ **la religion**, ➡ **croire/savoir**).

À quoi sert la démonstration ?

Lorsqu'une affirmation paraît évidente aux uns alors qu'elle pose problème à d'autres, il est utile de recourir à une démonstration pour la justifier. Mais doit-on réduire la démonstration à cette seule fonction argumentative et pédagogique ? Ou faut-il plus largement la concevoir comme le fondement nécessaire de toute recherche de la vérité ?

La réponse de **Descartes**

Le degré de certitude des démonstrations mathématiques peut servir de modèle pour tous ceux qui cherchent réellement la vérité et le progrès des connaissances.

> On voit clairement pourquoi l'arithmétique et la géométrie sont beaucoup plus certaines que les autres sciences : c'est que seules elles traitent d'un objet assez pur et simple pour n'admettre absolument rien que l'expérience ait rendu incertain, et qu'elles consistent tout entières en une suite de conséquences déduites par raisonnement. Elles sont donc les plus faciles et les plus claires de toutes, et leur objet est tel que nous le désirons, puisque, sauf par inattention, il semble impossible à l'homme d'y commettre des erreurs. Et cependant il ne faut pas s'étonner si spontanément que beaucoup d'esprits s'appliquent plutôt à d'autres études ou à la philosophie : cela vient, en effet, de ce que chacun se donne plus hardiment la liberté d'affirmer des choses par divination dans une question obscure que dans une question évidente, et qu'il est bien plus facile de faire des conjectures sur une question quelconque que de parvenir à la vérité même sur une question, si facile qu'elle soit.
> De tout cela on doit conclure, non pas, en vérité, qu'il ne faut apprendre que l'arithmétique et la géométrie, mais seulement que ceux qui cherchent le droit chemin de la vérité ne doivent s'occuper d'aucun objet, dont ils ne puissent avoir une certitude égale à celle des démonstrations de l'arithmétique et de la géométrie.
>
> R. DESCARTES, *Règles pour la direction de l'esprit*, 1628.

La démonstration   **La raison et le réel**

Ce que dit **Descartes**

▶ Dans cet extrait des *Règles pour la direction de l'esprit*, Descartes défend la **supériorité de la rationalité mathématique** et cherche à faire de ce modèle démonstratif une méthode pour le progrès des connaissances.

▶ La rationalité propre aux mathématiques est selon lui supérieure parce qu'elle atteint un degré de certitude plus élevé que dans n'importe quelle autre science. En effet, les mathématiques s'occupent d'ordre, de nombre et de mesure, c'est-à-dire d'objets de la raison « purs et simples », qui ne dépendent pas des variations de l'expérience. En conséquence, les démonstrations mathématiques sont des enchaînements rigoureux, nécessaires, et seule « l'inattention » peut nous amener à nous tromper.

▶ Pourtant, Descartes remarque qu'un grand nombre d'individus préfèrent les réflexions confuses ou obscures (comme celles de la philosophie scolastique médiévale selon lui). Plus faciles et séduisantes, elles n'exigent pas l'effort d'une véritable justification.

▶ À cette absence de rigueur qui freine le progrès des connaissances, Descartes oppose le **modèle démonstratif des mathématiques**. Il ne s'agit pas d'exclure les autres sciences, mais d'exporter ce modèle pour en faire une méthode applicable aux autres domaines.

Les **enjeux** philosophiques

La démonstration repose sur des déductions nécessaires et des conclusions indiscutables. Elle peut donc *a priori* servir à de nombreux usages, tant au niveau de la résolution des problèmes que de la justification des théories. Mais les fonctions de la démonstration se rattachent-elles à un domaine particulier et à certaines disciplines, ou représentent-elles une forme générale de raisonnement susceptible d'être érigée en modèle universel ?

Lutter contre le pouvoir des beaux discours

▶ Dans toute discussion argumentée, la démonstration s'impose comme un instrument de **clarification** et de **départage**. Elle soumet d'abord l'ensemble des interlocuteurs aux mêmes règles logiques et garantit que la conclusion d'une discussion possède un caractère nécessaire, sans autre issue possible (**contingent/nécessaire/possible**). Ensuite, elle met tout le monde au même niveau, dans la mesure où celui qui est capable de faire de longs et séduisants discours devra respecter la même rigueur que celui n'ayant pas cette maîtrise.

▶ Cette fonction essentielle de la démonstration explique en partie pourquoi elle est historiquement apparue avec le développement de la **démocratie grecque** dans l'Antiquité. En effet, au sein de l'espace démocratique, la discussion n'était plus seulement une affaire de savoir, mais également de pouvoir (➜ la politique). Celui qui emportait l'adhésion de l'auditoire pouvait imposer une décision collective. L'élaboration de règles logiques systématiques (notamment par Aristote) a donc été un moyen de contrecarrer le pouvoir de ceux qui manipulaient l'opinion publique par leurs talents d'orateur, usant de belles paroles ou de **sophismes**, c'est-à-dire de raisonnements incorrects, mais possédant une certaine vraisemblance. Contrairement à l'éloquence qui vise à persuader l'auditoire par un propos séduisant, la démonstration a donc pour fonction de convaincre par des règles logiques rigoureuses (➜ **persuader/convaincre**).

Le logicien de Ionesco

Dans la pièce *Rhinocéros* d'Eugène Ionesco, le personnage du « logicien », qui ne cesse de proposer des syllogismes absurdes, affirme : « Tous les chats sont mortels, Socrate est mortel, donc Socrate est un chat. » Il s'agit en fait d'un sophisme, c'est-à-dire d'une argumentation fallacieuse, mais d'apparence suffisamment vraisemblable pour tromper l'interlocuteur. En effet, d'après les règles véritables de la logique, ce n'est pas parce que deux choses partagent une même propriété (ici « être mortel ») qu'elles sont nécessairement identiques. Dans ses *Réfutations sophistiques*, Aristote analyse et réfute ce type de sophisme susceptible de manipuler l'auditoire. ➜ **Aristote**

L'idéal démonstratif comme fondement de la science

▶ Pourtant, ce premier usage, social ou politique, ne met pas en valeur l'apport le plus original de la démonstration. En effet, comme l'explique Aristote (*Organon*, livre IV), la spécificité de cette dernière est surtout de produire des **affirmations universelles**, valables partout et toujours. Par une démonstration géométrique, je peux par exemple établir d'une façon certaine que la somme des angles de n'importe quel triangle est égale à celle de deux angles droits (180°), du moins dans le cadre de la géométrie euclidienne. À l'inverse, si je me contentais de comparer un à un chaque triangle sans chercher à comprendre pourquoi les trois angles ont toujours la même somme, je n'obtiendrais jamais la garantie qu'il n'existe pas d'exception (➜ **universel/général/particulier/singulier**).

▶ Le modèle déductif propre à la démonstration, c'est-à-dire le fait que sa conclusion est nécessaire et donc universellement valable, garantit ainsi un **degré de certitude** supérieur à toute expérience, même répétée un grand nombre de fois. C'est la raison pour laquelle Descartes voit

La démonstration — La raison et le réel

dans le modèle de la démonstration mathématique une méthode applicable à toutes les autres sciences. La fonction centrale de la démonstration serait ainsi de fonder un savoir universel.

La fonction limitée de la démonstration

▶ Pourtant, cette ambition rationaliste* n'est-elle pas démesurée et contre-productive dans certains domaines du savoir ? La méthode démonstrative est-elle centrale dans des champs tels que les sciences de la nature ou les sciences humaines, qui reposent essentiellement sur les apports progressifs de l'observation et de l'expérimentation ?

▶ En effet, contre le rationalisme cartésien, Hume rappelle que ce qui est du registre de l'**expérience** est toujours contingent. Ainsi, même s'il y a de très fortes chances que le soleil se lève demain, il n'est pas logiquement impossible d'imaginer le contraire. Or, la démonstration exige à l'inverse une relation nécessaire entre ses différentes propositions. Elle ne peut donc pas fonctionner ici (▶ **Hume**).

> *Même s'il y a de très fortes chances que le soleil se lève demain, il n'est pas logiquement impossible d'imaginer le contraire.*

▶ Il faut alors peut-être refuser de faire de la démonstration une méthode universelle et restreindre son usage à des domaines tels que la logique et les mathématiques. Sans quoi, nous risquons de parvenir à des démonstrations abusives portant sur des objets qui ne s'y prêtent pas. Si la forme démonstrative reste indispensable pour assurer la solidité formelle d'une théorie, cette méthode ne peut s'appliquer dans tous les domaines.

Les sujets expliqués

Les **dissertations**

Démontrer suffit-il pour convaincre ?

▶ Pour éviter un « dialogue de sourds », il est courant d'utiliser des déductions rigoureuses, plus convaincantes qu'un propos fondé sur des exemples ou sur une opinion.

▶ Mais, dans certaines situations, la démonstration reste impuissante face aux préjugés ou au refus psychologique de l'interlocuteur qui préfère croire « ce que bon lui semble ».

▶ Ce type de résistance subjective est-il alors le principal obstacle qui freine l'adhésion à la forme démonstrative ? Ou existe-t-il des causes plus profondes qui la rendent parfois inopérante ?

Un plan possible

▶ La démonstration fournit le modèle d'un raisonnement rigoureux qui parvient à une conclusion nécessaire. Il est donc difficile d'imaginer une façon plus satisfaisante de justifier une thèse. Contrairement à la flatterie ou à l'éloquence qui persuadent à l'aide de moyens peu rationnels, la démonstration convainc en prouvant ce qu'elle avance (➔ **Descartes**).

▶ Mais nous sommes aussi des êtres de désir. Et parfois, nous préférons une illusion qui rassure à une vérité qui dérange. Aussi, pour être intimement convaincu, il faut déjà se persuader soi-même, c'est-à-dire trouver les mobiles psychologiques pour adhérer de façon subjective à ce que l'on considère objectivement comme raisonnable. En effet, nous sommes parfois capables de démontrer qu'il faut faire quelque chose tout en agissant en sens inverse, ce qui montre le pouvoir relatif de la démonstration sur notre façon d'agir (➔ **Épictète**).

▶ De plus, la démonstration repose toujours sur des éléments eux-mêmes indémontrables. Certains de ses principes de départ dépendent souvent d'une forme d'évidence qui relève de l'intuition ou du constat empirique. Si donc la démonstration est une condition nécessaire pour justifier une affirmation, elle n'est jamais une condition suffisante pour convaincre de son bien-fondé (➔ **Pascal**).

Les notions : Théorie et expérience, la vérité, la politique

La démonstration   **La raison et le réel**

Y a-t-il des limites à la démonstration ?

▶ Le degré de certitude atteint dans la démonstration est à la fois satisfaisant pour l'esprit et séduisant pour l'imagination. Il est alors tentant de penser que cela lui ouvre un champ infini d'applications. Cependant, toute démonstration part d'hypothèses qui doivent à leur tour être prouvées.

▶ Faut-il alors considérer qu'il s'agit là d'une limite propre à la démonstration elle-même, ou d'une limite relative à une méconnaissance de son bon usage ?

Un plan possible

▶ Il faut d'abord revenir sur la spécificité de la démonstration, à savoir son mode déductif : toute nouvelle proposition découle de façon nécessaire des propositions qui précèdent. Il semble donc possible de produire des enchaînements de raisonnements qui se poursuivent indéfiniment. Comment imaginer une limite à ces chaînes de déductions (**Descartes**) ?

▶ Pourtant, lorsque la démonstration porte sur des objets de l'expérience, des faits, elle s'appuie forcément sur un constat empirique : soit pour confirmer les hypothèses empiriques admises comme postulats* de la démonstration ; soit pour tester la conclusion satisfaisante d'un point de vue formel, mais dont l'accord avec le réel reste à vérifier (**Hume**).

▶ Il est vrai que cette limite imposée par l'expérience n'est pas interne à la démonstration. Mais même lorsqu'elle n'a affaire qu'à des abstractions, comme en mathématiques ou en logique, la démonstration rencontre une autre limite, car elle ne peut pas démontrer les principes qui la fondent. Ces derniers doivent eux-mêmes être démontrés (ce qui entraîne un renvoi potentiellement infini), ou être acceptés comme des axiomes* indémontrables. Du fait de cette limite intrinsèque, la démonstration n'est jamais complètement autonome dans la recherche de la vérité (**Pascal**).

Les notions > Théorie et expérience, la vérité

Les **explications** de **textes**

▶ Des extraits des œuvres suivantes sont expliqués dans l'ouvrage.

ÉPICTÈTE, *Manuel*,   ▶ Épictète   p. 273
HUME, *Enquête sur l'entendement humain*,   ▶ Hume   p. 295
LEIBNIZ, *Nouveaux Essais sur l'entendement humain*,   ▶ Leibniz   p. 306
PASCAL, *De l'esprit géométrique*,   ▶ Pascal   p. 332

Séries L et ES
L'interprétation

La raison et le réel

Guide des voyageurs et des voleurs, Hermès transmet les messages des dieux et accompagne les morts aux Enfers. Dieu des échanges et de la transmission du sens, il donne son nom a l'herméneutique.

Nous nous plaignons parfois que nos propos soient mal interprétés, comme s'il y avait de bonnes interprétations, fidèles à nos intentions, et de mauvaises, qui les trahiraient. Les paroles, les actions, comme les œuvres d'art, les textes, les rêves, donnent nécessairement lieu à des interprétations. En effet, c'est en les interprétant que nous nous les approprions pour accéder à leur sens. Mais cette appropriation n'est-elle pas toujours une création, et en ce sens une trahison ?

Les notions Le langage, l'art, l'histoire, la raison et le réel, théorie et expérience, la vérité, la démonstration

Les auteurs Nietzsche, Spinoza

Les repères Absolu/relatif, expliquer/comprendre, objectif/subjectif

L'interprétation — La raison et le réel

Qu'est-ce que l'interprétation ?

Une médiation

▶ Du latin *inter*, « entre », l'interprétation désigne une activité de **médiation**. L'interprète est un intermédiaire : il transmet un message, fait connaître ce qui est caché ou latent, ou encore incarne un rôle. Dans ces trois cas, le sens de ce qui est interprété n'est pas immédiat (→ la vérité).

▶ C'est Hermès, messager des dieux dans la mythologie grecque, qui a donné son nom à l'art de l'interprétation, l'**herméneutique**, qui peut s'appliquer notamment aux textes littéraires, juridiques, historiques, philosophiques, etc.

Ce qui clarifie

Interpréter, c'est d'abord **traduire**, faire passer de l'obscurité à la clarté : le sens, qui était obscur ou caché, doit devenir apparent et clair. Commenter un texte implique ainsi de le reformuler, et cette reformulation doit être différente de la formulation initiale (elle doit recourir à des signes différents), tout en restant fidèle au sens du texte (→ le langage).

Ce qui donne un sens

Interpréter, c'est également **donner un sens**, une signification, à une chose exprimée afin de la comprendre. L'historien prend ainsi pour objet des actions humaines qui apparaissent comme porteuses d'intentions, et donc de sens, mais il ne peut faire l'expérience de ce sens qu'à travers ses manifestations. Pour comprendre, il doit alors interpréter une action qui est elle-même la manifestation d'un sens (→ l'histoire).

Ce qui incarne

Interpréter, c'est enfin **jouer un rôle**, un personnage, une partition de façon personnelle. Lorsqu'il interprète un rôle, le comédien donne un sens à son texte : il doit se l'approprier. En ce sens, l'œuvre ne délivre pas un message, mais apparaît comme un monde de **significations** possibles (→ l'art).

Une interprétation peut-elle prétendre à la vérité ?

question clé

Le sens des paroles, des textes, des rêves, des œuvres d'art et de l'ensemble des productions humaines n'est pas immédiat. Mais sommes-nous capables de les comprendre autrement qu'en y projetant notre subjectivité ? Est-il possible de les déchiffrer sans les dénaturer et, ainsi, d'accéder à leur vérité ? La question est de savoir si l'interprétation est un délire imaginatif ou un moyen de connaître. Mais une seule interprétation peut-elle prétendre être vraie contre toutes les autres ?

La réponse de **Spinoza**

L'interprétation prétend à une vérité qu'elle ne peut atteindre.

> Si les hommes pouvaient régler toutes leurs affaires suivant un dessein arrêté ou encore si la fortune leur était toujours favorable, ils ne seraient jamais prisonniers de la superstition. Mais souvent réduits à une extrémité telle qu'ils ne savent plus que résoudre, et condamnés, par leur désir sans mesure des biens incertains de fortune, à flotter presque sans répit entre l'espérance et la crainte, ils ont très naturellement l'âme encline à la plus extrême crédulité. [...] Si en effet, pendant qu'ils sont dans l'état de crainte, il se produit un incident qui leur rappelle un bien ou un mal passés, ils pensent que c'est l'annonce d'une issue heureuse ou malheureuse et pour cette raison, bien que cent fois trompés, l'appellent un présage favorable ou funeste. Qu'il leur arrive maintenant de voir avec grande surprise quelque chose d'insolite, ils croient que c'est un prodige manifestant la colère des Dieux ou de la suprême divinité ; dès lors ne pas conjurer ce prodige par des sacrifices et des vœux devient une impiété à leurs yeux d'hommes sujets à la superstition et contraires à la religion. De la sorte ils forgent d'innombrables fictions et, quand ils interprètent la Nature, y découvrent partout le miracle comme si elle délirait avec eux.

B. SPINOZA, *Traité théologico-politique*, 1670.

L'interprétation **La raison et le réel**

Ce que dit **Spinoza**

▶ Spinoza envisage dans ce texte le délire interprétatif qu'est la superstition.

▶ Il pointe d'emblée sa cause : c'est parce que nous souffrons de ne pas tout maîtriser et de ne pas tout savoir que **la crainte et l'espoir** sont nos passions fondamentales.

▶ Ces passions sont les prismes au travers desquels nous interprétons les faits que nous voulons voir comme des signes, au lieu de les expliquer rationnellement en cherchant leurs causes.

▶ La superstition est donc un **délire interprétatif** qui transforme les faits en signes et dissout la réalité, permettant à l'homme d'y trouver ce dont il a besoin, à savoir une certitude. Mû par son besoin d'échapper à la peur plus que par un désir de vérité, le superstitieux se trompe en recourant à l'interprétation plutôt qu'à l'explication rationnelle, qui seule nous permet de connaître.

Les **enjeux** philosophiques

La prétention de l'interprétation à dire le vrai pourrait donc s'avérer abusive. Il semble en effet douteux qu'une interprétation, empreinte de subjectivité et reposant sur l'imagination, puisse fonder une connaissance véritable. Mais une connaissance totalement dépourvue d'interprétation est-elle seulement possible ?

Les prétentions de l'interprétation

▶ Spinoza démontre que contrairement à l'explication ou à la démonstration, l'interprétation repose sur l'**imagination** plus que sur la raison. Nos passions nous portent en effet à imaginer que certains faits sont des signes, or l'imagination est pour Spinoza une « connaissance du premier genre », c'est-à-dire une **fausse connaissance** spontanée du monde qui prétend trouver des vérités qu'elle ne fait que construire (➔ **la raison et le réel**).

▶ Dans *Proust et les signes*, Deleuze souligne le caractère créateur de l'interprétation, qui, de la même façon, conduit le jaloux à voir partout les signes d'une vérité à la fois crainte et recherchée. Mais, note-t-il, plus le jaloux s'efforce de déchiffrer les signes qu'émet l'être aimé, plus celui-ci lui semble opaque et menteur : « Les moyens sur lesquels nous comptons pour nous préserver de la jalousie – c'est-à-dire l'interprétation des signes que l'autre émet – sont les moyens mêmes qui développent cette jalousie. »

▶ Ainsi, le **délire interprétatif** du jaloux, comme celui du superstitieux, cherche moins à établir la vérité qu'à confirmer une vérité pressentie dont tout pourra devenir le signe. Mais alors, pour connaître, faut-il renoncer à interpréter ?

le sourire d'Odette

Dans *Un amour de Swann*, Proust évoque la « douloureuse curiosité de la jalousie », qui pousse Swann à s'emparer du sourire d'Odette comme du signe miroitant de l'amour et du mépris : « Aussitôt, sa jalousie, comme si elle était l'ombre de son amour, se complétait du double de ce nouveau sourire qu'elle lui avait adressé le soir même, et qui, inverse maintenant, raillait Swann et se chargeait d'amour pour un autre… »

L'interprétation est un moyen de connaître

▶ À la prolifération des significations produites par toute interprétation pourraient s'opposer l'univocité et l'objectivité de la démonstration (**objectif/subjectif**). Pourtant, l'interprétation n'est-elle pas elle aussi un moyen de connaître ?

▶ Dans *Le Monde de l'esprit*, Wilhelm Dilthey distingue la **méthode explicative** des sciences de la nature* de la **méthode compréhensive** propre aux sciences de l'esprit*. Si l'astronome, dit-il, peut connaître le mouvement des astres en l'expliquant par des causes et des lois, l'historien, lui, interprète nécessairement les actions et intentions humaines. L'interprétation peut ainsi être au cœur de la formation d'une connaissance (**expliquer/comprendre**).

▶ Par ailleurs, il n'est pas certain que les sciences de la nature elles-mêmes puissent se passer de l'interprétation. Comme le souligne Claude Bernard dans l'*Introduction à l'étude de la médecine expérimentale*, les faits observés par un physicien sont interprétés en fonction d'une **hypothèse** ; une expérimentation s'élabore en fonction de cette interprétation, et dans l'attente de certains résultats probables (**théorie et expérience**).

▶ Mais alors, si la science elle-même implique une interprétation du réel, sommes-nous condamnés au scepticisme*, qui n'admet de vérité que relative (**absolu/relatif**) ?

L'interprétation — **La raison et le réel**

L'interprétation est notre seul mode d'accès au réel

▶ « Il n'y a pas de faits, dit Nietzsche dans *La Volonté de puissance*, seulement des interprétations. » De fait, dit-il, la science n'est elle-même qu'une **interprétation du monde**. Or quand ces interprétations, issues d'une volonté de dominer la réalité et de la comprendre, se donnent pour des démonstrations objectives, il s'agit d'une imposture.

▶ En effet, la réalité, dit Nietzsche, n'est pas une, stable, ferme : lui être fidèle exige donc de multiplier les hypothèses et de les faire varier en fonction des aspects que nous voulons privilégier. Cependant, il n'est pas question de renoncer à la vérité définie comme un rapport d'adéquation au réel mais de nous efforcer, dit Nietzsche, de nous rapprocher le plus possible de la réalité (➡ **Nietzsche**).

▶ Dans les *Essais sur la théorie de la science*, Max Weber explique ainsi que l'historien construit des perspectives en fonction de valeurs qui sont propres à son époque et qu'il doit confronter à celles du passé, si bien qu'il n'y a pas de vérité unique en histoire, mais différentes histoires en construction permanente, qui doivent répondre à nos différentes exigences de sens. Sur un même objet, il n'y a pas une vérité, mais une pluralité de perspectives dont la différence tient à ce qu'elles valorisent, et dont la diversité est féconde (➡ **l'histoire**). De la même façon, dit Nietzsche, la philosophie, qui se construit contre la relativité des opinions, développe des perspectives qui se complètent et se contredisent sans que l'on puisse dire que l'une est vraie contre l'autre.

▶ Plus qu'un simple moyen de connaître, l'interprétation correspond alors à la recherche de sens qui caractérise l'homme. « Nous sommes aujourd'hui éloignés tout au moins de cette ridicule immodestie de décréter à partir de notre angle que seules seraient valables les perspectives à partir de cet angle », dit Nietzsche dans *Le Gai Savoir*. Combiner des interprétations multiples et parfois contradictoires, dont aucune ne peut prétendre se fermer sur une vérité unique et figée, nous permet ainsi d'embrasser une réalité complexe et changeante, et d'assouvir ce que Nietzsche nomme notre « curiosité désespérée ».

> *Plus qu'un simple moyen de connaître, l'interprétation correspond à la recherche de sens qui caractérise l'homme.*

Les sujets expliqués

Les **dissertations**

Le rôle de l'historien est-il de juger ?

▶ *A priori*, l'historien semble sortir de son rôle quand il porte des jugements de valeur, puisqu'il doit être impartial. Pourtant, lui est-il possible de l'être ?

▶ Juger, c'est à la fois évaluer, distinguer le vrai du faux et trancher en prenant une décision. Un historien fait le récit des événements passés à partir d'archives, de témoignages, de traces, et selon une méthode dont il doit pouvoir rendre compte.

▶ Mais comment pourrait-il ne pas faire intervenir sa subjectivité, dès lors qu'il s'agit pour lui de faire parler les fragments d'un passé qui n'existe plus ? En revanche, si sa reconstruction du passé est guidée par des valeurs qui lui sont propres, son travail peut-il prétendre à l'objectivité et à la scientificité ? Y aurait-il une bonne et une mauvaise intervention de la subjectivité de l'historien ?

Un plan possible

▶ L'impartialité de l'historien est requise dès lors qu'on fait de l'histoire une science humaine visant à établir des lois causales selon une méthode et une objectivité spécifiques, comme l'établit le positivisme d'Auguste Comte.

▶ Pourtant, comme le démontre Weber, l'intervention de la subjectivité de l'historien fait partie de l'histoire. De fait, l'histoire est-elle autre chose que le produit d'une série d'interprétations qui se complètent et la renouvellent sans cesse ?

▶ Enfin, il s'agira de démontrer pour quelles raisons l'historien doit être l'interprète du passé, et son seul juge, dans la mesure où il doit l'envisager à partir du présent. À l'« histoire monumentale » retenant ce qui est grand dans le passé, à l'histoire « antiquaire » recueillant les faits, s'adjoint ainsi l'histoire « critique », par laquelle l'historien sélectionne dans le passé ce qui est utile pour comprendre le présent (**Nietzsche**).

Les notions L'histoire, la vérité, la démonstration

L'interprétation — **La raison et le réel**

Peut-on tout interpréter ?

▶ Nous avons tendance à penser que certaines réalités sont susceptibles d'être interprétées, quand d'autres en revanche seraient des faits. Mais comment établir cette distinction ?

▶ Se demander si l'on peut tout interpréter revient à s'interroger sur la possibilité et la légitimité de l'interprétation. Tout interpréter, ce serait soumettre l'ensemble de la réalité à une intervention subjective qui voit en elle un sens caché : ce serait voir en toute réalité un signe.

▶ Mais cette attitude est-elle légitime ? Que signifie, par exemple, que la foudre s'abatte sur mon toit ? Faut-il y voir un sens caché, ou est-ce un fait susceptible d'être expliqué par des causes ? Certains faits appellent-ils une explication plutôt qu'une interprétation et à l'inverse, certaines réalités ne peuvent-elles être que comprises ?

Un plan possible

▶ Tout d'abord, on peut identifier en l'homme une tendance à vouloir tout interpréter : l'ignorance et la peur nous conduisent à voir partout des signes auxquels nous prêtons un sens en fonction de nos besoins affectifs. Mais si nous sommes capables de transformer ainsi les faits en signes, est-il légitime de tout interpréter (➔ **Spinoza**) ?

▶ Dans un deuxième temps, il conviendra de s'interroger sur la frontière qui sépare ce que nous sommes en droit ou non d'interpréter : y a-t-il des faits qui résistent à l'interprétation en ce qu'ils sont explicables ou susceptibles d'être démontrés, ou faut-il se résigner au relativisme ?

▶ Enfin, on démontrera qu'il n'est pas seulement possible, mais légitime de tout interpréter, dans la mesure où l'interprétation est notre seul mode d'accès au réel (➔ **Nietzsche**).

Les notions ▶ La raison et le réel, la vérité

Les **explications** de **textes**

▶ Des extraits des œuvres suivantes sont expliqués dans l'ouvrage.

FREUD, *Cinq Leçons sur la psychanalyse*, ➔ **Freud** p. 281
NIETZSCHE, *Le Gai Savoir*, ➔ **Nietzsche** p. 326

Séries L et S

Le vivant

La raison et le réel

Née, pour la science moderne, d'un ensemble de réactions chimiques encore incertaines, la vie circule au travers des bactéries, des légumes, des fougères ou des arbres comme au travers de nous.

Un homme plongé dans le coma, un spermatozoïde ou un embryon sont-ils des vivants comme les autres ? La question de la définition de la vie humaine est au cœur des réflexions de la bioéthique, qui tente d'encadrer les avancées de la recherche scientifique et ses applications. L'homme manipule la vie, pratique des expérimentations sur les végétaux et les animaux. Mais d'où tient-il ce droit ? L'homme n'est-il pas un vivant parmi d'autres ? Le respect de la vie, n'est-ce pas le respect de toute vie ? Pour répondre à ces questions, la philosophie propose une réflexion sur la définition de ce qu'est la vie, dans son sens le plus large.

Les notions La conscience, l'existence et le temps, théorie et expérience, la vérité, la morale, la liberté, le devoir

Les auteurs Descartes, Hegel, Kant, Rousseau, Schopenhauer

Les repères Légal/légitime

Le vivant   **la raison et le réel**

Qu'est-ce que le vivant ?

Le vivant n'implique pas la conscience

▶ La vie désigne à la fois ce qui est propre au **vivant** et le **vécu**, c'est-à-dire l'expérience singulière d'un vivant qui a conscience de vivre. Le vivant, lui, se définit d'abord par son **activité organique**, qui n'implique pas la conscience – que nous nous en rendions compte ou non, notre cœur bat (➔ **l'existence et le temps, la conscience**).

▶ L'être vivant se définit comme un **organisme**, c'est-à-dire un système d'organes dont les parties sont interdépendantes et dont chacune a une fonction qui participe au fonctionnement du tout. La **théorie mécaniste*** compare ainsi le corps vivant à une machine, dont les rouages seraient les organes (➔ **Descartes**).

Les fonctions du vivant

▶ Pourtant, le **vivant** se distingue de la **machine** par un ensemble de fonctions qui lui sont propres. En effet, une machine ne se reproduit pas, ne cicatrise pas, ne se nourrit pas. Il convient alors d'identifier les **fonctions spécifiques** du vivant : la nutrition, la reproduction, l'autorégulation et l'autoréparation sont autant de fonctions par lesquelles le vivant trouve à résister à la mort.

▶ C'est la **biologie** (du grec *bios*, « vie ») qui étudie les mécanismes des phénomènes vitaux. Ces derniers se déploient aussi bien dans les virus ou les bactéries que dans les plantes, les chimpanzés ou les hommes (➔ **théorie et expérience**).

L'homme et les autres vivants

▶ Alors que la biologie étudie les phénomènes vitaux sans définir ce qu'est la vie, la philosophie s'interroge sur ce qu'il peut y avoir de commun entre les différents types d'organismes vivants.

▶ L'homme tend à attribuer une **dignité** particulière à sa vie, liée à son âme, à sa raison, à son langage ou à sa conscience. Cette dignité justifierait à la fois ses droits sur les autres vivants et le développement de la bioéthique*. Mais est-il légitime d'envisager une distinction entre l'homme et les autres vivants (➔ **la morale**) ?

question clé
A-t-on le droit de faire souffrir tout vivant ?

Se demander si on a le droit de faire souffrir tout vivant, c'est envisager une hiérarchie entre les vivants. De toute évidence, si la loi nous interdit de torturer un homme, elle nous permet de couper des fleurs, d'écraser des insectes ou de faire euthanasier un chien dangereux. Mais nous est-il permis de le faire d'un point de vue moral, et pour quelles raisons ?

La réponse de **Descartes**

On a tous les droits sur les êtres vivants qui sont privés de raison.

❝ Mais la principale raison, selon moi, qui peut nous persuader que les bêtes sont privées de raison, est que, bien que parmi celles d'une même espèce les unes soient plus parfaites que les autres, [...] on n'a point cependant encore observé qu'aucun animal fût parvenu à ce degré de perfection d'user d'un véritable langage, c'est-à-dire qui nous marquât par la voix, ou par d'autres signes, quelque chose qui pût se rapporter plutôt à la seule pensée qu'à un mouvement naturel. Car la parole est l'unique signe et la seule marque assurée de la pensée cachée et renfermée dans les corps ; or tous les hommes les plus stupides et les plus insensés, ceux mêmes qui sont privés des organes de la langue et de la parole, se servent de signes, au lieu que les bêtes ne font rien de semblable, ce que l'on peut prendre pour la véritable différence entre l'homme et la bête. Je passe, pour abréger, les autres raisons qui ôtent la pensée aux bêtes. Il faut pourtant remarquer que je parle de la pensée, non de la vie, ou du sentiment ; car je n'ôte la vie à aucun animal, ne la faisant consister que dans la seule chaleur de cœur. Je ne leur refuse pas même le sentiment autant qu'il dépend des organes du corps. Ainsi, mon opinion n'est pas si cruelle aux animaux qu'elle est favorable aux hommes, je dis à ceux qui ne sont point attachés aux rêveries de Pythagore, puisqu'elle les garantit du soupçon même de crime quand ils mangent ou tuent des animaux.

R. Descartes, *Lettre à Morus*, 5 février 1649.

Le vivant — **La raison et le réel**

Ce que dit **Descartes**

▶ Descartes s'interroge dans ce texte sur ce qui peut nous donner des droits sur les autres vivants, ce qui l'amène à mettre en évidence la **spécificité de l'homme**.

▶ Il développe d'abord un argument visant à établir que les animaux ne sont pas doués de raison : s'ils se distinguent par des degrés de « perfection » divers et communiquent des besoins, les animaux, dit-il, n'ont pas de **langage**. Or le langage est la marque de la pensée : lui seul indique que sous un corps, il y a une **âme**.

▶ Enfin, Descartes se défend de toute « cruauté » vis-à-vis de l'animal. En effet, fonder, comme le faisait Pythagore, l'interdiction de manger ou de tuer un animal sur l'idée que ce dernier serait doté d'une âme, source de ses droits, n'est pas un acte de bonté, mais une erreur.

Les **enjeux** philosophiques

S'il n'est pas permis à l'homme de faire souffrir son semblable, en revanche il aurait le droit de faire souffrir les autres vivants dans la mesure où ces derniers seraient dépourvus de pensée, de raison ou d'âme, et donc de sensibilité. Mais comment des vivants pourraient-ils être insensibles ?

On a le droit de faire souffrir tout vivant non raisonnable

▶ Si le vivant est une **machine**, dit Descartes, alors, quand l'homme tue et mange un animal, ce n'est pas un crime – sauf à supposer, précise-t-il dans sa lettre au Marquis de Newcastle (1646), que les animaux aient une âme, ce qui reviendrait à supposer que l'huître en a une…

▶ Il nous est certes difficile de nous représenter la souffrance d'une fleur – les végétaux étant dépourvus de système nerveux –, ou même d'une huître. Mais les pleurs de certains animaux semblent exprimer une souffrance : n'a-t-on pas, alors, le devoir moral de les épargner ? À cela, Malebranche répond que les animaux crient, mais ne souffrent pas plus qu'une machine dont le rouage dysfonctionne : ils n'ont pas de sensibilité, c'est-à-dire de capacité à souffrir, si bien que frapper un animal ne pose pas plus de problème moral que juridique (➥ **la morale**).

▶ De fait, il faut attendre 2015 pour que soit reconnue par la loi française une « **sensibilité animale** ». Il reste que la vivisection n'est pas illégale, et que nous continuons à manger les animaux. Ces pratiques sont-elles légitimes simplement parce que la loi nous en donne le droit (➥ **légal/légitime**) ?

On n'a pas le droit de faire souffrir tout vivant

▶ Dans la *Métaphysique des mœurs*, Kant explique que c'est justement parce qu'il est doté d'une raison qui fait de lui un sujet moral que l'homme doit se poser la question de son comportement vis-à-vis de l'**ensemble des vivants**. Les vivants, dit-il, ne sont pas des machines, en ce qu'un certain nombre de fonctions leur sont propres (ils cicatrisent, s'autorégulent, se reproduisent). On doit donc admettre qu'ils peuvent souffrir (→ la morale).

▶ La difficulté consiste pourtant à penser que nous pourrions avoir des devoirs envers des êtres incapables de moralité. Nous n'avons d'obligations morales qu'envers des sujets moraux, dit Kant, mais cela nous donne-t-il le droit de tuer le vieux chien devenu inutile qui, toute sa vie, nous aura servi comme un domestique (→ Kant) ?

▶ Ne pas faire souffrir notre chien, par reconnaissance pour ses services, est, dit Kant, un « **devoir indirect** » puisque c'est avant tout un « devoir de l'homme envers lui-même ». En effet, tuer ce chien reviendrait à « émousser » en nous la compassion qui favorise notre rapport moral aux autres hommes. De même, s'il faut condamner la torture inutile des animaux à des fins scientifiques, c'est parce qu'elle nous déshabitue de la compassion nécessaire à l'exercice de notre devoir envers les hommes (→ le devoir).

> *Ne pas faire souffrir un chien, par reconnaissance pour ses services, est un « devoir de l'homme envers lui-même ».*

On a le devoir de veiller sur tout vivant

▶ Mais alors, ces vivants sensibles que sont les animaux ne sont-ils pour nous que des occasions de nous entraîner à la moralité ? C'est cette question que pose Schopenhauer dans *Le Fondement de la morale* : « Si donc l'homme doit compatir aux souffrances des bêtes, c'est pour s'exercer ; nous nous habituons sur elles, comme *in anima vili* [sur un être vil, sans valeur], à éprouver la compassion envers nos semblables. [...] Je dis que de telles pensées sont odieuses et abominables. » La parole biblique selon laquelle toutes les créatures sont faites pour l'homme mise à part, rien, dit-il, ne saurait fonder notre absence d'obligations morales envers les vivants capables de souffrir (➡ **Schopenhauer**).

🔴 Comme l'observait déjà Rousseau dans le *Discours sur l'origine et les fondements de l'inégalité parmi les hommes*, « si je suis obligé de ne faire aucun mal à mon semblable, c'est moins parce qu'il est un être raisonnable que parce qu'il est un être sensible ». C'est à ce titre, dit-il, que nous avons le **devoir** de ne pas faire souffrir les bêtes. Nous sommes alors fondés à nous interroger sur la souffrance de l'embryon, de l'homme en état de mort cérébrale et de toute forme de vie. Mais si nous sommes certains que l'animal souffre, pourquoi le distinguer des vivants envers lesquels nous aurions des devoirs moraux directs (➡ **Rousseau**) ?

Le cheval, le chien et l'enfant

Dans son *Introduction aux principes de la morale et de la législation*, Jeremy Bentham s'étonne du débat qui agite la philosophie au sujet de l'existence de l'âme, de la raison ou du langage chez les animaux, et observe qu'un cheval ou un chien adultes sont plus rationnels et expressifs qu'un enfant d'un mois. « Mais s'ils ne l'étaient pas, ajoute-t-il, qu'est-ce que cela changerait ? La question n'est pas : Peuvent-ils raisonner ? ni : Peuvent-ils parler ? mais : Peuvent-ils souffrir ? »

🔴 Dans *La Libération animale*, Peter Singer revient sur l'effort renouvelé qui a visé, au travers des siècles, à briser l'unité du vivant. De même, dit-il, que le raciste définit des races pour garantir les intérêts de la sienne, le « **spéciste** », qui sépare l'espèce humaine des espèces animales, n'opère cette distinction que pour donner un fondement théorique à sa domination de fait. Or, dit Singer, la simple capacité d'un être à éprouver de la souffrance ou du plaisir nous appelle à prendre soin de lui.

🔴 L'animal et l'homme étant, comme le dit Schopenhauer, « identiques en espèce », une profonde identité traversant les règnes végétaux et animaux, rien ne saurait permettre à l'homme de faire souffrir ceux qui, comme lui, sont capables de souffrance. Et c'est au nom de cette unité du vivant sensible qu'il a le devoir de prendre soin d'eux. En somme, ce n'est pas à lui-même parmi les vivants, ce n'est pas à certains vivants plutôt qu'à d'autres, mais bien à **tout vivant** que l'homme doit s'efforcer de veiller.

> *Au nom de l'unité du vivant sensible, l'homme a le devoir de prendre soin de tous les êtres vivants.*

Les sujets expliqués

Les **dissertations**

La vie peut-elle être l'objet d'une connaissance scientifique ?

▶ *A priori*, on aurait tendance à penser que la vie, domaine d'étude de la biologie, peut faire l'objet d'une connaissance scientifique.

▶ Mais celle-ci est avant tout la science des phénomènes vitaux : elle met en évidence des lois de fonctionnement des organismes. Or, peut-on réduire la vie à un système ? Vivre, c'est à la fois être vivant et avoir un vécu, c'est-à-dire un rapport sensible et subjectif à notre vie. Le discours scientifique, lui, tend à établir de la nécessité, des lois, de l'universel.

▶ Mais comment tirer des lois de ce qui est irréductiblement individuel ? Et si le discours scientifique ne saisit pas l'essentiel de la vie, quel savoir nous permettrait de mieux saisir l'originalité du vivant ?

Un plan possible

▶ Dans un premier temps, on peut démontrer que la vie est un objet scientifique dans la mesure où les êtres vivants naturels sont comparables, par leur fonctionnement, aux machines artificiellement créées. La théorie mécaniste pose ainsi que le vivant est explicable selon les lois nécessaires et universelles de la mécanique (➡ **Descartes**).

▶ Mais expliquer par les mêmes lois le fonctionnement des choses inanimées et des êtres vivants, n'est-ce pas passer à côté de l'originalité de ce phénomène qu'est la vie ? Le vivant se distinguerait alors par nature des machines, et se définirait par un ensemble de fonctions spécifiques, en particulier sa capacité à s'auto-organiser et à évoluer (➡ **Kant**).

▶ Enfin, il s'agira de démontrer que la vie est moins l'affaire d'une science que d'une technique, la médecine. Cette dernière est à la fois une connaissance théorique de lois de fonctionnement et une pratique qui applique ces règles à une multitude de cas particuliers : elle serait ainsi la seule discipline susceptible de rendre compte de l'originalité de la vie qu'évoque Canguilhem, et de son caractère créatif et normatif.

Les notions ▸ Théorie et expérience, la vérité

Le vivant **La raison et le réel**

Exister, est-ce simplement vivre ?

▶ On confond communément l'existence et la vie. Mais n'est-il pas réducteur de dire que notre existence consiste à exercer nos fonctions vitales ?

▶ Vivre, c'est résister, par un ensemble de fonctions, à la mort. L'existence, qui vient du latin *existere* (« sortir de, se montrer ») est propre à un sujet conscient de lui-même. Mais alors, comment l'existence pourrait-elle se réduire à ce phénomène qu'est la vie ? Parle-t-on de l'existence d'une pierre, de celle d'un arbre ?

▶ Le sujet nous amène à nous demander ce qu'il faut, en plus d'être vivant, pour avoir une existence. En quoi la conscience nous élèverait-elle au-dessus de la simple vie ? N'est-ce pas elle, au contraire, qui nous empêche de vivre pleinement ?

Un plan possible

▶ Dans un premier temps, on pourra démontrer que l'homme ne se réduit pas à l'ensemble de ses fonctions physiologiques : si son corps est vivant, soumis comme tel à des lois et promis à la mort, il y aurait en lui une âme qui distinguerait l'existence humaine des vies végétales ou animales (➔ **Descartes**).

▶ Dans un deuxième temps, il s'agira de remettre en cause cette conception dualiste, en s'interrogeant sur ce qui nous permet de faire de notre vie une existence : n'est-ce pas celui qui a conscience de lui-même qui sort d'une vie aveugle pour dessiner son existence ? Dans cette mesure, seul l'homme accéderait à une existence « pour soi » (➔ **Hegel**).

▶ Enfin, on démontrera qu'exister, c'est être pour la mort, comme l'explique Heidegger. Seul l'animal vit pleinement, en ce qu'il n'est pas mis à distance de sa vie par la conscience de la mort : c'est l'homme qui, par cette conscience et l'angoisse qui en résulte, se détache de sa vie, et ainsi est appelé à « faire son existence ».

Les notions L'existence et le temps, la liberté

Les **explications** de **textes**

▶ Des extraits des œuvres suivantes sont expliqués dans l'ouvrage.

NIETZSCHE, *Considérations inactuelles*,	➔ l'existence et le temps	p. 58
ROUSSEAU, *Discours sur l'origine et les fondements de l'inégalité parmi les hommes*,	➔ la culture	p. 66
KANT, *Métaphysique des mœurs*,	➔ Kant	p. 301
LEIBNIZ, *Principes de la nature et de la grâce*,	➔ Leibniz	p. 305

Séries L, ES et S

La matière et l'esprit

La raison et le réel

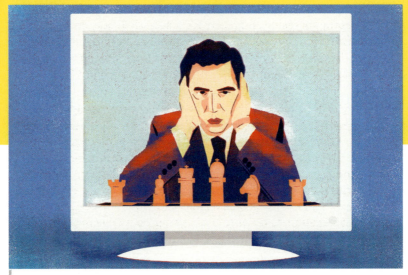

En 1997, un ordinateur, « Deep Blue », parvient pour la première fois à vaincre le champion du monde d'échecs Garry Kasparov.

« L'esprit est plus fort que la matière ! » Qui n'a jamais entendu cette formule lors d'exploits humains, qu'il s'agisse de survie en milieu hostile, de victoire contre la machine ou d'une performance sportive exceptionnelle ? L'esprit serait ici l'expression de notre liberté, le principe nous permettant de dépasser les limites de notre corps et des lois matérielles imposées par la nature. Mais cette opposition est-elle pertinente ? Est-il possible d'isoler un domaine de « l'esprit » qui échapperait au reste du monde sensible ?

Les notions La conscience, la perception, la religion, théorie et expérience, la liberté
Les auteurs Bergson, Descartes, Épicure
Les repères Abstrait/concret, objectif/subjectif, transcendent/immanent

La matière et l'esprit — **La raison et le réel**

Qu'est-ce que la matière, qu'est-ce que l'esprit ?

La distinction entre matière et esprit

▶ Au sens large, **la matière** désigne tout ce qui est perceptible par les sens et qui possède une existence hors de nous. Elle se distinguerait donc de l'esprit, qui réside en nous et n'est accessible que par la pensée. Bien que réducteur, ce niveau de distinction renvoie à notre expérience commune. Tout individu « sain d'esprit » fait la différence entre ce qu'il se représente mentalement et les objets « réels » du monde extérieur (➔ **la conscience**).

▶ En philosophie, la notion de matière désigne en général moins ce que l'on perçoit immédiatement par les sens (l'apparence des choses), que ce qui demeure derrière les changements du monde sensible (➔ **la perception**). La matière serait ainsi le constituant premier de la nature, la **substance*** du réel. De son côté, le concept d'esprit ne se réduit pas toujours à notre pensée subjective, mais dans plusieurs doctrines il évoque plus largement un **principe supérieur**, voire divin, qui subsiste après la désagrégation du corps (ce qui le rapproche de la notion d'âme) (➔ **la religion**).

L'opposition entre la matière et l'esprit et sa critique

▶ Le problème est alors de savoir si l'esprit et la matière sont, ou non, deux réalités distinctes et autonomes. Le **dualisme*** répond par l'affirmative, en postulant que l'esprit est un principe immatériel, une substance à part. Il reconnaît ainsi l'existence de deux principes indépendants, la matière et l'esprit (➔ **Descartes**).

▶ Le **matérialisme*** postule à l'inverse que la notion d'esprit n'est qu'une façon imagée de désigner un certain développement de la matière : celle-ci serait ainsi le principe unique permettant de rendre compte de la totalité des phénomènes grâce aux lois des sciences de la nature (➔ **Épicure**).

▶ La science contemporaine renouvelle ce questionnement sans le clore. D'un côté, la **neurobiologie** ramène la pensée à des phénomènes strictement matériels (échanges physico-chimiques entre les neurones). De l'autre, l'**étude physique des particules élémentaires** nous amène à une représentation de la matière toujours plus abstraite et éloignée de son image classique (la matière comme substance) (➔ **théorie et expérience**).

question clé
L'esprit humain est-il réductible à la matière ?

Loin d'être restreinte au domaine philosophique ou religieux, la distinction entre l'esprit et la matière imprègne notre quotidien. Tout le monde fait par exemple la différence entre une activité physique du corps et une activité de l'esprit qui met en jeu la faculté de penser. Pourtant, ce clivage intuitif reste-t-il pertinent d'un point de vue scientifique ? L'esprit humain peut-il obéir à des principes séparés des lois matérielles qui régissent notre corps et le reste du monde sensible ?

La réponse de Bergson

Les données de la science ne nous autorisent pas à réduire l'esprit humain à la partie matérielle (le cerveau) qui le supporte.

> Que nous dit [...] l'expérience ? Elle nous montre que la vie de l'âme ou, si vous aimez mieux, la vie de la conscience, est liée à la vie du corps, qu'il y a solidarité entre elles, rien de plus. Mais ce point n'a jamais été contesté par personne, et il y a loin de là à soutenir que le cérébral est l'équivalent du mental, qu'on pourrait lire dans un cerveau tout ce qui se passe dans la conscience correspondante. Un vêtement est solidaire du clou auquel il est accroché ; il tombe si l'on arrache le clou ; il oscille si le clou remue ; il se troue, il se déchire si la tête du clou est trop pointue ; il ne s'ensuit pas que chaque détail du clou corresponde à un détail du vêtement, ni que le clou soit l'équivalent du vêtement ; encore moins s'ensuit-il que le clou et le vêtement soient la même chose. Ainsi, la conscience est incontestablement accrochée à un cerveau mais il ne résulte nullement de là que le cerveau dessine tout le détail de la conscience, ni que la conscience soit une fonction du cerveau. Tout ce que l'observation, l'expérience, et par conséquent la science nous permettent d'affirmer, c'est l'existence d'une certaine relation entre le cerveau et la conscience.
>
> H. BERGSON, *L'Énergie spirituelle*, 1919.

Ce que dit Bergson

▶ Bergson revisite de façon originale le problème du rapport entre l'esprit et la matière en s'intéressant à la relation qu'entretient le **mental** (domaine de la pensée consciente) avec **le cerveau** qui lui sert de support matériel.

La matière et l'esprit — **La raison et le réel**

▶ Selon l'auteur, les données de l'observation et de l'expérience nous permettent de constater une **relation de solidarité** entre les deux, mais ne nous autorisent pas à affirmer qu'ils sont équivalents. Rien ne prouve que la vie de la conscience s'épuise dans les mouvements cérébraux ni que l'esprit se réduit aux mécanismes matériels.

▶ Pour illustrer cette nuance, Bergson utilise une métaphore : le cerveau est à la conscience ce que le clou est au vêtement que l'on accroche dessus. Constater que le vêtement (souple et mouvant) « s'accroche » sur le clou (support matériel, stable, mais rigide) ne peut suffire à les identifier l'un à l'autre. Certes, le clou peut parfois « déchirer » le vêtement, comme les chocs reçus par le cerveau peuvent affecter la conscience. Mais cela ne prouve ni qu'ils constituent une seule et même chose ni qu'à chaque « détail » de l'un corresponde un « détail » de l'autre.

Les **enjeux** philosophiques

La matière désigne au sens large tout ce que l'on perçoit par les sens. Or, l'esprit humain semble au premier abord échapper à une telle perception, ne possédant en apparence ni forme visible, ni son, ni odeur, etc. Mais cela suffit-il à en faire une réalité immatérielle ? N'est-ce pas plutôt l'absence d'instruments d'observation adéquats conjuguée à des présupposés religieux qui conduisent à tort à le considérer comme une exception aux lois de la nature ?

L'autonomie de l'esprit

▶ Il faut en premier lieu reconnaître que la distinction entre l'esprit humain et la matière découle de l'**expérience ordinaire**. Tout individu constate que le pouvoir de sa faculté de penser excède les limites de son corps : je peux m'imaginer immortel, volant dans les airs, etc., alors que les lois de la matière interdisent ces exploits à mon corps. Aussi, comment ne pas supposer que l'esprit diffère du monde matériel et obéisse à des principes séparés de ce dernier ?

Égaré par son désir d'approcher le soleil, Icare en oublie les lois de la matière et finit par chuter.

171

▶ D'ailleurs, le fait d'être doté d'un esprit, d'une pensée consciente, se donne à l'être humain comme un savoir intuitif et indépendant de toute condition matérielle. C'est notamment le constat que fait Descartes à l'issue du doute méthodique, qui l'a amené à remettre en cause toutes ses opinions et connaissances. Il remarque que même en imaginant les hypothèses les plus extrêmes (par exemple, l'inexistence de son corps et du monde extérieur), l'acte de penser et de douter reste une certitude inébranlable au moment même où il est en train de penser et de douter de tout. Le fait que je suis un être pensant s'impose donc à moi comme une évidence absolue, quand bien même tout le reste serait faux (➋ Descartes).

> Le fait que je suis un être pensant s'impose à moi comme une évidence absolue.

La force de l'hypothèse matérialiste

▶ Cependant, si l'esprit humain possède une existence indépendante de la matière, comment expliquer leur **interaction** constante ? Dès l'Antiquité, Lucrèce remarque dans *De la nature* que les troubles de l'esprit affectent le corps : par exemple, une peur violente me donne des sueurs et altère tous mes sens. Comment rendre compte de cette **solidarité** entre l'esprit humain et la matière tout en maintenant l'idée de leur séparation ?

▶ Par ailleurs, le postulat d'une telle séparation est insoutenable au regard des données de la **science moderne**. L'existence de processus mentaux immatériels serait une exception aux lois de la physique, qui ne conçoit de phénomènes réels qu'à partir d'échanges d'énergie au cœur de la matière. En ce sens, affirmer que l'esprit n'est pas une réalité matérielle reviendrait à postuler l'existence d'un **principe transcendant** dépassant les **lois immanentes** du monde de l'expérience sensible (➋ **transcendant/immanent**). N'est-il pas alors plus cohérent de préférer une explication moniste* (fondée sur un seul principe, ici les lois de la matière) à une vision dualiste ?

▶ Il paraît donc légitime de réduire les phénomènes de l'esprit humain aux lois de la matière, c'est-à-dire les faits mentaux (la pensée en général) à des processus explicables physiquement. Telle est par exemple la thèse défendue par le neurobiologiste J.-P. Changeux dans *L'Homme neuronal* : les représentations mentales s'expliquent par le fonctionnement des organisations neuronales. Et ces organisations sont intégralement explicables par des principes matériels, à savoir les échanges physico-chimiques qui circulent entre les neurones. En ce sens, il devient inutile de convoquer la notion d'« esprit » pour décrire la mécanique du cerveau.

Les incertitudes du matérialisme

🔴 L'esprit ne serait-il alors qu'un mot trompeur pour désigner ce qui fonctionne en fait comme un **ordinateur** vivant, dont nos pensées seraient les **logiciels** ? La limite de cette image souvent reprise du « hardware » (pour le cerveau) et du « software » (pour la pensée) est pourtant qu'elle occulte la spécificité de la pensée humaine. Ainsi, réduire celle-ci à des logiciels intégrés à une machine traitant de l'information revient à oublier que notre pensée comprend pour sa part réellement, c'est-à-dire donne du sens, aux données qu'elle manipule. À l'inverse, le logiciel dans l'ordinateur combine des données brutes sans avoir les moyens de s'interroger sur ce qu'elles représentent.

> *La pensée humaine comprend réellement, c'est-à-dire donne du sens, aux données qu'elle manipule.*

La chambre chinoise

Le philosophe contemporain John Searle imagine une situation dans laquelle l'esprit humain traiterait les données comme une machine informatique : enfermé dans une pièce et ignorant tout du chinois, un individu disposerait d'un ensemble de caractères chinois et d'un manuel expliquant comment les assembler suivant chaque question posée. Doté de ces données brutes (les caractères) et de ce programme (le manuel), il pourrait alors répondre correctement à des questions qu'il ne comprend absolument pas. Cette comparaison permet de mesurer la distance qui sépare l'esprit humain de l'ordinateur. Contrairement au second, le premier comprend le sens des informations qu'il manipule. Pour cette raison, il pourra d'ailleurs répondre à des questions qui ne sont pas incluses dans son « programme initial ».

🔴 Sans nier l'interaction entre l'esprit humain et le cerveau, la pensée consciente nous demeure donc en partie inconnue. C'est d'ailleurs, on l'a vu, cette part d'inconnu qui conduit Bergson à estimer que la relation de solidarité entre le mental et le cérébral ne suffit pas à prouver leur équivalence (**Bergson**). Cependant, rien n'interdit à l'inverse de penser que la science sera un jour en mesure de rendre compte de la spécificité de l'esprit humain, notamment de sa capacité à donner du sens aux objets qu'il vise, à partir d'une explication strictement matérialiste.

Les sujets expliqués

Les dissertations

Ai-je un corps ou suis-je mon corps ?

▶ En renforçant l'impression que notre corps est modelable, les progrès de la chirurgie esthétique convergent vers une tradition de pensée se représentant le corps comme un objet extérieur que l'on possède, un « avoir » dans lequel notre personnalité vient loger tel un locataire dans son meublé.

▶ Cette représentation contraste pourtant avec une partie de mon ressenti corporel, qui traduit les nuances de ma vie intérieure. Mes émotions se manifestent ainsi par des signes corporels (tension, pleurs, sueurs, etc.) et mon intimité reste inséparable de l'image subjective que j'ai de mon corps.

▶ Faut-il alors considérer que je suis mon corps de la même façon que je m'identifie à mes pensées ? Ou reste-t-il une distance infranchissable qui m'amène à conserver avec lui un rapport d'extériorité ?

Un plan possible

▶ Il faut d'abord insister sur les raisons qui m'incitent à envisager mon corps comme une simple possession matérielle : je peux me détacher mentalement de celui-ci, mais pas de ma pensée. D'où cette impression tenace que la pensée me définit comme sujet, alors que mon corps reste un objet indépendant dont les modifications n'affectent pas mon identité profonde.

▶ Pourtant, l'expérience ordinaire m'indique que la relation à mon corps diffère d'une relation sujet/objet. Je ressens intérieurement tout ce que vit mon corps. Et loin de maîtriser ce dernier comme un pilote dirigeant son navire, je suis inséparable de lui, ses soubresauts affectant toute mon âme. Reconnaître cette solidarité me permet ainsi de distinguer mon corps propre, à travers lequel se constitue ma perception du monde, d'un simple corps-objet (➔ **Descartes**).

▶ Mais cette solidarité ne fait pas de mon corps la pleine expression de ma subjectivité. Lorsque je décide par exemple de cacher ou de faire abstraction de certaines parties de mon corps, je marque le refus de voir mon identité profonde réduite à celui-ci. Si je ne suis donc pas séparable de mon corps, je ne lui suis pas non plus entièrement réductible : la relation que j'entretiens avec lui est un entre-deux complexe, situé quelque part entre l'être et l'avoir (➔ **objectif/subjectif**).

Les notions La conscience, la perception, la liberté

La matière et l'esprit — **La raison et le réel**

En quel sens peut-on dire que la matière existe ?

▶ Au sens le plus ordinaire, tous les objets que nous percevons à l'aide de nos sens sont par définition « matériels ». Dans cette mesure, comment questionner leur existence, sinon dans le cadre d'une fiction ?

▶ Pourtant, la présence des « choses matérielles » ne suffit pas à révéler ce qu'est la « matière » en tant que telle. Le monde sensible étant soumis à des transformations constantes, la « matière » désigne-t-elle une substance dotée d'une existence durable et indépendante ? Ou n'est-ce qu'un mot vague dont il n'est pas possible de cerner le contenu définitif ?

Un plan possible

▶ Il semble tout d'abord difficile de passer du constat général de la présence sensible des choses à la définition spécifique d'une réalité substantielle (c'est-à-dire unique, stable et durable) que l'on nommerait « la matière ». En effet, la matière « en soi » (comprise comme une réalité censée traverser tous les phénomènes) nous demeurant inaccessible, il est légitime de se demander si cette notion ne relève pas d'un abus de langage.

▶ L'issue la plus simple consiste alors à faire reposer l'existence de la « matière » sur les éléments premiers du monde physique. En effet, si l'univers visible contient des corps complexes, composés de multiples éléments matériels, il semble logique d'en déduire, à l'instar d'Épicure, que des corps simples, indivisibles et indestructibles servent de composants à tous les autres. Ces « atomes » seraient le noyau dur de la matière (➔ **Épicure**).

▶ Mais si cette vision atomistique de la matière a le mérite de la clarté, encore faut-il montrer sa compatibilité avec les données de la physique actuelle. Car cette dernière, à travers la découverte des particules élémentaires composant les atomes, nous donne une représentation toujours plus abstraite et éloignée de l'idée que la structure fondamentale du réel se trouve dans des entités simples, indivisibles et indestructibles (➔ **abstrait/concret**).

Les notions ▸ La perception, théorie et expérience

Les **explications** de **textes**

▶ Des extraits des œuvres suivantes sont expliqués dans l'ouvrage.

DESCARTES, *Discours de la méthode*,	➔ **le sujet**	p. 10
DESCARTES, *Méditations métaphysiques*,	➔ **Descartes**	p. 267
ÉPICURE, *Lettre à Hérodote*,	➔ **Épicure**	p. 277

Séries L, ES et S

La politique

L'action politique est toujours collective : même si elle s'exerce par le talent oratoire de certains hommes, elle exprime l'aspiration au bonheur commun et à la justice.

Du grec *polis*, « cité », la politique désigne à la fois une pratique, la quête et l'exercice du pouvoir et une réflexion sur le fait que les hommes vivent en société. Est politique ce qui est relatif aux institutions ou à l'État, et, dans un sens plus large, tout ce qui concerne la vie en société : débats, décisions, engagement des citoyens…
La philosophie s'efforce de saisir les rapports entre la politique, volontiers accusée d'être purement « politicienne », et le politique, qui désigne le besoin durable, dans toute société humaine, que des décisions soient prises par les citoyens ou leurs représentants.

Les notions Le sujet, la culture, l'art, l'État, la société, la justice et le droit, la morale, le devoir
Les auteurs Aristote, Hobbes, Kant, Machiavel, Montesquieu, Platon, Rousseau
Les repères Idéal/réel

La politique

Qu'est-ce que la politique ?

l'exercice d'une autorité

▶ L'homme vit toujours en compagnie des autres et entre de ce fait dans des relations de commandement et d'obéissance. Mais aucun homme n'a naturellement vocation à commander à aucun autre : une autorité politique n'est légitime que si elle est fondée sur le **consentement**.

▶ Comme les relations politiques sont des relations entre égaux, c'est surtout à des lois qu'on se soumet et non à des hommes : comme le dit Rousseau dans *Du contrat social*, le peuple se donne des « chefs », et non des « maîtres » (➔ **Rousseau**).

La recherche du bien commun

▶ Ce qui guide la politique est la recherche du bien commun et de la justice, d'où la question du **meilleur régime politique**. Traditionnellement, on distingue les différents types de régime selon le nombre de ceux qui gouvernent : un seul (« monarchie »), quelques-uns (« aristocratie ») ou la masse (« démocratie ») (➔ **L'État**).

▶ Mais ce critère reste très limité, dans la mesure où il ne précise pas comment le pouvoir est exercé. Ainsi, Montesquieu distingue le « monarque » qui gouverne selon des lois fixes et établies, avec des institutions qui canalisent son pouvoir, du « despote » qui commande sans contre-pouvoir et selon sa fantaisie (➔ **Montesquieu**).

▶ La **philosophie politique** n'est pas seulement descriptive mais aussi, et surtout, normative. Il s'agit d'énoncer des principes, voire de formuler un *idéal* à partir duquel on pourra juger la politique *réelle* (➔ **idéal/réel**).

l'expression des idées

▶ La politique est une activité qui s'exerce essentiellement par la parole. Même si l'on reproche souvent aux politiciens d'être de « beaux parleurs », on attend d'un responsable politique qu'il sache discourir et débattre, qu'il soit « à l'écoute », qu'il « réponde » aux questions des gens, qu'il « parle » dans les circonstances graves.

▶ Depuis son origine, la politique est inséparable d'une tradition oratoire, mais aussi du risque de la **démagogie**. C'est pourquoi elle suppose des citoyens actifs et éclairés intervenant dans un espace public de discussion : dans les sociétés antiques, l'agora ou le forum, et aujourd'hui, les médias, les réseaux sociaux et Internet.

L'homme est-il un animal politique ?

Le sens le plus évident de la question est : l'homme est-il naturellement sociable ? Est-il fait pour vivre en société ? Il s'agit de déterminer si la société est une donnée naturelle pour l'homme, ou si, au contraire, le fait de vivre avec ses semblables, selon des lois, est une situation artificielle issue d'un calcul dont il s'accommode parfois très difficilement.

La réponse de **Hobbes**

L'homme n'est pas un animal politique. Il n'est pas naturellement sociable, et la société est une création artificielle.

> La plupart de ceux qui ont écrit touchant les républiques, supposent ou demandent, comme une chose qui ne leur doit pas être refusée, que l'homme est un animal politique [...] né avec une certaine disposition naturelle à la société. Sur ce fondement-là ils bâtissent la doctrine civile ; de sorte que pour la conservation de la paix, et pour la conduite de tout le genre humain, il ne faut plus rien sinon que les hommes s'accordent et conviennent de l'observation de certains pactes et conditions, auxquels alors ils donnent le titre de lois. Cet axiome, quoique reçu si communément, ne laisse pas d'être faux, et l'erreur vient d'une trop légère contemplation de la nature humaine. Car si l'on considère de plus près les causes pour lesquelles les hommes s'assemblent, et se plaisent à une mutuelle société, il apparaîtra bientôt que cela n'arrive que par accident et non pas par une disposition nécessaire de la nature. En effet, si les hommes s'entr'aiment naturellement, c'est-à-dire, en tant qu'hommes, il n'y a aucune raison pourquoi chacun n'aimerait pas le premier venu, comme étant autant homme qu'un autre ; de ce côté-là, il n'y aurait aucune occasion d'user de choix et de préférence. Je ne sais aussi pourquoi on converserait plus volontiers avec ceux en la société desquels on reçoit de l'honneur ou de l'utilité, qu'avec ceux qui la rendent à quelque autre. Il en faut donc venir là, que nous ne cherchons pas de compagnons par quelque instinct de la nature ; mais bien l'honneur et l'utilité qu'ils nous apportent ; nous ne désirons des personnes avec qui nous conversions, qu'à cause de ces deux avantages qui nous en reviennent.
>
> Th. HOBBES, *Du Citoyen*, 1642.

Ce que dit **Hobbes**

▶ Selon Hobbes, les hommes n'ont aucune disposition naturelle à la vie en société : l'expérience montre plutôt le contraire, puisque les **conflits** entre les hommes sont fréquents, inévitables et parfois extrêmement violents. La politique est la solution de ce problème anthropologique.

▶ Ce n'est donc pas la nature de l'homme qui le pousserait instinctivement à vivre en société. Si l'homme vit en société, c'est-à-dire en compagnie de ses semblables et selon des lois auxquelles il se soumet, ce n'est pas l'expression d'un instinct, mais plutôt le résultat d'un **calcul** : il ne recherche pas la société pour elle-même, mais pour ce qu'elle lui apporte (« honneur » et « utilité ») (→ la société).

▶ Certes, les hommes vivent toujours en compagnie des autres hommes, et c'est sans doute la raison pour laquelle on a cru qu'il s'agissait là d'une donnée naturelle, au point de la poser comme un « axiome* », c'est-à-dire un principe évident et fondateur. C'est pourtant une « erreur », car il faut chercher l'**origine de la société** plutôt dans la volonté des hommes : pour Hobbes, la société est artificielle, elle n'existe qu'à partir du moment où les hommes réussissent à se mettre d'accord pour la créer (→ l'État).

Les **enjeux** philosophiques

L'homme vit toujours en compagnie des autres et doit de ce fait entrer dans des relations politiques : mais la citoyenneté s'inscrit-elle dans la continuité de la nature, comme le pensaient les Anciens, ou bien l'État n'est-il qu'une création artificielle des hommes résultant d'un pacte qu'ils auraient contracté ?

L'État est une création artificielle

▶ L'expression « animal politique » renvoie à la **nature profonde** de l'homme et à ses instincts les plus primaires : mais qu'est-ce que l'homme selon la « nature », indépendamment de ce que la « culture » a fait de lui (→ la culture) ?

▶ À la suite de Hobbes, les théoriciens politiques modernes ont forgé la fiction de l'**état de nature***, situation qui précède l'établissement de tout pouvoir politique et dans laquelle les hommes seraient livrés à eux-mêmes.

▶ Hobbes présente cet état comme une situation de **guerre permanente** de chacun contre chacun, où les individus usent de tous les moyens pour essayer de survivre. Cette guerre est une conséquence de la nature de l'homme : non que les hommes soient par nature méchants, mais ils se craignent mutuellement et s'enferment dans le cercle vicieux de la violence (➔ Hobbes).

> *Les hommes se craignent mutuellement et s'enferment dans le cercle vicieux de la violence.*

▶ Dans d'autres versions de l'état de nature, notamment chez Rousseau (➔ Rousseau), l'homme n'est pas nécessairement présenté comme enclin à la violence, mais plutôt comme un être isolé. Il n'est en tout cas pas « politique » en tant qu'animal puisque rien dans ses instincts ne le pousse à vivre avec les autres et à coopérer avec eux. Le fait de vivre au sein d'une Cité résulte d'une décision raisonnée. C'est tout le sens de la notion de **contrat social***, pacte par lequel les hommes sortent de l'état de nature en instaurant un pouvoir commun et des lois (➔ la justice et le droit).

La politique comme prolongement de la nature

▶ En affirmant que l'État est le résultat d'une convention, les théoriciens contractualistes que sont Hobbes et Rousseau remettent en question l'idée que l'homme serait un « animal politique ». Cette expression d'Aristote dans la *Politique* signifie communément, chez les Anciens, que la société s'inscrit dans le prolongement de la nature. Aristote en veut pour preuve que la nature, qui ne fait jamais rien en vain, a donné à l'homme le **langage** pour qu'il puisse débattre avec ses pairs de la question du juste et de l'injuste (➔ Aristote).

▶ Comme tout art selon les Anciens, la politique prolonge et achève ce que la nature a seulement ébauché (➔ l'art). En effet, l'homme vit naturellement en **communauté** : la plus élémentaire est celle de la famille, où sont assurées la production et la reproduction, puis la communauté s'élargit au village.

▶ La politique se situe à un niveau plus élaboré, celui de la Cité (*polis* en grec), c'est-à-dire d'une communauté où l'autosuffisance est assurée. On se demande alors comment chercher en commun le **bien-vivre** : telle est la question politique fondamentale, et sa solution offre aux hommes la perspective d'un plein épanouissement de leur nature. L'homme est l'animal qui réalise ses potentialités propres dans et par l'activité politique.

> *Chercher en commun le bien-vivre : telle est la question politique fondamentale.*

L'activité politique

▶ Démêler l'artificiel et le naturel dans un être de culture comme l'homme n'est pas chose facile : la politique résulte autant des tendances naturelles de l'homme que de son activité volontaire et raisonnée. Comme elle donne lieu à la fois à une lutte (pour le pouvoir) et à une coopération (dans l'intérêt de tous), on pourrait même considérer que ses ambiguïtés reflètent la diversité des tendances naturelles de l'homme : comme le dit Kant dans l'*Idée d'une histoire universelle d'un point de vue cosmopolitique*, l'être humain se caractérise par une « **insociable sociabilité** » qui le porte à la fois à rechercher la compagnie de ses semblables et à ne pas en supporter la présence lorsqu'ils représentent pour lui un obstacle (➜ Kant).

> *La politique résulte autant des tendances naturelles de l'homme que de l'activité volontaire et raisonnée.*

Les bergers d'Arcadie

L'Arcadie représente dans la mythologie grecque le symbole d'un âge d'or où les hommes vivaient dans l'insouciance et la concorde. Kant ironise sur cette légende dans l'*Idée d'une histoire universelle d'un point de vue cosmopolitique* : selon lui, ces bergers d'Arcadie aussi doux que leurs propres agneaux n'auraient pas mené une existence plus intéressante que celle de leurs troupeaux. Il faut au contraire se réjouir que la nature ait donné aux hommes des tendances asociales, car c'est la discorde qui les force à progresser et à développer leurs talents.
➜ Kant

▶ Dire que l'homme est un animal politique ne signifie pas qu'on ignore le problème de cette **sociabilité capricieuse**. Il faut au contraire distinguer les deux aspects, car les animaux sociaux, entièrement déterminés à vivre et à coopérer par instinct avec leurs congénères, ne sont pas des animaux politiques. On ne verra jamais des abeilles ou des fourmis se réunir en assemblée et instaurer un débat pour savoir quelle est la meilleure manière d'organiser la ruche ou la fourmilière.

▶ L'homme est donc bien un animal politique : cela ne revient pas à dire que la politique est le fait de l'instinct mais, au contraire, à rappeler que l'intelligence et la liberté sont aussi inscrites dans sa nature.

Les sujets expliqués

Les dissertations

La politique est-elle l'affaire de tous ?

La question revêt deux sens bien distincts : d'une part, l'activité politique requiert-elle des compétences particulières, ce qui devrait en réserver l'exercice à des spécialistes dont ce serait le métier ? D'autre part, on doit s'interroger sur l'abstentionnisme et le désintérêt des citoyens, qui ne se sentent plus concernés par la politique : n'est-il pas faux, et surtout dangereux de considérer que ce n'est pas notre affaire à tous ?

Un plan possible

Voter est un droit mais aussi un devoir : l'abstentionnisme met en danger les démocraties.

▶ Dans un régime républicain (du latin *res publica*, « chose publique »), participer aux affaires publiques est pour les citoyens un droit et un devoir. Dans *Du contrat social*, Rousseau écrit : « sitôt que quelqu'un dit des affaires de l'État : que m'importe ? on doit compter que l'État est perdu. » Dire que la politique est l'affaire de tous, c'est d'abord rappeler les citoyens à leurs responsabilités (➔ **Rousseau**).

▶ Pourtant, prendre les bonnes décisions peut requérir des compétences que le peuple ne possède pas toujours : c'est pourquoi, dans la *République*, Platon voudrait que le pouvoir soit confié au philosophe, car celui-ci est soucieux de la justice et de la vérité, tandis que le peuple, ignorant et en proie à ses passions, se laisse trop facilement abuser par des démagogues (➔ **Platon**).

▶ Cependant, même en supposant le peuple incompétent, rien ne justifie qu'on le maintienne dans son ignorance au lieu de l'éclairer : c'est pourquoi les philosophes des Lumières ont placé l'éducation au cœur de la question politique. Montesquieu rappelle, en outre, que dans les démocraties modernes, le peuple exerce le pouvoir en élisant des « représentants » compétents pour gérer les affaires (➔ **Montesquieu**).

Les notions ▸ Le sujet, l'État, le devoir

L'action politique peut-elle être subordonnée à la morale ?

▶ L'homme politique peut-il agir efficacement tout en obéissant aux exigences de la morale ? *A priori*, toute action doit être soumise à des limites morales, surtout dans le contexte actuel où l'on déplore que les hommes politiques soient impliqués dans trop d'affaires et de scandales.

▶ Pourtant, il n'est pas du tout évident que les règles morales soient valables en matière d'action politique. Comment garantir à la fois l'efficacité de l'action politique et le respect de l'État de droit ?

Un plan possible

▶ La moralisation de la vie politique est une aspiration forte et légitime dans les démocraties actuelles, où les peuples en ont plus qu'assez d'une classe politique entachée par la corruption ou les scandales et peu soucieuse de la justice et de l'intérêt général.

▶ Mais si l'on considère que le dirigeant politique est responsable du bien-être, de la liberté et même de la survie de tout un peuple, on peut penser que cette dimension vitale place la politique au-dessus de la morale : pour Machiavel, l'enjeu est tel que tous les moyens sont bons dès lors qu'ils sont efficaces. Mentir, trahir, dissimuler, ces actes font partie du métier de « prince » : les qualités politiques ne sont pas des qualités morales, et inversement (▶ **Machiavel**).

▶ Or cette thématique de la raison d'État ne renverse pas toute morale. Elle pose une exception qui reste difficile à justifier car elle prête à tous les excès et entretient de mauvaises habitudes. C'est pourquoi les philosophes des Lumières, en particulier Kant, ont rappelé la nécessité d'une politique morale au moins sous la forme du respect de l'État de droit (▶ **Kant**).

Les notions L'État, la justice et le droit, la morale

Les **explications** de **textes**

▶ Des extraits des œuvres suivantes sont expliqués dans l'ouvrage.

ARENDT, *Le Système totalitaire*,	▶ **Arendt** p. 252
ARISTOTE, *Politique*,	▶ **Aristote** p. 256
KANT, *Idée d'une histoire universelle d'un point de vue cosmopolitique*,	▶ **Kant** p. 300
MACHIAVEL, *Le Prince*,	▶ **Machiavel** p. 314

Séries L, ES et S

L'État

La politique

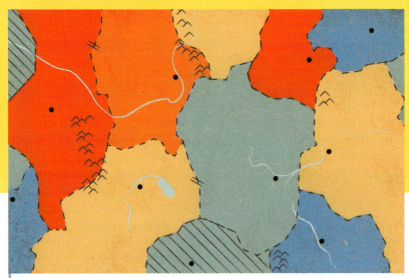

Sur le plan du droit international moderne, les États sont des réalités territoriales délimitées par des frontières clairement établies.

Des déclarations du Président au paiement de nos impôts, chacun peut ressentir la présence de l'État dans son quotidien. Au-delà de ce sentiment de proximité, il est pourtant difficile d'entrevoir clairement à quel type de réalité nous avons affaire. Le terme d'« État » connaît en effet des usages variés.

Suivant les situations, son évocation peut tout à la fois renvoyer aux responsables qui le dirigent, aux services publics qu'il assure, au territoire qui délimite son champ d'action, et parfois même à la population qui vit sous sa protection. Une réflexion philosophique sur la notion d'État implique donc de parvenir à clarifier puis à articuler ces différentes dimensions.

Les notions L'histoire, la société, la justice et le droit, la liberté, le bonheur

Les auteurs Arendt, Aristote, Hobbes, Kant, Locke, Marx, Montesquieu, Spinoza

Les repères Absolu/relatif, en fait/en droit, légal/légitime

L'État — **La politique**

Qu'est-ce que l'État ?

Une réalité historique

▶ Le terme d'« État » fait en premier lieu référence à la présence d'un peuple* doté d'un gouvernement et vivant sur un territoire délimité. Il désigne donc une **forme d'organisation sociale** spécifique, à distinguer d'autres types de groupement humain (tribu, clan, empire, cité antique, etc.) (➔ la société).

▶ Plus précisément, cette forme d'organisation est une réalité historique apparue au début de l'**époque moderne**, entre le XVᵉ et le XVIIᵉ siècle, et qui a connu de nombreuses évolutions depuis les États absolutistes (monarchies absolues) jusqu'aux États démocratiques contemporains (➔ l'histoire).

Un concept politique et juridique

▶ En tant que concept politique et juridique, l'État peut cette fois être défini comme l'**autorité suprême** qui s'exerce sur un peuple. Il ne faut alors pas confondre cette autorité avec les gouvernants qui l'incarnent. Les responsables d'un gouvernement changent, l'État reste (il y a une permanence du pouvoir étatique).

▶ De même, en tant que puissance souveraine, l'État doit être distingué de la **société civile**, c'est-à-dire des diverses associations ou organisations formées par les citoyens qui sont toutes tenues de respecter les limites que l'État impose (➔ la liberté, la société).

▶ Intemporel, situé au-dessus de la société, garant des lois communes, l'État est ce pouvoir qui veille au bien de tous sans être la propriété de personne (➔ la justice et le droit). Il est, au sens étymologique du mot, une « république », c'est-à-dire une *res publica*, une « chose publique ».

Un outil au service de la société

▶ Mais, au quotidien, l'État n'a pas pour seule fonction d'exercer l'autorité. Il est également un **ensemble organisé d'institutions** (administratives, juridiques, économiques, scolaires, etc.), qui offre différents services afin de permettre le bon fonctionnement de la société.

▶ Ces services publics permettent d'harmoniser les relations entre les différents acteurs de la société civile (individus, associations, entreprises, etc.). Ils garantissent donc que les intérêts particuliers ne mettent pas en péril le **bien commun** (➔ la société).

Peut-on penser une société sans État ?

question clé

À l'origine de mesures souvent contraignantes, l'État peut apparaître comme une institution trop rigide. La tentation est alors forte d'imaginer une société dont les membres seraient capables de se passer de l'État pour veiller par eux-mêmes à la satisfaction de leurs besoins. Mais une telle situation est-elle envisageable ?

La réponse de **Hobbes**

Sans un pouvoir commun exercé par l'État, les hommes vivent dans un état de guerre permanent.

> Nous pouvons trouver dans la nature humaine trois causes principales de querelles : premièrement, la rivalité ; deuxièmement, la méfiance ; troisièmement, la fierté. La première de ces choses fait prendre l'offensive aux hommes en vue de leur profit. La seconde, en vue de leur sécurité. La troisième en vue de leur réputation. Dans le premier cas, ils usent de la violence pour se rendre maîtres de la personne d'autres hommes, de leurs femmes, de leurs enfants, de leurs biens. Dans le second cas, pour défendre ces choses. Dans le troisième cas, pour des bagatelles, par exemple pour un mot, un sourire, une opinion qui diffère de la leur, ou quelque autre signe de mésestime, que celle-ci porte directement sur eux-mêmes, ou qu'elle rejaillisse sur eux, étant adressée à leur parenté, à leurs amis, à leur nation, à leur profession, à leur nom. Il apparaît clairement par là qu'aussi longtemps que les hommes vivent sans un pouvoir commun qui les tienne tous en respect, ils sont dans cette condition qui se nomme guerre, et cette guerre est guerre de chacun contre chacun.
>
> Th. HOBBES, *Léviathan*, 1651.

Ce que dit **Hobbes**

▶ Ce texte évoque l'**état de nature***, cette situation hypothétique où les hommes vivent hors de toute autorité politique. Il s'agit d'une fiction théorique permettant d'imaginer les rapports sociaux en l'absence de l'arbitrage de l'État.

▶ Or, selon l'auteur, à l'état de nature, certaines **tendances propres à tout être humain** en viennent à s'opposer, parce qu'aucune autorité n'est là pour les canaliser. Ces tendances sont la rivalité en vue d'obtenir les biens, la méfiance pour protéger ces biens et la fierté qui pousse les individus à des luttes pour le prestige.

▶ Hobbes en conclut que l'état de nature se caractérise par un état de guerre perpétuel, non que la violence explose à chaque instant, mais parce que la **menace d'affrontement** existe de façon permanente.

▶ La présence d'un État est donc nécessaire pour permettre la vie en société. En effet, seule une **organisation artificielle** et toute-puissante peut freiner les tendances naturelles des individus et soumettre ces derniers à une même loi en contre-partie du maintien de l'ordre et de la sécurité. Le pouvoir de l'État est alors absolu, et non relatif, parce qu'il n'est limité que par lui-même (➔ **absolu/relatif**).

Les **enjeux** philosophiques

Les hommes peuvent-ils collectivement s'organiser sans l'État ? La réponse à cette question exige une réflexion sur deux niveaux : d'une part, il faut cerner les qualités que les individus doivent posséder pour réussir à vivre en harmonie sans une autorité qui les dirige. D'autre part, il convient de découvrir pourquoi ils voudraient chercher à le faire.

Imaginer une société sans État

▶ La thèse de Hobbes repose sur la conviction que les hommes sont par nature incapables de vivre en harmonie s'ils ne sont pas soumis à une **puissance supérieure** (➔ **Hobbes**).

▶ Mais cette hypothèse de départ est discutable. En effet, si les êtres humains se trouvent parfois en situation de concurrence, la grande majorité d'entre eux vit de fait en groupe, ce qui atteste une certaine tendance à la sociabilité. De plus, ils possèdent en commun le **langage** et la **raison**, deux facultés qui les rendent aptes à communiquer et à s'entendre, c'est-à-dire à dépasser leurs conflits en prenant des décisions collectives à partir d'une délibération préalable. Notons que c'est à partir d'arguments similaires qu'Aristote en vient justement à postuler que l'homme est par nature un **animal sociable et politique** (➔ **Aristote**).

> Le langage et la raison rendent les hommes aptes à vivre en société.

▶ Par ailleurs, nous avons des **exemples historiques** de collectivités organisées fonctionnant sans l'intervention d'une autorité supérieure. En ce sens, l'idée d'une société sans État ne relève pas de la fiction. L'ethnologue Pierre Clastres montre ainsi dans *La Société contre l'État* qu'il a existé et qu'il existe encore, en Amazonie, des microsociétés qui refusent toute hiérarchie et tout pouvoir institué supérieur aux membres du groupe.

▶ Certes, ces arguments ne suffisent pas à prouver qu'une **société moderne** pourrait se passer d'un État. Mais ils indiquent qu'il est possible d'imaginer des rapports sociaux pacifiques et durables sans sa présence.

Le projet d'une société sans État

▶ S'il est possible d'envisager une société sans État, encore faut-il se demander pourquoi une telle situation pourrait devenir souhaitable. La réponse relève d'une réflexion politique : quels sont les motifs susceptibles de pousser les membres d'une société à se priver du secours de l'État ?

▶ Tout d'abord, ce projet devient légitime si l'on considère que l'État ne sert au mieux qu'une partie des membres de la société, favorisant certains **intérêts particuliers** au détriment du bien commun. C'est notamment l'hypothèse de Marx : l'État, loin d'être au service de tous, protège les seuls objectifs de la classe dominante, c'est-à-dire du groupe contrôlant la production économique. En tant qu'appareil administratif et juridique, il impose des lois et une idéologie favorables à cette classe, ce qui légitime et renforce la hiérarchie établie. Une société affranchie de cette division en classes – l'idéal du communisme – devrait donc en finir avec l'État (⇒ **Marx**).

L'État, un boa constrictor

Dans *La Guerre civile en France*, Marx compare l'État à un « boa constrictor » qui « enserre le corps social ». C'est une façon imagée d'expliquer que l'émancipation des classes dominées ne peut pas passer par l'utilisation durable de cette institution. L'État reste un instrument d'oppression qui se sert de ses organes (militaires, judiciaires, administratifs) pour maintenir les divisions sociales. S'il est une arme de domination politique et économique, il devient inutile et dangereux dans une société refusant les inégalités et la hiérarchie entre les classes.

⇒ **Marx**

▶ Ensuite, le projet d'une société sans État est justifié si l'on estime que, loin d'être nécessaire à l'existence de la société, il empêche cette dernière de développer son plein potentiel. Ainsi, en partant de l'hypothèse que les hommes sont non seulement sociables, mais de plus autonomes (c'est-à-dire capables de s'imposer leurs propres lois), on peut effectivement en conclure que l'État est une **institution superflue**, voire dangereuse. En philosophie politique, cette position radicale est celle de l'anarchisme, qui estime que l'État, loin de nous préserver du désordre, impose un ordre artificiel inutile au service d'une élite ou des classes dominantes. De la disparition de l'État ne résulterait donc pas le chaos, mais, au contraire, l'ordre spontané d'une société apte à s'organiser par elle-même.

Les limites et les prérogatives de l'État

▶ Bien que ces critiques ne soient pas absurdes, il reste difficile d'imaginer nos sociétés actuelles privées d'un pouvoir centralisé, ne serait-ce que pour faciliter leur organisation. En effet, loin de n'être qu'un gendarme, l'État a aussi un **rôle de coordinateur**. Les différents services qu'il assure garantissent le bon fonctionnement de la société.

▶ Pour autant, réfléchir à la perspective d'une société sans État n'en reste pas moins utile. Cette réflexion garde une **fonction préventive**. Elle permet de rappeler que l'importance de l'intervention de l'État ne condamne pas la société à accepter n'importe quelle manifestation de son autorité. C'est une façon d'affirmer que la société est en droit de refuser des modes de gouvernance abusifs.

> *La société est en droit de refuser des modes de gouvernance abusifs.*

▶ Locke est l'un des premiers à avoir énoncé ce « droit de résistance » dans le *Second Traité sur le gouvernement civil* (▶ **Locke**). La **révolte d'un peuple**, c'est-à-dire d'un ensemble d'individus unis par des lois et formant une communauté politique, devient légitime lorsque l'autorité légale viole ses droits les plus fondamentaux (▶ **légal/légitime**).

▶ Envisager l'éventualité d'une société sans État devient à ce stade un moyen de s'interroger sur les **limites de l'État**, c'est-à-dire sur son rôle réel et ses prérogatives. Ces questions, situées au cœur du champ politique, ne manquent pas d'être soulevées par les différents acteurs de la société (individus, groupes, associations, entreprises, etc.) qui souhaitent voir garantis à la fois leurs droits et leurs libertés.

En 1989, place Tian'anmen à Pékin, un homme fait symboliquement obstacle aux chars de l'armée chinoise.

Les sujets expliqués

Les **dissertations**

L'État est-il l'ennemi des libertés ?

▶ Si l'on estime qu'être libre consiste à faire tout ce que l'on veut, il est évident que les limites imposées par l'État freinent nos actions. De plus, le pouvoir étatique étant absolu, ne risque-t-il pas de devenir un système oppressant mettant en danger nos libertés ? L'existence historique de régimes totalitaires ou de dictatures semble confirmer cette crainte.

▶ Pourtant, ce constat doit être nuancé. En effet, en société, la liberté des uns s'arrête là où commence celle des autres. Une autorité supérieure est donc nécessaire pour encadrer les libertés individuelles afin de permettre leur coexistence pacifique. De ce point de vue, l'État ne constitue *a priori* pas un obstacle, mais la condition même de la liberté de tous.

▶ Le véritable problème est donc de comprendre pourquoi l'État n'est pas toujours en fait le garant des libertés qu'il est censé être en droit (**en fait/en droit**). Cet écart résulte-t-il de sa nature même, des mauvais choix de ses dirigeants ou encore de la négligence des citoyens ?

Un plan possible

▶ Dans un premier temps, il s'agit de montrer que la raison d'être de l'État, lorsqu'il vise le bien commun, est de garantir les libertés civiles (**Spinoza**). Si les individus passent un contrat social* et s'en remettent à une autorité commune, c'est pour voir leurs libertés de citoyen protégées.

▶ Il faut ensuite comprendre les origines des dérives du pouvoir étatique. Cette démarche implique notamment de revenir sur la façon dont l'État moderne a pu se transformer au XXe siècle en un régime hors norme et terrifiant, à savoir le totalitarisme (**Arendt**).

▶ Afin d'éviter ces dérives, il faut identifier les garde-fous qui peuvent protéger les libertés des abus de l'État. Ces garde-fous reposent à la fois sur des mécanismes institutionnels comme la séparation des pouvoirs (**Montesquieu**), et des éléments humains, telle la vigilance active des citoyens.

Les notions L'histoire, la justice et le droit, la liberté

L'État **La politique**

L'État doit-il faire le bonheur des individus ?

▶ Au premier abord, cette perspective semble difficile à soutenir. L'État est un pouvoir veillant à l'intérêt public. Comment pourrait-il s'occuper du bonheur privé de chacun ? Mais d'un autre côté, les services proposés par l'État permettent en partie aux citoyens de poursuivre leur quête du bonheur. Loin de n'assurer que l'ordre, l'État veille à la redistribution des richesses, à l'égalité des chances scolaires, à l'accès aux soins, etc.

▶ En ce sens, la question n'est pas de savoir si l'État a un rôle à jouer dans le bonheur des individus, mais de cerner les limites de ce rôle : s'agit-il simplement de protéger le droit, pour chacun, de rechercher son bonheur, ou faut-il aller jusqu'à la mise en place des conditions matérielles permettant de l'atteindre concrètement ?

Un plan possible

▶ D'abord, il faut mesurer le danger représenté par une autorité publique qui prétendrait empiéter sur les vies privées en imposant sa conception de la vie heureuse. D'une part, cette autorité n'est pas compétente en la matière, la définition du bonheur variant selon les personnes (→ Kant). D'autre part, elle n'en a pas les moyens matériels, à moins d'imaginer un monde de prospérité absolue où les désirs de tous pourraient être satisfaits.

▶ Mais il est aussi important d'insister sur le fait que l'État a pour mission de préserver le bien-être collectif en veillant à ce que les désirs des uns ne nuisent pas au bonheur des autres.

▶ À ce titre, il faut alors se demander si cette régulation étatique ne doit pas aller jusqu'à une forme d'interventionnisme, c'est-à-dire à une correction des inégalités sociales, ce qui implique tout de même un accord commun sur les conditions minimales du bonheur individuel.

Les notions La société, la liberté, le bonheur

Les **explications** de **textes**

▶ Des extraits des œuvres suivantes sont expliqués dans l'ouvrage.

ARENDT, *Le Système totalitaire*,	→ Arendt	p. 252
KANT, *Théorie et pratique*,	→ Kant	p. 302
MONTESQUIEU, *De l'esprit des lois*,	→ Montesquieu	p. 322
SPINOZA, *Traité des autorités théologique et politique*,	→ Spinoza	p. 359

Séries L, ES et S

La société

La politique

La ville offre l'image d'une vie organisée et décomposée selon nos besoins : quartiers de bureaux, résidentiels, espaces de détente, de restauration, découpent nos vies en espaces dans lesquels nous nous côtoyons.

On parle de société industrielle, de société de consommation, ou encore de la société française d'aujourd'hui. Mais au-delà de ses formes particulières, comment comprendre le fait social ? De fait, la vie solitaire est extrêmement rare : il nous faut donc interroger cette quasi-évidence de la vie sociale. Côtoyer les autres, obéir à des règles, à des lois, nous semble parfois contraignant, voire douloureux. Mais alors, qu'est-ce qui nous pousse à vouloir vivre ensemble ? Comment se fait-il que nous fassions massivement le choix de cette vie-là ?

Les notions L'histoire, la politique, l'État, les échanges, la liberté
Les auteurs Aristote, Hobbes, Hume, Kant, Locke, Marx, Rousseau, Schopenhauer, Spinoza
Les repères Contingent/nécessaire/possible, origine/fondement

La société · **La politique**

Qu'est-ce que la société ?

Des règles communes

▶ Du latin *socius*, « associé », la société désigne au sens large un ensemble d'individus ayant tissé des liens de dépendance réciproque. En ce sens, on parle de **sociétés animales** – les fourmis ou les abeilles, par exemple, vivent dans le cadre de communautés organisées dont les individus sont interdépendants.

▶ De façon plus précise, la société désigne une **réalité proprement humaine** qui se définit comme un ensemble d'individus unis par des liens de dépendance réciproque, mais aussi par une langue, des pratiques culturelles, des valeurs et des traditions, et obéissant à des règles, des codes et des lois communs. Enfin, à la différence des communautés animales, la société est régie par des institutions, et son organisation est susceptible de connaître des évolutions, voire des bouleversements (➔ **la liberté, l'histoire**).

Une réalité naturelle ou artificielle

▶ S'il semble difficile d'envisager une existence humaine indépendante de toute vie sociale, cela ne veut pas dire que l'homme est fait pour cette vie-là. Est-elle le fait d'une **sociabilité naturelle**, comme l'affirme en particulier Aristote (➔ **Aristote**), ou la société n'est-elle qu'un **artifice** par lequel nous trouvons à satisfaire au mieux nos besoins et intérêts ?

▶ L'hypothèse de l'**état de nature***, fiction théorique développée en particulier par Hobbes, Locke ou Rousseau, a pour fonction de démontrer que la société, loin d'être un fait naturel, naît d'un contrat visant à remédier à nos conflits (➔ **Hobbes, Rousseau, Locke**).

Société civile et État

La distinction faite en philosophie politique entre la société, encore dénommée société civile, et l'État, n'apparaît qu'au XVIIIe siècle, avec la naissance du libéralisme économique, doctrine selon laquelle la société, définie comme la **sphère des échanges économiques**, possède une force d'organisation indépendante des institutions politiques. Pour Rousseau ou Hobbes, société et État sont encore synonymes (➔ **l'État**).

Quel intérêt avons-nous à vivre en société ?

La vie solitaire est rare, et ce constat nous incline à penser que la vie sociale nous avantage. Pourtant, nous faisons chaque jour l'expérience des désagréments liés à cette vie. Soumis à des règles, nous nous heurtons aussi aux autres, si bien qu'il est parfois difficile de voir en quoi la vie sociale nous est profitable. À quoi bon vivre ensemble ?

La réponse de **Hume**

C'est notre intérêt particulier qui nous pousse à vivre en société.

> De tous les êtres animés qui peuplent le globe, il n'y en a pas contre qui, semble-t-il à première vue, la nature se soit exercée avec plus de cruauté que contre l'homme, par la quantité infinie de besoins et de nécessités dont elle l'a écrasé et par la faiblesse des moyens qu'elle lui accorde pour subvenir à ces nécessités.
> C'est par la société seule qu'il est capable de suppléer à ses déficiences, de s'élever à l'égalité avec ses compagnons de création et même d'acquérir sur eux la supériorité. La société compense toutes ses infirmités ; bien que, dans ce nouvel état, ses besoins se multiplient à tout moment, ses capacités sont pourtant encore augmentées et le laissent, à tous égards, plus satisfait et plus heureux qu'il lui serait jamais possible de le devenir dans son état de sauvagerie et de solitude. Quand chaque individu travaille isolément et seulement pour lui-même, ses forces sont trop faibles pour exécuter une œuvre importante ; comme il emploie son labeur à subvenir à toutes ses différentes nécessités, il n'atteint jamais à la perfection dans aucun art particulier ; comme ses forces et ses succès ne demeurent pas toujours égaux à eux-mêmes, le moindre échec sur l'un ou l'autre de ces points s'accompagne nécessairement d'une catastrophe inévitable et de malheur. La société fournit un remède à ces trois désavantages. L'union des forces accroît notre pouvoir ; la division des tâches accroît notre capacité ; l'aide mutuelle fait que nous sommes moins exposés au sort et aux accidents. C'est ce supplément de force, de capacité et de sécurité qui fait l'avantage de la société.
>
> D. HUME, *Traité de la nature humaine*, 1739.

La société   **La politique**

Ce que dit **Hume**

▶ Hume établit dans un premier temps la **spécificité de l'homme** par rapport aux autres vivants : inférieur à eux du point de vue de son aptitude à survivre seul, l'homme est un animal désarmé.

▶ La vie sociale apparaît alors comme le moyen, pour l'homme, de pallier sa **faiblesse naturelle** en unissant ses forces à celles des autres.

▶ À ce point du raisonnement, Hume formule une objection : cette vie sociale motivée par la satisfaction des besoins produit elle-même des besoins, ce qui pourrait nous amener à douter de sa nécessité.

▶ Pour montrer que cet inconvénient est toutefois inférieur, du point de vue du bonheur de chacun, au gain de la vie sociale, Hume compare alors les avantages de la vie sociale aux inconvénients de la vie solitaire. L'union des forces, la **division du travail*** et la **solidarité** ne sont possibles que par la vie sociale, en dehors de laquelle l'homme ne pourrait donc se renforcer, s'épanouir, ni se perfectionner.

Les **enjeux** philosophiques

Au premier abord, il semble ainsi que la vie sociale nous avantage, dans la mesure où elle nous apparaît moins laborieuse et moins risquée que la vie solitaire. Mais avons-nous nécessairement intérêt à vivre avec les autres ?

Notre intérêt particulier nous pousse à vivre en société

▶ En établissant la faiblesse de l'individu séparé de la société, Hume met en évidence le **caractère nécessaire** du lien social (➨ **contingent/ nécessaire/possible**) : c'est bien par nécessité que nous vivons ensemble, même si, au-delà de notre survie, ce sont notre épanouissement et notre tranquilité qui sont en jeu.

▶ La vie en société résulte d'un calcul d'intérêts par lequel chaque individu pèse les inconvénients et les avantages pour lui de cette vie. La « passion de l'intérêt personnel », cette motivation égoïste qui guide toutes nos actions et pourrait nous porter à affronter les autres, nous pousse en réalité à nous associer à eux par la coopération et la division du travail. La vie sociale sert ainsi notre **intérêt privé** bien compris (➨ **Hume**).

▶ Pourtant, si la vie sociale répond à une exigence d'efficacité, si l'individu ne peut subsister ni s'épanouir dans la solitude, qu'est-ce qui explique l'existence de modes de vie solitaires ?

L'intérêt particulier ne suffit pas à fonder la vie sociale

▶ De fait, la possibilité de la vie solitaire suffit à ébranler l'hypothèse d'une nécessité de la vie sociale. À moins de supposer que l'ermite agisse contre son intérêt, ce qui serait absurde, son existence met en évidence le fait que la vie sociale résulte d'un choix et d'une évaluation subjective de notre intérêt personnel.

> *Nous faisons l'expérience quotidienne des heurts et souffrances produits par la vie sociale.*

▶ Est-il donc si évident que la vie sociale nous avantage tous ? Nous faisons pourtant l'expérience quotidienne des heurts et souffrances produits par cette vie. Comme le remarque Kant, à notre tendance naturelle à coopérer avec les autres pour nous renforcer, est liée cette tendance tout aussi naturelle à les considérer comme des **obstacles** à la satisfaction de nos intérêts.

▶ Dans l'*Idée d'une histoire universelle d'un point de vue cosmopolitique*, Kant fait de cette double tendance, qu'il appelle « insociable sociabilité », le moyen qu'a trouvé la nature pour amener notre espèce, par le jeu des rivalités et des passions sociales, à se perfectionner. La vie en société, dit-il, sert ainsi l'intérêt de la nature, en nous poussant à nous accomplir malgré nous (▶ **Kant**).

Les porcs-épics

Dans *Parerga et Paralipomena*, Schopenhauer compare les hommes à des porcs-épics qui, alternativement, se serrent pour lutter contre le froid de l'hiver et s'éloignent quand ils se piquent aux autres : « Ainsi, dit-il, le besoin de la société, né du vide et de la monotonie de leur propre intérieur, pousse les hommes les uns vers les autres ; mais leurs nombreuses qualités repoussantes et leurs insupportables défauts les dispersent de nouveau. » Ce double mouvement témoigne de l'ambiguïté de notre inscription sociale, par laquelle nous établissons un compromis entre la souffrance de la solitude et la souffrance de côtoyer les autres.

▶ **Schopenhauer**

La vie en société est désirable

▶ Pourtant, la vie sociale ne satisfait-elle que l'intérêt de notre espèce ? Et si nous ne voulons pas croire à ce projet de la nature pour nous, devons-nous nous résoudre à admettre que le choix de la vie sociale ne résulte que de nos calculs égoïstes ?

▶ Dans *Du contrat social*, Rousseau montre qu'aucune société ne pourrait être stable ni durable si elle n'était fondée que sur la recherche de la satisfaction de nos intérêts particuliers. Une telle société serait, dit-il, une simple « **agrégation** » d'intérêts, sans cesse menacée de désagrégation car conservant en elle le facteur de dissolution que constitue la logique conflictuelle des intérêts particuliers (➔ **Rousseau**).

▶ À cette agrégation, il oppose l'« **association** », comprise comme communauté d'individus mus par un intérêt commun, qui, loin d'être la somme des intérêts particuliers, résulte d'une « **volonté générale*** ». Définie comme capacité à déterminer et à vouloir ce qui satisfait l'intérêt commun, la volonté générale est le vrai fondement de la société (➔ **origine/fondement**). Or, dit Rousseau, cette volonté ne résulte pas d'un calcul d'intérêt : c'est un **intérêt universel** de la raison qui s'exprime en elle.

> *La volonté générale est la capacité à vouloir ce qui est conforme à l'intérêt commun.*

▶ Mais vouloir ce qui satisfait l'intérêt de tous, n'est-ce pas sacrifier notre intérêt particulier ? En réalité, dit Rousseau, si la vie sociale est désirable pour nous, c'est parce que la logique naturelle de l'intérêt particulier (« amour de soi ») n'est pas exclusive, mais coexiste en nous avec cet autre principe, tout aussi naturel, qu'est la **pitié*** (➔ **Rousseau**).

▶ Puisque nous sommes capables de souffrir de la souffrance des autres, il est de notre intérêt de leur épargner toute souffrance. Si nous avons intérêt à vivre en société, c'est donc parce que seule la vie sociale nous permet de nous détacher du souci exclusif de notre conservation, et de nous efforcer de satisfaire notre désir naturel de justice.

Les sujets expliqués

Les **dissertations**

Une société sans conflits est-elle souhaitable ?

▶ *A priori*, on pourrait se représenter la société idéale comme une société sans désaccords ni violence. Mais à supposer que nos rapports sociaux puissent être pacifiques, cela serait-il bon pour nous ?

▶ Le conflit, c'est à la fois le désaccord, la violence et la lutte : mais pour quelles raisons faudrait-il le condamner ? N'est-il pas aussi ce dynamisme qui fait vivre le corps social ? Et si des heurts sont produits par nos divergences d'intérêts, faut-il au contraire aspirer à l'uniformité paisible ?

Un plan possible

▶ Il semble au premier abord que la vie sociale résulte d'une volonté de fuir les conflits. C'est pour remédier à la violence, dit Hobbes, que les hommes en sont venus à passer un pacte social. Dès lors, l'État apparaît comme le seul moyen d'échapper à la « guerre de tous contre tous ». Mais la société peut-elle se fonder sur la seule crainte des autres (**Hobbes**) ?

▶ Comme le démontre Kant, l'« insociable sociabilité » qui produit les conflits est aussi ce qui nous permet de progresser. Nos antagonismes prendraient alors sens dans le cadre d'un dessein global de la nature. (**Kant**). Mais faut-il croire que la nature ou une main invisible organisent l'harmonie sociale par nos conflits particuliers ?

▶ C'est à l'optimisme de cette idée libérale et à l'ensemble des théories du contrat que répond Marx, en montrant que le droit résulte de rapports de force et n'évolue que sous la pression des luttes sociales. Viser une société sans conflits, c'est donc ignorer que la lutte des classes est le dynamisme de l'histoire (**Marx**).

Les notions La politique, l'État, les échanges

La société · **La politique**

● La société est-elle un obstacle à la liberté ?

▶ La vie sociale peut nous sembler faite de contraintes. Mais serions-nous plus libres en dehors de la société ?

▶ La société est une communauté régie par un ensemble de lois et d'institutions, et unifiée par une culture commune. Être libre, ce n'est pas obéir à nos caprices mais avant tout être autonome, c'est-à-dire être à nous-mêmes notre propre principe d'action. Mais en quoi la société nous en empêcherait-elle ?

▶ Il semble que nous fassions librement le choix de la vie sociale. Pour quelles raisons faisons-nous ce choix ? Avons-nous intérêt à renoncer à notre liberté, ou faut-il admettre au contraire que la vie sociale participe à son accomplissement ?

Un plan possible

▶ Les cyniques* grecs mettent en évidence le caractère artificiel, et en cela contraignant, de nos conventions sociales. Seule la fidélité à la nature serait garante de notre liberté.

▶ Pourtant, la société peut-elle se réduire à une juxtaposition d'individus mus par des intérêts divergents, seulement unis par des conventions absurdes ? Pour Rousseau, ce n'est que dans la mesure où la société n'est pas une « agrégation » d'individus mais une « association » que la vie sociale peut être porteuse de liberté (➔ **Rousseau**).

▶ Ainsi la société, loin d'être un obstacle à la liberté, est avant tout ce qui la rend possible. C'est par l'organisation d'une vie sociale, par le choix de nos lois, de nos règles de vie communes, que nous nous libérons : la vie sociale apparaît alors comme la condition de possibilité de la liberté (➔ **Spinoza**).

Les notions La politique, l'État, la liberté

Les **explications** de **textes**

▶ Des extraits des œuvres suivantes sont expliqués dans l'ouvrage.

HOBBES, *Du Citoyen*,	➔ **la politique**	p. 178
HOBBES, *Léviathan*,	➔ **l'État**	p. 186
ARISTOTE, *Politique*,	➔ **Aristote**	p. 256
HUME, *Traité de la nature humaine*,	➔ **Hume**	p. 296
KANT, *Idée d'une histoire universelle d'un point de vue cosmopolitique*,	➔ **Kant**	p. 300

Série ES

Les échanges

La politique

La mondialisation des échanges s'est accompagnée du développement des places financières sur lesquelles les titres s'échangent en fonction de l'offre et de la demande, et de l'anticipation des revenus et des risques.

Notre vie sociale se déroule selon une série d'échanges : nous parlons avec un voisin, saluons quelqu'un qui en retour nous sourit, offrons des fleurs, répondons à un appel ou à un message électronique. Si nous avons souvent tendance à restreindre les échanges à la sphère économique, il apparaît de fait qu'ils l'excèdent largement. Mais alors, pourquoi échangeons-nous ? Qu'est-ce qui se joue dans le fait que nous échangeons ?

Les notions La culture, le langage, le travail, la société
Les auteurs Kant, Marx, Montesquieu, Platon, Rousseau
Les repères Obligation/contrainte

Les échanges — **La politique**

Qu'est-ce que l'échange ?

Une action réciproque

De façon générale, l'échange désigne une action **réciproque** par laquelle une chose est cédée contre une autre jugée de valeur **équivalente**. Nous échangeons des biens et des services, mais aussi des regards ou des paroles : nos échanges ne sont donc pas seulement matériels, mais aussi symboliques (➔ le langage).

Un lien social

▶ On pourrait penser que nous sommes conduits à nous inscrire dans des systèmes d'**échanges économiques** pour satisfaire nos besoins : l'intérêt nous porterait naturellement à nous associer aux autres hommes et à coopérer avec eux dans le cadre de la division du travail* (➔ la société).

▶ Pourtant, le caractère universel de l'**échange économique** ne va pas de soi. L'anthropologie montre en effet que dans certaines sociétés les échanges prennent la forme du **don**, du **partage**, du **tribut** ou de la **redistribution** (➔ la culture).

▶ Dans ces sociétés, la **valeur** des objets est essentiellement liée à leur utilité. On distingue cette valeur d'usage de la valeur d'échange (le prix d'une chose), propre aux sociétés marchandes, qui désigne l'importance que revêt une chose en tant que nous pouvons, par son moyen, acquérir autre chose.

Un fait social total

▶ Les échanges prennent des formes si diverses que l'on peut se demander si un seul de nos actes sociaux échappe à cette catégorie : nous sommes tous pris dans des systèmes d'échanges, et en chaque échange se lit la structure symbolique d'une société. C'est en raison de cette double caractéristique que l'anthropologue Marcel Mauss les qualifie de « fait social total » (➔ la société).

▶ Les échanges sont ainsi l'objet d'une multiplicité de disciplines. L'**économie** (du grec *oikonomia*, l'« administration du foyer ») s'intéresse à la production et à l'échange de biens et de services, la **linguistique** à ceux de signes linguistiques, tandis que l'**anthropologie** et l'ethnologie se concentrent sur les échanges symboliques (mariages, mythes, etc.).

question clé
Le commerce favorise-t-il la paix ?

Il est parfois admis que les échanges commerciaux permettent de pacifier les relations internationales : le projet d'un marché commun européen serait ainsi né de la volonté d'éviter de nouvelles guerres. Mais en quoi nous définir comme des sujets économiques liés par des intérêts particuliers désamorcerait-il nos conflits ?

La réponse de Kant

Le commerce est une condition de possibilité de la paix.

> De même que la nature sépare sagement les peuples, que la volonté de chaque État, fût-ce même d'après des principes du droit des peuples, aimerait unir entre eux par la ruse ou la force, de même elle unit d'un autre côté, au moyen de l'intérêt personnel réciproque, des peuples que le concept du droit cosmopolitique n'aurait pas prémunis contre la violence et la guerre. C'est l'esprit de commerce, qui est incompatible avec la guerre, et qui s'empare tôt ou tard de chaque peuple. Car comme parmi tous les pouvoirs (moyens) subordonnés au pouvoir de l'État, le pouvoir de l'argent semble devoir être le plus sûr, les États (dont la moralité n'est certes pas précisément le mobile) se voient poussés à promouvoir la noble paix, et partout où la guerre menace d'éclater dans le monde, de la repousser par des médiations, comme s'ils étaient en état d'alliance permanente à cette fin. Car, du fait de la nature même de la chose, les grandes coalitions en vue de la guerre ne peuvent se produire que rarement et plus rarement encore réussir. La nature garantit de cette manière la paix perpétuelle par le mécanisme des inclinations naturelles elles-mêmes, avec une sûreté, certes, insuffisante pour prédire son avenir au point de vue théorique, mais qui suffit dans une intention pratique et fait un devoir de travailler à cette fin qui n'est pas purement chimérique.
>
> E. KANT, *Vers la paix perpétuelle*, 1795.

Ce que dit Kant

▶ Kant envisage ici l'une des conditions de possibilité de la paix entre les États, en expliquant comment le jeu des intérêts commerciaux peut les détourner de la guerre.

▶ Il expose d'abord le double mouvement par lequel la « nature », à partir de la discorde, fait surgir la concorde : si elle sépare les peuples par leurs spécificités respectives, empêchant ainsi les États d'absorber des peuples différents ou de s'unir à eux, elle désamorce leurs conflits potentiels en déposant en eux « **l'esprit de commerce** ».

▶ En effet, nous ne faisons pas la guerre à ceux auxquels nous sommes liés par nos intérêts. Ainsi, dit Kant, le « pouvoir de l'argent » est beaucoup plus efficace que celui de la raison : la paix n'est jamais si désirable que quand elle nous avantage tous.

▶ Grâce au commerce, la paix n'est donc plus une « chimère » de la raison, mais un idéal rendu réalisable par le fait que nos intérêts nous y incitent.

Les **enjeux** philosophiques

Ainsi, le commerce pousserait les États à faire la paix, en la faisant apparaître comme nécessaire à la satisfaction de leurs intérêts. Mais pourquoi devraient-ils y être incités ? Ne veulent-ils pas spontanément vivre en paix ?

Le commerce favorise la paix

▶ Les États, dit Kant, ont des relations conflictuelles par nature parce que leurs intérêts convergent : rivaux, ils sont portés à s'entre-détruire. Or, face à la logique des intérêts, les impératifs moraux sont impuissants.

▶ Seul le commerce rend alors possible une paix qui est plus qu'une trêve entre deux guerres (« paix » vient du latin *pangere*, qui signifie « fixer quelque chose »). Bien sûr, il ne produit pas la paix : mais ses nécessités nous incitent, dit Kant, à construire des rapports de droit qui nous garantiront durablement de la violence (➔ **Kant**).

▶ Montesquieu évoquait déjà le « **doux commerce** », incompatible avec la guerre, comme ce qui devait apaiser les rapports des nations, à une époque où la généralisation des échanges commerciaux faisait naître l'espoir d'une pacification des rapports entre les États (➔ **Montesquieu**).

▶ Pourtant, Montesquieu distingue les effets de « l'esprit de commerce » sur les nations de ses effets sur les individus. Du point de vue de la rationalité économique, observe-t-il, le don, l'hospitalité, ou toute autre conduite désintéressée est absurde. Pénétrés de la mentalité commerciale, nous ne voyons plus en l'autre qu'un étranger qui peut nous être utile.

La bienveillance du boulanger

Dans les *Recherches sur la nature et les causes de la richesse des nations*, Adam Smith note que l'échange marchand mobilise notre égoïsme, et non notre humanité. Pourtant, si le boulanger fait du bon pain par intérêt – il désire être riche –, et non par bienveillance, il contribue par là, dit Smith, à l'augmentation du bien-être général : grâce à son égoïsme, nous mangeons du bon pain. Une « main invisible » nous conduirait ainsi à contribuer au bien commun par la satisfaction de nos intérêts égoïstes.

▶ Mais alors, cette paix à laquelle nous encourage le commerce est-elle seulement la tranquillité nécessaire aux froids calculs de l'intérêt ?

Le commerce favorise une fausse paix

▶ Toute la difficulté, on le voit, tient à la définition de la paix. Si la paix est conçue comme l'absence de guerre, l'histoire suffit à démentir l'idée que le commerce favoriserait la paix. Mais par ailleurs, en quoi le fait de nous représenter les autres comme des partenaires économiques contribuerait-il à désamorcer notre agressivité mutuelle ?

▶ De fait, la poursuite de l'intérêt semble au contraire exciter la rivalité, la concurrence et l'envie. « Il n'y a point de profit légitime qui ne soit surpassé par celui que l'on peut faire illégitimement, et le tort fait au prochain est toujours plus lucratif que les services », remarque Rousseau dans le *Discours sur l'origine et les fondements de l'inégalité parmi les hommes* (➔ **Rousseau**).

▶ C'est là le point de départ de sa critique de l'**économie politique***, qui présuppose une **harmonisation naturelle** des intérêts particuliers. Mais qu'est-ce que cette harmonie ? La paix, dit Rousseau, ne saurait se définir comme une simple tranquillité – selon le mot du *Contrat social*, « on vit aussi tranquille dans les cachots ». Elle ne s'oppose pas seulement à la guerre, mais aussi à la servitude, et, en ce sens, elle ne peut se concevoir indépendamment de la **justice**. Or, comment penser la justice comme une propriété interne du rapport marchand ? N'ai-je pas toujours intérêt à donner moins que ce que je reçois, et, en ce sens, le commerce n'est-il pas le lieu des inégalités et d'une **violence** qui se déploie sous les dehors de l'union ?

> La paix ne peut se concevoir indépendamment de la justice.

La violence des échanges réduits au commerce

▶ Dans le *Manifeste du parti communiste*, Marx montre comment la bourgeoisie s'est imposée historiquement par la destruction des solidarités et des identités traditionnelles, remplacées par la **concurrence** et

Les échanges — La politique

l'**équivalence marchande** (→ Marx). Or, comme l'explique l'anthropologue Marcel Mauss, ce sont les échanges non marchands, par exemple les cadeaux, liés à des traditions ou à des coutumes, qui unissent les individus, en tissant entre eux des réseaux d'obligations et de reconnaissances, et pas seulement de contraintes (→ **obligation/contrainte**).

> Les échanges non marchands permettent de tisser des réseaux d'obligations et de reconnaissances entre les individus.

Nos sociétés marchandes personnalisent les marchandises pour les transformer en cadeaux.

▶ À cela, on pourrait objecter que le rapport commercial est lui aussi un rapport non contraint, qui suppose un **accord libre**. Mais de quelle liberté s'agit-il ? Dès lors que « la liberté de commerce, la liberté d'acheter et de vendre », y compris son propre travail, devient, dit Marx, la **norme de toute liberté**, le prolétaire* n'a plus que la liberté de se vendre en échange d'un salaire, et c'est ainsi que l'exploitation se couvre de l'apparence paisible d'un contrat (→ **le travail**).

▶ La logique du **capitalisme*** produit ainsi de la violence sous la forme de l'exploitation, mais aussi de l'insécurité sociale : contraints à ouvrir sans cesse de nouveaux marchés, les propriétaires des moyens de production organisent de fait « le bouleversement continuel de la production, le constant ébranlement de tout le système social, l'agitation et l'insécurité perpétuelles », dit Marx.

▶ Si le commerce produit de la violence, c'est alors dans le cadre historique d'une société qui prend pour norme et modèle des échanges humains la relation commerciale, oubliant que celle-ci n'est qu'une modalité possible de l'échange (→ **la culture**).

Les sujets expliqués

Les **dissertations**

Que gagne-t-on à échanger ?

▶ *A priori*, tout échange semble être motivé par l'espoir d'un gain : si je donne volontairement une chose en échange d'une autre, c'est bien parce que j'y vois mon avantage.

▶ Réaliser un gain, c'est en effet obtenir plus que ce que l'on possédait au départ. Si l'échange est une relation définie par sa réciprocité, s'il repose sur l'évaluation d'une équivalence entre deux choses, chaque acteur de l'échange doit donc pouvoir se représenter que ce qu'il acquiert est supérieur à ce qu'il perd. Pourtant, n'échange-t-on pas des biens de valeur égale ?

▶ Le problème réside dans cette ambiguïté de l'échange. Car si l'échange est réciproque, il repose à la fois sur une relation d'égalité et sur l'espoir de réaliser un gain. Mais alors, à quelles conditions l'échange serait-il véritablement avantageux pour chacune des parties ?

Un plan possible

▶ Dans un premier temps, on peut démontrer que ce que nous gagnons à échanger, c'est la satisfaction de nos besoins. En ce sens, Platon évoque la division des métiers, productrice d'échanges, comme un fondement de la vie en société : c'est parce qu'elle rend l'échange possible que la vie sociale nous avantage (➔ **Platon**).

▶ Pourtant, si nous avons besoin d'échanger, peut-on dire que nous y avons intérêt ? Pour Adam Smith, l'échange n'a d'autre raison d'être que la représentation par chacun d'un gain privé. Mais, comme le lui objectera Rousseau, un échange dont la logique est celle du pur intérêt privé ne me porte-t-il pas à vouloir gagner plus que l'autre dans l'échange ?

▶ Il s'agirait alors de penser les conditions d'un échange juste, car la logique du gain sous la forme du profit produit de l'inégalité. Or, toute la valeur de l'échange ne tient-elle pas à ce qu'il nous unit (➔ **Rousseau**) ?

Les notions La culture, le langage, la société

Les échanges — **La politique**

Les hommes n'échangent-ils que ce dont ils ont besoin ?

▶ On aurait tendance à faire du besoin ce qui explique l'échange : dans le cadre de l'échange économique, en particulier, j'achète une chose dont j'ai besoin à celui qui a besoin de l'argent ou des objets qu'il obtiendra en retour. Pourtant, n'est-il pas réducteur de concevoir les échanges comme portant exclusivement sur des objets dont nous avons besoin ?

▶ Échanger semble être l'acte qui fonde et maintient les sociétés : il est un acte volontaire et réciproque, qui suppose ou établit une entente mutuelle. Le besoin est à la fois vital (pour survivre, je dois manger, boire, etc.) et social (l'existence sociale crée en moi des besoins dits secondaires, comme celui de reconnaissance). Mais quand je dialogue avec un ami, est-ce par besoin ?

▶ Le problème réside dans la valeur pour nous de l'échange. Si nous échangeons des biens, des paroles, des cadeaux, n'est-ce que par intérêt ? Et s'il nous est possible d'échanger autre chose que ce dont nous avons besoin, ne peut-on alors parler d'un besoin d'échanger ?

Un plan possible

▶ Dans un premier temps, il conviendra d'envisager dans quelle mesure l'échange naît du besoin. Incapable de satisfaire ses besoins vitaux par lui-même, l'homme est amené à vivre en société, donc à diviser le travail pour les satisfaire, et à échanger. Les échanges sont en ce sens l'essence et la raison d'être de la société (▶ **Platon**).

▶ Mais les échanges peuvent-ils se réduire à leur seule dimension économique ? Il s'agira alors d'établir le caractère réducteur d'une telle hypothèse : c'est ce que montrent un certain nombre d'études anthropologiques mettant en évidence le caractère symbolique de tout échange.

▶ Enfin, on démontrera que si nous échangeons ce qui est au-delà de nos besoins, c'est bien dans la mesure où échanger est en soi un besoin proprement humain, qui ne peut se comprendre que comme désir de justice (▶ **Rousseau**).

Les notions ▶ La culture, la société

Les **explications** de **textes**

▶ Des extraits des œuvres suivantes sont expliqués dans l'ouvrage.

MARX, *Manuscrits de 1844*,	▶ **le travail**	p. 90
MONTESQUIEU, *De l'esprit des lois*,	▶ **Montesquieu**	p. 323
ROUSSEAU, *Discours sur l'origine et les fondements de l'inégalité parmi les hommes*,	▶ **Rousseau**	p. 340

Séries L, ES et S

La justice et le droit

La politique

Devant deux mères réclamant le même enfant, le roi Salomon feint de vouloir couper ce dernier en deux. La vraie mère renonce alors à sa « part » pour sauver son fils, ce qui permet au roi de l'identifier.

Le jugement de Salomon donne le sentiment d'une justice authentique car il combine la vertu d'un juge tempéré, une façon souple d'appliquer la loi et un idéal de justice visant à rendre à chacun ce qui lui est dû. Mais cette harmonie est-elle dans les faits envisageable ? Dans les États modernes, un tel jugement serait impossible car le droit encadre strictement les prérogatives de l'institution judiciaire. À quelles conditions le principe de justice, l'institution qui l'incarne et les juges qui le représentent peuvent-ils alors parvenir à interagir sans se contredire ?

Les notions L'histoire, la politique, l'État, la société, la morale
Les auteurs Aristote, Hegel, Montesquieu
Les repères Absolu/relatif, idéal/réel, légal/légitime, universel/général/particulier/singulier

La justice et le droit — **la politique**

Qu'est-ce que la justice, qu'est-ce que le droit ?

La justice, une institution garante du droit

▶ Au sein d'une société, le droit désigne l'**ensemble des lois** qui règlent les rapports des hommes entre eux, et la justice est l'**institution** (le pouvoir judiciaire) chargée de les faire respecter (→ **la société, l'État**).

▶ Cette institution fonctionne à l'aide d'administrations et de personnes (tribunaux, magistrats, etc.) assurant la bonne application de la législation en vigueur. Celle-ci suppose l'**égalité** des individus devant la loi, mais aussi la possibilité de faire preuve d'une certaine **équité***, c'est-à-dire d'une faculté d'ajuster la loi dans les cas qu'elle n'a pas initialement prévus.

La justice, norme du droit et idéal philosophique

▶ La justice n'est pas seulement l'institution garante du droit. Elle est aussi une **norme morale et politique** qui définit ce qu'il doit être. C'est en vertu de cette norme que les règles considérées comme les plus « justes » entrent dans le droit (→ **la morale, la politique**).

▶ Or, l'établissement de cette norme soulève le problème philosophique d'une **justice idéale** (→ **idéal/réel**). En effet, pour que l'institution judiciaire ne soit pas qu'un pouvoir arbitraire, elle doit se fonder sur un principe universel, valable pour tous et indépendant des intérêts particuliers. Ce principe soulève la question des liens entre **le légal** (la conformité aux lois d'une institution) et **le légitime** (la conformité à une justice supérieure à toute institution) (→ **légal/légitime**).

Le problème du fondement de la justice idéale

▶ Il existe des approches philosophiques divergentes de ce principe fondateur d'une justice idéale. Certains philosophes le voient comme une **vertu**, une disposition individuelle qu'il s'agirait de développer (→ **Aristote**). Pour d'autres, ce principe s'ancre dans un **droit naturel***, c'est-à-dire juste « par nature » : dans cette perspective, les lois découleraient de la nature humaine ou de l'ordre du monde. Enfin, certains nient l'existence de ce principe fondateur et s'en tiennent au **droit positif***, c'est-à-dire aux lois effectives dans une société donnée.

question clé

Peut-on enfreindre la loi au nom de la justice ?

Il n'est pas rare qu'une loi soulève une indignation collective et un sentiment d'injustice. Certains sont alors tentés de l'enfreindre. Pourtant, il est permis de questionner la pertinence de ce passage à l'acte. N'est-il pas pire que le mal qu'il prétend combattre ? Et au nom de quelle définition de la justice cette infraction pourrait-elle être considérée comme légitime ?

La réponse de **Thomas d'Aquin**

Dans certains cas non prévus par la loi, il est plus juste de l'adapter, voire de la transgresser plutôt que de l'appliquer strictement.

> Nous avons dit, à propos de l'étude des lois, que les actes humains soumis aux lois portent sur des situations singulières qui peuvent varier à l'infini. Il est donc impossible d'instituer une loi qui ne serait jamais dans aucun cas en défaut. Pour établir une loi, les législateurs considèrent les conditions générales ; mais l'observance de cette loi serait dans certaines situations contraire à la justice et au bien commun que la loi entend sauvegarder. Par exemple, la loi déclare qu'il faut rendre un dépôt, ce qui est juste dans la généralité des cas particuliers, mais peut devenir dangereux dans des cas particuliers, tel le fou qui réclame l'épée qu'il a déposée, ou l'individu qui demande son dépôt pour trahir sa patrie. En pareilles circonstances et en d'autres semblables, il serait mal d'obéir à la loi, et le bien consiste à transgresser la lettre de la loi pour rester fidèle à l'esprit de justice et à l'exigence du bien commun.

TH. D'AQUIN, *Somme théologique*, 1269.

Ce que dit **Thomas d'Aquin**

▶ Thomas d'Aquin met en valeur une tension propre à tout système juridique. La loi est établie par des êtres humains (les « législateurs ») qui ne peuvent pas prévoir l'ensemble des situations dans lesquelles elle est appelée à être appliquée. Ils ont fait la loi en fonction des « **conditions générales** », c'est-à-dire des situations les plus habituelles, alors que les situations varient « à l'infini ».

La justice et le droit — **La politique**

▶ Cette tension est une source de difficultés dans l'application de la loi. En effet, certaines **circonstances spécifiques et imprévisibles** sont contraires aux situations prévues à l'origine par les législateurs (« tel le fou qui réclame l'épée qu'il a déposée »). Dans ce cas, l'application de la loi aurait l'effet inverse de celui pour lequel elle a été mise en place et risquerait de nuire au bien-être collectif, au « bien commun ».

▶ Lorsqu'un tel cas se présente, il faut selon Thomas d'Aquin considérer que les conséquences d'une application mécanique de la loi contredisent l'**esprit de justice** dans lequel elle a été pensée au départ. Il est donc raisonnable et nécessaire de contourner ou d'ajuster la loi (d'en « transgresser la lettre ») de façon à préserver l'idéal qu'elle vise à servir (l'idéal de justice et la sauvegarde des intérêts de tous).

Les **enjeux** philosophiques

Dans la mesure où la justice est l'institution chargée de faire respecter la loi, il semble *a priori* difficile d'envisager que l'on puisse enfreindre la seconde au nom de la première. Mais quelle autre solution reste-t-il lorsque le contenu d'une loi ou les conséquences de son application entrent en conflit avec l'idéal de justice auquel cette loi est censée correspondre ? Faut-il se contenter de la discuter, ou est-il moralement légitime et politiquement nécessaire d'aller jusqu'à lui désobéir ?

Le sentiment d'injustice, un motif ambigu de révolte

▶ Le sentiment d'injustice est souvent revendiqué comme un motif suffisant pour justifier la transgression d'une loi. Pourtant, l'idéal d'une justice meilleure peut-il se fonder sur le ressenti subjectif de l'injustice, ressenti variable d'un individu à un autre ? Comment la cohésion sociale pourrait-elle être maintenue si chacun prétend décider de ce qui est juste et de ce qui ne l'est pas au nom de sa morale personnelle ?

▶ Il faut donc peser les termes de la question. Tout être humain a certes le **droit moral** de réfléchir à sa propre conception de la justice, mais il serait dangereux qu'il puisse l'imposer sur la base de sa seule impression, car le droit se dissoudrait alors dans un **rapport de force**.

> *Si chacun impose sa loi, le droit n'est plus qu'un rapport de force.*

Le conflit ponctuel entre loi et justice

▶ Pourtant, il est difficile de nier qu'il existe des circonstances au cours desquelles la loi entre en conflit avec la justice qu'elle est censée incarner. Tout d'abord, même les lois les mieux faites sont susceptibles de rencontrer des situations qui rendent leur application problématique. En effet, la loi est conçue par des hommes qui, par définition, ne peuvent posséder une connaissance universelle. Ils façonnent donc les lois en fonction de la majorité des cas et des conditions les plus générales. Mais comme le rappelle Thomas d'Aquin, chaque situation restant unique, il existera toujours des circonstances particulières dans lesquelles une loi ne peut être appliquée sans contredire « l'esprit de justice » (**universel/général/particulier/singulier**).

▶ Devant ce conflit entre la loi et l'esprit de justice, il devient légitime d'envisager des ajustements de la législation. Cela n'exige pas d'enfreindre l'ensemble du système légal, mais simplement de contourner ou d'adapter certains de ses éléments pour préserver sa cohérence et son accord au principe de justice. C'est ce qu'Aristote nomme l'**équité*** dans l'*Éthique à Nicomaque*, à savoir un « correctif du juste légal » (**Aristote**).

Les lois injustes

▶ Mais en dehors de cet écart ponctuel entre la loi et la justice, il est aussi des législations qui bafouent le respect le plus élémentaire de la **dignité humaine**. Si l'on prend l'exemple des lois ségrégationnistes aux États-Unis (abrogées en 1964) ou de celles de Nuremberg dans l'Allemagne nazie (à partir 1935), nous n'avons plus affaire à une mise en défaut circonstancielle du système juridique, mais à la négation pure et simple d'une justice à vocation universelle.

Les lois discriminatoires comme les lois ségrégationnistes nient le principe d'une justice universelle.

▶ Dans cette situation, le **droit positif*** (l'ensemble des lois réelles, établies dans une société) devient contradictoire avec le concept de **droit naturel***, qui désigne un droit absolu, juste par nature, parce qu'il découlerait de la nature humaine ou de l'ordre des choses. Il serait donc moralement légitime d'enfreindre la loi au nom du respect de ce droit naturel qui fonde le principe de justice (**absolu/relatif**).

La justice et le droit **La politique**

Antigone face aux lois de la Cité

Dans la pièce de Sophocle, Antigone se voit interdire par les lois de la Cité de Thèbes le droit d'ensevelir son frère Polynice, mort après avoir combattu sa Cité. Elle décide alors d'enfreindre cette interdiction légale au nom d'une loi qu'elle estime supérieure, à savoir la loi des dieux « qui n'est pas écrite, mais que rien ne peut ébranler ». Aristote estime dans la *Rhétorique* que cette volonté de donner une sépulture à Polynice est « juste par nature » et qu'elle correspond à une « loi commune » non écrite, mais propre à tous les hommes et située au-dessus des lois conventionnelles de telle ou telle Cité. **⇒ Aristote**

Les conditions d'une désobéissance raisonnable

▶ Il serait cependant hâtif de prendre prétexte des conflits réels qui peuvent apparaître entre la loi et l'esprit de justice pour légitimer une désobéissance automatique au système légal (**⇒ légal/légitime**).

▶ Tout d'abord, les sociétés modernes ont mis en place des **instruments démocratiques** pour corriger le système d'application des lois. Ainsi, qu'il s'agisse des renvois en appel vers une cour supérieure (la cour de cassation) ou de la jurisprudence (l'étude par un tribunal de l'ensemble des décisions relatives à une question juridique spécifique), il existe de nos jours plusieurs moyens de contester l'application d'une loi sans avoir à l'enfreindre.

▶ Par ailleurs, en ce qui concerne le contenu supposé immoral ou indigne de certaines lois, l'invocation du droit naturel ne saurait suffire car sa définition concrète est loin de faire consensus. Il n'est en effet pas possible de décrire ce qu'est la « nature humaine » ou « l'ordre des choses » sans mettre en concurrence **différentes croyances** (religieuses ou non) sur les origines du monde et de l'homme.

▶ Cela ne signifie pas qu'il ne faille jamais enfreindre la loi, notamment quand les instruments démocratiques évoqués ne sont plus ou pas encore en place. Mais, lorsqu'ils sont accessibles à tous les citoyens, cela nous invite à une certaine prudence à l'égard des conditions minimales justifiant la désobéissance, ainsi qu'au niveau des modalités qu'elle doit prendre. Dans la *Théorie de la justice*, le philosophe John Rawls a tenté de circonscrire les conditions d'une « désobéissance civile » raisonnable au sein des démocraties. Il estime que cette désobéissance doit rester un acte non violent, public et motivé par les **principes de justice** relatifs à la constitution de l'État dont on est citoyen, plutôt que par la seule morale personnelle.

Les sujets expliqués

Les **dissertations**

Le droit n'est-il qu'une convention ?

▶ Les lois étant écrites et instituées par des hommes, le droit est fondé sur leur accord volontaire, c'est-à-dire sur une convention.

▶ Pourtant, toute règle n'est pas considérée comme suffisamment juste pour devenir une loi, ce qui laisse penser que le fondement du droit ne repose pas seulement sur un choix aléatoire ou arbitraire, mais également sur certains principes fixes et communs.

▶ Ces principes sont-ils alors naturels et reconnus par tous de façon innée, ou dépendent-ils des intérêts propres à chaque société, voire d'un rapport de force entre les individus ?

Un plan possible

▶ En premier lieu, il faut montrer que réduire le droit légal à une convention diminue sa légitimité. S'il provient d'un accord entre certaines personnes, pourquoi serait-il valable pour tout le monde et en tout temps ? Pour que le droit soit considéré comme juste, il est donc nécessaire de supposer qu'il repose sur des caractéristiques suffisamment stables et universelles pour que tous les individus puissent s'y reconnaître (➔ **Montesquieu**).

▶ Mais dans les faits, le droit réel varie en fonction des sociétés, ce qui montre qu'il n'est ni naturel ni universel. De plus, puisque les hommes recourent aux lois pour se protéger de leur violence mutuelle, cela montre aussi que ces lois sont de simples conventions. Si le droit humain découlait de la nature elle-même, il ne serait pas nécessaire de l'écrire et de mettre en place un pouvoir judiciaire pour le faire respecter. À l'inverse, le droit humain reste un artifice, une convention relative visant à limiter les effets de la loi absolue de la nature.

▶ Comment le droit peut-il alors devenir légitime s'il reste une convention ? Une solution consiste peut-être à construire peu à peu un droit qui réponde aux exigences premières du plus grand nombre, voire de l'humanité tout entière. C'est d'ailleurs la visée commune des différentes versions de la Déclaration des droits de l'homme (1789, 1793, 1948).

Les notions ▸ L'histoire, la société, la morale

La justice et le droit — La politique

La justice suppose-t-elle l'égalité ?

▶ Le constat des inégalités soulève souvent l'indignation et le sentiment d'une injustice. Pour cette raison, l'égalité entre tous s'impose spontanément comme l'un des principes essentiels de l'idée de justice.

▶ Mais il est des situations où une vision rigide de l'égalité semble excessive. Ainsi, pourquoi les différences de mérite entre les personnes ne se traduiraient-elles pas logiquement par des écarts de statut ou de situation ? L'égalité stricte apparaît à ce niveau moralement injuste.

▶ La justice peut-elle alors trouver les moyens de répondre à cette seconde attente légitime tout en continuant de viser l'égalité ? Ou est-elle condamnée à choisir entre les deux exigences ?

Un plan possible

▶ L'égalité devant la loi est le fondement de toute justice véritable. Ce n'est qu'à cette condition que son exercice peut être impartial et se distinguer ainsi de la vengeance*, partiale et subjective (➔ **Hegel**).

▶ Cependant, une mise à égalité absolue des membres de la société aurait de quoi inquiéter. Ainsi, la liberté fondamentale de développer son potentiel et ses propres projets suppose de pouvoir bénéficier des avantages qui en résultent. La justice deviendrait tyrannique si elle menaçait la rétribution équitable des efforts individuels par un égalitarisme total.

▶ Mais, dans son principe, une telle rétribution n'implique pas tant de mettre de côté l'égalité que de la comprendre en un sens plus souple. Faut-il à ce niveau substituer à l'égalité strictement quantitative une forme d'égalité proportionnelle, c'est-à-dire une égalité relative entre des quantités différentes ? Cette seconde égalité définit alors les contours d'une justice dite distributive*, qui garantit que chacun sera jugé à la mesure de son mérite. Cela permet de régler le problème juridique pour le déplacer sur le plan politique, dans la mesure où il s'agira ensuite de décider selon quel critère évaluer le mérite (➔ **Aristote**).

Les notions ▸ La politique, l'État, la morale

Les **explications** de **textes**

▶ Des extraits des œuvres suivantes sont expliqués dans l'ouvrage.

ARISTOTE, *Éthique à Nicomaque*,	➔ **Aristote**	p. 257
HEGEL, *Propédeutique philosophique*,	➔ **Hegel**	p. 288
ROUSSEAU, *Lettres écrites de la montagne*,	➔ **Rousseau**	p. 342
SPINOZA, *Traité théologico-politique*,	➔ **Spinoza**	p. 358

Séries L, ES et S

La morale

La morale pose la question de l'action : la valeur d'un acte réside-t-elle dans l'intention qui le fonde ou, au contraire, dépend-elle des conséquences qu'il induit ?

Intuitivement, nous savons tous quelle action est morale et quelle autre ne l'est pas. La morale se donne à nous comme un discours portant sur des valeurs, qui, par la voix de notre conscience morale, nous indique si ce que nous faisons est bien ou mal.
Pourtant, nous faisons parfois l'expérience des limites de cette intuition. Dans certaines situations, nous avons le plus grand mal à savoir comment bien agir. Comment alors déterminer avec certitude les principes de nos actions ? D'où viennent ces valeurs qui orientent nos actions, et comment se forment-elles en nous ? Et pourquoi, après tout, nous faudrait-il être vertueux ?

Les notions Autrui, la religion, la société, la liberté, le devoir
Les auteurs Bergson, Épicure, Freud, Kant, Nietzsche, Platon
Les repères Absolu/relatif

La morale

Qu'est-ce que la morale ?

Des règles de vie et des valeurs

▶ Ordinairement, on entend par morale l'ensemble des règles de vie et des valeurs propres à un groupe d'individus. Ce premier sens très large découle de l'étymologie du terme : « morale » vient du latin *mores*, « les mœurs ». Or, les **mœurs** sont l'ensemble des habitudes de vie et des règles de conduite relatives à une société donnée, à un moment donné de son histoire (➔ **la société**).

▶ De façon plus précise, la morale désigne l'ensemble des théories susceptibles de définir quels doivent être les fins et les moyens de nos actions. Autrement dit, il s'agit de savoir comment **bien agir** et, pour cela, de déterminer ce que nos actions doivent viser. La philosophie morale se distingue de tout autre discours moral, le discours religieux par exemple, puisqu'elle entend tirer ces principes d'action de l'exercice de la seule **raison** et non d'une autorité extérieure (➔ **la religion**).

Le bien et le devoir

▶ On peut distinguer différents types de philosophies morales. Les morales antiques, telles que le stoïcisme et l'épicurisme, découlent d'une certaine définition du **bien**. Pour Épicure, bien agir consiste à agir en vue de l'obtention du bonheur défini comme absence de trouble (➔ **Épicure**).

▶ D'autres philosophies morales sont plus formelles, car elles sont centrées sur la notion de **devoir** et entendent ainsi se détacher de toute définition empirique du bien. Bien agir, pour Kant, n'est pas agir en visant tel ou tel objet identifié au bien mais accomplir la **loi morale** (➔ **le devoir**).

L'éthique

Communément, on appelle « éthiques* » les philosophies morales fondées sur le bien, et « morales » les philosophies morales axées sur le devoir – on parle ainsi de l'éthique épicurienne mais de la morale kantienne. Cependant, distinguer l'éthique de la morale n'est pas nécessaire. **L'usage commun** les confond, tout comme l'étymologie, puisque « morale » vient du latin *moralis*, qui traduit le grec *êtikos*, « relatif aux mœurs », « moral ».

Pour agir moralement, faut-il ne pas se soucier de soi ?

On a tendance à opposer l'action morale à l'action égoïste. À cette action faite pour soi, c'est-à-dire par intérêt personnel, s'opposerait une action morale faite pour les autres et de façon gratuite. Tout le problème est pourtant de savoir ce qu'il peut bien y avoir de moral à négliger ses intérêts et son plaisir. Faut-il s'oublier ou se sacrifier pour être moral ? Mais est-il seulement possible de s'oublier ?

La réponse de Kant

Pour qu'une action soit morale, il faut qu'elle soit faite par devoir, c'est-à-dire sans se soucier de soi.

> Être bienfaisant, quand on le peut, est un devoir, et de plus il y a de certaines âmes si portées à la sympathie, que même sans aucun autre motif de vanité ou d'intérêt, elles éprouvent une satisfaction intime à répandre la joie autour d'elles et qu'elles peuvent jouir du contentement d'autrui, en tant qu'il est leur œuvre. Mais je prétends que dans ce cas une telle action, si conforme au devoir, si aimable qu'elle soit, n'a pas cependant de valeur morale véritable, qu'elle va de pair avec d'autres inclinations, avec l'ambition par exemple, lorsqu'elle tombe heureusement sur ce qui est en accord avec l'intérêt public et le devoir, sur ce qui par conséquent est honorable, mérite louange et encouragement, mais non respect ; car il manque à la maxime la valeur morale, c'est-à-dire que ces actions soient faites, non par inclination, mais *par devoir*. Supposez donc que l'âme de ce philanthrope soit assombrie par un de ces chagrins personnels qui étouffent toute sympathie pour le sort d'autrui, qu'il ait toujours encore le pouvoir de faire le bien à d'autres malheureux, mais qu'il ne soit pas touché par l'infortune des autres, étant trop absorbé par la sienne propre, et que, dans ces conditions, tandis qu'aucune inclination ne l'y pousse plus, il s'arrache néanmoins à cette insensibilité mortelle, et qu'il agisse, sans que ce soit sous l'influence d'une inclination, uniquement par devoir, alors seulement son action a une véritable valeur morale.
>
> E. KANT, *Fondements de la métaphysique des mœurs*, 1785.

Ce que dit **Kant**

▶ Kant répond à la question suivante : un homme qui fait le bien par plaisir agit-il moralement ? Il distingue d'abord l'**action « conforme au devoir »** de l'action morale. Si l'action de l'homme qui aime faire le bien ressemble à une action morale, elle ne l'est pourtant pas : ce qui le pousse à agir n'est pas le souci d'obéir à son devoir mais la recherche de son **plaisir personnel**. Mais celui qui trouve une satisfaction à faire du bien aux autres ne peut-il en aucun cas agir moralement ?

▶ Kant expose alors la situation dans laquelle l'acte de cet homme pourrait avoir une **valeur morale**. Il faudrait imaginer cet homme qui fait le bien par plaisir dans une situation qui l'empêcherait de faire du bien aux autres. C'est à cette seule condition, dit Kant, que son action serait véritablement morale, puisqu'il n'agirait alors que « par devoir ».

▶ Ainsi, agir moralement implique que le **principe de mon action** ne soit ni mon intérêt ni mon plaisir. La bienfaisance de celui qui prend plaisir à faire du bien aux autres n'a aucune valeur morale, puisqu'il agit alors par souci de lui-même et non par souci de son devoir.

Les **enjeux** philosophiques

On peut penser, dans un premier temps, que l'action morale se caractérise par l'oubli de nos intérêts personnels.

L'action morale exige l'oubli de soi

▶ En effet, si le but de notre action était de nous satisfaire, en en tirant du plaisir ou du bonheur, rien ne nous encouragerait à la vertu plutôt qu'au vice. De toute évidence, les hommes qui font le mal peuvent être heureux. C'est précisément le point de départ de l'analyse de Kant lorsqu'il entend, dans les *Fondements de la métaphysique des mœurs*, dégager la morale du modèle antique selon lequel la bonne action est celle qui nous permet d'atteindre le bonheur.

▶ Pour Kant, une telle morale se condamne à la relativité : le bonheur ne peut pas être un principe d'action, puisque son contenu est variable. À nos penchants égoïstes et divergents, nous devons alors opposer notre raison, qui seule contient un **principe d'universalité**. Ainsi, être moral suppose d'abord d'être affranchi de notre sensibilité (⊡ **absolu/relatif**).

▶ Dès lors, la bonne action peut se définir comme une action accomplie par devoir, c'est-à-dire prescrite par ma seule raison et que je n'accomplis ni par intérêt ni par sentiment, mais par pur souci de la loi morale.

Cette loi prend la forme de l'**impératif catégorique*** : « Agis seulement d'après la maxime grâce à laquelle tu peux vouloir en même temps qu'elle devienne une loi universelle » (*Fondements de la métaphysique des mœurs*). Autrement dit, pour savoir si mon action est morale, je dois me demander si je voudrais que *tous les êtres raisonnables* suivent le principe qui la guide, et non si elle sert mes intérêts ou ceux des autres. L'action morale se définit donc par son désintéressement.

> Pour Kant, l'action morale est désintéressée.

le marchand honnête

Pour expliquer sa définition de l'acte moral – un acte n'est moral qu'à condition d'être désintéressé –, Kant développe l'exemple du « marchand avisé ». Lorsqu'il est honnête, un marchand agit certes de façon « conforme au devoir ». Mais ce qui le pousse à être honnête, c'est qu'il veut garder sa clientèle. Ni morale ni immorale, sa conduite n'a simplement rien à voir avec la morale, puisqu'elle est accomplie « dans une intention intéressée ».

➔ **Kant**

Ne pas se soucier de soi est impossible

Peut-être, dans un autre monde, les plus vertueux accéderont-ils au « souverain bien ».

▶ Pourtant, s'il faut s'arracher à son **égoïsme** pour être moral, reste à savoir si cela nous est possible. Est-il en notre pouvoir d'agir indépendamment de tout calcul d'intérêt ? Pouvons-nous agir sans attendre une satisfaction quelconque de notre action ?

▶ Il s'agit d'abord de savoir s'il a jamais été possible à quiconque de **s'oublier**. Kant lui-même reconnaît que cela n'a rien d'évident : « En fait, dit-il, il est absolument impossible d'établir par expérience avec une entière certitude un seul cas où la maxime d'une action d'ailleurs conforme au devoir ait uniquement reposé sur les principes moraux et sur la représentation du devoir. » Autrement dit, peut-être n'y a-t-il jamais eu d'action morale... Considérant qu'il est peut-être impossible d'agir indépendamment de toute considération d'intérêt, Kant lui-même évoque une **récompense** pour les vertueux : dans un autre monde peut-être accéderont-ils au « souverain bien » qui consisterait en une coïncidence de la vertu et du bonheur.

▶ Mais alors, à quoi bon dire qu'il ne faut pas se soucier de soi pour agir moralement, s'il nous est impossible de ne pas nous soucier de nous ? Et de toute façon, à supposer que cela soit possible, que peut-il bien y avoir de moral dans le **sacrifice de soi** ?

Être moral, c'est se soucier de soi

▶ À ce stade de la réflexion, il est donc nécessaire de revenir sur la définition du **souci de soi**. Après tout, en quoi se soucier de soi impliquerait-il de se détourner des autres ? Se soucier de soi, n'est-ce pas avant tout se tourner vers soi pour se connaître et s'améliorer ?

▶ C'est là la question adressée par Nietzsche, dans *La Généalogie de la morale*, à ce qu'il appelle la « morale altruiste », fondée sur l'**équivalence** établie entre l'**acte bon** et l'**acte non égoïste**. Pour Nietzsche, cette équivalence est infondée : en quoi une action non égoïste serait-elle assimilable à une action bonne ? En réalité, dit-il, la morale altruiste encourage la négation de soi propre à la morale judéo-chrétienne. Mais être moral, n'est-ce pas au contraire se tourner vers soi et se former soi-même pour trouver en nous nos principes d'action (▶ **Nietzsche**) ?

> *Pour Nietzsche, la « morale altruiste » encourage la négation de soi.*

▶ C'est au fond ce qu'indique déjà Socrate en reprenant à son compte la formule delphique « **Connais-toi toi-même** ». La posture morale correspond avant tout à une formation de soi, puisque le soin de soi-même désigne ici l'acte de réflexion par lequel je m'examine en vue d'une amélioration morale. Et ce que je vise, au moyen de ce souci de moi-même, est bien l'amélioration de mon rapport à l'autre.

▶ Dans l'*Apologie de Socrate*, Platon met en évidence la **finalité politique** de cette formation de soi : il s'agit de s'améliorer individuellement pour devenir un bon citoyen. Le souci de soi conçu comme travail sur soi, art de soi, est alors indissociable du souci des autres : il est ce qui fonde la morale en ce qu'il est le point de départ de mon rapport à eux (▶ **Platon**).

Les sujets expliqués

Les **dissertations**

Suffit-il que son intention soit bonne pour qu'une action soit morale ?

▶ On aurait tendance à dire que « c'est l'intention qui compte ». Mais peut-on séparer l'intention de celui qui agit des conséquences de cet acte pour lui et pour les autres ?

▶ D'un point de vue chronologique, on distingue l'intention d'agir de l'action effective : l'intention précède donc l'action. Ce que j'ai l'intention de faire, c'est ce que je veux faire : une bonne intention correspondrait à ma volonté de faire le bien, d'accomplir mon devoir.

▶ Mais si cette bonne intention se traduit par un acte qui nuit à celui à qui il devait profiter, peut-on considérer que cet acte est moral ? Si, pour être conforme au devoir, je refuse de mentir à un criminel qui me demande où se cache mon ami, ma bonne intention – obéir à la loi morale, qui m'interdit le mensonge – rend-elle pour autant mon action morale ? Pour évaluer la moralité d'une action, doit-on regarder les intentions de celui qui agit indépendamment des conséquences de son acte ?

Un plan possible

▶ On peut d'abord démontrer qu'une bonne intention garantit la moralité d'une action. La morale kantienne est ainsi dite déontologique*, puisque pour Kant c'est l'intention qui permet d'évaluer la moralité d'une action. Pourvu que l'on ait une volonté bonne, c'est-à-dire la volonté d'agir par devoir, toute action est morale (➔ Kant).

▶ Mais quand nous agissons, n'avons-nous pas à envisager les conséquences de nos actions ? C'est ce que soutient l'utilitarisme*, qui évalue la moralité d'une action par ses conséquences : pour être morale, il faut qu'elle contribue au bonheur collectif.

▶ Être moral impliquerait alors d'agir en adaptant l'action à ses conséquences prévisibles. Le sociologue Max Weber explique ainsi qu'il faut préférer une « éthique de la responsabilité » à une « éthique de la conviction », aveugle, elle, aux conséquences de nos actions.

Les notions Autrui, la liberté, le devoir

La morale

Peut-on réduire l'exigence morale à une simple convention sociale ?

▶ Nous pourrions envisager la morale comme un ensemble de normes produites par la société et qui n'existeraient pas dans le monde naturel. Mais comment expliquer que la société puisse produire ces valeurs indépendamment d'une disposition morale propre à l'homme ?

▶ L'exigence morale est cette voix intérieure qui nous pousse à agir ou nous tourmente quand nous faisons le mal, et que l'on appelle la conscience morale. Une convention sociale est une règle fixée par la société : c'est une règle relative qui ne résulte pas d'une nature mais d'un artifice.

▶ Il s'agit donc de déterminer comment se forme notre conscience morale. La morale n'est-elle qu'un produit social, ou y a-t-il en nous un sentiment ou une capacité innée qui nous inciterait à faire le bien ? N'y a-t-il pas en nous, naturellement, un sentiment moral ?

Un plan possible

▶ On peut d'abord envisager en quoi l'exigence morale serait produite par la société. Pour Freud, puisque toutes les sociétés développent des valeurs morales qui leur sont propres, on peut dire que cette exigence est liée à la vie sociale et à la nécessité de réguler l'agressivité naturelle de l'homme (➔ **Freud**).

▶ Notre conscience morale ne serait alors que le récipient de normes artificielles et relatives inculquées par la société. Or, ne peut-on supposer une exigence morale universelle indépendante d'elle (➔ **Kant**) ?

▶ Il s'agit, enfin, de démontrer que le fondement de l'obligation morale est à la fois naturel et culturel. S'il est impossible de dire que la morale est d'origine purement naturelle et si nos valeurs résultent bien d'une éducation, cela n'interdit pas de la considérer comme un prolongement de la nature, car elle nous permet de nous accomplir en tant qu'hommes (➔ **Bergson**).

Les notions : La société, le devoir

Les explications de textes

▶ Des extraits des œuvres suivantes sont expliqués dans l'ouvrage.

NIETZSCHE, *Aurore*,	➔ **Nietzsche**	p. 327
ROUSSEAU, *Discours sur l'origine et les fondements de l'inégalité parmi les hommes*,	➔ **Rousseau**	p. 340
ROUSSEAU, *Discours sur les sciences et les arts*,	➔ **Rousseau**	p. 341
SCHOPENHAUER, *Le Fondement de la morale*,	➔ **Schopenhauer**	p. 351

Séries L, ES et S

La liberté

La morale

Inaugurée en octobre 1886 sur l'île de Bedloe aux États-Unis, *La Liberté éclairant le monde*, du sculpteur français Bartholdi, représente à la fois la liberté des peuples et leur résistance à l'oppression.

« Liberté, Liberté chérie », dit l'un des couplets de *La Marseillaise* : les hommes aiment la liberté au point que certains sont prêts à se battre et à mourir pour elle. Mais de quelle liberté parle-t-on ? La liberté politique, qui est un statut octroyé aux citoyens d'un État, ou bien la liberté personnelle, cette absence de contrainte dont il nous arrive souvent de rêver ? En outre, si la liberté apparaît désirable, elle peut aussi être difficile à assumer. En proposant de distinguer différents sens du terme, la pensée philosophique aide à mieux en comprendre les enjeux, mais pose inévitablement la question de savoir s'il n'y a pas des formes illusoires de liberté.

Les notions Le sujet, la conscience, l'existence et le temps, le travail, la politique, l'État, la morale

Les auteurs Arendt, Aristote, Épictète, Épicure, Hegel, Hobbes, Kant, Machiavel, Montesquieu, Sartre, Spinoza

Les repères Contingent/nécessaire/possible, obligation/contrainte, cause/fin

Qu'est-ce que la liberté ?

Un statut politique

▶ Le mot « liberté » vient du latin *liber*, qui désigne l'homme qui n'est ni esclave ni prisonnier. Dans les sociétés antiques, la liberté était un statut réservé aux **citoyens**, qui étaient les seuls à prendre part aux décisions politiques.

▶ Aujourd'hui comme hier, ce statut ne signifie pas qu'on puisse faire tout ce qu'on veut : la **liberté politique** n'est pas l'indépendance totale mais le pouvoir de faire tout ce que les lois permettent.

▶ Les **lois** limitent la liberté mais la garantissent en retour, puisque dans un État libre, nul ne peut être contraint (→ **obligation/contrainte**) de faire ce à quoi les lois n'obligent pas (→ **Montesquieu**).

Un pouvoir intérieur

▶ La liberté a aussi une dimension personnelle, intérieure : du point de vue métaphysique et moral, elle permet de **déterminer par soi-même** ses actions et ses pensées.

▶ Il faut cependant distinguer le **libre arbitre***, ou pouvoir de choisir par soi-même et sans contrainte une option parmi plusieurs possibles, et l'**autonomie**, ou pouvoir de poser soi-même la règle à laquelle on obéit (du grec *auto*, « soi-même », et *nomos* « loi »).

▶ La liberté suppose la conscience pour distinguer les options possibles et évaluer leur valeur. Elle implique la **responsabilité** morale et juridique : si l'homme est l'auteur de ses actes, il doit aussi en répondre (→ **la morale**).

Une confrontation avec le monde

▶ Choisir sans contrainte ne veut pas dire agir sans contrainte : on peut **affronter des difficultés** tout en restant libre de ses choix. La liberté n'est donc pas l'absence d'obstacles : lorsqu'on parle de « chute libre » (non freinée), ce n'est que par analogie, de même que lorsqu'on dit d'un animal qu'il est « en liberté », par opposition à celui qui est en captivité.

▶ La liberté s'éprouve d'abord dans l'**action**, dans la confrontation avec le monde. Ainsi, le travail, même s'il apparaît superficiellement comme une contrainte, est plus profondément une expression de la liberté humaine, car à travers lui nous réalisons nos volontés en transformant la nature (→ **le travail**).

Est-on libre de changer le cours des choses ?

question clé

Le « cours des choses » est une expression qui signifie qu'à l'image d'un fleuve qui s'écoule jusqu'à la mer, les événements se déroulent d'eux-mêmes sans qu'on ait prise sur eux. Mais précisément, la liberté n'est-elle pas le pouvoir de modifier le cours des choses selon nos volontés ?

La réponse d'Épictète

On n'est pas libre de changer le cours des choses, mais seulement ses pensées.

> Puisque l'homme libre est celui à qui tout arrive comme il le désire, me dit un fou, je veux aussi que tout arrive comme il me plaît. – Eh ! mon ami, la folie et la liberté ne se trouvent jamais ensemble. La liberté est une chose non seulement très belle, mais très raisonnable et il n'y a rien de plus absurde ni de plus déraisonnable que de former des désirs téméraires et de vouloir que les choses arrivent comme nous les avons pensées. Quand j'ai le nom de Dion à écrire, il faut que je l'écrive, non pas comme je veux, mais tel qu'il est, sans y changer une seule lettre. Il en est de même dans tous les arts et dans toutes les sciences. Et tu veux que sur la plus grande et la plus importante de toutes les choses, je veux dire la liberté, on voie régner le caprice et la fantaisie ! Non, mon ami : la liberté consiste à vouloir que les choses arrivent, non comme il te plaît, mais comme elles arrivent.
>
> ÉPICTÈTE, *Entretiens*, début du IIe siècle.

Ce que dit Épictète

▶ Il faudrait être « fou » pour croire que l'homme libre est celui à qui les choses arrivent « comme il le désire », car à ce compte personne ne serait libre : les événements s'imposent à nous en dépit de nos désirs. « Vouloir que les choses arrivent comme nous les avons pensées » est donc imprudent et vain. C'est pourquoi il faut distinguer « **ce qui dépend de nous** » et « **ce qui ne dépend pas de nous** ».

La liberté — **La morale**

▶ Qu'on s'en afflige ou qu'on l'accepte, le **destin** nous emporte. Mais si le cours des événements nous échappe, nos pensées nous appartiennent. L'« art de vivre » des stoïciens* est présenté à l'aide d'une analogie avec l'« art d'écrire » : on ne peut bien écrire le nom de Dion que si l'on respecte l'ordre des lettres ; de même, on ne peut bien vivre que si l'on accepte l'ordre des choses.

▶ Pour être libre, il faut se détacher de l'importance qu'on accorde aux événements. L'homme libre est le « **sage** » qui sait prendre du recul, par opposition à la « foule » qui est aliénée. On peut s'affranchir de ses passions intérieures et dompter ses désirs : la liberté est un pouvoir d'agir sur soi-même et non sur le cours du monde.

Les **enjeux** philosophiques

Il semble plus raisonnable de prétendre changer ses désirs plutôt que l'ordre du monde. Mais faut-il pour autant penser qu'un destin s'impose à nous ? L'expérience ne montre-t-elle pas, précisément, que la liberté est un pouvoir d'agir sur le monde et que, en ce sens, il n'y a pas de destin ?

Un monde contingent

▶ Les stoïciens* croient en l'existence d'un ordre du monde et, en conséquence, d'un destin qui échoit à tout individu sans qu'il puisse rien y changer. Mais il faut distinguer la fatalité (du latin *fatum*, « destin ») et la fortune. Par ce concept, les Anciens désignaient le cours imprévisible des choses, les surprises que le sort nous réserve et qui peuvent être heureuses ou malheureuses. Cela n'interdit pas de changer au moins dans une certaine mesure le cours des choses. Comme l'écrit Épicure dans sa *Lettre à Ménécée*, « l'avenir n'est ni tout à fait à nous, ni tout à fait hors de nos prises » (▶ **Épicure**).

La bataille navale

« Demain il y aura une bataille navale, ou il n'y en aura pas... » En écrivant cela dans *De l'interprétation*, Aristote rappelle que dans le monde humain, les choses n'arrivent pas en vertu d'une nécessité implacable mais peuvent aussi ne pas arriver du fait de la liberté humaine. Certes, une bataille navale se prépare, mais de nombreux facteurs feront qu'elle aura lieu ou pas : le souci de lancer l'attaque au moment le plus propice, le temps qui peut changer ou les vents qui peuvent tourner, l'état et le moral des troupes, etc. Le cours de l'histoire peut ainsi être infléchi par une décision ou un événement inattendu.

▶ **Aristote**

▶ Si le passé est irrévocable, l'avenir reste ouvert et le présent est donc le temps de l'action (➔ **l'existence et le temps**). Aristote dit que c'est l'homme qui est le « principe des futurs » : nous pouvons exercer notre liberté parce que nous sommes dans un monde où rien n'est écrit d'avance. Les choses peuvent arriver ou ne pas arriver, cela dépend en partie de nos décisions et de nos actes (➔ **contingent/nécessaire/possible**).

▶ Par conséquent, les hommes sont responsables de ce qui leur arrive, comme le montre Machiavel à propos de l'action politique : « J'estime que la fortune peut déterminer la moitié de nos actions mais que pour l'autre moitié les événements dépendent de nous » (*Le Prince*) (➔ **Machiavel**).

Liberté et déterminisme

▶ Cependant, peut-on s'assurer avec certitude que nous sommes libres ? Au premier abord, on pourrait penser qu'il est superflu de prouver la liberté puisque nous sentons en nous-mêmes ce **pouvoir de changer les choses**. Comme le dit Descartes dans les *Principes de la philosophie*, « la liberté de notre volonté se connaît sans preuve, par la seule expérience que nous en avons » : la vraie question selon lui n'est pas de savoir si la liberté existe, mais comment bien l'utiliser, en faisant de notre mieux (➔ **la morale**).

▶ C'est cependant un fait que de nombreux déterminismes* pèsent sur nous sans que nous le sachions : poids de l'inconscient (Freud), influence de la société (Marx), etc. Nous ne sommes peut-être pas si libres que nous le croyons.

> *Nous ne sommes peut-être pas si libres que nous le croyons.*

▶ C'est ce que pense Spinoza (➔ **Spinoza**). Dans sa Lettre 58 à Schuller, il imagine une pierre mise en mouvement par une cause extérieure. Cette pierre, à laquelle il accorde la « conscience de son effort », croit

Les hommes se croient libres, car ils ignorent les causes de leurs désirs.

qu'elle est libre de persévérer dans son mouvement parce qu'elle le veut. Les hommes sont semblables à cette pierre, dans la mesure où ils poursuivent des buts sans savoir pourquoi. Pour Spinoza, le libre arbitre* est une illusion : nos choix sont toujours déterminés (➔ **la conscience**).

▶ Autrement dit, nous pensons pouvoir changer le monde, mais nous sous-estimons le **pouvoir du monde** sur nous-mêmes. Nous avons tendance à oublier notamment que nous sommes nous-mêmes soumis aux lois de la nature. Ainsi, toutes les choses dans la nature obéissent à des lois. En vertu du déterminisme*, les causes et les effets s'enchaînent de façon nécessaire : c'est un fait sur lequel s'appuie la science et qui n'a rien à voir avec la croyance ou le destin. Comment concilier le déterminisme naturel avec la liberté humaine ?

Le pouvoir des commencements

▶ Si nous sommes libres, et donc capables de changer le cours des choses, c'est parce que nous ne sommes pas entièrement soumis au déterminisme naturel. Nous pouvons comprendre ce déterminisme, et ainsi nous libérer de la servitude à des contraintes cachées.

▶ Dans la *Critique de la raison pratique*, Kant démontre que changer le cours des choses est possible (➔ **Kant**). Il prend l'exemple d'un homme à qui l'on propose de faire un faux témoignage sous peine de mort. Si cet homme n'était déterminé que par ses instincts, il accepterait immédiatement pour sauver sa vie. Mais sa conscience lui dit qu'il doit refuser : il sent alors en lui la liberté, c'est-à-dire ce **pouvoir d'imposer sa volonté** contre son penchant naturel (➔ **la morale**).

▶ La liberté est donc le pouvoir d'inaugurer par sa seule volonté une **nouvelle série de causes et d'effets**. Comme le dit Kant dans la *Critique de la raison pure*, un acte libre est celui qui n'a pas sa cause dans la nature mais dans la volonté du sujet : « J'entends par liberté [...] la faculté de commencer de soi-même un état dont la causalité n'est pas subordonnée à son tour, suivant la loi de la nature, à une autre cause qui la détermine » (➔ **cause/fin**).

> *Un acte libre est un acte qui a sa cause dans la volonté du sujet.*

▶ Les hommes échappent partiellement à ce déterminisme auquel les choses sont soumises : ils ont la possibilité d'intervenir dans le cours des choses et de le modifier, individuellement ou ensemble, au nom de **valeurs** qu'ils sont capables de se représenter. Arendt rappelle que la liberté permet aussi aux hommes de construire leur propre histoire et d'introduire de la nouveauté dans le monde d'une manière parfois surprenante et inexplicable. C'est pourquoi, dans la *Condition de l'homme moderne*, elle décrit la liberté au moyen des métaphores de la « naissance » et du « miracle » (➔ **Arendt**).

Les sujets expliqués

Les **dissertations**

L'idée d'une liberté totale a-t-elle un sens ?

▶ La liberté totale est présentée comme une « idée » : on peut donc douter de sa réalité. L'expérience confirme que personne ne jouit d'une liberté absolue : des limites nous sont imposées par les lois et la morale.

▶ Mais si une liberté totale semble impossible, il faut surtout se demander si cette idée n'est pas tout simplement absurde : parler de la liberté comme d'une absence totale d'entraves n'est-il pas très réducteur, voire dénué de sens ?

Un plan possible

Pour Hobbes, chacun doit se soumettre à un souverain tout-puissant, le Léviathan, du nom d'un monstre marin évoqué dans la Bible.

▶ C'est plutôt l'idée d'une liberté partielle qui semble absurde : si je ne suis pas totalement libre de mes choix, c'est que je ne le suis pas du tout. « La liberté est entière ou elle n'est pas », affirme l'anarchiste Bakounine, qui prône la révolte contre les lois.

▶ Cependant, d'un point de vue pratique, la liberté totale est tout à fait illusoire. Dans le *Léviathan*, Hobbes montre qu'elle conduirait à une « guerre de chacun contre chacun ». Le bon sens exige le renoncement à une liberté totale pour assurer la sécurité : il faut un pouvoir commun faisant appliquer la loi, ce qui suppose un souverain tout-puissant (➔ **Hobbes**).

▶ Pour autant, cela ne signifie pas un renoncement total à la liberté : au contraire, on ne limite l'exercice de la liberté que pour mieux la réaliser et la garantir (➔ **Hegel**). De plus, nous restons entièrement maîtres de nos pensées, et donc de nos choix : de ce point de vue, « nous sommes libres d'une liberté totale » (➔ **Sartre**).

Les notions La politique, l'État

La liberté — **la morale**

La liberté peut-elle être un fardeau ?

▶ Il peut sembler paradoxal de considérer la liberté comme un fardeau, c'est-à-dire un poids difficile à porter, alors que nous rêvons tous de liberté.

▶ La réalité est pourtant tout autre, car beaucoup d'hommes redoutent la liberté et lui préfèrent la servitude : cette réaction est-elle explicable ? Est-elle justifiée ?

Un plan possible

▶ Tout le monde rêve d'être libre, que ce soit de façon fantasmée – faire tout ce qui nous plaît sans avoir de comptes à rendre – ou raisonnable – conduire notre vie dans le respect des lois et des autres. Personne ne veut devenir esclave ou prisonnier. Chacun souhaite jouir du plaisir d'être libre.

▶ Dans son *Discours sur la servitude volontaire*, Étienne de la Boétie observe pourtant une tendance des hommes à se soumettre à des tyrans. Il y a en effet une certaine douceur à se laisser commander tel un enfant immature. Pour Kant, on ne doit pas se complaire dans cette paresse et cette facilité : être libre, affirme-t-il dans *Qu'est-ce que les Lumières ?*, requiert du courage et des efforts (→ **Kant**).

▶ La liberté n'est donc pas toujours simple à vivre : quand il faut prendre une décision difficile, la liberté peut être un poids dont on aimerait se délester sur d'autres. Mais, comme le dit Sartre dans *L'Être et le Néant*, « l'homme est condamné à être libre » : que cela lui plaise ou non, il est toujours en situation de choix, et donc de responsabilité, ce qui le plonge dans l'angoisse et lui interdit la légèreté (→ **Sartre**).

Les notions ▸ Le sujet, l'existence et le temps

Les **explications** de **textes**

▶ Des extraits des œuvres suivantes sont expliqués dans l'ouvrage.

SPINOZA, Lettre 58 à Schuller,	→ **la conscience**	p. 18
HEGEL, *Leçons sur la philosophie de l'histoire*,	→ **Hegel**	p. 287
HOBBES, *Du Citoyen*,	→ **Hobbes**	p. 291
MACHIAVEL, *Le Prince*,	→ **Machiavel**	p. 313
ROUSSEAU, *Lettres écrites de la montagne*,	→ **Rousseau**	p. 342

Séries L, ES et S

Le devoir

La morale

Les dix commandements sont autant de règles permettant aux Hébreux de structurer leur liberté et d'acquérir leur identité. Respecter le devoir, c'est alors être pleinement humain.

Les parents ont le devoir d'éduquer leurs enfants, le soldat fait son devoir en tuant des hommes, les citoyens ont le devoir d'obéir à la loi. Dans tous ces cas, le devoir désigne un principe d'action qui semble s'opposer au plaisir ou à la liberté. Pourtant, ne sommes-nous pas toujours libres de ne pas faire notre devoir ?
Aider un vieil homme à traverser la rue, c'est aussi accomplir son devoir. Dans ce cas, il nous semble évident que nous étions libres de le faire. Bien sûr, une voix intérieure nous a soufflé que nous devions l'aider. Mais d'où vient cette voix, et comment s'est-elle formée en nous ?

Les notions ▸ Autrui, la justice et le droit, la morale, la liberté
Les auteurs ▸ Hegel, Kant, Platon, Rousseau, Schopenhauer
Les repères ▸ Intuitif/discursif, obligation/contrainte

Le devoir — **la morale**

Qu'est-ce que le devoir ?

Un principe d'action

▶ De façon générale, on peut définir le devoir comme un principe d'action, une règle qui circonscrit mes **obligations**. Ce que je dois faire découle ainsi d'une loi ou d'un règlement qui détermine ma fonction ou mon statut. Par exemple, un fonctionnaire a le devoir de ne pas afficher ses opinions religieuses ; un citoyen a le devoir de se conformer à la loi.

▶ Faire son devoir, c'est donc obéir à une loi, à un règlement, à un statut. Mais cette obéissance fait-elle obstacle à notre liberté ? Contrairement à ce que laisse penser l'usage courant du terme, le devoir ne s'identifie pas à la **nécessité** ni à la contrainte.

▶ Ce qui est nécessaire, c'est ce qui ne peut pas ne pas être : s'il est nécessaire de manger pour vivre, on ne peut pas dire que manger est un devoir. En revanche, dire d'un citoyen qu'il a le devoir d'obéir à la loi suppose qu'il a la possibilité de ne pas le faire : il est libre d'obéir ou non à la loi. Le devoir s'adresse donc toujours à un être libre (➔ **la liberté**).

Une obligation morale

▶ En un sens plus précis, on entend par devoir la seule **obligation morale** qui ne se réfère plus à un règlement ni à la loi juridique, mais au **bien** ou à une loi morale. Mais comment la morale nous prescrit-elle ses obligations ? Ces dernières sont-elles absolues, ou seulement relatives ?

▶ La morale kantienne, en particulier, est dite déontologique* (du grec *deonta*, qui signifie « devoir ») dans la mesure où elle affirme qu'il existe des devoirs absolus qui s'imposent à tous. Chacun peut les découvrir en écoutant sa raison, prescriptrice de la loi morale sous la forme de l'**impératif catégorique**.

▶ Mais comment s'assurer de l'existence de tels devoirs et de leur capacité à motiver nos actions (➔ **la morale**) ? D'où vient que nous sachions tous que certains actes sont bons ?

233

A-t-on le devoir d'aimer autrui ?

question clé

Dans les Évangiles, saint Marc raconte comment Jésus, interrogé sur le premier commandement, répond qu'il consiste à aimer Dieu, puis ajoute : « Et voici le second qui est semblable au premier : vous aimerez votre prochain comme vous-même. » De fait, il semble que l'ensemble des discours moraux nous enjoignent d'aimer les autres ou de veiller sur eux. Mais comment un sentiment pourrait-il faire l'objet d'un impératif ?

La réponse de Kant

On n'a pas le devoir d'aimer les autres mais de leur faire du bien.

> L'*amour* est une affaire de *sentiment*, non de volonté : je ne puis aimer, parce que je le *veux*, et encore moins parce que je le *dois* (je ne puis être forcé à l'amour) ; un *devoir d'aimer* est donc un non-sens. Mais la *bienveillance* (*amor benevolentiæ*) peut être soumise comme fait à la loi du devoir. À la vérité on donne souvent aussi (quoique très improprement) le nom d'*amour* à la bienveillance désintéressée qu'on peut montrer à l'égard des hommes ; et même là où il ne s'agit pas seulement du bonheur d'autrui, mais du libre et entier sacrifice de toutes ses fins à celles d'un autre être (même d'un être supérieur à l'humanité), on parle d'un amour qui est en même temps un devoir pour nous. Mais tout devoir implique une *contrainte*, quoique ce puisse être une contrainte exercée sur soi-même au nom d'une loi. Or ce que l'on fait par contrainte, on ne le fait pas par amour.
>
> E. KANT, *Doctrine de la vertu*, 1797.

Ce que dit Kant

▶ Pour savoir si aimer autrui peut être un devoir, Kant part d'une **définition de l'amour** : « affaire de *sentiment*, non de volonté », l'amour ne peut se plier à aucune injonction puisqu'il échappe à notre volonté. Or un devoir n'a de sens que s'il est possible de lui obéir.

▶ Mais, aussitôt établie l'absurdité du devoir d'amour, Kant distingue l'amour de la « bienveillance », définie comme le fait de vouloir faire du bien aux autres. Il s'agit donc d'un **acte volontaire** : contrairement à l'amour, que nous sommes impuissants à produire en nous, nous pouvons décider de faire du bien aux autres dans la mesure du possible.

▶ Enfin, Kant dissipe la confusion qui est à l'origine de notre étonnement face à la loi d'amour : c'est que l'on confond ordinairement l'**amour** (pour autrui, pour Dieu) et la **bienveillance**. Par la loi d'amour, il faut donc entendre : efforcez-vous de faire du bien à autrui, que vous l'aimiez ou non.

Les **enjeux** philosophiques

Dans un premier temps, on pourrait ainsi penser qu'on a le devoir d'aimer autrui si on entend par amour une bienveillance dictée par notre raison.

On a le devoir d'aimer autrui d'un amour pratique

▶ En effet, il pourrait sembler absurde de faire de l'amour des autres un devoir si l'amour est un sentiment. De fait, il y a bien une dimension contraignante du devoir : quand nous agissons par devoir, nous n'agissons pas par plaisir, mais parce qu'une règle, une loi s'impose à nous. En obéissant au devoir, nous exerçons donc une pression sur notre volonté. Au contraire, l'amour passionnel est un « **amour pathologique** », dit Kant, dans la mesure où, face à lui, nous sommes passifs : nous l'éprouvons, ou non, sans qu'il résulte de notre volonté.

▶ À cet « amour pathologique » issu de la sensibilité*, Kant oppose un « **amour pratique** ». Lui seul est susceptible de faire l'objet d'un devoir, dans la mesure où il est issu de notre volonté et s'appuie sur l'autorité de notre seule raison. Et c'est bien cet amour pratique, ou « bienveillance », qu'il faut entendre dans le commandement biblique « aime ton prochain comme toi-même » : lui seul est un devoir.

> *En obéissant au devoir, nous exerçons une pression sur notre volonté.*

▶ En effet, le devoir est « la nécessité d'accomplir une action par respect pour la loi ». En ce sens, aucun mobile sensible ne saurait le produire : l'action faite par devoir est une **action désintéressée**, par laquelle nous ne cherchons ni satisfaction ni récompense, mais qui vise le seul accomplissement de la loi morale. Nous ne pouvons donc penser un devoir d'aimer que si cet amour est dicté par la raison : alors seulement s'exprime notre « bonne volonté* », indépendante des mobiles sensibles et des inclinations immédiates (**➔ obligation/contrainte**).

Faire le bien n'est pas un devoir issu de notre raison

▶ Pourtant, pouvons-nous agir indépendamment de tout mobile sensible et de tout intérêt ? En d'autres termes, est-il humainement possible de vouloir faire du bien aux autres, aimables ou non, parce que nous reconnaîtrions en nous ce devoir par notre seule raison ? Comment penser que notre **volonté** puisse être autonome, c'est-à-dire qu'elle puisse ne pas se fonder sur un mobile et sur un motif déterminants qui s'enracineraient dans notre sensibilité ?

▶ C'est en particulier cette objection qui fonde la critique de **Schopenhauer**. Aucun homme, soutient-il dans *Le Fondement de la morale* (➔ **Schopenhauer**), ne peut faire abstraction de sa sensibilité. « La notion du *devoir*, la *forme impérative* prise par la morale, n'appartiennent qu'à la morale théologique, et hors de là, perdent tous sens et toute valeur. » En effet, le devoir ne peut être cette obligation morale que nous trouvons en nous par notre seule raison, puisqu'en nous, nous trouvons des sentiments et des affections, et non une loi morale abstraite vers laquelle rien ne nous attire.

▶ Mais alors, si faire du bien aux autres n'est pas un devoir au sens où nous trouverions cet impératif en nous sous la forme d'une loi morale, n'avons-nous aucun devoir envers autrui ? De fait, on pourrait conclure de cela que l'amour des autres n'est pas impératif. Pourtant, des actes de **justice** et de **charité** existent. Comment sont-ils possibles, dès lors qu'aucune loi morale ne nous les prescrit ?

Nous avons à compatir avec les autres

▶ Il est évident, dit Schopenhauer, que nous savons tous que nous devons faire du bien aux autres, sans que cela provienne d'une loi morale abstraite. Mais comment expliquer cette **intuition** ? Comment expliquer que, par-delà les siècles et les continents, les différences religieuses et culturelles, nous sachions tous quel est notre devoir ?

▶ La **cruauté** fait ainsi l'objet d'une réprobation unanime. Or, face à elle, note ironiquement Schopenhauer, nous ne disons pas : « Comment peut-on agir d'après une maxime aussi peu propre à devenir la loi générale de tous les êtres raisonnables ? » Face à la cruauté à l'égard d'autrui, ce qui nous ébranle est la question suivante : « Comment peut-on être à ce point sans pitié ? »

▶ Ainsi, si nous connaissons tous notre devoir, c'est parce que nous sommes capables de **compassion**, ce « sentiment naturel » qu'évoque Rousseau dans le *Discours sur l'origine et les fondements de l'inégalité parmi les hommes* comme le socle immuable de notre aptitude morale (➔ **Rousseau**). La compassion, ou « volonté de poursuivre le bien d'autrui » parce que

> *La compassion fonde notre rapport moral à l'autre.*

« je souffre *en lui*, bien que mes nerfs ne soient pas renfermés sous sa peau », dit Schopenhauer, est le seul point de résistance possible à l'égoïsme et à la méchanceté qui m'orientent. En elle, je découvre que l'autre est mon semblable : c'est cette découverte qui fonde mon rapport moral à l'autre.

Le voile de Mâyâ

Dans *Le Monde comme volonté et comme représentation*, Schopenhauer explique l'expérience de la compassion en s'appuyant sur l'image du « voile de Mâyâ ». Ce terme sanskrit, tiré des religions indiennes, désigne le principe d'individuation, selon lequel notre identité serait individuelle. Quand nous éprouvons de la compassion, dit-il, le voile de Mâyâ se déchire : nous découvrons que l'individuation est un leurre et que nous participons tous d'une même essence.

→ Schopenhauer

▶ De la compassion seule découlent les « devoirs de justice », qui nous portent à vouloir ne pas nuire aux autres, et les « devoirs de charité » qui nous portent à les aider. Le devoir n'est donc pas un principe d'action abstrait. Au contraire, nous en avons l'**intuition immédiate** sous la forme d'« un acte dont la simple omission par moi cause à autrui un dommage, c'est-à-dire, lui fait injustice » (**→ intuitif/discursif**).

> Le devoir n'est donc pas un principe d'action abstrait.

▶ Ainsi, si aimer autrui ne peut faire l'objet d'un devoir que dans le cadre d'une morale religieuse contraignante, s'il est abusif de fonder nos bonnes intentions à l'égard des autres sur une loi morale ou un devoir détaché de notre sensibilité, ce qui est essentiel pour nous est d'être compatissants. Nous avons à éprouver la compassion parce qu'elle nous lie à l'ensemble des êtres vivants, en qui nous reconnaissons, alors, notre profonde **identité**, et que nous devons aider.

La compassion nous fait franchir les limites de notre individualité.

Les sujets expliqués

Les **dissertations**

Qu'avons-nous à gagner à faire notre devoir ?

▶ *A priori*, faire notre devoir, ce n'est pas agir par plaisir. Mais alors, que recherchons-nous en nous opposant ainsi à nos désirs ?

▶ Le devoir est un principe d'action et une obligation morale. Il s'agit de s'interroger sur ce qui nous motive à obéir à une règle ou à agir moralement : que pouvons-nous en espérer ?

▶ Mais quand nous faisons notre devoir, est-ce nécessairement par calcul et dans l'espoir d'obtenir quelque chose ?

Un plan possible

La spontaneité de certaines actions morales semble indiquer qu'elles sont au-delà de tout calcul.

▶ On peut d'abord démontrer, dans une perspective utilitariste, que ce que nous gagnons à agir moralement, c'est notre bonheur et celui des autres. Bien agir, dit Bentham, suppose ainsi un calcul des plaisirs et des peines. De la même façon, nos devoirs sociaux nous permettent d'objectiver notre liberté sous la forme des droits que nous obtenons en retour (➔ **Hegel**).

▶ Pourtant, l'obligation morale peut-elle s'envisager dans une perspective comptable, et être conditionnée par l'espoir d'un gain ? Faire notre devoir serait agir sans autre but que de faire notre devoir (➔ **Kant**).

▶ Mais est-ce humainement possible ? Observer les principes de justice et de charité correspond en réalité à une motivation sensible, et à notre intérêt bien compris (➔ **Schopenhauer**).

Les notions ▶ Autrui, la morale, la liberté

Le devoir — la morale

Agir par devoir, est-ce agir contre son intérêt ?

▶ On pourrait penser qu'agir par devoir, c'est renoncer à la poursuite de ses intérêts personnels. Mais s'agit-il vraiment d'un sacrifice ?

▶ Le devoir est un principe d'action qui se donne à moi sous la forme d'une règle ou d'une loi, à laquelle je dois obéir. L'intérêt, c'est ce qui ordonne mon action quand j'y cherche un avantage.

▶ Mais pour quelles raisons faire notre devoir nuirait-il à nos intérêts ? N'est-il pas dans notre intérêt de respecter les règles qui régissent nos rapports aux autres ?

Un plan possible

▶ On peut d'abord penser qu'agir par devoir se fait contre notre intérêt particulier : c'est l'injustice qui nous est profitable, comme le démontre Thrasymaque dans la *République* de Platon. Pourtant, même des sociétés de bandits établissent des règles de justice : mais alors, établir des devoirs et les respecter, n'est-ce pas profitable à tous (➔ **Platon**) ?

▶ Pourtant, le calcul d'intérêt auquel se livre celui qui agit « conformément au devoir » n'ôte-t-il pas à son action toute moralité ? Agir par devoir serait alors agir indépendamment de tout intérêt (➔ **Kant**).

▶ Mais sommes-nous capables d'obéir à notre devoir en l'absence de motivation sensible, même si cela nous nuit ? Le devoir ou l'obligation morale ne sont dénués de tout calcul d'intérêt que dans la mesure où ils découlent de notre aptitude à la compassion : en elle, nous découvrons le caractère illusoire des conflits d'intérêts (➔ **Schopenhauer**).

Les notions ▶ La justice et le droit, la morale

Les **explications** de **textes**

▶ Des extraits des œuvres suivantes sont expliqués dans l'ouvrage.

KANT, *Fondements de la métaphysique des mœurs*,	➔ **la morale** p. 218
ARENDT, *Eichmann à Jérusalem*,	➔ **Arendt** p. 253
DESCARTES, Lettre à Élisabeth,	➔ **Descartes** p. 269
KANT, *Métaphysique des mœurs*,	➔ **Kant** p. 299

Séries L, ES et S

Le bonheur

La morale

Selon le mythe de l'androgyne relaté par Platon dans le *Banquet*, l'homme cherche désespérément sa moitié perdue. Quand il la trouve, il ne la quitte plus : l'amour permet d'atteindre le comble du bonheur, ce sentiment d'une unité retrouvée.

L'homme est un éternel insatisfait. Il lui faut toujours plus que ce qu'il a déjà, il lui faut toujours atteindre un bonheur supérieur. À première vue, cette quête ne semble constituer qu'un problème pratique, mais il est nécessaire de définir le bonheur. Depuis l'Antiquité jusqu'à nos jours, les théories les plus diverses s'affrontent. Certains pensent qu'il est une affaire de chance, alors que d'autres en font un véritable programme politique. Que doit-on en penser ? Comment la philosophie peut-elle nous guider ?

Les notions ▸ Le désir, l'existence et le temps, la politique, l'État, la morale, la liberté

Les auteurs ▸ Aristote, Descartes, Épictète, Freud, Kant, Pascal, Platon, Sénèque

Les repères ▸ Contingent/nécessaire/possible, obligation/contrainte

Qu'est-ce que le bonheur ?

Un idéal difficile à définir

▶ Le bonheur n'est pas simplement le plaisir ou la joie. C'est un état de satisfaction totale et durable où nos aspirations les plus importantes sont réalisées. Défini comme un **but ultime** de l'existence humaine, il oriente peu ou prou toutes nos actions.

▶ Personne ne sait exactement où et comment trouver le bonheur. Comme le dit Sénèque, « tout le monde veut une **vie heureuse**, mais lorsqu'il s'agit de voir clairement ce qui la rend telle, c'est le plein brouillard » (➔ **Sénèque**). Est-ce l'argent ? Mais on dit qu'il ne fait pas le bonheur. La santé est nécessaire mais ne suffit pas. Quant à l'amour, il apporte autant de soucis que de satisfactions... Impossible donc de formuler quels **désirs** réaliser pour parvenir au bonheur. Et la difficulté est redoublée par le fait que nos désirs sont souvent incompatibles entre eux.

▶ Tout accord sur ce qui rend heureux ne porte souvent que sur des **principes généraux**. L'amour, l'amitié, le plaisir sont des éléments du bonheur, mais restent « vagues ». Au fond, on souhaite le bonheur sans savoir ce que cela signifie car on ne l'atteint jamais : il reste un idéal mal identifié ou, comme dit Kant, un « idéal de l'imagination » (➔ **Kant**).

Une entreprise personnelle

▶ Chacun sait qu'il faut parfois sacrifier une part de son bonheur pour accomplir son devoir moral ou pour obéir aux lois. Un être civilisé s'impose des obligations (➔ **obligation/contrainte**) et impose de ce fait une restriction à ses satisfactions (➔ **Freud**). De plus, le bonheur individuel est un **but égoïste** qui peut nous pousser à préférer notre intérêt à celui d'autrui.

▶ Les hommes ont une conscience et ne vivent pas dans l'instant comme les animaux. Parce que l'insouciance leur est interdite, ils ne semblent pas capables de jouir en toute simplicité du moment présent (➔ **l'existence et le temps**) : les hommes ne sont peut-être pas faits pour être totalement heureux.

▶ Rien ne nous empêche cependant, comme dit Voltaire, de **« cultiver notre jardin »** et de nous efforcer autant que possible d'être heureux, surtout si l'on privilégie une forme de sagesse et de connaissance de soi.

Le bonheur n'est-il qu'une succession de plaisirs ?

question clé

Cette question porte sur le lien réel mais surestimé entre bonheur et plaisir : certes, la formulation « n'est-il que » prend acte du fait qu'éprouver du plaisir fait partie de la vie heureuse, mais elle suggère que c'est une approche réductrice et simpliste.

La réponse de **Calliclès**

Être heureux, c'est trouver le plaisir par tous les moyens possibles.

> CALLICLÈS. – Qui veut vivre comme il faut doit donner libre cours à ses propres passions et les laisser grandir au maximum, et ne pas les réprimer, mais, aussi grandes soient-elles, être assez fort pour mettre son courage et son intelligence à leur service, et assouvir sans cesse tous leurs désirs. Mais cela, je pense, n'est pas à la portée de la multitude. C'est pourquoi elle montre du doigt les hommes d'une telle trempe, cachant, de honte, sa propre impuissance, et raconte que l'absence de retenue est honteuse, faisant [...] des hommes qui sont meilleurs par nature ses esclaves ; et, incapable elle-même de se donner les ressources de jouir pleinement des plaisirs, elle fait l'éloge de la tempérance et de la justice, du fait de sa propre lâcheté. [...] Mais la vérité que tu prétends suivre, Socrate, la voici : la vie douce, la liberté sans entrave, si elle est favorisée, voilà la vertu et le bonheur. Le reste n'est que beaux discours, conventions des hommes contraires à la nature, balivernes et billevesées.
>
> PLATON, *Gorgias*, IVe siècle av. J.-C.

Ce que dit **Calliclès**

▶ La forme choisie par Platon pour exposer ses idées est généralement le **dialogue**. Dans cet extrait, il met en scène un débat entre son maître Socrate et un personnage fictif du nom de Calliclès.

▶ Le discours tenu par Calliclès est d'une radicalité inhabituelle et saisissante : il prétend tenir un discours de « vérité », car il n'hésite pas à dire publiquement ce que beaucoup pensent tout bas. Il va même plus loin : pour lui, les **valeurs morales** ne sont que des « conventions » très artificielles voulues par la masse des faibles pour se protéger contre les individus forts. Or la « nature » voudrait que le plus fort domine le plus faible, à l'image de ce qu'on observe dans le règne animal.

🔸 Dans cette perspective, la vie n'a pas d'autre sens que la recherche effrénée du plaisir. L'**homme fort et heureux**, c'est celui qui éprouve de « grandes passions » et arrive à les assouvir, au mépris des lois et de la morale, celui qui s'accorde la liberté de faire tout ce qu'il veut.

🔸 La conception de Socrate est évidemment à l'opposé de ce discours volontairement outré : il s'agit pour Platon de faire comprendre que le bonheur se trouve ailleurs que dans le plaisir, dans une **vie tempérante*** et juste, consacrée à la recherche de la sagesse.

Les **enjeux** philosophiques

Une succession de plaisirs n'est pas *a priori* quelque chose qu'on refuserait, et c'est même quelque chose qui nous semble promis par la société de consommation. Le sujet demande pourtant si cela suffit à atteindre un bonheur durable : une vie heureuse peut-elle se réduire à des moments de jouissance ? N'aspirons-nous pas à autre chose qu'au plaisir ?

Le renouvellement de la satisfaction

🔸 Si l'on prend au sérieux la thèse exprimée par Calliclès, il faut en déduire que le bonheur ne peut exister sous une forme durable. Une vie ne peut se dérouler entièrement dans une satisfaction totale et continue. Concrètement, il n'y a que des moments de plaisir qui, au mieux, seront renouvelés. La **succession** fait durer ce qui, par nature, ne dure pas, car le plaisir est éphémère. Intense lorsqu'il est nouveau, il lasse s'il n'est pas renouvelé sous une forme différente : il faut donc « varier les plaisirs ».

🔸 Ce point de vue est celui de l'hédonisme* : la vie est courte, et c'est en profitant du **jour présent**, sans trop penser au lendemain, qu'on peut se procurer le maximum de bonheur. Ainsi, on peut être tenté de s'adonner aux plaisirs des sens de façon immodérée et en sacrifiant éventuellement la moralité.

> *Il n'y a que des moments de plaisir qui, au mieux, seront renouvelés.*

🔸 Mais le **propre du désir** est de renaître une fois qu'il est satisfait : quoi que la vie donne aux hommes, il leur manquera toujours quelque chose. C'est pourquoi, dans le *Traité de la nature humaine*, Hobbes compare la vie à une course où il y a toujours quelqu'un à dépasser : la vie heureuse n'est pas la tranquillité mais le succès renouvelé de son désir (➔ **le désir**). Mais le sens de la vie peut-il résider dans cette recherche permanente du plaisir ?

La déception permanente

▶ L'ivresse du plaisir et son renouvellement fréquent, loin de signifier le bonheur, indiquent plus probablement un malheur profondément ancré que l'on s'efforce d'oublier en vain. C'est de l'ordre de ce que Pascal nomme dans les *Pensées* le « **divertissement*** », c'est-à-dire d'une activité plus ou moins futile qui présente le seul avantage de nous éviter de penser à notre misère (**Pascal**).

▶ Nous avons besoin de nous divertir parce que nous craignons la mort et que nous sentons notre vide intérieur (**Sénèque**). Une succession de plaisirs agrémente tout au plus la vie, mais ne suffit pas à la rendre heureuse car elle ne comble pas nos attentes les plus profondes. C'est au contraire une **logique de déception** permanente et de fuite en avant : on se condamne à remplir un tonneau percé, comme dans le mythe des Danaïdes (**le désir**).

La société d'aujourd'hui le confirme : dans la consommation frénétique, les plaisirs s'enchaînent mais le bonheur reste introuvable.

La sélection des plaisirs

▶ La succession des plaisirs implique leur indifférenciation : or, plutôt que satisfaire tous nos désirs sans discernement et de façon immodérée, il s'agit de satisfaire d'abord **les plus importants**. Il est nécessaire d'introduire du sens et des limites dans la recherche des plaisirs, car tous ne se valent pas. Si l'on veut mener une vie heureuse, la succession des plaisirs doit faire place à la sélection des plaisirs.

Tous les plaisirs ne se valent pas.

▶ Pour les épicuriens*, le secret de la vie heureuse est à chercher dans le discernement et non dans l'accumulation. Il faut savoir se contenter de peu, satisfaire les désirs élémentaires pour maintenir l'absence de trouble : il s'agit d'opposer à la recherche frénétique du plaisir une certaine **stabilité**, que les Anciens appelaient ataraxie*, état d'apaisement au-delà duquel il n'y a rien de plus à rechercher en matière de bonheur.

▶ Cette sérénité tient moins au plaisir trouvé dans la possession d'objets extérieurs qu'à un **rapport de l'âme** à elle-même. Ainsi, on ne peut pas être heureux quand on a mal agi et qu'on est torturé par le remords. Comme le dit Aristote, un tel état d'esprit est « le comble de la misère morale », car des joies très superficielles et provisoires s'y paient en réalité d'un malheur beaucoup plus profond : dès lors, « nous devons fuir la perversité de toutes nos forces et essayer d'être d'honnêtes gens », plutôt que de chercher à tout prix le plaisir (➔ **Aristote**).

> On ne peut pas être heureux quand on est torturé par le remords.

Le bonheur n'est pas la satisfaction

▶ Dans ces conditions, il semble nécessaire de **distinguer** parmi les aspirations humaines lesquelles sont vraiment susceptibles de combler notre désir de bonheur et lesquelles ne conduisent qu'à des satisfactions triviales.

▶ Les Anciens avaient soin de distinguer le plaisir et le « **souverain bien** ». Par cette expression, ils entendaient le bien suprême, celui qu'on désire par-dessus tout car il est la marque d'une vie humaine totalement accomplie. Or ils voyaient dans la vie bonne un ensemble constitué indéfectiblement de plaisir, de vertu et de connaissance, et considéraient que réduire le bonheur à l'un de ces éléments était une profonde erreur.

▶ Le bonheur procède d'une harmonie intérieure entre tous ces éléments associés. Pour Platon, le danger est de se laisser éblouir par la promesse du plaisir au point d'oublier qu'on aspire plus profondément à la **vérité** et à la **justice**. Certes, le corps pousse à la recherche du plaisir, mais on doit prendre davantage soin de son âme et éviter de la souiller par l'injustice et l'intempérance. Ainsi s'entend l'entreprise menée par le philosophe, terme qui signifie littéralement « celui qui aime et désire la sagesse » (➔ **Platon**).

Un « Socrate insatisfait »

On croit parfois qu'il suffirait d'être totalement imbécile pour être totalement heureux. Dans *L'Utilitarisme*, John Stuart Mill ironise sur cette tentation dans laquelle on confond bonheur et satisfaction. Nous avons en tant qu'êtres humains des aspirations bien plus hautes que la simple satisfaction, et les oublier reviendrait à se rabaisser au rang d'un animal : « Il vaut mieux être un homme insatisfait qu'un porc satisfait ; il vaut mieux être Socrate insatisfait qu'un imbécile satisfait. »

Les sujets expliqués

Les dissertations

Le bonheur est-il affaire de chance ?

Le mot « bonheur » est étymologiquement lié au hasard. En français classique, l'« heur » désignait le « sort », la « fortune » : c'est ce qui arrive sans qu'on puisse le maîtriser et qui peut être bon (bon-heur) ou mauvais (mal-heur). Mais si le bonheur est pure affaire de chance, est-il encore l'affaire de la philosophie ? N'est-il pas possible de l'obtenir par notre propre volonté ou notre propre mérite ?

Un plan possible

▶ Les Anciens disaient que nul homme ne doit être qualifié d'heureux avant d'être mort, car la vie humaine est toujours exposée aux coups du sort. De fait, les hommes sont soumis aux hasards de la vie, ce qui rend le bonheur contingent (➔ **contingent/nécessaire/possible**).

Les stoïciens considèrent que nous devons être indifférents aux événements. Seul ce qui se passe dans notre âme est essentiel à notre bonheur.

▶ Mais la philosophie peut se proposer comme une voie infaillible vers le bonheur en dépit des hasards de l'existence : pour les stoïciens*, le secret du bonheur consiste à distinguer « ce qui dépend de nous » et « ce qui ne dépend pas de nous ». En effet, nous ne maîtrisons pas le cours des événements, mais nous pouvons apprendre à affronter avec constance les surprises que la vie nous réserve (➔ **Épictète**).

▶ On peut alors considérer que le bonheur se trouve en soi-même, et même qu'il se mérite. Pour Descartes, le ressort d'un bonheur solide et profond n'est pas la chance mais l'estime de soi, qu'on gagne par une conduite vertueuse. À l'inverse, l'homme méchant n'est jamais en paix avec lui-même et n'a que des satisfactions superficielles (➔ **Descartes**).

Les notions L'existence et le temps, la morale, la liberté

Le bonheur **La morale**

Le bonheur n'est-il qu'une affaire personnelle ?

▶ Le sujet suggère par la tournure employée que le bonheur est pour une part une affaire personnelle, mais qu'en rester à cette idée pourrait être très réducteur. Une « affaire personnelle » désigne une question propre à l'individu, qu'il peut et doit résoudre par ses propres moyens.

▶ Mais cela semble faire peu de cas du fait que les hommes vivent toujours en communauté, et que les conditions du bonheur sont sans doute aussi collectives : ainsi, la Déclaration d'indépendance américaine (4 juillet 1776) dispose que, parmi les droits de l'homme, se trouvent « la vie, la liberté et la recherche du bonheur » et que « les gouvernements sont établis par les hommes pour garantir ces droits ». Comment, dès lors, tracer la limite entre le public et le privé ?

Un plan possible

▶ Les hommes ne vivent jamais seuls, ils cherchent leur bonheur en compagnie des autres hommes et peuvent même coopérer dans cette perspective : c'est le sens de l'activité politique selon Aristote (➔ **Aristote**).

▶ Pour autant, ce n'est pas à la communauté qu'il revient de dicter à chacun comment il doit être heureux : il serait étrange et surtout dangereux de voir un gouvernement « paternaliste » énoncer des lois sur le bonheur. Dans *Théorie et Pratique*, Kant met en garde contre cette bienveillance apparente : elle serait en fait « le plus grand despotisme que l'on puisse concevoir », car on ne laisserait plus aucune liberté ni aucune intimité aux citoyens (➔ **Kant**).

▶ Cependant, seule la force publique peut garantir les conditions nécessaires à la recherche du bonheur : d'abord le respect mutuel et la protection des individus contre la « tyrannie de la majorité », comme le revendique John Stuart Mill dans *De la liberté*, mais aussi des aides pour faire face à la misère ou à la maladie, l'accès à l'éducation et à la culture, etc.

Les notions ▶ La politique, l'État, la liberté

Les **explications** de **textes**

▶ Des extraits des œuvres suivantes sont expliqués dans l'ouvrage.

PLATON, *Gorgias*,	➔ **le désir**	p. 50
ÉPICTÈTE, *Manuel*,	➔ **Épictète**	p. 272
ÉPICURE, *Lettre à Ménécée*,	➔ **Épicure**	p. 276
HOBBES, *Léviathan*,	➔ **Hobbes**	p. 292
KANT, *Théorie et pratique*,	➔ **Kant**	p. 302

Les textes

- Arendt 250
- Aristote 255
- Bergson 261
- Descartes 265
- Épictète 271
- Épicure 275
- Freud 279
- Hegel 285
- Hobbes 290
- Hume 294
- Kant 298
- Leibniz 304
- Locke 308
- Machiavel 312
- Marx 316
- Montesquieu 321
- Nietzsche 325
- Pascal 330
- Platon 334
- Rousseau 339
- Sartre 344
- Schopenhauer 349
- Sénèque 353
- Spinoza 357

Arendt

Nom : Hannah Arendt
Naissance : 1906 à Hanovre en Allemagne.
Mort : 1975 à New York aux États-Unis.
Période : XXe siècle.
À noter : Hannah Arendt a couvert en tant que journaliste le procès d'Adolf Eichmann, haut fonctionnaire nazi.
Œuvres principales : *Le Système totalitaire* (1951), *Condition de l'homme moderne* (1958), *Eichmann à Jérusalem* (1963).

La condition de l'homme moderne

Selon Arendt, le fonctionnement de la société moderne repose sur une confusion entre le **domaine public** (l'espace de concertation politique) et le **domaine privé** (la production et la consommation). Cette confusion confère une valeur démesurée au travail, qui devient l'activité centrale au détriment de l'action politique, pourtant plus essentielle à l'humanité.

Du totalitarisme à la banalité du mal

▶ Contemporaine du stalinisme et de l'hitlérisme, Arendt s'interroge sur les caractéristiques de ces **régimes « totalitaires »**. Ils reposent selon elle sur une logique de **domination** absolue pénétrant tous les niveaux de la société au moyen d'un **contrôle idéologique** total des individus.

▶ Le totalitarisme détruit la liberté de pensée et impose une **soumission aveugle** aux ordres. D'après Arendt, c'est dans ce contexte que des hommes normaux peuvent commettre des actes atroces de façon « banale », tout en se persuadant d'agir par devoir.

Vers une démocratie authentique

Critiquant la démocratie sous sa forme actuelle, Arendt estime qu'une démocratie véritable repose sur un **espace commun** de libre discussion et de délibération entre des citoyens politiquement actifs et égaux.

Arendt

Les **textes expliqués** d'Arendt

La fin du travail est-elle souhaitable pour l'homme moderne ?

> Pour l'homme moderne, l'éventualité d'une société sans travail n'est pas promesse de bonheur, mais d'une vie dénuée de sens.
>
> " C'est une société de travailleurs que l'on va délivrer des chaînes du travail, et cette société ne sait plus rien des activités plus hautes et plus enrichissantes pour lesquelles il vaudrait la peine de gagner cette liberté.
>
> H. ARENDT, *Condition de l'homme moderne*, 1958.

Ce que dit **Arendt**

▶ Le travail étant ressenti par beaucoup comme une souffrance, l'idée d'une société libérée du labeur peut passer pour une heureuse perspective. Pourtant, une telle situation tiendrait-elle ses promesses ?

▶ Hannah Arendt répond à cette interrogation en pointant un paradoxe inquiétant : au moment même où l'être humain entrevoit la possibilité matérielle d'être libéré du travail, il ignore ce qu'il pourrait faire de plus essentiel. Ce n'est donc pas le bonheur qui l'attend, mais l'**ennui** et le **sentiment d'inutilité**.

▶ En fait, cette situation absurde révèle selon Arendt les **contradictions** de la société moderne. Cette dernière n'a cessé de **survaloriser** le travail, cette activité qui, loin d'être la plus spécifiquement humaine, reste routinière et n'assure que la **survie** biologique de l'espèce. Ainsi, à l'époque moderne le travail n'est plus le sort des esclaves et des pauvres. Démocratisé, il est désormais une activité ouverte à tous et glorifiée en tant que telle, la **dignité** de l'individu moderne dépendant en grande partie de son travail. Le travail a donc envahi la vie publique.

▶ Or, cette survalorisation du travail s'est faite au détriment d'activités plus essentielles, telle que la **politique** comprise comme liberté de se concerter dans l'espace public afin d'améliorer le **vivre ensemble**. De ce fait, au moment où le progrès technique, avec l'automatisation de nombreuses tâches, laisse envisager à terme un remplacement de l'effort humain par les machines, les hommes ont oublié à quelle activité plus haute et plus intéressante ils pourraient consacrer leur temps.

Les notions : Le travail, la technique, le bonheur

Le totalitarisme est-il un régime politique comme les autres ?

Le totalitarisme est une forme d'oppression inédite et singulière qui passe par la destruction de toute tradition et institution antérieures.

❝ Le totalitarisme diffère par essence des autres formes d'oppression politique que nous connaissons, tels le despotisme, la tyrannie et la dictature. Partout où celui-ci s'est hissé au pouvoir, il a engendré des institutions politiques entièrement nouvelles, il a détruit toutes les traditions sociales, juridiques et politiques du pays. Peu importent la tradition spécifiquement nationale ou la source spirituelle particulière de son idéologie : le régime totalitaire transforme toujours les classes en masses, substitue au système des partis, non pas des dictatures à parti unique, mais un mouvement de masse, déplace le centre du pouvoir de l'armée à la police, et met en œuvre une politique étrangère visant ouvertement à la domination du monde.

H. ARENDT, *Le Système totalitaire*, 1951.

Ce que dit **Arendt**

▶ Peut-on considérer les régimes totalitaires du XXe siècle (nazisme, stalinisme) comme des régimes hors normes ? Une telle hypothèse ne témoigne-t-elle pas d'un certain manque de recul ? Après tout, l'histoire regorge de dictatures ou de tyrannies, avec leur lot de violences et d'oppression.

▶ Pourtant, Hannah Arendt estime qu'il existe une différence « essentielle » entre le totalitarisme et les autres dérives du pouvoir politique. Le totalitarisme serait une forme d'oppression extrême et nouvelle qui implique la **destruction** de toutes les institutions et traditions antérieures. Cette destruction laisse place à une **idéologie unique**, imposée par la propagande et la violence, qui échappe à tout critère connu puisqu'elle se fonde sur le rejet de tout héritage intellectuel.

▶ Plus précisément, Arendt montre que le type de domination qu'exerce le totalitarisme ne connaît aucune limite, ni interne ni externe :

– À l'intérieur de la nation, il broie les individus en les isolant, en anéantissant tout **lien social**. Il transforme les groupes sociaux en une masse informe, un simple **agrégat d'individus** anonymes, uniformisés et interchangeables.

– À l'extérieur, il ne reconnaît aucune frontière, aucun État comme légitime puisqu'il envisage une **domination mondiale**.

▶ En raison de ces caractéristiques, Arendt juge que le totalitarisme est la **négation du politique** : loin de chercher la stabilité des institutions, il repose sur une logique de domination en mouvement perpétuel, prête à tout anéantir sur son passage.

> **Les notions** La politique, l'État, la liberté

Un individu peut-il commettre le mal en estimant agir par devoir ?

Un homme ordinaire peut exécuter des ordres monstrueux en se persuadant qu'il s'agit d'une forme d'obligation légale et légitime.

❝ Autant qu'il pût en juger, Eichmann agissait, dans tout ce qu'il faisait, en citoyen qui respecte la loi. Il faisait son *devoir*, répéta-t-il mille fois à la police et au tribunal. Il obéissait aux ordres, mais aussi à la loi. Eichmann soupçonnait vaguement qu'il pouvait y avoir là une distinction à faire : mais ni les juges ni la défense ne lui demandèrent de s'étendre là-dessus. [...] Il avait accompli ce qu'il considérait comme son devoir de citoyen respectueux de la loi. Lui qui tenait tant à être « couvert », il avait agi selon les ordres. Au-delà, ses idées sombraient dans la confusion la plus complète ; et il finissait par insister alternativement sur les avantages et les inconvénients de l'obéissance aveugle, – « obéissance de cadavre » comme il disait lui-même.

H. ARENDT, *Eichmann à Jérusalem*, 1963.

Ce que dit **Arendt**

▶ Est-il possible d'agir de façon profondément immorale tout en croyant que l'on respecte un système de règles légitimes ?

▶ À première vue, l'hypothèse paraît paradoxale. Il est *a priori* facile de distinguer un acte malfaisant d'un acte aux conséquences bénéfiques pour la société.

▶ Dans cet extrait, Arendt expose cependant une situation dans laquelle cette distinction devient floue : si un individu réduit son devoir moral à la seule **soumission aveugle** à l'autorité en vigueur, alors il peut en venir à exécuter des ordres abjects lorsque l'autorité en question le lui ordonne.

▶ Cette situation spécifique, Arendt l'illustre avec le cas d'**Adolf Eichmann**, un haut fonctionnaire nazi chargé de la logistique du génocide durant la Seconde Guerre mondiale. Lors de son procès (en 1961 à Jérusalem), celui-ci a en effet affirmé qu'il n'avait fait que son « **devoir** » en obéissant « aux ordres ». Or, pour Arendt (envoyée comme journaliste pour couvrir le procès), cette défense témoigne d'une compréhension faussée de la notion de devoir. En effet, le devoir est une obligation morale à laquelle on s'engage par un **choix volontaire** et **réfléchi**. Mais Eichmann le réduit à une soumission aux ordres provenant du pouvoir en place. Or, si le devoir authentique réclame une libre réflexion sur les valeurs morales qui l'orientent, cette soumission aveugle est à l'inverse un acte mécanique qui renonce à tout **esprit critique** (une « obéissance de cadavre »).

▶ À travers l'exemple d'Eichmann, l'extrait montre donc qu'un homme « ordinaire » peut commettre les pires actes lorsqu'il abandonne sa **liberté de pensée**. Cela ne l'excuse pas, mais révèle qu'il n'est pas nécessaire d'être sadique pour faire quelque chose de monstrueux. C'est ce qu'Arendt appellera dans son œuvre la « **banalité du mal** » : l'idée que le pire mal peut être accompli d'une façon banale par des êtres normaux, notamment dans un contexte social où la réflexion critique est remplacée par une idéologie unique et dangereuse.

Les notions La justice et le droit, la morale, le devoir

Sous un régime totalitaire, des hommes ordinaires peuvent commettre le mal par simple soumission aux ordres.

Aristote

Nom : Aristote
Naissance : 384 av. J.-C. à Stagire en Grèce.
Mort : 322 av. J.-C. à Chalcis en Grèce.
Période : Antiquité.
À noter : Aristote fut l'élève de Platon avant de fonder sa propre école philosophique, le Lycée, où l'on dit qu'il faisait cours en marchant. Ses œuvres sont pour l'essentiel issues de ses notes de cours.
Œuvres principales : *Métaphysique, Politique, Physique, Éthique à Nicomaque, Poétique, Traité de l'âme.*

Une nature imparfaite

▶ La pensée d'Aristote se fonde sur l'idée d'une **nature** à la fois finalisée et imparfaite. Notre monde n'est pas le pur résultat du hasard, car la nature produit les êtres avec une certaine visée : ainsi, une graine est comme programmée pour devenir l'arbre qu'elle n'est encore que potentiellement.

▶ Mais la nature peut aussi commettre des erreurs car elle n'est ni parfaite ni toute-puissante. C'est pourquoi le monde n'est pas parfaitement ordonné, mais tend seulement vers un **ordre** : le mouvement, c'est-à-dire le déplacement, mais aussi le changement, le cycle de la naissance et de la mort, témoignent de cet inachèvement.

Une pensée de l'action

Cette imperfection ouvre la voie à l'action humaine, qui s'inscrit dans la continuité de la nature pour la mener à son **accomplissement**. Aristote explique par exemple dans la *Physique* que tout art prolonge la nature afin d'exécuter ce qu'elle a été impuissante à effectuer. C'est sous cet angle qu'Aristote pense à la fois la « **production** » (l'art proprement dit) et l'« **action** » (au sens moral et politique). L'autre domaine de l'activité humaine est la « **connaissance** », par laquelle l'homme affirme aussi son aspiration à dépasser la nature et à rejoindre le divin.

Les **textes expliqués** d'Aristote

Les hommes sont-ils naturellement sociables ?

La nature a fait de l'homme un « animal politique ».

> Il est manifeste [...] que la cité fait partie des choses naturelles, et que l'homme est par nature un animal politique, et que celui qui est hors cité, naturellement bien sûr et non par le hasard des circonstances, est soit un être dégradé soit un être surhumain, et il est comme celui qui est décrié en ces termes par Homère : « sans famille, sans loi, sans maison ». Car un tel homme est du même coup naturellement passionné de guerre, étant comme un pion isolé dans un jeu. C'est pourquoi il est évident que l'homme est un animal politique plus que n'importe quelle abeille et que n'importe quel animal grégaire. Car, comme nous le disons, la nature ne fait rien en vain ; or seul parmi les animaux l'homme a un langage. Certes la voix est le signe du douloureux et de l'agréable, aussi la rencontre-t-on chez les animaux ; leur nature, en effet, est parvenue jusqu'au point d'éprouver la sensation du douloureux et de l'agréable et de se les signifier mutuellement. Mais le langage existe en vue de manifester l'avantageux et le nuisible, et par suite aussi le juste et l'injuste. Il n'y a en effet qu'une chose qui soit propre aux hommes par rapport aux autres animaux : le fait que seuls ils aient la perception du bien, du mal, du juste, de l'injuste et des autres notions de ce genre. Or avoir de telles notions en commun c'est ce qui fait une famille et une cité.
>
> ARISTOTE, *Politique*, IVe s. av. J.-C.

Ce que dit **Aristote**

▶ La société est-elle une donnée naturelle ? Les hommes sont-ils faits pour vivre ensemble comme les fourmis ou les abeilles ?

▶ Pour Aristote, la place qui convient naturellement à un homme est dans la cité, aux côtés des autres hommes : l'être voué par nature à vivre hors de la cité est soit une bête soit un dieu, mais pas un être humain.

▶ Dire que l'homme est un « **animal politique** » ne signifie pas simplement qu'il vit avec les autres hommes à la manière des abeilles ou de tout « animal grégaire ». En effet, les hommes décident par eux-mêmes de la manière d'organiser la cité en vue du plus grand bonheur possible pour la communauté. Tel est le sens de l'**activité politique**.

▶ Aristote en veut pour preuve que la nature, qui ne fait rien en vain, a donné aux hommes le « **langage** », et non pas simplement la « **voix** ».

Si la voix permet de communiquer des émotions, voire des informations, le langage permet, lui, de parler, donc de **débattre** de sujets tels que la justice ou le bonheur.

▶ Comme tout art, la politique consiste donc pour l'homme à prolonger et à parfaire ce que la nature avait seulement ébauché.

Les notions ▶ Le langage, la politique, l'État

La justice suppose-t-elle l'égalité ?

La justice consiste en une égalité proportionnelle et non absolue.

❝ Le juste implique donc nécessairement au moins quatre termes : les personnes pour lesquelles il se trouve en fait juste, et qui sont deux, et les choses dans lesquelles il se manifeste, au nombre de deux également. Et ce sera la même égalité pour les personnes et pour les choses : car le rapport qui existe entre ces dernières, à savoir les choses à partager, est aussi celui qui existe entre les personnes. Si, en effet, les personnes ne sont pas égales, elles n'auront pas des parts égales ; mais les contestations et les plaintes naissent quand, étant égales, les personnes possèdent ou se voient attribuer des parts non égales, ou quand, les personnes n'étant pas égales, leurs parts sont égales. On peut encore montrer cela en s'appuyant sur le fait qu'on tient compte de la valeur propre des personnes. Tous les hommes reconnaissent, en effet, que la justice dans la distribution doit se baser sur un mérite de quelque sorte, bien que tous ne désignent pas le même mérite, les démocrates le faisant consister dans une condition libre, les partisans de l'oligarchie, soit dans la richesse, soit dans la noblesse de race, et les défenseurs de l'aristocratie dans la vertu.

ARISTOTE, *Éthique à Nicomaque*, IVe s. av. J.-C.

Ce que dit **Aristote**

▶ Comment, dans une société, répartir les biens et les charges ? Faut-il le faire de façon strictement égalitaire, ou en fonction du mérite des personnes ?

▶ Le mot justice a plusieurs sens : dans le domaine des échanges et des contrats, qui est celui de la **justice « commutative »**, on doit avoir une égalité « arithmétique » : les biens ou les services échangés doivent être d'une valeur équivalente.

▶ Mais dans le domaine de la **justice « distributive »**, qui concerne la répartition des biens et des charges, on doit considérer le mérite des personnes et respecter une égalité « proportionnelle ». Il serait en effet aberrant de confier le même pouvoir à des gens qui n'ont pas les mêmes compétences, ou de récompenser à la même hauteur des citoyens qui n'ont pas montré la même valeur au combat.

▶ L'égalité ne doit donc pas porter sur les biens eux-mêmes, puisque les individus sont inégaux, mais sur un **rapport** : tel individu aura plus parce qu'il mérite plus, tel autre aura moins parce qu'il mérite moins. L'égalité reste le cœur de la justice, même si elle prend ici une forme plus complexe : il faut rendre à chacun ce qui lui revient.

Les notions Les échanges, la justice et le droit

Peut-on être en conflit avec soi-même ?

La méchanceté instaure en l'homme un conflit intérieur insupportable.

❝ Les méchants recherchent la société d'autres personnes avec lesquelles ils passeront leurs journées, mais ils se fuient eux-mêmes, car seuls avec eux-mêmes ils se ressouviennent d'une foule d'actions qui les accablent et prévoient qu'ils en commettront à l'avenir d'autres semblables, tandis qu'au contraire la présence de compagnons leur permet d'oublier. De plus, n'ayant en eux rien d'aimable, ils n'éprouvent aucun sentiment d'affection pour eux-mêmes. Par suite, de tels hommes demeurent étrangers à leurs propres joies et à leurs propres peines, car leur âme est déchirée par les factions : l'une de ses parties, en raison de sa dépravation, souffre quand l'individu s'abstient de certains actes, tandis que l'autre partie s'en réjouit ; l'une tire dans un sens et l'autre dans un autre, mettant ces malheureux pour ainsi dire en pièces. Et s'il n'est pas strictement possible qu'ils ressentent dans un même moment du plaisir et de la peine, du moins leur faut-il peu de temps pour s'affliger d'avoir cédé au plaisir et pour souhaiter que ces jouissances ne leur eussent jamais été agréables car les hommes vicieux sont chargés de regrets. Ainsi donc, il est manifeste que l'homme pervers n'a même pas envers lui-même de dispositions affectueuses, parce qu'il n'a en lui rien qui soit aimable. Si dès lors un pareil état d'esprit est le comble de la misère morale, nous devons fuir la perversité de toutes nos forces et essayer d'être d'honnêtes gens : ainsi pourrons-nous à la fois nous comporter en ami avec nous-mêmes et devenir un ami pour un autre.

ARISTOTE, *Éthique à Nicomaque*, IVe s. av. J.-C.

Aristote

Ce que dit **Aristote**

▶ Dans quelle disposition d'esprit se trouve l'homme méchant ? Profite-t-il vraiment des bénéfices de sa perversité ?

▶ Aristote décrit l'état d'esprit du méchant comme « le comble de la **misère morale** ». Un tel homme peine à se trouver des amis en dehors des gens de son espèce. Il ne peut pas compter sur eux et tous les autres le rejettent parce qu'ils connaissent sa méchanceté : le voilà donc bien seul.

▶ Mais seul face à lui-même, c'est encore pire, car le méchant sait au fond de son cœur qu'il n'a rien d'aimable. Il ne s'aime donc pas. Une partie de lui-même, qui est raisonnable et bonne, accuse en permanence l'autre partie qui le pousse au vice : le voilà profondément déchiré et en guerre avec lui-même, au point parfois de vouloir quitter la vie pour se libérer du remords qui le ronge intérieurement.

▶ Le méchant est « malheureux », mais il est seul responsable de sa misère. On doit donc s'efforcer d'être honnête pour ne pas subir le même sort que lui. La **vertu** est une condition nécessaire pour vivre heureux, en harmonie avec soi-même et avec les autres.

Les notions   La conscience, autrui, la morale

La nature nous fournit-elle des outils ?

L'homme dispose naturellement d'un outil formidable : la main.

> Ce n'est pas parce qu'il a des mains que l'homme est le plus intelligent des êtres, mais c'est parce qu'il est le plus intelligent qu'il a des mains. En effet, l'être le plus intelligent est celui qui est capable de bien utiliser le plus grand nombre d'outils : or, la main semble bien être non pas un outil, mais plusieurs. Car elle est pour ainsi dire un outil qui tient lieu des autres. C'est donc à l'être capable d'acquérir le plus grand nombre de techniques que la nature a donné l'outil de loin le plus utile, la main. Aussi, ceux qui disent que l'homme n'est pas bien constitué et qu'il est le moins bien partagé des animaux (parce que, dit-on, il est sans chaussures, il est nu et il n'a pas d'armes pour combattre) sont dans l'erreur. Car les autres animaux n'ont chacun qu'un seul moyen de défense et il ne leur est pas possible de le changer pour faire n'importe quoi d'autre, et ne doivent jamais déposer l'armure qu'ils ont autour de leur corps ni changer l'arme qu'ils ont reçue en partage. L'homme, au contraire, possède de nombreux

> moyens de défense, et il lui est toujours loisible d'en changer et même d'avoir l'arme qu'il veut et quand il le veut. Car la main devient griffe, serre, corne, ou lance, ou épée, ou toute autre arme ou outil. Elle peut être tout cela, parce qu'elle est capable de tout saisir et de tout tenir.
>
> ARISTOTE, *Les Parties des animaux*, IVe s. av. J.-C.

Ce que dit **Aristote**

La main de l'homme est un outil naturel et universel qui lui permet de fabriquer des outils artificiels et destinés à des tâches particulières.

▶ L'homme est-il réellement démuni face à la nature ? Celle-ci ne lui a-t-elle pas donné le plus merveilleux des outils en le dotant de la main ?

▶ Le texte se réfère au mythe de Prométhée, où les hommes apparaissent lésés dans le partage opéré par la nature : tous les animaux se voient dotés dès leur naissance des moyens qui leur permettront de survivre, tandis que l'homme vient au monde nu et sans défense. C'est pourquoi Prométhée vole le feu aux dieux pour le donner aux hommes, le feu symbolisant l'ingéniosité technique.

▶ Aristote pense au contraire que la nature a été généreuse avec l'homme car elle l'a pourvu de la **main**. Or la main a sur les ailes ou les nageoires l'avantage de servir à tout, ne serait-ce que par sa forme qui permet « de tout saisir et de tout tenir ». C'est l'**outil universel** qui permet à l'homme de dominer les autres animaux et d'aménager le monde.

▶ Aristote développe une conception finalisée de la nature : celle-ci, qui ne produit rien au hasard, a toujours un projet. Il ne faut donc pas s'étonner que la nature ait confié cet outil au seul être qui, grâce à son intelligence, est capable d'en utiliser toutes les potentialités.

Les notions La technique, le vivant

Bergson

Nom : Henri Bergson
Naissance : 1859 à Paris.
Mort : 1941 à Paris.
Période : XIX-XXᵉ siècles.
À noter : Bergson a participé à la création de l'Institut international de coopération intellectuelle – équivalent de l'actuelle Unesco.
Œuvres principales : *Matière et mémoire* (1896), *L'Évolution créatrice* (1907), *La Pensée et le Mouvant* (1934).

Les limites de l'intelligence et du langage

▶ Selon Bergson, l'intelligence humaine est d'abord une **faculté technique** qui permet d'agir sur la réalité en fabriquant des objets artificiels. Si cette faculté conduit l'homme à maîtriser son environnement, elle ne considère cependant les choses qu'en vue de leur **fonction utilitaire** et ne permet pas d'accéder à leur **essence**.

▶ De même, le **langage**, tout en nous aidant à saisir le monde, nous en masque la véritable richesse. Les mots sont des « étiquettes » collées sur le réel dont la **généralité** (« la chaise », « la colère », etc.) ne nous livre ni ce que chaque chose a de singulier ni ce que nos sentiments possèdent d'irréductible.

L'intuition et la durée

▶ C'est alors par « **l'intuition** », que Bergson définit comme un effort pour se transporter à l'intérieur d'un objet, pour « **coïncider** » avec ce qu'il a « d'unique et d'inexprimable », que l'on accède aux choses mêmes.

▶ Cet effort commence par l'intuition de la « **durée** », qui est pour Bergson le **temps réel**, distinct du temps abstrait de la physique qui mesure et découpe artificiellement ce qui forme en fait un tout indivisible. Retenant le passé dans le présent et anticipant l'avenir, notre **conscience** nous permet d'éprouver cette durée. Elle est la **mémoire** de notre vie intérieure, qui se donne comme un flux continu, indivisible et changeant.

Les **textes expliqués** de Bergson

Quelle est la finalité de l'art ?

L'art nous révèle des dimensions du réel qui sont déjà sous nos yeux, mais que notre perception ordinaire laisse échapper.

« À quoi vise l'art, sinon à nous montrer, dans la nature et dans l'esprit, hors de nous et en nous, des choses qui ne frappaient pas explicitement nos sens et notre conscience ? Le poète et le romancier qui expriment un état d'âme ne le créent certes pas de toutes pièces ; ils ne seraient pas compris de nous si nous n'observions pas en nous, jusqu'à un certain point, ce qu'ils nous disent d'autrui. Au fur et à mesure qu'ils nous parlent, des nuances d'émotion et de pensée nous apparaissent qui pouvaient être représentées en nous depuis longtemps, mais qui demeuraient invisibles : telle l'image photographique qui n'a pas été plongée dans le bain où elle se révélera. Le poète est ce révélateur. [...] Remarquons que l'artiste a toujours passé pour un « idéaliste ». On entend par là qu'il est moins préoccupé que nous du côté positif et matériel de la vie. C'est au sens propre du mot, un « distrait ». Pourquoi, étant plus détaché de la réalité arrive-t-il à y voir plus de choses ? On ne le comprendrait pas, si la vision que nous avons ordinairement des objets extérieurs et de nous-mêmes n'était une vision que notre attachement à la réalité, notre besoin de vivre et d'agir, nous a amenés à rétrécir et à vider. De fait, il serait aisé de montrer que, plus nous sommes préoccupés de vivre, moins nous sommes enclins à contempler, et que les nécessités de l'action tendent à limiter le champ de vision. »

H. BERGSON, *La Pensée et le Mouvant*, 1934.

Ce que dit **Bergson**

▶ Que nous révèlent les productions d'un artiste ? Possèdent-elles une visée spécifique ? Il est fréquent de supposer qu'une œuvre nous livre uniquement l'imaginaire et les émotions de son auteur. D'ailleurs, n'est-ce pas ce qui fait son caractère unique ?

▶ D'après Bergson, cette lecture est pourtant réductrice. L'artiste ne « crée pas de toutes pièces » son propre monde. Il nous dévoile ce qui est déjà sous nos yeux, mais que notre regard laisse d'ordinaire échapper. Il est donc plutôt un « **révélateur** » qui offre une perception plus aiguë du réel.

Bergson

▶ Bergson part du constat suivant : si nous comprenons les « **états d'âme** » exprimés par l'artiste, c'est bien que nous les reconnaissons et les observons en nous. Il ne s'agit donc pas d'une expérience privée, inaccessible au reste de l'humanité.

▶ Pourquoi l'artiste est-il alors le seul à pouvoir nous « révéler » ce qui était déjà là ? S'il parvient à percevoir ce qui nous échappe, c'est paradoxalement, répond Bergson, parce qu'il est plus « détaché de la réalité ». Ainsi, notre **rapport pragmatique** avec le réel nous pousse généralement à ne considérer les objets qu'en fonction de leur usage pratique, de leur place dans nos actions quotidiennes, et restreint donc notre regard à une vision strictement utilitaire du monde. En revanche, l'artiste est un **contemplatif**. Loin d'être absorbé par l'urgence de l'action et de la vie matérielle ordinaire, il perçoit les objets communs sous un angle inédit. C'est ainsi parce qu'il est, en un sens, moins « réaliste » qu'il parvient à dévoiler cette part du réel que notre rapport habituel aux choses nous a au contraire appris à occulter.

Les notions La conscience, la perception, l'art

Quelle est la spécificité de l'intelligence humaine ?

L'intelligence humaine est en premier lieu une faculté pratique qui permet la fabrication d'outils toujours plus complexes.

❝ En ce qui concerne l'intelligence humaine, on n'a pas assez remarqué que l'invention mécanique a d'abord été sa démarche essentielle, qu'aujourd'hui encore notre vie sociale gravite autour de la fabrication et de l'utilisation d'instruments artificiels, que les inventions qui jalonnent la route du progrès en ont aussi tracé la direction. [...] Dans des milliers d'années, quand le recul du passé n'en laissera plus apercevoir que les grandes lignes, nos guerres et nos révolutions compteront pour peu de chose, à supposer qu'on s'en souvienne encore ; mais de la machine à vapeur, avec les inventions de tout genre qui lui font cortège, on parlera peut-être comme nous parlons du bronze ou de la pierre taillée ; elle servira à définir un âge. Si nous pouvions nous dépouiller de tout orgueil, si, pour définir notre espèce, nous nous en tenions strictement à ce que l'histoire et la préhistoire nous présentent comme la caractéristique constante de l'homme et de l'intelligence, nous ne dirions peut-être pas *Homo sapiens*, mais *Homo faber*. En définitive, l'intelligence, envisagée dans ce qui en paraît être la démarche originelle, est la faculté de fabriquer des objets artificiels, en particulier des outils à faire des outils et d'en varier indéfiniment la fabrication.

H. BERGSON, *L'Évolution créatrice*, 1907.

Ce que dit **Bergson**

▶ Quelles sont les caractéristiques de l'intelligence humaine ? À l'aune de quels critères faut-il la définir ?

▶ De fait, une longue tradition philosophique et scientifique considère l'intelligence comme une faculté essentiellement théorique.

▶ Pourtant, d'après Bergson, notre intelligence serait d'abord une **faculté pratique** qui nous permet d'*agir* sur la matière. Nous sommes en premier lieu des *Homo faber*, et c'est la capacité à fabriquer des outils et des machines (sortes d'organes artificiels), qui est la constante de l'évolution humaine.

▶ Bergson remarque en effet que « l'invention mécanique » est le critère distinctif de notre intelligence. Là où l'instinct permet à l'animal de s'adapter à son environnement, l'homme s'est dès le départ caractérisé par sa capacité technique à innover en fabriquant des **instruments** capables de modeler la matière. Or, le progrès de l'humanité n'est pas seulement jalonné par ces inventions d'outils et de machines (ces « outils à faire des outils »), mais il est surtout orienté par elles. En effet, la vie sociale « gravite » autour des habitudes et façons de vivre engendrées par chaque grande invention, et l'on peut donc dire que chacune produit un nouvel « âge ».

▶ En conséquence, si notre « orgueil » nous pousse à croire que notre intelligence est de l'ordre de la pensée pure, détachée des aléas de l'action, un regard lucide sur notre passé dément cette illusion. Car derrière les agitations idéologiques et les conflits qui ont menacé l'unité de l'espèce, c'est bien notre aptitude à inventer des solutions pratiques et techniques face à des situations nouvelles qui ressort comme le trait le plus commun et le plus spécifique de notre intelligence.

Les notions La technique, l'histoire, la société

D'autres **textes expliqués**

▶ Un autre extrait d'œuvre est expliqué dans les notions.

BERGSON, *L'Énergie spirituelle*, ➔ **la matière et l'esprit** p. 170

Descartes

Nom : René Descartes

Naissance : 1596 à La Haye-en-Touraine en France.

Mort : 1650 à Stockholm en Suède.

Période : XVIIe siècle.

À noter : Descartes a fait l'essentiel de sa carrière aux Pays-Bas pour conduire ses recherches scientifiques, puis à la cour de la reine Christine de Suède.

Œuvres principales : *Discours de la méthode* (1637), *Méditations métaphysiques* (1641), *Les Passions de l'âme* (1649).

L'inspiration mathématique

▶ C'est dans le domaine des mathématiques que Descartes s'est d'abord fait connaître. Les réussites qu'il y a obtenues par la mise en œuvre de sa **méthode**, principalement fondée sur l'analyse et la synthèse, l'incitent à transposer celle-ci dans les autres sciences (*mathesis universalis*).

▶ Son système philosophique prétend atteindre l'évidence et la rigueur des **mathématiques**. Il a pour objectif de transformer la vie humaine grâce à l'extension de nos **connaissances** et de leurs applications techniques (médecine, mécanique). À son plus haut point de perfection, cette science pourrait peut-être éclairer aussi l'action (morale).

La métaphysique et la morale

Pour fonder ce système, Descartes établit d'abord une première vérité d'ordre métaphysique : le sujet se définit par la **pensée** (« je pense, donc je suis »). Mais si l'esprit et la matière sont deux réalités distinctes et souvent séparées, il ne faut pas oublier que l'homme est fait de l'union d'une âme et d'un corps. La morale cartésienne en prend acte, et tente de définir une voie vers le bonheur en prônant une vie vertueuse dans laquelle la satisfaction des **passions** doit aussi trouver sa place.

Les **textes expliqués** de Descartes

Puis-je faire confiance à mes sens ?

Les sens sont trompeurs, mais l'entendement les corrige.

« Quand donc on dit *qu'un bâton paraît rompu dans l'eau, à cause de la réfraction*, c'est de même que si l'on disait qu'il nous paraît d'une telle façon qu'un enfant jugerait de là qu'il est rompu, et qui fait aussi que, selon les préjugés auxquels nous sommes accoutumés dès notre enfance, nous jugeons la même chose. Mais je ne puis demeurer d'accord de ce que l'on ajoute ensuite, à savoir que *cette erreur n'est point corrigée par l'entendement, mais par le sens de l'attouchement* ; car bien que ce sens nous fasse juger qu'un bâton est droit, et cela par cette façon de juger à laquelle nous sommes accoutumés dès notre enfance, et qui par conséquent peut être appelée *sentiment*, néanmoins cela ne suffit pas pour corriger l'erreur de la vue, mais outre cela il est besoin que nous ayons quelque raison, qui nous enseigne que nous devons en cette rencontre nous fier plutôt au jugement que nous faisons en suite de l'attouchement, qu'à celui où semble nous porter le sens de la vue ; laquelle raison n'ayant point été en nous dès notre enfance, ne peut être attribuée au sens, mais au seul entendement ; et partant, dans cet exemple même, c'est l'entendement seul qui corrige l'erreur du sens, et il est impossible d'en apporter jamais aucun, dans lequel l'erreur vienne pour s'être plus fié à l'opération de l'esprit qu'à la perception des sens.

R. DESCARTES, *Méditations métaphysiques*, 1641.

Ce que dit **Descartes**

▶ Comment croire nos sens alors que nous savons qu'ils sont parfois trompeurs ? Avons-nous les moyens de corriger leurs erreurs ?

▶ Si on plonge un bâton dans l'eau, il apparaît brisé à cause d'un phénomène de **réfraction**. Nous serons donc induits en erreur si nous accordons une confiance excessive aux informations fournies par les sens. C'est une forme de **naïveté** dont pourrait faire preuve un enfant, mais qui perdure souvent à l'âge adulte.

▶ Outre la sensibilité, nous disposons d'un « **entendement** » qui nous permet de raisonner et de distinguer le vrai du faux. Ainsi, toute perception implique que nous formions un jugement permettant de la valider ou non : l'erreur ou la connaissance ne viennent pas à proprement parler des sens, mais de l'exercice attentif ou insuffisant de la **raison**.

▶ Un **empiriste*** dirait que lorsqu'un sens nous trompe (la vue), un autre sens peut le rectifier (le toucher). Mais le **rationaliste*** qu'est Descartes conteste cette idée : sans le raisonnement, nous n'aurions aucun moyen de dire pourquoi il faut croire nos mains davantage que nos yeux, et nous ne songerions même pas à douter de ce qu'ils nous présentent.

Les notions La perception, la raison et le réel

Ai-je un corps ou suis-je mon corps ?

L'âme et le corps composent comme un seul tout.

> La nature m'enseigne aussi, par ces sentiments de douleur, de faim, de soif, etc., que je ne suis pas seulement logé dans mon corps ainsi qu'un pilote en son navire, mais, outre cela, que je lui suis conjoint très étroitement, et tellement confondu et mêlé que je compose comme un seul tout avec lui. Car si cela n'était, lorsque mon corps est blessé, je ne sentirais pas pour cela de la douleur, moi qui ne suis qu'une chose qui pense, mais j'apercevrais cette blessure par le seul entendement, comme un pilote aperçoit par la vue si quelque chose se rompt dans son vaisseau. Et lorsque mon corps a besoin de boire ou de manger, je connaîtrais simplement cela même, sans en être averti par des sentiments confus de faim et de soif. Car en effet tous ces sentiments de faim, de soif, de douleur, etc., ne sont autre chose que de certaines façons confuses de penser, qui proviennent et dépendent de l'union et comme du mélange de l'esprit avec le corps.
>
> R. DESCARTES, *Méditations métaphysiques*, 1641.

Ce que dit **Descartes**

▶ Quels rapports le corps et l'âme entretiennent-ils ? Sont-ils comme deux étrangers qui coopèrent ou bien s'unissent-ils au point de constituer comme un mystérieux mélange ?

▶ Après avoir établi la distinction de l'âme et du corps, Descartes s'intéresse à leur **union** réalisée dans l'homme. Le sujet, qui se percevait jusqu'alors comme un esprit (« je suis une chose qui pense »), explore maintenant sa relation avec le corps, c'est-à-dire avec une portion de matière. Or cette relation se révèle plus étroite qu'on pouvait le penser.

▶ Une multitude de pensées sont éveillées dans l'âme du fait de cette union. Des sentiments tels que la faim, la soif ou la douleur s'imposent avec tant de vigueur et d'immédiateté qu'ils semblent témoigner d'un « **mélange** » entre l'esprit et le corps.

▶ Le corps n'est donc pas un instrument ou un navire dont l'âme serait le pilote, comme le voulait Platon : le pilote reste étranger à son navire même s'il s'en préoccupe, mais l'âme prend pleinement part à la souffrance du corps. Je n'ai pas seulement un corps, je suis mon corps : « je compose comme un seul tout avec lui ».

▶ Il y a une forme de **vérité** dans le sentiment puisque Descartes parle d'un « enseignement de la nature ». À l'image de la faim, de la soif et de la douleur, les sentiments sont des « façons confuses de penser », mais nous renseignent efficacement sur ce qu'il convient de faire pour préserver la vie. C'est une vérité du vécu distincte de la vérité scientifique.

Les notions ▶ La vérité, la matière et l'esprit

La raison s'oppose-t-elle nécessairement au désir ?

La raison n'a pas pour rôle de condamner les désirs, mais de les régler.

❝ Au reste, toutes sortes de désirs ne sont pas incompatibles avec la béatitude ; il n'y a que ceux qui sont accompagnés d'impatience et de tristesse. Il n'est pas nécessaire aussi que notre raison ne se trompe point ; il suffit que notre conscience nous témoigne que nous n'avons jamais manqué de résolution et de vertu, pour exécuter toutes les choses que nous avons jugé être les meilleures, et ainsi la vertu seule est suffisante pour nous rendre contents en cette vie. Mais néanmoins pour ce que, lorsqu'elle n'est pas éclairée par l'entendement, elle peut être fausse, [...] au lieu que le droit usage de la raison, donnant une vraie connaissance du bien, empêche que la vertu ne soit fausse, [...] il faut avouer que la plus grande félicité de l'homme dépend de ce droit usage de la raison, et par conséquent que l'étude qui sert à l'acquérir est la plus utile occupation qu'on puisse avoir, comme elle est aussi sans doute la plus agréable et la plus douce.

R. DESCARTES, *Lettre à Élisabeth*, 4 août 1645.

Ce que dit **Descartes**

▶ Nos désirs sont-ils par nature irrationnels ? Est-il possible de les régler de telle sorte qu'ils nous conduisent au bonheur ? La philosophie morale, qui condamne traditionnellement les passions, se méfie du **désir** : le platonisme et le stoïcisme* l'associent à l'intempérance et au malheur. Descartes assume en partie cet héritage lorsqu'il déclare qu'il vaut mieux changer ses désirs plutôt que l'ordre du monde (*Discours de la méthode*).

▶ Pourtant, Descartes refuse de condamner le désir et la sensibilité en général : loin d'être des maladies de l'âme, nos passions sont « presque toutes bonnes » à condition d'être réglées par la **raison**. Une fois modérées, elles participent à la douceur de la vie.

▶ La voie la plus sûre vers le bonheur est donc l'usage de la raison, qui permet de bien juger et ainsi de se procurer des contentements solides. L'homme heureux est d'abord l'homme vertueux, car celui qui agit bien est en paix avec lui-même.

▶ Il arrive certes qu'on se trompe, mais la vertu ne consiste pas à tout savoir ou à devenir parfait. Elle requiert seulement qu'on s'efforce toujours de faire de son mieux : c'est une sagesse à la portée de n'importe quel homme de bonne volonté.

Les notions Le désir, la morale, le bonheur

L'homme est-il vertueux contre son intérêt ?

Penser aux autres ne signifie pas toujours sacrifier ses intérêts.

> Bien que chacun de nous soit une personne séparée des autres, et dont, par conséquent, les intérêts sont en quelque façon distincts de ceux du reste du monde, on doit toutefois penser qu'on ne saurait subsister seul, et qu'on est, en effet, l'une des parties de l'univers, et plus particulièrement encore, l'une des parties de cette terre, l'une des parties de cet État, de cette société, de cette famille, à laquelle on est joint par sa demeure, par son serment, par sa naissance. Et il faut toujours préférer les intérêts du tout, dont on est partie, à ceux de sa personne en particulier ; toutefois avec mesure et discrétion, car on aurait tort de s'exposer à un grand mal, pour procurer seulement un petit bien à ses parents ou à son pays ; et si un homme vaut plus, lui seul, que tout le reste de sa ville, il n'aurait pas raison de se vouloir perdre pour la sauver. Mais si on rapportait tout à soi-même, on ne craindrait pas de nuire beaucoup aux autres hommes, lorsqu'on croirait en retirer quelque petite commodité, et on n'aurait aucune vraie amitié, ni aucune fidélité, ni généralement aucune vertu ; au lieu qu'en se considérant comme une partie du public, on prend plaisir à faire du bien à tout le monde, et même on ne craint pas d'exposer sa vie pour le service d'autrui, lorsque l'occasion s'en présente ; voire on voudrait perdre son âme, s'il se pouvait, pour sauver les autres. En sorte que cette considération est la source et l'origine de toutes les plus héroïques actions que fassent les hommes.
>
> R. Descartes, *Lettre à Élisabeth*, 15 septembre 1645.

Ce que dit **Descartes**

▶ À quel point faut-il s'intéresser aux autres ? Un individu doit-il songer d'abord à lui-même, ou s'efforcer de dépasser son égoïsme naturel ?

▶ L'**égoïsme** est naturel car chacun de nous est « une personne séparée des autres ». On ne s'expose pas personnellement à un grand danger quand le bénéfice pour les autres n'est pas de grande importance, ou quand ces personnes n'en valent pas la peine.

▶ Descartes affiche cependant sa préférence pour les « actions héroïques ». Nul homme n'étant seul au monde, le **sacrifice** de l'individu au bénéfice de la communauté est légitime. Nous sommes toujours une partie d'un tout qui nous dépasse, tant à l'échelle humaine (famille, société, État) qu'à l'échelle cosmique (Terre, univers).

▶ En outre, le souci des autres n'est pas toujours synonyme de sacrifice : on peut aussi prendre **plaisir** à leur faire du bien. L'altruisme manifeste notre valeur aux yeux des autres et à nos propres yeux : c'est donc aussi une source de bonheur. On peut y voir une forme d'égoïsme plus noble que celui consistant à rechercher en toute chose notre intérêt.

Les notions ▶ Autrui, la morale

D'autres **textes expliqués**

▶ D'autres extraits d'œuvres sont expliqués dans les notions.

DESCARTES, *Discours de la méthode*,	➜ le sujet	p. 10
DESCARTES, *Discours de la méthode*,	➜ la technique	p. 98
DESCARTES, *Règles pour la direction de l'esprit*,	➜ théorie et expérience	p. 130
DESCARTES, *Règles pour la direction de l'esprit*,	➜ la démonstration	p. 146
DESCARTES, *Lettre à Morus*,	➜ le vivant	p. 162

Épictète

Nom : Épictète
Naissance : vers 50 à Hiérapolis en Turquie.
Mort : entre 125 et 130 à Nicopolis en Grèce.
Période : Antiquité.
À noter : Né esclave, Épictète fut affranchi et put ouvrir une école où il enseigna le stoïcisme jusqu'à sa mort.
Œuvres principales : *Entretiens*, *Manuel*.

Un maître de sagesse

▶ Les œuvres d'Épictète ne sont pas de sa propre main mais elles ont été rédigées par son disciple, Arrien, à partir de ses notes de cours. Conformément aux principes stoïciens*, Épictète adopte une vie simple et frugale et croit en l'existence du **destin** : chaque individu, chaque chose prend place dans un **ordre du monde** dont il faut reconnaître la nécessité et la bonté.

▶ Son enseignement se distingue par son insistance sur la pratique plutôt que sur la théorie : préférant le dialogue aux exposés scolaires, il exhorte en permanence, et parfois âprement, à changer notre manière de vivre.

La vie philosophique

▶ La philosophie est avant tout un « art de vivre » dans lequel on tâche de progresser. Épictète recommande ainsi un certain nombre d'**exercices spirituels** par lesquels il est possible, peu à peu, de détacher son esprit des événements extérieurs, par exemple en s'accoutumant à penser que notre vie est brève et nos possessions précaires : c'est ainsi que se gagne la **liberté** de l'esprit.

▶ Dans cette quête d'une existence apaisée, le souci de la **vertu** est primordial car il faut être un homme de bien pour être en paix avec soi-même. La difficulté est de résister aux vaines **passions** telles que le désir, l'envie ou la crainte, qui sont la source de notre malheur.

Les **textes expliqués** d'Épictète

Dépend-il de nous d'être heureux ?

> Être heureux dépend uniquement de nous-mêmes, et non des événements.
>
> ❝ Il y a des choses qui dépendent de nous et d'autres qui ne dépendent pas de nous. Ce qui dépend de nous, ce sont les pensées, la tendance, le désir, le refus, bref tout ce sur quoi nous pouvons avoir une action. Ce qui ne dépend pas de nous, c'est la santé, la richesse, l'opinion des autres, les honneurs, bref tout ce qui ne vient pas de notre action.
> Ce qui dépend de nous est, par sa nature même, soumis à notre libre volonté ; nul ne peut nous empêcher de le faire ni nous entraver dans notre action. Ce qui ne dépend pas de nous est sans force propre, esclave d'autrui ; une volonté étrangère peut nous en priver.
> Souviens-toi donc de ceci : si tu crois soumis à ta volonté ce qui est, par nature, esclave d'autrui, si tu crois que dépend de toi ce qui dépend d'un autre, tu te sentiras entravé, tu gémiras, tu auras l'âme inquiète, tu t'en prendras aux dieux et aux hommes. Mais si tu penses que seul dépend de toi ce qui dépend de toi, que dépend d'autrui ce qui réellement dépend d'autrui, tu ne te sentiras jamais contraint à agir, jamais entravé dans ton action, tu ne t'en prendras à personne, tu n'accuseras personne, tu ne feras aucun acte qui ne soit volontaire ; nul ne pourra te léser, nul ne sera ton ennemi, car aucun malheur ne pourra t'atteindre.
>
> ÉPICTÈTE, *Manuel*, environ 125 après J.-C.

Ce que dit **Épictète**

▶ Comment devenir libres et heureux ? Faut-il pour cela s'efforcer par tous les moyens de nous rendre la fortune favorable ? Ou bien faut-il au contraire, comme le propose Épictète, commencer par avouer que certaines choses ne dépendent pas de nous ?

▶ Le *Manuel* d'Épictète s'ouvre sur une distinction extrêmement simple mais fondamentale : ce qui dépend de nous en toutes circonstances, ce sont nos **pensées** ; sur tout le reste, nous n'avons aucune prise.

▶ Cela signifie que nous devons apprendre à détacher nos pensées des événements extérieurs, auxquels nous avons tendance à accorder trop d'importance. En effet, les hommes imaginent communément qu'ils seront heureux si les événements sont conformes à leurs désirs. Et pour ce faire, ils sont prêts à déployer des efforts de jour comme de nuit.

Épictète

▶ Mais la fortune peut nous être contraire et nous priver de tout ce à quoi nous accordons de l'importance : la santé, la richesse, l'opinion des autres, les honneurs ne sont jamais entièrement sujets à notre contrôle. En poursuivant ces faux biens, les hommes se rendent « esclaves » de ce qui ne dépend pas d'eux ; ils sont en proie aux faux espoirs et aux craintes les plus folles.

▶ Le résultat est que les hommes sont malheureux et gémissent lamentablement sur leur sort, alors qu'ils en sont les premiers responsables. Le sage stoïcien, au contraire, a compris que le bonheur réside dans l'« **ataraxie*** » ou tranquillité de l'âme : c'est pourquoi il s'exerce à accepter les événements extérieurs tels qu'ils se produisent, sans chercher à les infléchir, et à maîtriser au contraire ses propres réactions : c'est dans l'absence de **passions** que réside le secret du bonheur.

▶ « Ce qui trouble les hommes, ce ne sont pas les événements, mais l'idée qu'ils se font des événements » : l'important n'est pas ce qui nous arrive, car cela ne dépend pas de nous, mais la manière dont nous l'interprétons. Rien n'est en soi un mal pour qui reste maître de ses pensées.

Les notions La liberté, le bonheur

Suffit-il de démontrer pour convaincre ?

On convainc beaucoup plus efficacement par des actes que par des arguments.

> La première partie de la philosophie, la plus nécessaire, consiste à mettre en pratique les préceptes, par exemple, à ne pas mentir. La seconde consiste à les démontrer, à expliquer par exemple pourquoi il ne faut pas mentir. La troisième consiste à affirmer ces démonstrations, à faire les distinctions nécessaires : pourquoi est-ce une démonstration ? Qu'est-ce qu'une conséquence, une contradiction ? Qu'est-ce que le vrai ? Qu'est-ce que le faux ?
> Ainsi la troisième partie est nécessitée par la seconde, et la seconde par la première : mais la plus nécessaire, celle où il faut s'arrêter longtemps, c'est la première. Et nous, nous faisons le contraire : nous nous attardons sur la troisième partie, nous y mettons toute notre ardeur. Quant à la première, nous la négligeons complètement. C'est pourquoi nous mentons tout en sachant très bien démontrer qu'il ne faut pas mentir.
>
> ÉPICTÈTE, *Manuel*, environ 125 après J.-C.

Ce que dit Épictète

▶ Les mots seraient-ils plus importants que les actes ? Il importe sans aucun doute de bien penser, et c'est à cela que la philosophie s'emploie. Mais ne doit-elle pas aussi et surtout enseigner à bien agir ? Pour Épictète, cette question engage la crédibilité du philosophe.

▶ Épictète distingue trois parties dans la philosophie : la première consiste à appliquer les préceptes moraux, c'est la **morale « pratique »**. La seconde est nécessitée par la première : elle consiste à « démontrer » et à « expliquer » la valeur de ces principes, c'est donc la **morale « théorique »**. Cette seconde partie s'appuie elle-même sur une troisième qui règle le sens des mots et l'enchaînement des idées, c'est la **logique**.

▶ On pourrait donc croire que la partie la plus fondamentale est la troisième, puisque tout repose sur elle. C'est une erreur dont les philosophes se rendent souvent coupables : « nous nous attardons sur la troisième partie, nous y mettons toute notre ardeur », déplore Épictète. Il est en effet plus important de bien se conduire que de savoir pourquoi il faut bien se conduire.

▶ Cette erreur est aussi celle des stoïciens* eux-mêmes, qui partagent l'activité philosophique entre la physique, la logique et la morale. Au cours du temps, l'aspect théorique a pu prendre le pas sur l'aspect pratique dans l'enseignement prodigué par cette école. Épictète veut revenir aux sources de l'inspiration stoïcienne : il prône une approche plus concrète de la philosophie, dont le sens est pour lui d'enseigner à bien vivre.

▶ L'exemple pris tout au long du texte (« ne pas mentir ») met l'accent sur la conduite morale davantage que sur la connaissance. En cette matière, on est beaucoup plus crédible par ses actes que par ses arguments, aussi subtils soient-ils. Nul besoin d'un enseignement quelconque pour savoir que le mensonge est une chose laide : les exigences de la vertu se font connaître d'elles-mêmes. La voix de la conscience se passe très bien des arguments subtils qui pourraient même finir par l'étouffer.

Les notions La vérité, la démonstration, la morale

D'autres textes expliqués

▶ Un autre extrait d'œuvre est expliqué dans les notions.

ÉPICTÈTE, *Entretiens*,　　　　　　　　　　➜ **la liberté**　p. 226

Épicure

Nom : Épicure
Naissance : 342-341 av. J.-C. à Samos en Grèce.
Mort : 270 av. J.-C. à Athènes en Grèce.
Période : Antiquité.
À noter : En 306 av. J.-C., Épicure fonde une école, le Jardin, où il enseigne l'art d'être heureux.
Œuvres principales : *Lettre à Hérodote*, *Lettre à Pythoclès*, *Lettre à Ménécée*.

Épicure et l'épicurisme

▶ Un épicurien est pour nous une personne qui profite sans retenue des plaisirs de la vie. Pourtant ce n'est pas le sens de l'enseignement d'Épicure. Certes, le maître place le bonheur au centre de ses préoccupations, et affirme que le **plaisir** en est l'élément principal. Mais pas n'importe quel plaisir ! Il s'agit d'un plaisir tranquille, en repos, c'est-à-dire d'une forme de sérénité ou de tranquillité que les Anciens appelaient « ataraxie* ».

▶ Épicure enseigne à nous **libérer des angoisses** qui empoisonnent notre vie (crainte de la mort, crainte des dieux, crainte de la douleur) et à chercher le plaisir d'une manière simple, en sachant se contenter de peu.

Une vision matérialiste

▶ Épicure fonde l'art d'être heureux sur une connaissance rigoureuse de la **nature**. Selon lui, tout ce qui existe est matériel : il y a dans l'univers un nombre constant d'atomes qui s'agrègent pour former des corps puis se décomposent pour en former d'autres. Rien ne se perd, rien ne se crée : tout se transforme.

▶ La **mort** étant la dispersion des atomes qui composaient un être vivant, elle n'est pas à craindre puisque l'âme, elle aussi matérielle, se décompose également. Cela signifie que notre vie terrestre est la seule qu'il nous soit donné de connaître, et qu'elle doit être vécue le plus heureusement possible.

Les **textes expliqués** d'Épicure

Une vie heureuse est-elle une vie de plaisirs ?

Le plaisir est en soi un bien, mais il faut le chercher avec discernement.

> Nous disons que le plaisir est le commencement et la fin de la vie heureuse. En effet, d'une part, le plaisir est reconnu par nous comme le bien primitif et conforme à notre nature, et c'est de lui que nous partons pour déterminer ce qu'il faut choisir et ce qu'il faut éviter ; d'autre part, c'est toujours à lui que nous aboutissons, puisque ce sont nos affections qui nous servent de règle pour mesurer et apprécier tout bien quelconque si complexe qu'il soit. Mais, précisément parce que le plaisir est le bien primitif et conforme à notre nature, nous ne recherchons pas tout plaisir, et il y a des cas où nous passons par-dessus beaucoup de plaisirs, savoir lorsqu'ils doivent avoir pour suite des peines qui les surpassent ; et, d'autre part, il y a des douleurs que nous estimons valoir mieux que des plaisirs, savoir lorsque après avoir longtemps supporté les douleurs, il doit résulter de là un plaisir qui les surpasse. Tout plaisir, pris en lui-même et dans sa nature propre, est donc un bien, et cependant tout plaisir n'est pas à rechercher ; pareillement toute douleur est un mal, et pourtant toute douleur ne doit pas être évitée. En tout cas, chaque plaisir et chaque douleur doivent être appréciés par une comparaison des avantages et des inconvénients à attendre. Car le plaisir est toujours le bien, et la douleur le mal, seulement il y a des cas où nous traitons le bien comme un mal, et le mal, à son tour, comme un bien.
>
> ÉPICURE, *Lettre à Ménécée*, IIIᵉ s. av. J.-C.

Ce que dit **Épicure**

▶ Avons-nous raison d'associer bonheur et plaisir ? Sans aucun doute, mais cela signifie-t-il qu'on doive rechercher tous les plaisirs ? Ou bien la recherche du plaisir doit-elle être conduite avec discernement ?

▶ L'épicurisme est une philosophie du **plaisir** : celui-ci est le principe et la fin de la vie heureuse. Il est à la fois le but qu'on recherche et le moyen par lequel on mesure si ce but est atteint : les sensations (« affections ») nous guident dans la recherche de ce qui convient à notre nature.

▶ Mais la **raison** doit être associée à la sensation, sous peine d'obtenir des résultats inverses à ceux que l'on recherche. Ainsi, il faut parfois endurer un certain degré de souffrance quand c'est en vue d'obtenir un

Épicure

plus grand plaisir, comme c'est par exemple le cas dans l'effort réalisé au travail. Réciproquement, on renonce à certains plaisirs lorsqu'on voit clairement qu'ils provoqueraient de la douleur à terme, par exemple une maladie.

▶ C'est donc toujours au nom du plaisir qu'on renonce à des plaisirs ou qu'on accepte la douleur : tout plaisir reste un bien et toute douleur un mal, mais il faut juger en chaque circonstance de la meilleure conduite à tenir par une comparaison attentive des avantages et des inconvénients.

▶ La **philosophie** est un moyen de perfectionner ce calcul visant le plus grand plaisir : elle nous apprend à mieux discerner de quoi nous avons réellement besoin et quels sont au contraire les plaisirs qui nous éloignent du bonheur. Épicure distingue les **désirs naturels** qu'il convient d'assouvir, des **désirs non naturels** auxquels il faut renoncer. Et parmi les désirs naturels, une hiérarchie est établie entre ceux qui sont nécessaires et ceux qui ne le sont pas.

▶ La philosophie d'Épicure n'est donc pas une poursuite effrénée et vulgaire de plaisirs toujours plus nombreux, comme on l'en a injustement accusée, mais une recherche savante où prédomine la modération.

Les notions ▶ Le désir, le bonheur

Toute réalité est-elle matérielle ?

Les atomes sont les plus petites particules qui composent ce que nous appelons la matière.

❝ L'univers est composé de corps et de vide. L'existence des corps nous est garantie par-dessus tout par la sensation, car c'est sur elle que se règlent, comme je l'ai dit, toutes les conjectures que le raisonnement dirige vers l'invisible. Quant à l'espace, que nous appelons aussi le vide, l'étendue, l'essence intangible, s'il n'existait pas, les corps n'auraient ni siège où résider ni intervalle où se mouvoir, comme nous voyons qu'ils se meuvent. Hors de ces deux choses, on ne peut plus rien saisir d'existant [...]. Maintenant, parmi les corps, on doit distinguer les composés et ceux dont les composés sont faits : ces derniers corps sont insécables et immuables – et il le faut bien pour que toutes choses ne se résolvent pas en non-être et pour qu'il y ait des réalités capables de subsister dans la dissolution des composés ; de plus, ces corps élémentaires sont essentiellement pleins, de sorte que la dissolution ne sait par où ni comment les prendre. Et, par là, les éléments des corps sont des substances insécables.

ÉPICURE, *Lettre à Hérodote*, IIIe s. av. J.-C.

Ce que dit **Épicure**

▶ De quoi sont faits les corps qui nous environnent ? Nous pouvons les toucher et les voir, ce qui atteste leur existence « matérielle », mais de quoi se compose cette matière elle-même ?

▶ L'épicurisme est un **matérialisme*** : tout dans l'univers est composé de matière et de vide. On sait qu'il y a du vide par un raisonnement élémentaire puisqu'on constate qu'il y a du mouvement dans la nature. Or la matière ne pourrait pas être en mouvement s'il n'y avait pas aussi du vide : dans un univers plein, les corps n'auraient d'espace ni pour se placer ni pour se mouvoir.

▶ L'existence des choses matérielles est attestée par la sensation : elle est donc hors de doute. Mais tout corps est divisible en **plus petites parties** qui le composent : que savons-nous de ces petites parties inaccessibles à nos sens ? Ne pourrait-on diviser les corps à l'infini et, ainsi, aboutir au constat que l'être est composé d'une sorte de « non-être » ?

▶ Un autre raisonnement simple nous indique cependant que rien ne peut naître de rien : Épicure pose donc qu'il doit y avoir des corps extrêmement petits et « insécables » qu'il nomme « éléments » ou « **atomes** » (ce mot signifie étymologiquement « ce qui ne peut pas être coupé »). Invisibles à nos yeux, ces minuscules particules composant la matière ne sont pas elles-mêmes composées, mais faites d'un seul tenant indivisible et compact.

▶ On aurait tort de ne voir dans ce principe qu'une **hypothèse** (une « conjecture »), car non seulement cette hypothèse est conforme à ce que nous observons, mais elle procède d'une intuition extrêmement pénétrante pour l'époque.

Les notions La matière et l'esprit

Freud

Nom : Sigmund Freud

Naissance : 1856 à Freiberg (aujourd'hui Příbor) en République tchèque.

Mort : 1939 à Londres au Royaume-Uni.

Période : XIXe-XXe siècles.

À noter : Freud est l'inventeur de la psychanalyse, discipline qui permet notamment d'interpréter les rêves.

Œuvres principales : *L'Interprétation des rêves* (1900), *Trois Essais sur la théorie sexuelle* (1905), *Introduction à la psychanalyse* (1916-1917), *Le Moi et le ça* (1921), *Malaise dans la civilisation* (1930).

Une psychologie des profondeurs

▶ La psychanalyse est une méthode d'abord mise au point par Freud dans la thérapie des névrosés. Mais selon lui, elle permet aussi de mieux comprendre les **mécanismes inconscients** de l'esprit chez l'individu sain. Cette « psychologie des profondeurs » met en évidence l'activité cachée de l'esprit et la façon jusqu'alors insoupçonnée dont celle-ci détermine nos **pensées conscientes**.

▶ Freud pose qu'il y a un **clivage** au cœur de l'esprit : certaines pensées sont « refoulées », c'est-à-dire repoussées en dehors de la conscience, et maintenues en dehors d'elle par une **censure** constante. Mais ces pensées interdites provoquent des phénomènes étranges tels que les rêves, les actes manqués ou les troubles névrotiques. Il s'agit alors de découvrir ces pensées enfouies dans l'esprit du sujet, un peu à la manière d'un archéologue qui creuse et met au jour les vestiges du passé.

Une théorie de la culture

Dans la seconde partie de sa carrière, Freud élargit de plus en plus les méthodes de la psychanalyse aux phénomènes culturels, convaincu que ce qui vaut pour le psychisme individuel peut éclairer également la **vie collective**. Ses recherches se portent alors notamment sur l'art, l'origine de la culture, la religion ou encore la tendance à la violence.

Les **textes expliqués** de Freud

Sommes-nous maîtres de nos pensées ?

La psychanalyse révèle que nous ne connaissons pas la plupart de nos pensées.

❝ Dans le cours des siècles, la science a infligé à l'égoïsme naïf de l'humanité deux graves démentis. La première fois, ce fut lorsqu'elle a montré que la Terre, loin d'être le centre de l'univers, ne forme qu'une parcelle insignifiante du système cosmique dont nous pouvons à peine nous représenter la grandeur. Cette première démonstration se rattache pour nous au nom de Copernic [...]. Le second démenti fut infligé à l'humanité par la recherche biologique, lorsqu'elle a réduit à rien les prétentions de l'homme à une place privilégiée dans l'ordre de la création, en établissant sa descendance du règne animal et en montrant l'indestructibilité de sa nature animale. Cette dernière révolution s'est accomplie de nos jours, à la suite des travaux de Ch. Darwin, de Wallace et de leurs prédécesseurs, travaux qui ont provoqué la résistance la plus acharnée des contemporains. Un troisième démenti sera infligé à la mégalomanie humaine par la recherche psychologique de nos jours qui se propose de montrer au *moi* qu'il n'est seulement pas maître dans sa propre maison, qu'il en est réduit à se contenter de renseignements rares et fragmentaires sur ce qui se passe, en dehors de sa conscience, dans sa vie psychique.

S. FREUD, *Introduction à la psychanalyse*, 1916-1917.

Ce que dit **Freud**

▶ Nous croyons spontanément être maîtres de nos pensées, mais qu'est-ce qui nous en assure ? La vie psychique se réduit-elle à ce dont nous avons conscience ?

▶ Freud propose de méditer sur les grandes découvertes scientifiques qui ont infligé deux « blessures narcissiques » successives à l'humanité : avec Copernic puis Galilée, nous avons appris que la Terre n'était pas au centre de l'univers, puis, avec Darwin et Wallace, nous avons dû reconnaître que l'homme n'était pas le centre de la création, mais un animal parmi d'autres. Ces découvertes furent mal reçues en leur temps car elles blessaient notre **orgueil**.

▶ À l'image de ces deux révolutions scientifiques, la **psychanalyse** est souvent rejetée parce qu'elle représente une **troisième humiliation** :

la conscience n'est pas le centre du psychisme. Autrement dit, « le moi n'est pas maître dans sa propre maison », car ce sont les pulsions inconscientes qui constituent l'essentiel de la vie psychique.

Les notions Le sujet, la conscience, l'inconscient

Comment interpréter un rêve ?

Le rêve satisfait toujours un désir.

> Pour se persuader de l'existence des « idées latentes » du rêve et de la réalité de leur rapport avec le « contenu manifeste », il faut pratiquer *l'analyse des rêves*, dont la technique est la même que la technique psychanalytique [...]. Vous faites complètement abstraction des enchaînements d'idées que semble offrir le « contenu manifeste » du rêve, et vous collectez les « idées latentes », en recherchant quelles associations déclenche chacun de ses éléments. Ces associations provoquées conduiront à la découverte des idées latentes du rêveur, de même que, tout à l'heure, nous voyions les associations déclenchées par les divers symptômes et souvenirs oubliés nous conduire aux complexes cachés. Ces « idées oniriques latentes », qui constituent le sens profond et réel du rêve, une fois mises en évidence, montrent combien il est légitime de ramener les rêves d'adultes au type des rêves d'enfants. Il suffit en effet de substituer au « contenu manifeste », le sens profond pour que tout s'éclaire : on voit que les divers détails du rêve se rattachent à des impressions du jour précédent et l'ensemble apparaît comme la réalisation d'un souhait non satisfait. Le contenu manifeste du rêve peut donc être considéré comme la réalisation *déguisée* de souhaits *refoulés*.
>
> S. FREUD, *Cinq Leçons sur la psychanalyse*, 1909.

Ce que dit **Freud**

▶ Nos rêves ont-ils un sens ? Comment les déchiffrer alors qu'ils sont parfois si étranges ?

▶ Il y a deux types de rêves : les « rêves d'enfant » ont un sens clair. Ils assouvissent un **désir non accompli** de la journée précédente, à l'image du petit garçon rêvant qu'il mange les cerises qu'on lui a interdites au dîner. Les « rêves d'adulte » sont ceux dont le sens n'est pas clair. Ils assouvissent aussi un désir, mais plus secret.

▶ Pour identifier ce désir, il faut dépasser le « **contenu manifeste** » du rêve, c'est-à-dire ce qui se présente à l'esprit du rêveur, et atteindre les

Il n'y a qu'une seule règle en psychanalyse : parler sans restriction ni censure, pour laisser s'exprimer les idées inconscientes refoulées.

« **idées latentes** » c'est-à-dire cachées car inconscientes. La psychanalyse fournit une méthode efficace : il suffit d'inviter le rêveur à associer en toute liberté des idées aux éléments connus de son rêve, sans restriction ni censure. Cette méthode des **libres associations** a pour objectif de laisser les pensées refoulées se manifester.

▶ L'interprétation montre invariablement que le rêve est la réalisation plus ou moins voilée de nos désirs. Le **refoulement** de ces désirs conduit l'esprit du dormeur à les déguiser pour qu'ils ne fassent pas l'objet d'une censure qui interromprait le sommeil. En leur procurant une satisfaction hallucinatoire et symbolique, le rêve préserve le sommeil.

Les notions ▸ L'inconscient, le désir, l'interprétation

L'inconscient n'est-il qu'une hypothèse ?

L'existence de l'inconscient est difficilement contestable.

❝ On nous conteste de tous côtés le droit d'admettre un psychique inconscient et de travailler scientifiquement avec cette hypothèse. Nous pouvons répondre à cela que l'hypothèse de l'inconscient est nécessaire et légitime, et que nous possédons de multiples preuves de l'existence de l'inconscient. Elle est nécessaire, parce que les données de la conscience sont extrêmement lacunaires ; aussi bien chez l'homme sain que chez le malade, il se produit fréquemment des actes psychiques qui, pour être expliqués, présupposent d'autres actes qui, eux, ne bénéficient pas du témoignage de la conscience. Ces actes ne sont pas seulement les actes manqués et les rêves, chez l'homme sain, et tout ce qu'on appelle symptômes psychiques et phénomènes compulsionnels chez le malade ; notre expérience quotidienne la plus personnelle nous met en présence d'idées qui nous viennent sans que nous en connaissions l'origine, et de résultats de pensée dont l'élaboration nous est demeurée cachée. Tous ces actes conscients demeurent incohérents et incompréhensibles si nous nous obstinons à prétendre qu'il faut bien percevoir par la conscience tout ce qui se passe en nous en fait d'actes psychiques ; mais ils s'ordonnent dans un ensemble dont on peut montrer la cohérence, si nous interpolons les actes inconscients inférés. Or, nous trouvons dans ce gain de sens et de cohérence une raison, pleinement justifiée, d'aller au-delà de l'expérience immédiate. Et s'il s'avère de plus que nous pouvons fonder sur l'hypothèse de l'inconscient une pratique couronnée de succès, par laquelle nous influençons, conformément à un but donné, le cours des processus conscients, nous aurons acquis, avec ce succès, une preuve incontestable de l'existence de ce dont nous avons fait l'hypothèse.

S. FREUD, *Métapsychologie*, 1915.

Ce que dit Freud

▶ Par définition, ce qui est inconscient n'est pas observable. Dès lors, ne faut-il pas objecter à la psychanalyse que l'inconscient n'est rien de plus qu'une hypothèse ?

▶ Cette hypothèse est « nécessaire » car sans elle, on ne comprendrait pas toute une série de **phénomènes psychiques** qui relèvent de la maladie (troubles obsessionnels, phobies, angoisses, etc.) mais aussi de la vie normale (actes manqués, rêves, etc.). Tous ces phénomènes plus ou moins étranges s'expliquent si et seulement si on fait l'**hypothèse de l'inconscient**.

▶ Outre ce gain théorique, la psychanalyse est aussi une pratique attestant, par ses **succès thérapeutiques**, que cette hypothèse est « légitime ». L'inconscient n'est donc pas une simple conjecture, mais une hypothèse au sens scientifique dont la réalité est vérifiée par l'expérience.

▶ Les adversaires de la psychanalyse contestent en vain la notion d'inconscient, qui permet non seulement d'élaborer une théorie des mécanismes psychiques mais aussi de soigner des malades.

Les notions L'inconscient, théorie et expérience

Les hommes sont-ils pleinement civilisés ?

L'homme a naturellement des pulsions agressives que la civilisation doit réprimer.

Homo homini lupus : qui aurait le courage, en face de tous les enseignements de la vie et de l'histoire, de s'inscrire en faux contre cet adage ? En règle générale, cette agressivité cruelle ou bien attend une provocation, ou bien se met au service de quelque dessein dont le but serait tout aussi accessible par des moyens plus doux. Dans certaines circonstances favorables en revanche, quand par exemple les forces morales qui s'opposaient à ces manifestations et jusque-là les inhibaient, ont été mises hors d'action, l'agressivité se manifeste aussi de façon spontanée, démasque sous l'homme la bête sauvage qui perd alors tout égard pour sa propre espèce. Cette tendance à l'agression, que nous pouvons déceler en nous-mêmes et dont nous supposons à bon droit l'existence chez autrui, constitue le facteur principal de perturbation dans nos rapports avec notre prochain ; c'est elle qui impose à la civilisation tant d'efforts.

S. Freud, *Malaise dans la civilisation*, 1930.

Ce que dit Freud

▶ Les hommes sont-ils aussi civilisés qu'ils veulent bien le croire ? Pourquoi se montrent-ils cruels dès que l'occasion s'en présente ?

▶ L'homme ne se contente pas de se défendre quand on l'attaque. Selon Freud, il compte au nombre de ses pulsions instinctives une **tendance à l'agression**. D'ordinaire, celle-ci est contrôlée, ou du moins canalisée en étant reportée vers d'autres buts plus compatibles avec la vie en société (tels que l'ambition au travail, la compétition sportive, etc.).

▶ L'histoire nous montre cependant par maints exemples qu'une « bête sauvage » sommeille en chacun d'entre nous, et que celle-ci peut se réveiller en cas de **rivalité** ou à la faveur de circonstances propices telles que la **guerre**. Le masque tombe alors : « l'homme est un loup pour l'homme », comme l'écrivait le moraliste latin Plaute.

▶ Cette **pulsion agressive** perturbe nos rapports avec les autres. Selon Freud, le rôle de la civilisation est de résorber par tous les moyens possibles cette tendance (notamment par la morale qui condamne le recours à la violence).

▶ La **culture**, terme qui pour Freud est synonyme de civilisation, est donc ce par quoi l'humain tente de s'élever au-dessus de la **nature** pour la contrôler et échapper aux dangers qu'elle représente. Cette laborieuse entreprise s'applique tout autant à la nature extérieure (par les sciences et la technique) qu'à notre propre nature (par l'éducation et la morale).

Les notions ▸ Autrui, le désir, la culture

D'autres textes expliqués

▶ Un autre extrait d'œuvre est expliqué dans les notions.

Freud, *L'Avenir d'une illusion*, ➔ la religion p. 106

Hegel

Nom : Georg Wilhelm Friedrich Hegel
Naissance : 1770 à Stuttgart en Allemagne.
Mort : 1831 à Berlin en Allemagne.
Période : XVIIIe-XIXe siècles.
À noter : Hegel a été le témoin attentif des conquêtes napoléoniennes.
Œuvres principales : *Phénoménologie de l'esprit* (1807), *L'Encyclopédie des sciences philosophiques* (1817), *Leçons sur la philosophie de l'histoire* (1837).

Un système philosophique englobant la totalité du réel

▶ Hegel propose un système visant à rendre compte de la totalité du réel. Il affirme que « le vrai est le tout ». **Le vrai** ne se trouve donc pas dans une dimension spécifique ou un élément isolé de la réalité, mais dans l'**articulation** cohérente de l'ensemble. La philosophie doit dégager cette cohérence derrière les aspects apparemment contradictoires du réel.

▶ Cette cohérence s'explique par le fait que **le réel** et **le rationnel** sont pour Hegel une seule et même chose. Ainsi, le processus de développement du réel n'est pas hasardeux. Il est régi par un principe rationnel supérieur qui se déploie dans chaque moment de ce processus.

Une conception rationnelle et dialectique de l'histoire

▶ Hegel estime donc que l'histoire humaine obéit à ce principe rationnel. Son désordre apparent (guerres, violences, etc.) cache la marche d'un **sujet universel**, « l'Esprit », qui permet la réalisation progressive de la **liberté**. Dans ce contexte, l'art, la religion et la philosophie sont des manifestations supérieures de « l'Esprit » qui participent au progrès historique.

▶ Mais ce progrès ne se fait pas sans **crises**. Telle l'apparition du fruit exigeant la disparition de la fleur, chaque nouvelle étape de l'histoire s'impose par un **mouvement « dialectique »**, c'est-à-dire une négation et un dépassement de l'étape précédente, dépassement conjugué à la conservation de ce que cette étape avait apporté d'essentiel en son temps.

Les **textes expliqués** de Hegel

Les passions jouent-elles un rôle dans le progrès de la raison ?

> Au sein de l'Histoire, la raison est un principe supérieur qui utilise les passions individuelles pour accomplir un progrès universel.
>
> « L'intérêt particulier de la passion est donc inséparable de l'affirmation active de l'Universel ; car l'Universel résulte du particulier et du déterminé, et de leur négation. Le particulier a son propre intérêt dans l'histoire ; c'est un être fini et en tant que tel il doit périr. C'est le particulier qui s'use dans le combat et est en partie détruit. C'est de ce combat et de cette disparition du particulier que résulte l'Universel. Celui-ci n'en est point troublé. Ce n'est pas l'Idée qui s'expose au conflit, au combat et au danger ; elle se tient en arrière hors de toute attaque et de tout dommage et envoie au combat la passion pour s'y consumer. On peut appeler ruse de la Raison le fait qu'elle laisse agir à sa place les passions, en sorte que c'est seulement le moyen par lequel elle parvient à l'existence qui éprouve des pertes et subit des dommages.
>
> G. W. F. HEGEL, *La Raison dans l'histoire*, 1830.

Ce que dit **Hegel**

▶ Le progrès de la raison et les idées à vocation universelle peuvent-ils s'imposer sans l'aide des passions individuelles ? En d'autres termes, les motivations subjectives des individus influencent-elles le progrès historique ?

▶ Reconnaissons qu'en apparence, l'**égoïsme** propre aux passions individuelles semble s'opposer au progrès de toute cause universelle. Mais l'originalité de la thèse de Hegel est de dévoiler derrière cette opposition une interaction cachée. La « **Raison** » serait un principe supérieur utilisant les passions pour leur faire servir à leur insu l'universel et les faire participer ainsi au **progrès historique**.

▶ Pour clarifier les rouages de cette « ruse de la Raison », Hegel s'intéresse aux acteurs de l'histoire humaine que sont les **individus** « finis », limités dans le temps et imparfaits. Ces individus possèdent leurs propres intérêts et ne sont pas directement motivés par le progrès de l'humanité. C'est donc par une logique supérieure que la Raison va amener leurs intérêts particuliers à servir, à leurs risques et périls, la cause de l'**Universel**. Ainsi, les grands hommes, tels Napoléon ou

Hegel

César, assouvissent leur **désir** de conquête tout en accomplissant, sans en être pleinement conscients, des réalisations d'**intérêt collectif**. Leurs passions, avec les revers personnels qu'elles impliquent, sont donc un moyen pour la Raison de parvenir à ses fins, notamment la réalisation universelle de la **liberté** dans l'histoire.

Les notions Le désir, l'histoire, la raison et le réel

Hegel voyait dans Napoléon la figure du « Grand Homme ».

La vie en société limite-t-elle la liberté humaine ?

Loin d'être présente à l'état de nature, la liberté humaine réclame les règles sociales et les lois de l'État pour être pleinement effective.

> [Parmi] les erreurs qui passent pour des vérités établies et sont devenues des préjugés, nous rencontrons d'abord l'opinion que l'homme est libre naturellement, mais que dans la société, et dans l'État où il entre nécessairement en même temps, il doit restreindre cette liberté naturelle [...]. En ce sens on admet un état de nature où l'homme est représenté en possession de ses droits naturels dans l'exercice illimité et la jouissance de sa liberté. [...] Mais la liberté n'est pas comme un état immédiat et naturel, elle doit bien plutôt être acquise et conquise, et certes, grâce à une intervention infinie de l'éducation du savoir et du vouloir. C'est pourquoi l'état de nature est plutôt celui de l'injustice, de la violence, de l'instinct naturel indompté, des actions et des sentiments inhumains. La société et l'État imposent assurément des bornes, limitent ces sentiments informes et ces instincts grossiers [...]. Mais cette limitation est la condition même d'où sortira la délivrance ; et l'État comme la société sont les conditions dans lesquelles bien plutôt la liberté se réalise.
>
> G. W. F. HEGEL, *Leçons sur la philosophie de l'histoire*, 1837.

Ce que dit **Hegel**

▶ L'homme ne serait-il pas plus libre hors de toute société ? Le passage de l'état de nature à l'état civil ne restreint-il pas ses possibilités et ne lui enlève-t-il pas certains de ses droits naturels ? Il est en effet tentant de se représenter l'**état de nature** comme une situation dans laquelle les hommes sont leurs propres maîtres et n'ont pas à subir les contraintes imposées par l'État et la vie en société. Mais cette représentation est-elle exacte ?

▶ Pour sa part, Hegel dénonce cette vision heureuse de l'état de nature et montre qu'une **liberté** authentique réclame une conquête progressive de nos **instincts** dont le préalable est la socialisation.

▶ Pour expliquer sa position, il revient sur l'opinion commune selon laquelle l'homme posséderait à l'origine « naturellement » la liberté et des droits, conception nous amenant à voir dans les lois sociales des restrictions inutiles. Face à cette erreur tenant lieu de « vérité établie », Hegel insiste sur les véritables caractéristiques de la liberté humaine. Celle-ci implique une **conscience morale**, c'est-à-dire une maîtrise de notre volonté et une réflexion sur nos actes. Or, une telle conscience morale exige que l'homme soit devenu un être de **culture**, ce qui suppose l'intervention de l'éducation et de l'instruction, et l'apparition d'interdits moraux et légaux.

▶ À l'état de nature, l'homme n'est donc pas libre, mais dominé par les instincts et les sentiments bestiaux. De ce fait, en limitant ces derniers, la vie en société et les lois de l'État ne lui enlèvent pas sa liberté, mais lui permettent, à l'inverse, de la réaliser pleinement.

Les notions La culture, la société, la liberté

La vengeance est-elle un acte de justice ?

La vengeance, tant dans son principe que dans ses effets, ne doit pas être confondue avec un acte de justice véritable.

> La *vengeance* se distingue de la *punition* en ce que l'une est une réparation obtenue par un acte de la partie lésée, tandis que l'autre est l'œuvre d'un juge. Il faut donc que la réparation soit effectuée à titre de punition, car, dans la vengeance, la passion joue son rôle, et le droit se trouve troublé.
> De plus, la vengeance n'a pas la forme du droit, mais celle de l'arbitraire, car la partie lésée agit toujours par sentiment ou selon un mobile subjectif. Aussi bien, quand le droit se présente sous la forme de la vengeance, il constitue à son tour une nouvelle offense, n'est senti que comme conduite individuelle, et provoque inexpiablement, à l'infini, de nouvelles vengeances.
>
> G. W. F. HEGEL, *Propédeutique philosophique*, 1812.

Hegel

Ce que dit **Hegel**

▶ Il est fréquent que la victime d'une injustice éprouve le désir de se venger. Pourtant, cette façon de réparer les torts subis peut-elle être assimilée à un acte de justice ?

▶ En apparence, peu d'éléments séparent la vengeance individuelle de la punition légalement ordonnée par un juge. Après tout, le résultat n'est-il pas le même ? Dans les deux cas, le crime est châtié et les dommages subis par la victime sont en partie compensés.

▶ Hegel dénonce pour sa part cette identification réductrice en montrant que la **punition légale** et la **vengeance** diffèrent tant par leur principe de départ que par leurs conséquences.

▶ Tout d'abord, la punition est établie par un juge impartial, une personne extérieure au différend qui oppose le criminel et la victime. À l'inverse, la vengeance est perpétrée par la victime elle-même ou par l'un de ses proches. De ce fait, la vengeance est animée par une **motivation subjective** qui affecte l'évaluation équitable du crime. Contrairement au juge dont la neutralité lui permet d'apprécier objectivement la situation, la victime ou ses proches sont emportés par la « passion » et pressés d'obtenir réparation à tout prix.

▶ En conséquence, les effets de la vengeance ne sont pas non plus comparables à ceux de la punition légale. La vengeance étant ouvertement subjective et partiale, le criminel ou ses proches vont la ressentir comme l'« offense » d'un particulier plutôt que comme une peine équitable à caractère universel. Cela va les inviter à se venger en retour, ouvrant un cycle indéfini de **violence** et une dangereuse **surenchère**. La vengeance vient donc en définitive perpétuer la violence, contrairement à la peine légale qui vise à la freiner en assurant un **traitement équitable** à la victime comme au criminel.

Les notions : Le désir, la justice et le droit, la morale

D'autres **textes expliqués**

▶ Un autre extrait d'œuvre est expliqué dans les notions.

HEGEL, *Philosophie de l'esprit*,   ▶ le langage   p. 74

Hobbes

Nom : Thomas Hobbes
Naissance : 1588 à Westport en Angleterre.
Mort : 1679 à Hardwick Hall en Angleterre.
Période : XVIe-XVIIe siècles.
À noter : Hobbes fut contemporain des guerres civiles qui ont déchiré l'Angleterre.
Œuvres principales : *Du Citoyen* (1642), *De la nature humaine* (1650), *Léviathan* (1651).

Une conception matérialiste de l'homme

▶ Hobbes conçoit les êtres humains comme des corps en mouvement (même l'esprit est corporel) qui possèdent des facultés équivalentes et sont animés par un instinct naturel de conservation, le *conatus**.

▶ Cette conception le conduit à une vision originale de « **l'état de nature** », cette fiction théorique décrivant la condition des hommes hors de tout pouvoir politique. En effet, sans lois pour réguler leurs rapports, les hommes, rivaux par leurs désirs mais égaux en faculté, tombent nécessairement dans une **guerre** sans fin de chacun contre chacun.

Une théorie rationnelle du pouvoir politique

▶ La seule issue à cette situation est alors un pacte mutuel, un contrat par lequel chaque individu s'engage à renoncer à ses droits naturels en contrepartie de l'ordre et de la sécurité dont un souverain (monarque ou assemblée) sera le garant.

▶ L'origine du pouvoir n'est donc ni divine ni naturelle selon Hobbes : elle résulte d'un **artifice** humain, de la création de l'État considéré comme un « corps politique ».

▶ Mais pour avoir les moyens d'assurer l'ordre et la sécurité par le biais de la **loi**, le souverain doit avoir une **puissance** absolue. Car sans la crainte inspirée par cette toute-puissance, les hommes n'obéiraient pas et la loi perdrait toute valeur, entraînant la pire situation possible selon Hobbes, à savoir le **désordre**.

Les **textes expliqués** de Hobbes

Serions-nous plus libres sans les lois de l'État ?

Sans la puissance de l'État pour garantir l'ordre et la sécurité, notre liberté devient inutile car elle est menacée par celle d'autrui.

> Hors de la société civile chacun jouit d'une liberté très entière, mais qui est infructueuse, parce que comme elle donne le privilège de faire tout ce que bon nous semble, aussi elle laisse aux autres la puissance de nous faire souffrir tout ce qu'il leur plaît. Mais dans le gouvernement d'un État bien établi, chaque particulier ne se réserve qu'autant de liberté qu'il lui en faut pour vivre commodément, et en une parfaite tranquillité, comme on n'en ôte aux autres que ce dont ils seraient à craindre. Hors de la société, chacun a tellement droit sur toutes choses, qu'il ne peut s'en prévaloir et n'a la possession d'aucune ; mais dans la république, chacun jouit paisiblement de son droit particulier. Hors de la société civile, ce n'est qu'un continuel brigandage et on est exposé à la violence de tous ceux qui voudront nous ôter les biens et la vie ; mais dans l'État, cette puissance n'appartient qu'à lui seul. Hors du commerce des hommes, nous n'avons que nos propres forces qui nous servent de protection, mais dans une ville, nous recevons le secours de tous nos concitoyens.
>
> TH. HOBBES, *Du Citoyen*, 1642.

Ce que dit **Hobbes**

▶ Pourquoi acceptons-nous de nous soumettre aux lois d'un État ? Ne perdons-nous pas une partie de nos libertés en vivant en société ? Il est en effet plaisant de croire que notre liberté serait totale si nos projets n'étaient pas entravés par les lois civiles. Mais cette supposition est-elle réaliste ?

▶ Hobbes estime à l'inverse que, hors de l'État, la **liberté naturelle** est certes « entière », mais aussi inutile et contradictoire, « infructueuse ».

▶ Pour justifier cette thèse, il compare la situation des hommes à l'**état de nature**, « hors de la société civile », avec leur situation au sein d'un **État** « bien établi », c'est-à-dire dans une « république ». Or, la comparaison tourne à l'avantage de la seconde option. Si à l'état de nature, un individu possède sa « liberté naturelle », la possibilité d'agir selon son bon vouloir, et s'il a le droit de s'approprier toute chose ou d'utiliser la force à son gré, cela ne lui apporte rien parce que les autres ont les mêmes libertés et peuvent donc en retour le faire souffrir et le dépouiller.

À l'inverse, au sein de la société civile, les libertés sont limitées, mais chaque individu en jouit pleinement parce que la **puissance** incontestée de l'État les protège toutes. De ce fait, les hommes ont intérêt à abandonner la concurrence propre à l'état de nature au profit d'une coopération entre concitoyens qui les protège mutuellement.

Les notions L'État, la société, la liberté

Le bonheur découle-t-il de la réalisation de nos désirs ?

Le désir n'ayant jamais de fin, le bonheur ne consiste pas à le satisfaire une fois pour toutes, mais à garantir son renouvellement.

> La félicité en cette vie ne consiste pas dans le repos d'une âme satisfaite. En effet il n'existe rien de tel que cette *finis ultimus* (fin dernière) ni ce *summum bonum* (bien suprême), comme on le dit dans les livres de la morale vieillie des philosophes. Nul ne peut vivre non plus si ses désirs touchent à leur fin, non plus que si ses sensations et ses imaginations s'arrêtent. La félicité est une progression ininterrompue du désir allant d'un objet à un autre, de telle sorte que parvenir au premier n'est jamais que la voie menant au second. La cause en est que l'objet du désir d'un humain n'est pas de jouir une fois seulement et pendant un instant, mais de ménager toujours la voie de son désir futur. Et donc les actions volontaires et les penchants de tous les humains ne visent pas seulement à procurer une vie heureuse, mais encore à la garantir ; et ils diffèrent seulement dans la voie qu'ils suivent. Ce qui provient pour une part de la diversité des passions existant chez diverses personnes et, pour une autre part, de la différence de connaissance ou d'opinion que chacun a des causes produisant l'effet désiré.
>
> Th. HOBBES, *Léviathan*, 1651.

Ce que dit **Hobbes**

▶ Le fait d'accéder à l'objet de notre désir peut-il nous apporter une satisfaction pleine et durable, assimilable au bonheur ?

▶ Plusieurs raisons nous autorisent *a priori* à le croire. D'une part, s'il existe parmi les multiples objets du **désir** un bien ultime, situé au-dessus des autres, son obtention peut nous contenter une fois pour toutes. D'autre part, à défaut d'un tel bien supérieur, la réalisation de l'ensemble de nos désirs devrait nous permettre d'en finir avec le manque et l'insatisfaction, entraînant un **apaisement** intérieur définitif.

▶ Hobbes récuse cependant ces deux perspectives. D'après lui, la fin du désir est improbable au cours d'une vie humaine et elle n'entraîne de toute façon pas la « **félicité** », c'est-à-dire un bonheur complet. Cette félicité se trouve à l'inverse dans un **renouvellement** continuel du désir, dans le mouvement perpétuel d'un esprit à jamais insatisfait, plutôt que dans le repos d'un esprit apaisé.

▶ Comment Hobbes justifie-t-il cette vision du bonheur qui s'oppose à toute une tradition (« la morale vieillie des philosophes ») le considérant comme un état stable découlant de l'obtention d'un « **bien suprême** » ? S'appuyant sur une étude anthropologique du désir humain, il montre que ce dernier se conçoit comme un instinct de **conservation de soi** et d'acquisition de **pouvoir**. Il constate ainsi que le véritable objet du désir n'est pas son objet immédiat, apparent et ponctuel, mais la perpétuation du désir lui-même. En d'autres termes, ce que traduit tant l'observation des projets réfléchis que celle des « penchants » (les inclinations involontaires) des individus, ce n'est pas simplement une envie d'être satisfait dans le présent, mais le souhait de s'assurer qu'ils obtiendront suffisamment de puissance pour renouveler leur satisfaction dans le futur.

▶ Hobbes précise cependant que si ce souhait de « ménager la voie de son désir futur » est propre à tous les individus, les moyens d'y parvenir varient d'un individu à l'autre, d'une part parce que tous n'ont pas les mêmes **orientations naturelles**, et d'autre part, parce que tous ne parviennent pas au même degré de **connaissance** ou au même point de vue sur la façon d'acquérir du pouvoir. Hobbes montre d'ailleurs que les risques de conflit suscités par ces divergences justifient l'institution d'un État.

Les notions Le désir, la morale, le bonheur

D'autres **textes expliqués**

▶ D'autres extraits d'œuvres sont expliqués dans les notions.

| HOBBES, *Du Citoyen*, | ⇒ la politique | p. 178 |
| HOBBES, *Léviathan*, | ⇒ l'État | p. 186 |

Hume

Nom : David Hume
Naissance : 1711 à Édimbourg en Écosse.
Mort : 1776 à Édimbourg en Écosse.
Période : XVIIIe siècle.
À noter : Hume était considéré par Kant comme le plus redoutable adversaire de la métaphysique.
Œuvres principales : *Traité de la nature humaine* (1739), *Enquête sur l'entendement humain* (1748).

Un empirisme radical

▶ Hume est un représentant de l'**empirisme***, un courant de pensée selon lequel toutes nos idées ont pour origine notre **expérience**. L'expérience nous délivre des **sensations** (le sucré) dont la répétition nous permet de former des **idées** (l'idée du sucré) qui sont toutefois moins claires que les sensations.

▶ À partir de cette hypothèse, Hume développe la critique de certaines **idées métaphysiques***, comme celle de la **causalité** ou du « moi ». La causalité désigne le rapport nécessaire entre une cause et son effet. Or Hume démontre qu'il n'est pas possible de faire l'expérience de ce rapport. Par exemple, je constate que lorsque la boule de billard A frappe la boule B, cette dernière bouge ; la répétition de l'association de ces deux faits me fait croire que cette cause produira toujours cet effet. Or, rien ne garantit que cette relation soit nécessaire. De la même façon, il n'est pas possible de faire l'expérience d'un **moi** : nous ne trouvons en nous que des sentiments et des sensations diverses et changeantes, mais aucune unité qui persiste.

Un scepticisme

L'empirisme de Hume débouche alors sur un **scepticisme*** : puisque nous ne pouvons connaître que ce dont nous pouvons faire l'expérience, tout le reste n'est que probable. Nous ne pouvons que croire, par exemple, en la permanence des lois physiques, sans pouvoir en être certains.

Les **textes expliqués** de Hume

Pouvons-nous avoir des certitudes au sujet du monde ?

Nous ne pouvons accéder qu'à des vérités logiques : les vérités empiriques ne sont que des probabilités.

❝ Tous les objets sur lesquels s'exerce la raison humaine ou qui sollicitent nos recherches se répartissent naturellement en deux genres : les relations d'idées et les choses de fait. Au premier genre appartiennent les propositions de la géométrie, de l'algèbre et de l'arithmétique, et, en un mot, toutes les affirmations qui sont intuitivement ou démonstrativement certaines. Cette proposition : le carré de l'hypoténuse est égal à la somme des carrés des deux autres côtés, exprime une relation entre ces éléments géométriques. Cette autre : trois fois cinq égalent la moitié de trente, exprime une relation entre ces nombres. On peut découvrir les propositions de ce genre par la simple activité de la pensée sans tenir compte de ce qui peut exister dans l'univers. N'y eût-il jamais eu dans la nature de cercle ou de triangle, les propositions démontrées par Euclide n'en garderaient pas moins pour toujours leur certitude et leur évidence.

Les choses de fait, qui constituent la seconde classe d'objets sur lesquels s'exerce la raison humaine, ne donnent point lieu au même genre de certitude ; et quelque évidente que soit pour nous leur vérité, cette évidence n'est pas de même nature que la précédente. Le contraire d'une chose de fait ne laisse point d'être possible, puisqu'il ne peut impliquer contradiction, et qu'il est conçu par l'esprit avec la même facilité et la même distinction que s'il était aussi conforme qu'il se pût à la réalité. Une proposition comme celle-ci : le soleil ne se lèvera pas demain, n'est pas moins intelligible et n'implique pas davantage contradiction que cette autre affirmation : il se lèvera. C'est donc en vain que nous tenterions d'en démontrer la fausseté. Si elle était fausse démonstrativement, elle impliquerait contradiction, et jamais l'esprit ne pourrait la concevoir distinctement.

D. HUME, *Enquête sur l'entendement humain*, 1748.

Ce que dit **Hume**

▶ Pouvons-nous accéder à une vérité concernant le monde ? Descartes affirme qu'il existe en nous des idées innées, c'est-à-dire contenues depuis toujours dans notre esprit, qui nous permettent de tout connaître. Mais comment prouver l'existence en notre esprit d'idées qui ne résulteraient pas de l'expérience ?

▶ Cette objection est le point de départ de la réflexion de Hume, qui démontre dans ce texte que nous ne pouvons avoir aucune certitude concernant le monde en nous appuyant sur une critique de l'**induction***.

▶ Il commence par distinguer deux types d'objets qui peuvent s'offrir à notre raison : les « **relations d'idées** » et les « **choses de fait** ».

▶ Les mathématiques sont la science des « relations d'idées » : elles ne parlent pas du monde, leurs vérités sont logiques. Hume s'appuie sur deux exemples, dont chacun se réfère à l'une des branches des mathématiques, à savoir l'**arithmétique**, science des nombres, et la **géométrie**, science des figures dont les théorèmes mettent en relation des points dans l'espace. Les propositions mathématiques sont certaines : puisqu'elles n'en proviennent pas, elles ne sauraient être démenties par l'expérience.

▶ En revanche, les « choses de fait », issues de l'expérience, peuvent toujours être démenties. Hume critique alors l'induction : jusqu'ici, j'ai constaté que le soleil se levait chaque matin, et, bien sûr, je n'ai pas tendance à en douter. La répétition de cette expérience ne suffit pourtant pas à fonder sa nécessité. Il n'est pas illogique d'affirmer que le soleil ne se lèvera pas demain puisque nous pouvons le concevoir par notre pensée. Par conséquent, nous ne pouvons rien dire de certain sur le monde, seulement énoncer des propositions probables. « Le soleil se lèvera demain », n'est pas une proposition vraie, mais une **probabilité** qui correspond à une croyance de notre raison.

Les notions Théorie et expérience, la vérité, la démonstration

D'où vient notre sociabilité ?

Ce n'est pas l'intérêt mais la sympathie qui nous pousse instinctivement vers les autres.

> Chez toutes les créatures qui ne vivent pas comme des prédateurs aux dépens des autres, et que n'agitent pas des passions violentes, se manifeste un remarquable désir de compagnie qui les associe sans qu'elles ne puissent jamais projeter de récolter le moindre avantage de leur union. Ce trait est encore plus saillant chez l'homme qui, de toutes les créatures de l'univers, désire le plus ardemment la société et se trouve doté en sa faveur des meilleures dispositions. Nous ne pouvons former aucun souhait qui ne fasse référence à la société. Il n'est peut-être pas possible d'endurer un châtiment plus pénible qu'un isolement complet. Tout plaisir devient languissant quand on en jouit hors de toute compagnie ; et toute peine devient alors plus cruelle et plus intolérable. Quelles que soient les autres passions qui peuvent nous agiter, orgueil, ambition, avarice, curiosité, vengeance ou luxure, leur âme ou leur principe animateur, c'est

Hume

la sympathie ; elles perdraient même toute force si nous devions nous dégager entièrement des pensées et des sentiments des autres. Que tous les pouvoirs et les éléments de la nature conspirent à ne servir qu'un homme et à lui obéir exclusivement ; que le soleil se lève et se couche à son commandement ; que l'océan et les fleuves roulent leurs flots à sa guise ; que la terre fournisse spontanément tout ce qui peut lui être utile et agréable : il n'en restera pas moins misérable tant que vous ne lui donnerez pas l'occasion de partager son bonheur, ne serait-ce qu'avec une personne dont l'estime et l'amitié lui fassent plaisir.

D. HUME, *Traité de la nature humaine*, 1739.

Ce que dit Hume

▶ Les hommes ne vivent-ils ensemble que par intérêt ? Hume démontre dans ce texte que c'est l'instinct de **sympathie** qui produit le désir de vivre ensemble.

▶ La plupart des vivants, observe Hume, manifestent en effet un « **désir de compagnie** » désintéressé, qui serait plus intense chez l'homme. Mais d'où vient ce désir ?

▶ Hume dresse alors un tableau de nos vies humaines : tous nos **désirs**, toutes nos **passions**, s'expliquent par la « sympathie » définie comme l'instinct par lequel nous sommes traversés par les pensées et sentiments des autres. La force de cet instinct est telle que l'homme qui possède tout ne peut apprécier la valeur de ses biens dans la solitude : même extraordinaires, ces derniers n'ont de valeur pour lui que par le regard des autres.

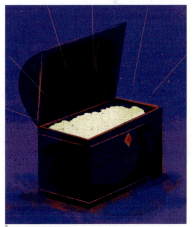

L'or de l'avare n'a de valeur pour lui que par le regard des autres, qui lui permet d'en jouir.

Les notions Autrui, le désir, la société

D'autres textes expliqués

▶ D'autres extraits d'œuvres sont expliqués dans les notions.

| HUME, *Traité de la nature humaine*, | ➔ l'art | p. 82 |
| HUME, *Traité de la nature humaine*, | ➔ la société | p. 194 |

Kant

Nom : Emmanuel Kant
Naissance : 1724 à Königsberg (devenue Kaliningrad) en Russie.
Mort : 1804 à Königsberg en Russie.
Période : XVIIIe siècle.
À noter : Philosophe des Lumières, Kant a soutenu la Révolution française.
Œuvres principales : *Critique de la raison pure* (1781), *Qu'est-ce que les Lumières ?* (1784), *Critique de la raison pratique* (1787), *Critique de la faculté de juger* (1790).

Le geste « critique »

▶ Pour Kant, l'interrogation sur l'homme se décline en trois questions fondamentales : « que puis-je savoir ? », « que dois-je faire ? », « que m'est-il permis d'espérer ? ». Il trace ainsi un programme philosophique principalement centré sur la **connaissance**, la **morale** et la **religion**.

▶ Dans ces différents domaines, Kant use de la même **méthode « critique »**. La critique s'oppose à la naïveté et à l'argument d'autorité, mais elle n'est pas pour autant l'esprit de contradiction ou la censure. Conformément à l'étymologie grecque *krinein*, c'est l'attitude par laquelle on trie, on sépare ce qui mérite d'être retenu et ce qui est illusoire. Ainsi, la raison ne peut se mettre en quête de la vérité sans s'être au préalable interrogée sur les **limites** de son propre pouvoir de connaître.

La pensée des Lumières

« Notre siècle est le siècle de la critique, à laquelle tout doit se soumettre », y compris les autorités politiques et religieuses, dit Kant : sa philosophie est sans doute la formulation la plus profonde et la plus aboutie de la pensée des **Lumières**, qui considère que les hommes doivent exercer leur liberté et leur faculté de raisonner afin de prendre leur destin en main.

Kant

Les **textes expliqués** de Kant

Peut-on échapper aux exigences de la conscience ?

On n'échappe pas à sa conscience : c'est une voix que rien ne peut recouvrir.

> Tout homme a une telle conscience et se trouve observé, menacé et, en général, tenu en respect (un respect lié à la crainte) par un juge intérieur, et cette puissance qui, en lui, veille sur les lois n'est pas quelque chose qu'il se forge lui-même (arbitrairement), mais elle est incorporée dans son être. Elle le suit comme son ombre s'il songe à lui échapper. Il peut certes par des plaisirs et des distractions s'étourdir ou s'endormir, mais il ne peut éviter par la suite de revenir à soi-même ou de se réveiller dès qu'il perçoit la voix terrible de cette conscience. Au demeurant peut-il en arriver à l'extrême infamie où il ne se soucie plus du tout de cette voix, mais il ne peut du moins éviter de l'*entendre*.
>
> E. KANT, *Métaphysique des mœurs*, 1796-1797.

Ce que dit **Kant**

▶ Peut-on ignorer où se trouve notre devoir ? Est-il possible que la voix de la conscience se taise, ou qu'elle ne parle pas clairement ?

▶ La **conscience morale** permet de distinguer le bien et le mal. Elle se manifeste comme une voix qui nous commande de bien agir, et qui nous accuse si on ne l'a pas fait. Elle est comparable à un « **juge intérieur** » que tout homme porte en lui.

▶ Ce juge intérieur n'est pas toujours écouté. Faut-il en conclure que les hommes qui se conduisent de façon infâme n'ont pas de conscience ? Non, répond Kant : ils ne se soucient peut-être plus de cette voix, mais ils ne peuvent pas s'empêcher, au moins de temps à autre, de l'entendre.

▶ Rien ne peut recouvrir la voix de la conscience morale : quand on a agi de manière immorale, on ne peut pas prétendre qu'on ne le savait pas. En effet, le bien et le mal ne résident pas dans le **résultat** de l'action, mais dans l'intention de celui qui agit.

Les notions La conscience, la morale, le devoir

Une société sans conflits est-elle souhaitable ?

Les hommes progressent par leurs conflits.

> L'homme a une inclination à s'associer, parce que dans un tel état il se sent plus qu'homme, c'est-à-dire qu'il sent le développement de ses dispositions naturelles. Mais il a aussi un grand penchant à se séparer (s'isoler) ; en effet, il trouve en même temps en lui l'insociabilité qui fait qu'il ne veut tout régler qu'à sa guise et il s'attend à provoquer surtout une opposition des autres, sachant bien qu'il incline lui-même à s'opposer à eux. Or, c'est cette opposition qui éveille toutes les forces de l'homme, qui le porte à vaincre son penchant à la paresse, et fait que, poussé par l'appétit des honneurs, de la domination et de la possession, il se taille une place parmi ses compagnons qu'il ne peut souffrir mais dont il ne peut se passer. [...] Il faut donc remercier la nature pour leur incompatibilité d'humeur, pour leur vanité qui en fait des rivaux jaloux, pour leur désir insatiable de possession et de domination ! Sans cela, toutes les excellentes dispositions naturelles qui sont en l'humanité sommeilleraient éternellement sans se développer. L'homme veut la concorde ; mais la nature sait mieux ce qui est bon pour son espèce : elle veut la discorde.
>
> E. KANT, *Idée d'une histoire universelle d'un point de vue cosmopolitique*, 1784.

Ce que dit Kant

▶ L'égoïsme des hommes les pousse à s'enfermer dans des conflits incessants, mais ils montrent une étonnante capacité à les surmonter.

▶ La **nature humaine** est paradoxale : les hommes, parce qu'ils ont besoin des autres, aiment leur compagnie et sont profondément sociables. Mais ils manifestent simultanément des **tendances contraires** qui rendent leurs relations conflictuelles : égoïsme, ambition, difficulté à se soumettre à une règle commune...

▶ Cette « **insociable sociabilité** » n'est pas seulement négative. Elle pousse les hommes à l'**ingéniosité**, non seulement pour satisfaire leurs ambitions personnelles, mais aussi pour surmonter leurs différends. C'est ainsi que progresse la **civilisation**.

▶ Tout se passe donc « comme si » la nature avait bien fait les choses en donnant aux hommes cette humeur capricieuse, puisqu'elle favorise la **culture**. Un tel jugement sur l'histoire ne prétend pas avoir une valeur scientifique, mais il permet de ne pas se désespérer du piètre spectacle qu'offrent parfois les hommes en société.

Les notions ▶ L'histoire, la politique, la société

Kant

A-t-on le droit de faire souffrir d'autres êtres vivants ?

L'homme ne doit pas faire souffrir inutilement les animaux.

> Concernant la partie des créatures qui est vivante, bien que dépourvue de raison, un traitement violent et en même temps cruel des animaux est opposé au devoir de l'homme envers lui-même, parce qu'ainsi la sympathie à l'égard de leurs souffrances se trouve émoussée en l'homme et que cela affaiblit et peu à peu anéantit une disposition naturelle très profitable à la moralité dans la relation avec les autres hommes – quand bien même, dans ce qui est permis à l'homme, s'inscrit le fait de tuer rapidement (d'une manière qui évite de les torturer) les animaux, ou encore de les astreindre à un travail (ce à quoi, il est vrai, les hommes eux aussi doivent se soumettre), à condition simplement qu'il n'excède pas leurs forces ; à l'inverse, il faut avoir en horreur les expériences physiques qui les martyrisent pour le simple bénéfice de la spéculation, alors que, même sans elles, le but pourrait être atteint. Même la reconnaissance pour les services longtemps rendus par un vieux cheval ou un vieux chien (comme s'ils étaient des personnes de la maison) appartient indirectement aux devoirs de l'homme, à savoir au devoir conçu en *considération* de ces animaux, mais cette reconnaissance, envisagée directement, n'est jamais qu'un devoir de l'homme envers lui-même.
>
> E. KANT, *Métaphysique des mœurs*, 1796-1797.

Ce que dit Kant

▶ Avons-nous le droit de faire souffrir les animaux ? Ce ne sont pas des choses, puisqu'ils sont sensibles, mais ce ne sont pas des personnes : comment se comporter envers eux ?

▶ Kant condamne la cruauté gratuite à l'égard des animaux : qu'on les tue pour les manger ou parce qu'ils constituent une menace n'autorise pas à faire n'importe quoi. Les utiliser pour le travail ou pour la recherche ne doit pas donner libre cours à des tendances sadiques.

▶ Ces limites sont davantage justifiables comme un respect pour l'humanité que pour le règne animal. En effet, banaliser cette cruauté affaiblit nos dispositions naturelles à la **pitié** (« sympathie »), faisant de celui qui torture les animaux un ennemi potentiel du genre humain.

▶ Trouver du plaisir à faire souffrir un être vivant, c'est surtout dégrader l'**humanité** en soi-même. C'est pourquoi Kant parle d'un **devoir** « **indirect** », « en considération » des animaux, et non d'un devoir direct envers eux.

Les notions : Le vivant, la morale, le devoir

le bonheur est-il une affaire privée ?

L'État doit laisser les individus être heureux à leur manière.

❝ Personne ne peut me contraindre à être heureux à sa manière (comme il se représente le bien-être d'un autre homme), mais chacun a le droit de chercher son bonheur suivant le chemin qui lui paraît personnellement être le bon, si seulement il ne nuit pas à la liberté d'un autre à poursuivre une fin semblable, alors que cette liberté peut coexister avec la liberté de tous d'après une loi générale possible (c'est-à-dire s'il ne nuit pas à ce droit d'autrui). Un gouvernement qui serait institué sur le principe du bon vouloir à l'égard du peuple, comme celui d'un père avec ses enfants, c'est-à-dire un gouvernement paternel [...], dans lequel donc les sujets sont contraints, comme des enfants mineurs qui ne peuvent distinguer ce qui est pour eux véritablement utile ou pernicieux, de se comporter de façon simplement passive, pour attendre uniquement du jugement du chef de l'État la façon dont ils doivent être heureux, et uniquement de sa bonté que celui-ci aussi le veuille ; un tel gouvernement constitue le plus grand despotisme concevable (constitution qui supprime toute liberté aux sujets qui n'ont alors absolument aucun droit).

E. KANT, *Théorie et pratique*, 1793.

Ce que dit **Kant**

▶ Jusqu'où va le pouvoir de l'État ? Est-ce le rôle du gouvernement d'influencer la manière dont les citoyens doivent chercher le **bonheur** ?

▶ Un gouvernement soucieux du bien de ses citoyens pourrait être tenté de le faire : par **bienveillance**, il imposerait une certaine façon de vivre, un peu comme un père règle la vie de ses enfants.

▶ Mais un tel **gouvernement paternaliste** outrepasserait ses droits en traitant les citoyens comme des enfants mineurs. Les hommes sont capables de juger de ce qui est bon pour eux, et rien ne justifie qu'on leur impose une conception du bonheur qui n'est pas la leur. L'État doit respecter la **vie privée** des citoyens et leur intimité.

▶ La loi est légitime lorsqu'elle impose des limites à la recherche personnelle du bonheur, car elle empêche les individus de se nuire réciproquement. Mais lorsqu'elle prescrit une conception unique du bonheur, elle devient extrêmement tyrannique.

Les notions ▸ L'État, la liberté, le bonheur

Kant

Toute connaissance dérive-t-elle de l'expérience ?

L'expérience est une condition nécessaire mais non suffisante de notre connaissance du réel.

❝ Si toute notre connaissance débute AVEC l'expérience, cela ne prouve pas qu'elle dérive toute DE l'expérience, car il se pourrait bien que même notre connaissance par expérience fût un composé de ce que nous recevons des impressions sensibles et de ce que notre propre pouvoir de connaître (simplement excité par des impressions sensibles) produit de lui-même.

E. KANT, *Critique de la raison pure*, 2ᵉ édition, 1787.

Ce que dit Kant

▶ D'où viennent nos connaissances ? L'empiriste répond : de l'enseignement donné par l'**expérience**. Le rationaliste répond au contraire : de la réflexion exercée par la **raison**. La réalité est peut-être entre les deux.

▶ On a raison de souligner l'importance de l'expérience : notre pouvoir de connaître est éveillé et mis en action lorsque des objets frappent nos sens. Il est donc clair que, chronologiquement du moins, notre connaissance commence avec l'expérience.

▶ Mais « commencer avec » ne veut pas dire « dériver de » : l'expérience n'est pas la seule **source** de notre connaissance. En effet, nous avons aussi un pouvoir de connaître qui nous est propre, l'entendement, qui produit et associe logiquement des **concepts**. Ces derniers permettent de déterminer nos intuitions sensibles.

▶ C'est donc grâce à l'association des deux facultés que sont la **sensibilité** et l'**entendement** que nous connaissons les choses.

Les notions : La raison et le réel, théorie et expérience

D'autres textes expliqués

▶ D'autres extraits d'œuvres sont expliqués dans les notions.

KANT, *Idée d'une histoire universelle d'un point de vue cosmopolitique,*	▶ l'histoire	p. 114
KANT, *Vers la paix perpétuelle,*	▶ les échanges	p. 202
KANT, *Fondements de la métaphysique des mœurs,*	▶ la morale	p. 218
KANT, *Doctrine de la vertu,*	▶ le devoir	p. 234

Leibniz

Nom : Gottfried Wilhelm Leibniz
Naissance : 1646 à Leipzig en Allemagne.
Mort : 1716 à Hanovre en Allemagne.
Période : XVIIe siècle.
À noter : Leibniz est un des plus grands mathématiciens de son temps. Il est par exemple l'inventeur de la notion de fonction.
Œuvres principales : *Nouveaux Essais sur l'entendement humain* (1704), *Essais de théodicée* (1710), *Monadologie* (1714).

Penser ensemble l'unité et la diversité

▶ Leibniz est d'abord un rationaliste* qui met au centre de la connaissance le principe de « **raison suffisante** », selon lequel rien ne se produit sans une **cause** qu'il est possible d'identifier.

▶ La métaphysique de Leibniz repose sur l'hypothèse selon laquelle l'univers est fait de « **monades** », c'est-à-dire de substances ou d'êtres dotés d'une unité interne, contrairement aux « agrégats » dont l'unité n'est qu'apparente. Chaque monade est à la fois unique et différente des autres et reflète l'ensemble de l'univers, de son point de vue unique.

▶ Il y aurait une **harmonie préétablie** entre les monades, qui s'explique par le fait que Dieu a organisé l'univers. Il a créé, dit Leibniz, le **meilleur des mondes possibles**, c'est-à-dire celui qui contient à la fois l'ordre et la diversité, même s'il n'est pas parfait.

Les petites perceptions

Cette harmonie se manifeste également dans son analyse des « **petites perceptions** » : le bruit de la mer est constitué d'une **infinité** de petits bruits (celui de chaque vague), que nous ne percevons pas consciemment. Ainsi, toutes ces perceptions ne parviennent pas à notre conscience : cette dernière ne perçoit que le bruit de la mer, qui est pourtant l'addition de cette multiplicité de petites **perceptions inconscientes**.

Les **textes expliqués** de Leibniz

Les animaux raisonnent-ils ?

Les animaux n'accèdent pas aux vérités nécessaires.

> Il y a une liaison dans les perceptions des animaux qui a quelque ressemblance avec la raison ; mais elle n'est fondée que dans la mémoire des faits ou effets, et nullement dans la connaissance des causes. C'est ainsi qu'un chien fuit le bâton dont il a été frappé parce que la mémoire lui représente la douleur que ce bâton lui a causée. Et les hommes, en tant qu'ils sont empiriques, c'est-à-dire dans les trois quarts de leurs actions, n'agissent que comme des bêtes ; par exemple, on s'attend qu'il fera jour demain, parce qu'on l'a toujours expérimenté ainsi. Il n'y a qu'un astronome qui le prévoie par raison ; et même cette prédiction manquera enfin, quand la cause du jour, qui n'est point éternelle, cessera. Mais le raisonnement véritable dépend des vérités nécessaires ou éternelles, comme sont celles de la logique, des nombres, de la géométrie, qui font la connexion indubitable des idées et les conséquences immanquables. Les animaux, où ces conséquences ne se remarquent point, sont appelés bêtes ; mais ceux qui connaissent ces vérités nécessaires sont proprement ceux qu'on appelle animaux raisonnables, et leurs âmes sont appelées esprits.
>
> G. W. LEIBNIZ, *Principes de la nature et de la grâce*, 1714.

Ce que dit **Leibniz**

▶ La faculté de raisonner est-elle propre à l'homme ? Il serait tentant de croire que les animaux, parce qu'ils sont capables de tirer des leçons de l'expérience, raisonnent. Mais est-ce cela, raisonner ?

▶ Leibniz démontre dans ce texte que seul l'homme raisonne, dans la mesure où lui seul accède à des **vérités nécessaires**.

▶ D'emblée, il distingue la « mémoire des faits » de la « connaissance des causes ». Si les animaux, comme les hommes, sont capables d'établir une liaison entre des perceptions grâce à leurs sens et à leur mémoire, ils n'accèdent ainsi qu'à des **vérités empiriques**, qui ne peuvent prétendre à l'universalité puisqu'elles sont tirées d'expériences particulières.

▶ Leibniz s'appuie alors sur deux exemples : le chien fuit le bâton parce que sa mémoire l'associe à la douleur du coup ; l'homme pense que le soleil se lèvera demain parce qu'il a pris l'habitude de le voir se lever chaque jour. Pourtant, rien ne garantit que le bâton frappera toujours le chien, ni que le soleil se lèvera toujours demain.

▶ En revanche, seuls les hommes sont capables d'accéder aux **vérités logiques**, qui, elles, sont « nécessaires ou éternelles », puisqu'elles ne dépendent pas de l'expérience. La rationalité est donc propre à l'homme, en ce qu'elle lui permet de se hisser au-delà des seules données de l'expérience en accédant à la « **connaissance des causes** ».

Les notions La raison et le réel, théorie et expérience, la démonstration

Les sens sont-ils notre unique source de connaissance ?

> D'où il naît une autre question : si toutes les vérités dépendent de l'expérience, c'est-à-dire de l'induction et des exemples, ou s'il y en a qui ont encore un autre fondement. Car si quelques événements se peuvent prévoir avant toute épreuve qu'on en ait faite, il est manifeste que nous y contribuons quelque chose du nôtre. Les sens, quoique nécessaires pour toutes nos connaissances actuelles, ne sont point suffisants pour nous les donner toutes, puisque les sens ne donnent jamais que des exemples, c'est-à-dire des vérités particulières ou individuelles. Or tous les exemples qui confirment une vérité générale, de quelque nombre qu'ils soient, ne suffisent pas pour établir la vérité universelle de cette même vérité, car il ne suit point que ce qui est arrivé arrivera de même. Par exemple les Grecs et les Romains et tous les autres peuples de la terre connue aux anciens ont toujours remarqué qu'avant le décours de vingt-quatre heures, le jour se change en nuit, et la nuit en jour. Mais on se serait trompé si l'on avait cru que la même règle s'observe partout ailleurs, puisque depuis on a expérimenté le contraire dans le séjour de Nova Zembla. Et celui-là se tromperait encore qui croirait que, dans nos climats au moins, c'est une vérité nécessaire et éternelle qui durera toujours, puisqu'on doit juger que la Terre et le Soleil même n'existent pas nécessairement, et qu'il y aura peut-être un temps où ce bel astre ne sera plus, au moins dans la présente forme, ni tout son système. D'où il paraît que les vérités nécessaires, telles qu'on les trouve dans les mathématiques pures et particulièrement dans l'arithmétique et la géométrie, doivent avoir des principes dont la preuve ne dépende pas des exemples, ni par conséquent du témoignage des sens, quoique sans les sens, on ne se serait jamais avisé d'y penser. C'est ce qu'il faut bien distinguer, et c'est ce qu'Euclide a si bien compris, qui démontre souvent par la raison ce qui se voit assez par l'expérience et les images sensibles.
>
> G. W. LEIBNIZ, *Nouveaux Essais sur l'entendement humain*, 1704.

Leibniz

Ce que dit **Leibniz**

▶ L'expérience est-elle le seul fondement de la connaissance ?

▶ Locke affirme que l'esprit est une « **table rase** » sur laquelle viennent s'imprimer les données de l'expérience. Mais alors, sommes-nous condamnés à ne découvrir que des vérités provisoires, toujours susceptibles d'être remises en cause par de nouvelles expériences ?

▶ Pour Leibniz, on ne saurait faire de l'expérience le seul fondement de la connaissance, dans la mesure où ni le **raisonnement inductif*** ni l'exemple ne permettent d'établir une vérité nécessaire.

▶ Leibniz observe d'abord que s'il nous est possible de « prévoir » certaines choses alors même que l'expérience ne nous les a pas montrées, c'est bien que tout ne provient pas de l'expérience.

▶ De fait, nous ne pouvons tirer de connaissances à partir de l'expérience qu'au moyen de raisonnements inductifs, qui entendent établir des **vérités « générales »** à partir de certaines observations « particulières », autrement dit d'exemples. Or, dit Leibniz, le fait qu'un phénomène se produise une fois ou mille fois ne garantit en rien qu'il se produira toujours.

▶ Ainsi, la vérité d'une proposition résultant de l'observation est toujours suspendue à de nouvelles observations, et ne peut donc être dite nécessaire, mais seulement provisoire et particulière.

▶ En revanche, des vérités nécessaires existent, en particulier celles des **mathématiques**. Il faut donc admettre qu'il existe un autre fondement de la connaissance. Si l'expérience peut intervenir dans la connaissance, c'est seulement dans la mesure où elle est une occasion de connaître.

Les notions ▶ Théorie et expérience, la vérité, la démonstration

D'autres **textes expliqués**

▶ Un autre extrait d'œuvre est expliqué dans les notions.
LEIBNIZ, *Nouveaux Essais sur l'entendement humain*, ➔ l'inconscient p. 34

Locke

Nom : John Locke
Naissance : 1632 à Wrington en Angleterre.
Mort : 1704 à Oates en Angleterre.
Période : XVIIe-XVIIIe siècles.
À noter : Locke s'est exilé en Hollande durant la guerre civile anglaise.
Œuvres principales : *Lettre sur la tolérance* (1689), *Essai philosophique concernant l'entendement humain* (1690), *Second Traité du gouvernement civil* (1690).

Une théorie novatrice sur l'origine des idées

◗ Sur le plan de la connaissance, Locke affirme que toutes nos idées viennent de l'expérience. Contrairement à Descartes qui postule que notre esprit est doté d'« idées innées », Locke estime qu'il n'est au départ qu'une « **table rase** ».

◗ Considéré comme l'un des premiers représentants de l'**empirisme***, Locke explique que c'est l'observation combinée des objets extérieurs (au moyen des **sensations**) et des opérations intérieures de notre esprit (par la **réflexion**) qui nous permet d'acquérir toutes nos **idées**.

Des droits naturels à la souveraineté limitée de l'État

◗ Au niveau politique, Locke affirme que les hommes possèdent des droits naturels inaliénables, à commencer par la **liberté** individuelle et la **propriété privée**, fondée sur le droit de jouir des fruits de son travail.

◗ Pour cette raison, Locke refuse la perspective d'un État possédant un pouvoir absolu. La puissance du souverain résulte d'un **contrat** de libre consentement passé avec ses sujets, sujets dont il se doit en retour de protéger les **droits naturels**. Lorsque ce n'est plus le cas, le contrat est rompu et le peuple possède alors un légitime **droit de résistance**.

◗ Dans la même perspective, Locke affirme que l'État n'a pas à imposer un culte déterminé. Le « salut des âmes » est une affaire privée, et l'État doit donc faire place à la pluralité des religions en appliquant un principe de « **tolérance** » sur ce point.

Locke

Les **textes expliqués** de Locke

Quel est le fondement du droit de propriété ?

> Notre travail, en ajoutant quelque chose aux ressources naturelles, nous donne un légitime droit de propriété sur ce que nous transformons.
>
> ❝ Un homme qui se nourrit de glands qu'il ramasse sous un chêne, ou de pommes qu'il cueille sur des arbres, dans un bois, se les approprie certainement par-là. On ne saurait contester que ce dont il se nourrit, en cette occasion, ne lui appartienne légitimement. Je demande donc : Quand est-ce que ces choses qu'il mange commencent à lui appartenir en propre ? Lorsqu'il les digère, ou lorsqu'il les mange, ou lorsqu'il les cuit, ou lorsqu'il les porte chez lui, ou lorsqu'il les cueille ? Il est visible qu'il n'y a rien qui puisse les rendre siennes, que le soin et la peine qu'il prend de les cueillir et de les amasser. Son travail distingue et sépare alors ces fruits des autres biens qui sont communs ; il y ajoute quelque chose de plus que la nature, la mère commune de tous, n'y a mis ; et, par ce moyen, ils deviennent son bien particulier.
>
> J. LOCKE, *Second Traité du gouvernement civil*, 1690.

Ce que dit **Locke**

▶ À partir de quand devient-il légitime d'affirmer que quelque chose d'extérieur à notre personne nous appartient ?

▶ En effet, dans la mesure où la terre est une **ressource commune** pour tous les êtres qui l'habitent, il peut sembler curieux de revendiquer une possession privée sur ce qui provient d'elle.

▶ Pour surmonter cette difficulté, Locke montre que seul notre travail nous confère un droit naturel de propriété sur certains biens, dans la mesure où notre labeur ajoute de façon évidente quelque chose à ce que la nature nous donne.

▶ Pour démontrer cette thèse, Locke s'appuie tout d'abord sur un constat de bon sens : si la terre est effectivement commune à tous, nous ne pouvons survivre sans nous approprier les biens qu'elle nous prodigue. Par exemple, celui qui cueille des pommes pour les manger en fait en quelque sorte sa **propriété**. Ce constat permet de montrer que le véritable problème n'est pas de savoir si le droit de propriété existe, puisqu'il découle du simple usage personnel des ressources, mais d'établir là où il commence.

▶ Locke affirme ensuite qu'il n'existe en définitive qu'un seul critère pour démarquer ce qui provient en général de la nature de ce qui résulte de l'usage particulier qu'en font les individus : il s'agit du travail, c'est-à-dire ici de l'effort par lequel un homme « ajoute » quelque chose à la nature à l'aide de ses moyens et capacités propres. Cet ajout retire en effet les objets de leur état commun initial pour en faire des objets particuliers, appartenant à celui qui est à l'origine de cette transformation.

▶ Certes, cette appropriation individuelle se fait sans le consentement préalable de tous. Mais comme le souligne Locke par la suite, si ce consentement était nécessaire, personne ne pourrait le réunir et tout le monde finirait par mourir de faim…

Les notions ▶ Le travail, la justice et le droit, la liberté

D'après Locke, celui qui cueille des pommes pour les manger en fait sa propriété.

D'où proviennent nos idées et nos connaissances ?

À la naissance, notre esprit est vide de tout contenu. C'est donc l'expérience qui est à l'origine de toutes nos idées et connaissances.

❝ Supposons donc qu'au commencement l'âme est ce qu'on appelle une table rase, vide de tous caractères, sans aucune idée, quelle qu'elle soit. Comment vient-elle à recevoir des idées ? […] D'où puise-t-elle tous ces matériaux qui sont comme le fond de tous ses raisonnements et de toutes ses connaissances ? À cela je réponds en un mot, de l'expérience : c'est là le fondement de toutes nos connaissances, et c'est de là qu'elles tirent leur première origine. Les observations que nous faisons sur les

> objets extérieurs et sensibles, ou sur les opérations intérieures de notre âme, que nous apercevons et sur lesquelles nous réfléchissons nous-mêmes, fournissent à notre esprit les matériaux de toutes ses pensées. Ce sont là les deux sources d'où découlent toutes les idées que nous avons, ou que nous pouvons avoir naturellement.
>
> J. LOCKE, *Essai philosophique concernant l'entendement humain*, 1690.

Ce que dit Locke

▶ Quelle est l'origine de nos idées ? Comment pouvons-nous produire des connaissances sur le monde extérieur ?

▶ Il n'est *a priori* pas absurde de supposer que certaines de nos idées sont innées, déjà présentes dans notre esprit à la naissance. Sinon, comment expliquer les idées abstraites et très éloignées de l'expérience ?

▶ Pourtant, Locke refuse cette hypothèse. À l'origine, l'esprit humain (ici l'âme) est d'après lui semblable à une **table rase** ou une feuille blanche vide de tout caractère. Ce sont les **données de l'expérience** qui viennent ensuite le remplir.

▶ Pour préciser cette thèse, Locke prend soin de distinguer deux dimensions de l'expérience : la sensation, c'est-à-dire l'action physique du monde extérieur sur nos sens, d'une part, et la réflexion d'autre part, soit l'acte par lequel l'esprit (l'âme) perçoit ses propres opérations (douter, croire, raisonner, etc.). De ces deux sources découlent toutes nos idées. Locke distingue alors les **idées simples**, qui viennent directement de la sensation et de la réflexion, et les **idées complexes**, qui sont élaborées par l'esprit à partir de la combinaison entre plusieurs idées simples. Mais dans les deux cas, il n'est plus nécessaire de postuler un autre « fondement » que l'expérience pour justifier l'origine de nos différentes connaissances, même les plus abstraites.

Les notions La perception, la raison et le réel, théorie et expérience

Machiavel

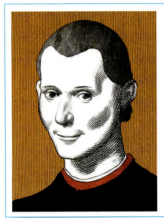

Nom : Nicolas Machiavel
Naissance : 1469 à Florence en Italie.
Mort : 1527 à Florence en Italie.
Période : XVe-XVIe siècles.
À noter : Fort de son expérience de diplomate et de haut fonctionnaire, Machiavel veut conseiller le prince sur les différents sujets qui intéressent l'État : la guerre, les relations internationales, la sécurité intérieure, l'exercice du pouvoir…
Œuvre principale : *Le Prince* (1513).

Machiavel et le « machiavélisme »

Le terme « **machiavélisme** » évoque l'image d'un sombre calculateur sans scrupule qui ne correspond pas à ce que fut réellement Machiavel. Profondément attaché à la cité florentine dont il fut un serviteur zélé, Machiavel met en avant la **responsabilité du « prince »** : celui qui est en charge des affaires publiques doit œuvrer pour la **force** et la **stabilité** de l'État. L'enjeu est pour le peuple la possibilité de vivre libre et de prospérer : cette exigence s'impose au prince davantage que le respect de la **morale**.

Le réalisme politique

Le prince doit reléguer au second plan les considérations morales car s'il voulait être vertueux, il serait tel un agneau parmi les loups. La vertu du prince n'est donc pas celle du particulier. L'art politique n'obéit qu'à une seule règle : exercer le **pouvoir** efficacement. En prodiguant ses conseils sur la manière de prendre le pouvoir et de le conserver par tous les moyens, Machiavel rompt avec deux **traditions** : celle des traités médiévaux soucieux de l'édification morale et religieuse du prince, mais aussi celle de la philosophie ancienne centrée sur la question de la nature du meilleur régime politique, secondaire aux yeux de Machiavel.

Machiavel

Les **textes expliqués** de Machaviel

Les hommes écrivent-ils leur histoire ?

Même si les hommes ne peuvent pas tout contrôler, ils sont maîtres de leur destin.

> Je n'ignore pas que beaucoup ont pensé et pensent que les affaires du monde sont gouvernées par la fortune et par Dieu, que la prudence humaine est impuissante à les corriger, et que les hommes n'y ont même aucun remède ; aussi pourraient-ils juger que ce n'est pas la peine de trop s'employer, et qu'il vaut mieux se laisser gouverner par le sort. Cette opinion a été développée ces derniers temps, du fait des grands bouleversements qu'on a vus et que l'on voit chaque jour, impossibles à conjecturer par les forces de l'esprit humain. En y pensant parfois moi-même, il m'est arrivé de partager partiellement ce point de vue. Toutefois, comme il nous reste une part de liberté, je juge que s'il peut être vrai que la fortune est l'arbitre de la moitié de nos actions, elle nous en laisse cependant gouverner l'autre moitié, ou à peu près. Et je la compare à un de ces fleuves impétueux qui, lorsqu'ils s'irritent, inondent les plaines, détruisent les arbres et les édifices, enlèvent de la terre ici, la déposent ailleurs. Tous s'enfuient devant eux, chacun cède à leur assaut, sans pouvoir en rien leur faire obstacle. Bien qu'ils soient ainsi faits, il n'empêche que les hommes, lorsque les temps sont calmes, peuvent prendre certaines dispositions, grâce à des digues et à des remparts, de telle sorte que si les eaux montaient, ou bien elles seraient canalisées, ou bien elles seraient moins furieuses et dangereuses. Il en va ainsi de la fortune : elle démontre sa puissance là où la valeur n'est pas préparée pour lui résister, et tourne ses assauts là où elle sait que n'ont pas été montés des digues et des remparts pour la contenir.
>
> N. MACHIAVEL, *Le Prince*, 1513.

Ce que dit **Machiavel**

▶ Exposés aux malheurs de toutes sortes, les hommes sont-ils maîtres de leur destin ? Y a-t-il un sens à construire patiemment ce qu'un coup du sort suffit à détruire ?

▶ En philosophie morale, on oppose traditionnellement la « **vertu** », c'est-à-dire les qualités qui rendent possible l'action (volonté, intelligence), et la « **fortune** », c'est-à-dire le sort, qui peut être bon ou mauvais mais sur lequel on n'a aucune prise.

▶ Mais le propos de Machiavel porte sur l'action politique : le fleuve en crue qui dévaste tout est une métaphore de la **guerre**, cette menace constante pour les peuples de tomber dans la misère ou la servitude. L'Italie est à cette époque ruinée par ses divisions et emportée dans la tourmente d'une rivalité entre les puissances européennes.

▶ Quand certains se désespèrent, Machiavel refuse d'y voir une fatalité : tout comme dans la philosophie morale on dit qu'une vertu solide est le moyen d'affronter la mauvaise fortune, l'action politique doit permettre de faire face à toutes sortes d'éventualités, la guerre étant la pire d'entre elles.

▶ Le prince capable de conduire une guerre et de la gagner est d'abord celui qui a su la préparer en temps de paix. Sa constante préoccupation doit donc être de renforcer son État par tous les moyens. Comme c'est principalement entre ses mains que réside le sort de son peuple, il n'agit pas simplement en son nom, mais il incarne l'**action collective**.

Les notions L'histoire, l'État, la liberté

Le mensonge est-il une vertu politique ?

Pour être efficace, le prince doit savoir mentir et user de la ruse autant que de la force.

❝ Comme le prince est donc contraint de savoir bien user de la bête, il doit entre toutes choisir le renard et le lion ; le lion en effet ne se défend pas des pièges, le renard ne se défend pas des loups. Il faut donc être renard pour connaître les pièges et lion pour effrayer les loups. Ceux qui se fondent uniquement sur le lion n'y entendent rien. C'est pourquoi un seigneur prudent ne doit pas tenir sa parole lorsque la promesse qu'il a faite tourne à son désavantage et qu'ont disparu les raisons qui lui avaient fait promettre. Si les hommes étaient tous bons, ce précepte ne serait pas bon, mais comme ils sont méchants et qu'ils ne tiendraient pas la parole qu'ils t'ont donnée, toi non plus tu n'as pas à tenir celle que tu leur as donnée. D'ailleurs, les raisons de justifier le manquement à la parole donnée n'ont jamais fait défaut aux princes. On pourrait en donner une infinité d'exemples modernes et montrer combien de traités de paix, combien de promesses ont été rendus nuls et non avenus à cause du manque de parole des princes : et c'est celui qui a su le mieux user du renard qui a triomphé. Mais cette nature, il est nécessaire de bien la maquiller, et d'être grand simulateur et dissimulateur ; et les hommes sont si naïfs, et ils obéissent tant aux nécessités présentes que celui qui trompe trouvera toujours quelqu'un qui se laissera tromper.

N. MACHIAVEL, *Le Prince*, 1513.

Ce que dit **Machiavel**

▶ Quelles sont les qualités d'un bon prince ? Est-il vraiment souhaitable que le prince se conduise avec droiture, ou bien mentir fait-il partie du métier ?

▶ Un prince doit renforcer son État pour garantir à son peuple l'indépendance et la prospérité. Cette **responsabilité** l'affranchit des règles morales qui s'imposent au particulier : il est impératif qu'il parvienne à ses fins, et donc qu'il emploie tous les moyens susceptibles de lui assurer le succès. La vertu propre du prince n'est donc pas la vertu morale mais l'**efficacité**.

▶ Qu'il le veuille ou non, le prince devra « user de la bête », c'est-à-dire recourir à des moyens que la morale réprouve. En effet, les qualités humaines ne sont pas toujours, et même pas souvent, des qualités politiques : chez un prince, un naturel clément ou généreux peut entraîner le désordre ou la ruine de l'État. Il faut au contraire savoir employer tantôt la **force** (être lion), tantôt la **ruse** (être renard) pour faire face en permanence à des puissances hostiles (chasseurs, loups), à l'intérieur comme à l'extérieur de l'État.

▶ L'emploi du **mensonge** est justifié par le fait que les hommes sont méchants : il faut donc trahir avant d'être trahi. L'histoire montre que c'est en général le plus rusé qui triomphe. Mais il ne faut rien laisser transparaître de cette conduite, sous peine d'être inefficace et de susciter le mépris du peuple. « Simulateur et dissimulateur », un prince habile n'aura aucun mal à construire et à entretenir une bonne « **image** » de lui tant le peuple est naïf et politiquement incompétent.

Les notions La politique, l'État, la morale

Marx

Nom : Karl Marx
Naissance : 1818 à Trèves en Allemagne.
Mort : 1883 à Londres au Royaume-Uni.
Période : XIXe siècle.
À noter : Inspirateur des mouvements ouvriers des XIXe et XXe siècles.
Œuvres principales : *L'Idéologie allemande* (1846), *Manifeste du Parti communiste* (1848), *Le Capital* (t. 1, 1867).

Une conception matérialiste de l'histoire

▶ Pour Marx, ce sont les **conditions matérielles** et non les idées qui déterminent la vie des hommes. À chaque époque, c'est l'organisation de la production des moyens de subsistance qui entraîne une structure et une hiérarchie sociales spécifiques. Et les **idéologies** et les différentes **institutions** sont l'expression de ces rapports sociaux plutôt qu'une libre invention des individus.

▶ De ce fait, les groupes qui contrôlent la production économique dominent les rapports sociaux, ce qui leur confère à terme une hégémonie politique. L'histoire se ramène donc à une « **lutte des classes** », c'est-à-dire entre les groupes économiquement dominants et économiquement dominés. Mais cette lutte n'est pas figée puisque la production économique évolue avec le développement des capacités matérielles, ce qui modifie le rapport de force entre les classes.

Une critique économique du capitalisme

▶ D'après Marx, le mode de production capitaliste repose sur l'**exploitation** de la classe ouvrière. Les ouvriers sont réduits à vendre leur **force de travail** à ceux qui possèdent les moyens de production, cela en échange d'un salaire ne correspondant pas réellement à la valeur qu'ils produisent durant leur temps de travail.

▶ Les ouvriers sont également « aliénés », c'est-à-dire dépossédés du produit de leur activité et réduits à n'être qu'un facteur de production parmi d'autres.

Les **textes expliqués** de Marx

L'autonomie de la conscience n'est-elle qu'une illusion ?

Les conditions matérielles de vie déterminent les représentations que les hommes se font d'eux-mêmes et du monde.

> Par opposition complète à la philosophie allemande qui descend du ciel vers la terre, ici on monte de la terre vers le ciel. C'est-à-dire qu'on ne part pas de ce que les hommes disent, s'imaginent, se représentent, qu'on ne part pas non plus de ce qu'on dit, de ce qu'on pense, de ce qu'on s'imagine, de ce qu'on se représente être les hommes pour en arriver aux hommes en chair et en os ; on part des hommes effectivement actifs, et à partir de leur processus vital effectif, on présente également le développement des reflets et des échos idéologiques de ce processus vital. Même les représentations nébuleuses qui se forment dans le cerveau des hommes sont des sublimés nécessaires de leur processus vital matériel, empiriquement constatable et rattaché à des présuppositions matérielles. Ce faisant, la morale, la religion, la métaphysique et le reste de l'idéologie, ainsi que les formes de conscience qui leur correspondent, cessent de conserver l'apparence de l'autonomie. [...] Ce n'est pas la conscience qui détermine la vie, c'est la vie qui détermine la conscience.
>
> K. MARX, F. ENGELS et J. WEYDEMEYER, *L'Idéologie allemande*, 1846.

Ce que dit **Marx**

▶ La représentation que les hommes se font du monde et d'eux-mêmes est-elle complètement libre ou dépend-elle de facteurs extérieurs ?

▶ Il est *a priori* tentant de considérer la conscience humaine comme autonome. Comment les idées que nous formulons intentionnellement pourraient-elles venir d'autre chose que de nous-mêmes ?

▶ Pourtant, Marx rejette cette intuition au profit d'une approche « matérialiste » : ce sont d'après lui les **conditions matérielles** (l'activité sociale et économique) qui déterminent les représentations que les hommes se font d'eux-mêmes et du monde. En d'autres termes, c'est la vie réelle qui détermine la **conscience** et non l'inverse.

▶ Pour défendre cette lecture, Marx commence par renverser l'approche idéaliste* d'une partie de la philosophie allemande, qui part des **idées** (« le ciel ») pour expliquer l'**activité réelle** des hommes (« la terre »).

Il propose au contraire de partir des caractéristiques de la vie réelle pour rendre compte des idées conscientes. Autrement dit, c'est la façon dont les hommes organisent la production des moyens de subsistance et les rapports sociaux qu'ils nouent entre eux à cette occasion qui permettent de comprendre pourquoi ils adoptent telle doctrine politique ou telle vision du monde. Les idées et croyances individuelles ainsi que les idéologies collectives ne sont que des reflets de ces conditions matérielles.

▶ En conséquence, Marx estime que les grandes conceptions morales, religieuses ou métaphysiques ne se forment pas librement et n'apparaissent pas n'importe quand. Elles sont à chaque fois l'expression d'une organisation sociale et économique spécifique.

Les notions ▸ La conscience, la matière et l'esprit, la société

Les hommes font-ils leur histoire ?

Les hommes possèdent une liberté d'agir dans l'histoire, mais celle-ci est limitée par des conditions préalables dont ils ne décident pas.

❝ Les hommes font leur propre histoire, mais ils ne la font pas arbitrairement, dans les conditions choisies par eux, mais dans des conditions directement données et héritées du passé.

K. MARX, *Le 18 Brumaire de Louis Bonaparte*, 1851.

Ce que dit Marx

▶ Les hommes sont-ils maîtres de leur destinée collective ou sont-ils complètement déterminés par des facteurs dont ils n'ont pas conscience ?

▶ Cette interrogation nous invite en apparence à choisir entre deux visions opposées de l'histoire humaine, entre une **lecture volontariste** qui postule notre totale liberté, et une **conception déterministe** qui considère l'homme comme le jouet de lois (biologiques, psychologiques, économiques, etc.) qu'il ne maîtrise pas.

▶ L'originalité de Marx consiste à refuser ce choix réducteur au profit d'une approche médiane. D'après lui, les hommes sont les acteurs de leur histoire, mais leur liberté d'initiative dépend de conditions objectives qu'ils n'ont pas choisies car elles sont le résultat des **productions humaines passées**. De ce fait, seule la **prise de conscience collective** de ces conditions « héritées » leur permettra de devenir les véritables auteurs de l'histoire à venir.

▶ Dans la suite du texte, Marx utilise l'image de l'apprentissage d'une langue étrangère pour clarifier ce rapport entre notre liberté d'initiative et les conditions objectives dont nous dépendons. De même qu'un débutant apprenant une langue étrangère éprouve au départ le besoin de la traduire dans sa langue maternelle, les entreprises d'une nouvelle génération sont toujours imprégnées des formes passées. Pour cette raison, la **liberté** d'inventer l'histoire à venir, de transformer son cours, réclame d'abord que l'on comprenne cet héritage et que l'on soit capable de s'en détacher pour devenir semblable au polyglotte qui parvient à penser directement dans une seconde langue sans plus avoir besoin de recourir à sa langue maternelle.

Les notions L'histoire, la société, la liberté

Quel statut et quelle valeur accorder à la religion ?

La religion est une invention sociale qui entretient la misère du peuple en l'apaisant avec un bonheur illusoire.

❝ Le fondement de la critique irréligieuse est : c'est l'homme qui fait la religion, ce n'est pas la religion qui fait l'homme. C'est-à-dire que la religion est la conscience de soi et le sentiment de soi qu'a l'homme qui ne s'est pas encore atteint lui-même, ou bien s'est déjà reperdu. Mais l'homme, ce n'est pas une essence abstraite blottie quelque part hors du monde. L'homme, c'est le monde de l'homme, l'État, la société. Cet État, cette société produisent la religion, conscience inversée du monde, parce qu'ils sont eux-mêmes un monde à l'envers. La religion [...] est la réalisation fantasmagorique de l'essence humaine, parce que l'essence humaine ne possède pas de réalité véritable. Lutter contre la religion c'est donc indirectement lutter contre le monde dont la religion est l'arôme spirituel.

La détresse religieuse est, pour une part, l'expression de la détresse réelle et, pour une autre, la protestation contre la détresse réelle. La religion est le soupir de la créature opprimée, la chaleur d'un monde sans cœur, comme elle est l'esprit de conditions sociales d'où l'esprit est exclu. Elle est l'opium du peuple.

Abolir la religion en tant que bonheur illusoire du peuple, c'est exiger son bonheur réel. Exiger qu'il renonce aux illusions sur sa situation, c'est exiger qu'il renonce à une situation qui a besoin d'illusions.

K. MARX, *Critique du droit politique hégélien*, 1843.

Ce que dit **Marx**

▶ Quelle est l'origine de la religion et quelle valeur lui attribuer ? S'impose-t-elle à nous comme une vérité supérieure et salutaire ? Où n'est-elle qu'une invention des hommes aux effets contestables ?

▶ Si l'absence de société sans religion rend la première hypothèse crédible, Marx estime pourtant que la religion reste une **création humaine**. Sa fonction véritable serait de dispenser un bonheur illusoire au sein des masses opprimées. Elle serait donc un « opium », une drogue qui ne soulage les souffrances du peuple que pour endormir ses envies de révolte.

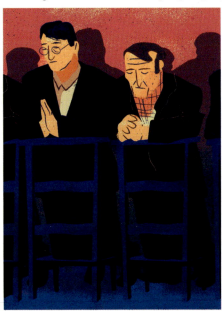

▶ Pour clarifier sa thèse, Marx prend d'abord soin d'expliquer que si l'homme fait la religion, et non l'inverse, c'est de façon collective. Par l'homme, il ne faut pas entendre une « essence abstraite », mais son activité sociale et ses institutions. Ainsi, le monde économique et politique de l'homme se caractérise par des conditions inégales et des rapports d'exploitation. La religion est donc une « conscience inversée » de ce monde, c'est-à-dire la **représentation imaginaire** d'un monde supérieur plus juste. Et cette vision fantasmée est produite par la société elle-même pour compenser, mais aussi pour justifier les souffrances et les conditions bien réelles qui la caractérisent.

▶ Or, comme cette représentation inversée n'est qu'une illusion, elle paralyse les forces collectives susceptibles de transformer la société. Combattre le « bonheur illusoire » proposé par la religion revient donc à « exiger » du peuple qu'il lutte pour son « **bonheur réel** », c'est-à-dire pour produire une société conforme à ses attentes.

Les notions La religion, la société, la liberté, le bonheur

D'autres **textes expliqués**

▶ Un autre extrait d'œuvre est expliqué dans les notions.
MARX, *Manuscrits de 1844*, ➡ **le travail** p. 90

Montesquieu

Nom : Charles-Louis de Secondat, baron de La Brède et de Montesquieu
Naissance : 1689 à La Brède, à Bordeaux.
Mort : 1755 à Paris.
Période : XVIIe-XVIIIe siècles.
À noter : Montesquieu a voyagé à travers toute l'Europe et a pu observer la diversité des législations de l'époque.
Œuvres principales : *Lettres persanes* (1721), *De l'esprit des lois* (1748).

Une réflexion sur « l'esprit des lois »

▶ Selon Montesquieu, la loi garantit notamment la liberté politique. Elle permet à cette dernière d'en fixer les limites, tout en s'appliquant de la même façon pour tout le monde (**égalité** devant la loi).

▶ Cette thèse s'enracine dans une réflexion sur l'essence des lois, dont Montesquieu affirme qu'elles sont, au sens le plus large, l'expression des « **rapports nécessaires** » qui découlent de la nature même des choses. Les lois dites « positives », établies par les hommes, sont donc fondées sur ces rapports nécessaires qui leur sont antérieurs.

Une théorie des différents types de gouvernement

Montesquieu propose aussi une théorie des **types de gouvernement** (monarchique, républicain, despotique), qu'il classe en fonction de leur « **nature** » (la structure institutionnelle qui les définit), et de leur « **principe** » (le sentiment commun qui anime les hommes sous ces différents gouvernements). Cette typologie des gouvernements est notamment l'occasion d'une subtile critique du **despotisme**, dont le principe repose, selon l'auteur, sur la **peur**.

La séparation des pouvoirs

Inspiré par ses observations sur le gouvernement anglais de l'époque et craignant le despotisme, Montesquieu a également théorisé la **séparation des pouvoirs** : celle-ci permet d'éviter que tous les pouvoirs de l'État ne soient concentrés dans les mains d'une personne ou d'un seul corps.

Les **textes expliqués** de Montesquieu

Comment se prémunir de l'abus de pouvoir ?

Il faut diviser les pouvoirs au sein de l'État afin de prévenir tout excès et garantir ainsi un gouvernement modéré.

> C'est une expérience éternelle que tout homme qui a du pouvoir est porté à en abuser : il va jusqu'à ce qu'il trouve des limites [...]. Pour qu'on ne puisse abuser du pouvoir, il faut que, par la disposition des choses, le pouvoir arrête le pouvoir.
>
> MONTESQUIEU, *De l'esprit des lois*, 1748.

Ce que dit **Montesquieu**

▶ Bien que nécessaire au fonctionnement de l'État, l'exercice du pouvoir n'en représente pas moins une menace potentielle pour les **libertés politiques** et pour le bon exercice de la **justice**. De ce fait, quelles précautions doit-on prendre pour limiter cette menace ?

▶ Au premier abord, il semble tentant de faire confiance à la sagesse et à la vertu de celui ou de ceux qui possèdent le pouvoir. Mais cela n'est-il pas naïf et dangereux ? Peut-on laisser le souverain sans autre garde-fou que sa seule conscience morale ?

▶ Montesquieu propose pour sa part une solution ancrée dans la constitution même de l'État. Il s'agit d'utiliser le pouvoir pour arrêter le pouvoir en séparant les différentes **prérogatives** de l'État, afin d'éviter qu'elles ne soient réunies dans les mains d'une seule personne ou d'un seul corps.

▶ Pour justifier cette solution inspirée par la monarchie constitutionnelle anglaise de son temps, Montesquieu part du constat que toute personne investie du pouvoir aura tendance à en abuser si les institutions et la constitution lui en laissent la possibilité. Pour cette raison, il est nécessaire de distribuer entre différents individus et organes la **puissance** de l'État afin de créer un certain équilibre.

▶ Il faut ainsi que la fonction de faire les lois (le **pouvoir législatif**), celle d'exécuter les résolutions publiques (le **pouvoir exécutif**) et celle de juger les crimes (le **pouvoir judiciaire**) ne soient pas confondues. Cette répartition rend possible un gouvernement dit « modéré », plus juste et efficace, prévenant le danger du **despotisme**.

Les notions La politique, l'État, la liberté

Le commerce favorise-t-il la paix ?

Le commerce favorise la paix entre les nations, mais ne développe pas nécessairement les vertus morales.

L'effet naturel du commerce est de porter à la paix. Deux nations qui négocient ensemble se rendent réciproquement dépendantes : si l'une a intérêt d'acheter, l'autre a intérêt de vendre ; et toutes les unions sont fondées sur des besoins mutuels.

Mais, si l'esprit de commerce unit les nations, il n'unit pas de même les particuliers. Nous voyons que, dans les pays où l'on n'est affecté que de l'esprit de commerce, on trafique de toutes les actions humaines, et de toutes les vertus morales : les plus petites choses, celles que l'humanité demande, s'y font, ou s'y donnent pour de l'argent.

L'esprit de commerce produit, dans les hommes, un certain sentiment de justice exacte, opposé d'un côté au brigandage, et de l'autre à ces vertus morales qui font qu'on ne discute pas toujours ses intérêts avec rigidité et qu'on peut les négliger pour ceux des autres.

MONTESQUIEU, *De l'esprit des lois*, 1748.

Ce que dit **Montesquieu**

▶ Le commerce a pour objectif avoué l'échange de biens et de services en vue d'un **profit économique**. Mais peut-il aussi avoir des conséquences politiques et morales ?

▶ Cette interrogation donne souvent lieu à des réponses unilatérales. Certains estiment que le commerce crée un véritable dialogue entre les peuples, quand d'autres l'accusent d'attiser la convoitise et la compétition malsaine.

▶ Montesquieu propose une approche plus nuancée. Il affirme que le commerce favorise la **paix** entre les nations, tout en remarquant que « l'esprit de commerce » a des effets ambigus sur les **vertus morales**.

▶ Cette thèse est présentée en deux temps : Montesquieu explique d'abord que les échanges commerciaux entre les nations créent une **interdépendance** entre elles. Cette interdépendance a pour conséquence logique de les dissuader de se faire la guerre puisque chacune a besoin de l'autre pour prospérer.

▶ Mais l'auteur insiste ensuite sur la différence entre cette pacification politique et le **perfectionnement moral** des individus. En effet, les façons de penser qui animent les membres des nations commerçantes (leur « esprit de commerce ») ne sont pas orientées vers des buts moraux.

Toute activité est ramenée à la question du **gain** pécuniaire. Et si chacun refuse le vol et souhaite des échanges mathématiquement justes (un bien contre un bien de valeur égale), c'est par seul calcul de ses propres **intérêts**.

Un contrat commercial entre deux nations crée une interdépendance entre elles.

▶ « L'esprit de commerce » ne valorise donc pas les vertus morales ne supposant aucune contrepartie et ne rapportant rien, telles que l'hospitalité par exemple. Et si le désir d'une exactitude dans les échanges nous éloigne de la mentalité du « **brigand** », qui prend les choses par la force, il nous éloigne également de ce genre de vertu morale qui implique de savoir donner sans rien attendre en retour.

▶ Montesquieu remarquera par la suite à ce propos que les peuples « brigands », violents par ailleurs, sont paradoxalement capables de faire preuve de ce type de vertu, puisque leur manière de penser n'est pas cloisonnée par la seule perspective d'une réciprocité commerciale.

Les notions ▶ La politique, la société, les échanges, la morale

Nietzsche

Nom : Friedrich Nietzsche
Naissance : 1844 à Röcken en Prusse (aujourd'hui en Allemagne).
Mort : 1900 à Weimar en Allemagne.
Période : XIXe siècle.
À noter : Nietzsche critique radicalement l'idéologie raciale et antisémite qui se développe en son temps.
Œuvres principales : *Le Gai Savoir* (1882), *Par-delà bien et mal* (1886), *La Généalogie de la morale* (1887).

Une critique de la recherche de la vérité

▶ Nietzsche développe une critique des vérités philosophiques et religieuses – c'est-à-dire métaphysiques –, qui supposent l'existence d'un « **monde vrai** » qui serait au-delà de la réalité. Les vérités scientifiques elles-mêmes, dit-il, reposent sur une **croyance** en une vérité immuable. Or, si nous croyons en une vérité unique, que celle-ci soit située au-delà du monde sensible ou non, c'est parce que nous en avons besoin, n'ayant pas la force ou le courage d'affronter le **changement**, la **polysémie** et le caractère contradictoire de la vie.

▶ Parmi ces vérités que nous inventons par besoin se trouvent les **valeurs morales**. Nietzsche en propose une généalogie, c'est-à-dire qu'il montre que ces valeurs qui se donnent pour absolues et éternelles proviennent en réalité de **rapports de force**. La valorisation du pardon ou de l'humilité, par exemple, tiendrait à une inversion des valeurs produite par des êtres que leur faiblesse physiologique rend incapables de vengeance ou de fierté, et qui trouvent ainsi le moyen de convertir leur faiblesse en force.

La philosophie comme art

Dès lors, la philosophie ne peut plus se donner pour une recherche de la vérité : elle devient une pratique créatrice qui n'entend pas refléter un monde vrai mais développer des **interprétations**, des perspectives aussi nuancées et changeantes que la réalité elle-même.

Les **textes expliqués** de Nietzsche

Sommes-nous voués à interpréter le monde ?

Nous ne pouvons connaître le monde qu'en l'interprétant : il n'y a pas de vérité unique, mais seulement des perspectives.

> Savoir jusqu'où s'étend le caractère perspectiviste de l'existence ou même, si elle a en outre quelque autre caractère, si une existence sans interprétation, sans nul « sens » ne devient pas « non-sens », si d'autre part toute existence n'est pas essentiellement une existence interprétative – voilà ce que ne saurait décider l'intellect ni par l'analyse la plus laborieuse ni par son propre examen le plus consciencieux : puisque lors de cette analyse l'intellect humain ne peut faire autrement que de se voir sous ses formes perspectivistes, et rien qu'en elles. Nous ne pouvons regarder au-delà de notre angle : c'est une curiosité désespérée que de chercher à savoir quels autres genres d'intellects et de perspectives pourraient exister encore [...]. Mais je pense que nous sommes aujourd'hui éloignés tout au moins de cette ridicule immodestie de décréter à partir de notre angle que seules seraient valables les perspectives à partir de cet angle. Le monde au contraire nous est redevenu « infini » une fois de plus : pour autant que nous ne saurions ignorer la possibilité qu'il renferme une infinité d'interprétations. Une fois encore le grand frisson nous saisit : mais qui donc aurait envie de diviniser à l'ancienne manière ce monstre de monde inconnu ? Qui s'aviserait d'adorer cet inconnu désormais en tant que le « dieu inconnu » ? Hélas, il est tant de possibilités non divines d'interprétation inscrites dans cet inconnu, trop de diableries, de sottises, de folies d'interprétation, notre propre humaine, trop humaine interprétation, que nous connaissons...
>
> F. NIETZSCHE, *Le Gai Savoir*, 1882.

Ce que dit **Nietzsche**

▶ Sommes-nous capables de connaître le monde autrement qu'en l'interprétant ?

▶ On tend à opposer l'**interprétation**, nécessairement subjective, à la **démonstration**, qui seule nous permettrait de connaître. Mais est-il si sûr qu'une connaissance objective du monde soit possible ?

▶ Nietzsche critique dans ce texte le dogme de l'**objectivité** de la connaissance en démontrant que tout est interprétation, et que chaque interprétation découle d'une perspective.

Nietzsche

▶ Pour savoir s'il existe des faits indépendants de toute interprétation, dit-il, encore faudrait-il pouvoir sortir de notre propre perspective.

▶ Or, nous ne pouvons qu'imaginer des intellects qui, n'étant pas faits comme le nôtre, auraient une autre perception du temps ou de l'espace et une connaissance différente du monde.

▶ Ainsi, prisonniers de notre **perspective**, nous pouvons seulement imaginer que d'autres perspectives sont possibles. À l'« immodestie » de celui qui prétend à la vérité objective s'oppose la modestie de celui qui comprend que connaître consiste à multiplier les interprétations.

▶ Nietzsche conclut par une mise en garde : que le monde redevienne alors « infini », puisque inépuisable, ne doit pas nous faire retomber dans l'erreur métaphysique consistant à chercher dans cet infini une vérité **immuable**. De fait, le monde n'est infini que parce qu'il est polysémique, et sans cesse renouvelé par nos interprétations.

Les notions ▸ La raison et le réel, la vérité, l'interprétation

Pour être moral, faut-il ne pas se soucier de soi ?

Être moral, ce n'est pas s'oublier ni s'absorber dans la souffrance des autres, mais au contraire entretenir un rapport exigeant à soi.

" Derrière le principe de l'actuelle mode morale : « les actions morales sont les actions de sympathie pour les autres », je discerne la puissance de l'instinct social de poltronnerie qui revêt ce déguisement intellectuel : cet instinct réclame, comme le but suprême, majeur, immédiat, que l'on enlève à la vie *tous les aspects dangereux* qu'elle possédait autrefois, et que chacun travaille de toutes ses forces pour ce résultat : c'est pourquoi seules les actions qui visent à renforcer la sécurité collective et le sentiment de sécurité de la société peuvent recevoir le prédicat « bon » ! – Comme il faut que les hommes prennent aujourd'hui peu de plaisir à eux-mêmes pour qu'une telle tyrannie de la poltronnerie leur prescrive la loi morale suprême, pour qu'ils se laissent ainsi enjoindre sans contestation de lever ou de détourner le regard de leur propre personne et d'avoir des yeux de lynx pour toute détresse, toute souffrance qui s'offre ailleurs ! Avec un aussi monstrueux dessein de raboter toutes les aspérités et tous les angles de la vie, ne prenons-nous pas le plus court chemin pour transformer l'humanité en *sable* ? En sable ! Un sable fin, doux, rond, infini ! Est-ce là votre idéal, ô héros des affections sympathiques ? – En attendant, il n'existe toujours pas de réponse à la question même de savoir si l'on *est plus utile à autrui* en venant toujours immédiatement à son secours et en *l'aidant* – ce qui ne peut pourtant se faire que très superficiellement, à moins de devenir volonté tyrannique d'empiétement et de modification – ou en *se formant* soi-même pour devenir quelque chose qu'autrui voit avec plaisir, par exemple un beau jardin tranquille et fermé sur lui-même, avec de hautes murailles contre les tempêtes et la poussière des grandes routes, mais avec aussi une porte accueillante.

F. Nietzsche, *Aurore*, 1881.

Ce que dit Nietzsche

▶ On pourrait penser qu'est morale une action par laquelle nous nous montrons capables d'oublier nos intérêts égoïstes. Mais en quoi serait-il moral de s'oublier ?

▶ Nietzsche développe dans ce texte une critique de ce qu'il appelle la **morale altruiste**, à laquelle il oppose l'esquisse d'une morale qui prendrait pour point de départ le **souci de soi**.

▶ Nietzsche remet d'abord en cause la prétention à l'universalité de la morale altruiste. La définition de l'acte moral, dit-il, résulte d'une valorisation qui correspond à l'état historique d'un **rapport de force**. En l'occurrence, valoriser l'oubli de soi, c'est viser la production d'individus pacifiques et vidés de leurs singularités.

▶ Mais comment expliquer notre adhésion à cette morale ? C'est par **paresse** et par **haine de nous-mêmes** que nous acceptons d'épouser les souffrances des autres.

▶ Se soucier de soi, ne pas se négliger apparaît alors comme le seul moyen de s'améliorer moralement.

Les notions ▶ Autrui, la morale, le devoir

Le langage reflète-t-il la réalité ?

Non seulement le langage est impuissant à refléter la réalité, mais il produit des fictions.

❝ Je crains que nous ne puissions nous défaire de Dieu, car nous avons encore foi en la grammaire...

F. Nietzsche, *Crépuscule des idoles*, 1889.

Nietzsche

Ce que dit **Nietzsche**

▸ Le langage peut-il rendre compte de la réalité ?

▸ La **métaphysique*** prête au langage le pouvoir de dévoiler la vérité sous les apparences changeantes de la réalité. Mais cela revient à supposer l'existence de **choses immuables** derrière la réalité parfois contradictoire et complexe que nous percevons.

▸ Dans cette phrase, Nietzsche explique la persistance des idées métaphysiques (par exemple l'idée de Dieu) par notre croyance en un **langage** qui révèle l'être.

▸ Ainsi, puisque le mot « Dieu » existe, nous en concluons que ce nom commun correspond à un concept et à un être identique à lui-même.

▸ Si nous faisons confiance au langage, dit Nietzsche, c'est parce que nous avons du mal à supporter le caractère changeant et contradictoire de la réalité. Nous forgeons de grands mots qui créent des réalités absentes, et c'est ainsi que nous nous laissons abuser par des **fictions**.

▸ Par conséquent, ne plus croire aux idées métaphysiques comme celle de Dieu (mais aussi celle de moi, de substance, de causalité, etc.) supposerait de ne plus croire en la « **grammaire** », cette structure logique du langage qui tord, simplifie et fausse la réalité, et sans laquelle la métaphysique n'existerait pas.

Les notions ▸ Le langage, la religion, la vérité

D'autres **textes expliqués**

▸ Un autre extrait d'œuvre est expliqué dans les notions.
NIETZSCHE, *Considérations inactuelles*, ▸ l'existence et le temps   p. 58

Pascal

Nom : Blaise Pascal
Naissance : 1623 à Clermont-Ferrand.
Mort : 1662 à Paris.
Période : XVIIe siècle.
À noter : Pascal écrit les *Pensées* pour convertir ses lecteurs au christianisme, lui-même ayant fait l'expérience mystique de la révélation lors d'une nuit de « feu » évoquée dans le « Mémorial ».
Œuvres principales : *Les Provinciales* (1656-1657), *Pensées* (1670).

Les différentes vérités

Pascal déconstruit l'idée d'une vérité unique chère à Descartes. Il distingue **trois types de vérité** correspondant à trois ordres de réalité : l'ordre du **corps**, l'ordre de l'**esprit** et l'ordre du **cœur**. Les vérités sont donc accessibles par le corps (un arbre plus gros qu'un autre), par l'esprit (une démonstration mathématique), ou par le cœur (Dieu), les vérités du cœur étant supérieures aux autres.

La complexité humaine et le pari

▶ Pour Pascal, l'homme est tendu par essence entre les extrêmes : il est à la fois misérable parce qu'il va mourir et grand dans la mesure où il est un être pensant. Induit en erreur par son **imagination**, il peut toutefois accéder à des vérités par sa **raison**. Enfin, pris entre l'**infiniment petit** de la nature et l'**infiniment grand** de l'univers, « ni ange, ni bête », l'homme ne peut comprendre ce qui lui apparaît comme ses contradictions qu'en se tournant vers Dieu.

▶ Pascal invite ceux qui n'ont pas trouvé Dieu par le cœur à **parier** sur son existence. Si Dieu existe, ils y gagneront la béatitude. S'il n'existe pas, ils se seront du moins épargné les tourments des vies futiles et souffrantes que sont pour Pascal les vies sans Dieu.

Les **textes expliqués** de Pascal

D'où vient notre malheur ?

Nous préférons les tourments au repos parce qu'ils nous permettent de fuir l'idée de notre propre mort.

❝ Quand je m'y suis mis quelquefois à considérer les diverses agitations des hommes et les périls et les peines où ils s'exposent, dans la cour, dans la guerre, d'où naissent tant de querelles, de passions, d'entreprises hardies et souvent mauvaises, etc., j'ai dit souvent que tout le malheur des hommes vient d'une seule chose, qui est de ne savoir plus demeurer en repos dans une chambre [...].
Mais quand j'ai pensé de plus près, et qu'après avoir trouvé la cause de tous nos malheurs, j'ai voulu en découvrir la raison, j'ai trouvé qu'il y en a une, bien effective, qui consiste dans le malheur naturel de notre condition faible et mortelle, et si misérable que rien ne peut nous consoler, lorsque nous y pensons de plus près.
Quelque condition qu'on se figure, où l'on assemble tous les biens qui peuvent nous appartenir, la royauté est le plus beau poste du monde ; et cependant, qu'on s'en imagine accompagné de toutes les satisfactions qui peuvent le toucher, s'il est sans divertissement, et qu'on le laisse considérer et faire réflexion sur ce qu'il est, cette félicité languissante ne le soutiendra point, il tombera par nécessité dans les vues qui le menacent, des révoltes qui peuvent arriver, et enfin de la mort et des maladies qui sont inévitables ; de sorte que, s'il est sans ce qu'on appelle divertissement, le voilà malheureux, et plus malheureux que le moindre de ses sujets, qui joue et qui se divertit. De là vient que le jeu et la conversation des femmes, la guerre, les grands emplois sont si recherchés. Ce n'est pas qu'il y ait en effet du bonheur, ni qu'on s'imagine que la vraie béatitude soit d'avoir l'argent qu'on peut gagner au jeu ou dans le lièvre qu'on court, on n'en voudrait pas s'il était offert. Ce n'est pas cet usage mol et paisible et qui nous laisse penser à notre malheureuse condition qu'on recherche ni les dangers de la guerre ni la peine des emplois, mais c'est le tracas qui nous détourne d'y penser et nous divertit.

B. PASCAL, *Pensées*, 1670.

Ce que dit **Pascal**

▶ Comment expliquer que nos existences soient généralement si agitées et malheureuses ? Il serait tentant de répondre que si nous nous jetons dans les tourments, ce n'est pas sans raison : nous intriguons pour être couverts d'honneurs, nous faisons la guerre pour augmenter notre puissance. Mais tout cela est-il si important pour nous ?

▶ En réalité, dit Pascal, si toute agitation nous semble bonne, c'est parce que nos occupations les plus futiles comme les plus cruelles nous permettent de fuir l'idée de notre propre **mort**. La « cause » de notre malheur, dit Pascal, est que nous ne savons pas « demeurer en repos dans une chambre ». Pourtant, ne savons-nous pas que le repos est préférable aux vanités et à la violence des hommes ?

▶ Pascal identifie alors la « raison » qui nous empêche de rester dans cette chambre : nous sommes mortels, et nous le savons. Or, nous ne pouvons fuir cette idée dans le repos et la solitude : nous ne pouvons l'oublier que dans le tumulte des **passions**.

▶ De ce point de vue, observe Pascal, nous sommes tous égaux : aucune puissance terrestre ne nous rend immortels. Aussi un roi sans **divertissement** est-il « plus malheureux que le moindre de ses sujets, qui joue et qui se divertit ». Ce que nous cherchons tous, dans le jeu comme dans la guerre, c'est donc uniquement le « tracas » qui nous divertit, c'est-à-dire qui nous détourne de l'idée de notre propre mort.

Les notions L'existence et le temps, le bonheur

Notre raison nous permet-elle d'accéder à la vérité ?

La méthode idéale qui nous permettrait d'accéder à la vérité est inaccessible à la raison humaine.

❝ [La] véritable méthode, qui formerait les démonstrations dans la plus haute excellence, s'il était possible d'y arriver, consisterait en deux choses principales : l'une, de n'employer aucun terme dont on n'eût auparavant expliqué nettement le sens ; l'autre, de n'avancer jamais aucune proposition qu'on ne démontrât par des vérités déjà connues ; c'est-à-dire, en un mot, à définir tous les termes et à prouver toutes les propositions. [...]
Certainement cette méthode serait belle, mais elle est absolument impossible : car il est évident que les premiers termes qu'on voudrait définir en supposeraient de précédents pour servir à leur explication, et que de même les premières propositions qu'on voudrait prouver en supposeraient d'autres qui les précédassent ; et ainsi il est clair qu'on n'arriverait jamais aux premières.

Pascal

> Aussi, en poussant les recherches de plus en plus, on arrive nécessairement à des mots primitifs qu'on ne peut plus définir, et à des principes si clairs qu'on n'en trouve plus qui le soient davantage pour servir à leur preuve. D'où il paraît que les hommes sont dans une impuissance naturelle et immuable de traiter quelque science que ce soit dans un ordre absolument accompli.
> Mais il ne s'ensuit pas de là qu'on doive abandonner toute sorte d'ordre. Car il y en a un, et c'est celui de la géométrie, qui est à la vérité inférieur en ce qu'il est moins convaincant, mais non pas en ce qu'il est moins certain. Il ne définit pas tout et ne prouve pas tout, et c'est en cela qu'il lui cède ; mais il ne suppose que des choses claires et constantes par la lumière naturelle, et c'est pourquoi il est parfaitement véritable, la nature le soutenant au défaut du discours.
>
> B. PASCAL, *De l'esprit géométrique*, 1657.

Ce que dit Pascal

▶ Notre raison nous permet-elle d'accéder à des vérités certaines ? Pure de tout recours à l'expérience, fondée sur la déduction, la **démonstration**, dit Descartes, manifeste le pouvoir de notre **raison**, c'est-à-dire notre capacité à accéder à des vérités certaines.

▶ Pascal démontre pourtant dans ce texte que la méthode idéale qui consisterait à tout définir et à tout démontrer est inaccessible à la raison humaine.

▶ En effet, la démonstration se fonde sur la **déduction**, c'est-à-dire que toutes ses propositions doivent découler des **principes** qui les précèdent. Or ces principes ne peuvent pas découler indéfiniment de ceux qui les précèdent. Ainsi, une démonstration repose nécessairement sur des principes premiers qui nous semblent évidents et ne peuvent pas être démontrés.

▶ Il ne s'agit pas d'en conclure, à la manière des sceptiques, que nous ne pouvons jamais accéder à des vérités certaines. Nous pouvons certes accéder à des vérités par la **méthode géométrique**, mais il faut admettre que cette science est imparfaite car elle repose sur des principes premiers indémontrables, qui font seulement l'objet d'intuitions.

Les notions La vérité, la démonstration

Platon

Nom : Platon
Naissance : 428 av. J.-C. à Athènes en Grèce.
Mort : 348 av. J.-C. à Athènes en Grèce.
Période : Antiquité.
À noter : Platon rend compte de l'enseignement de Socrate, dont il est le disciple, avant d'en faire le personnage central de son œuvre.
Œuvres principales : *République, Phèdre, Banquet, Apologie de Socrate*.

Le monde vrai

▶ De Socrate, Platon hérite de deux idées essentielles : qu'il est facile d'ébranler les idées que nous tenons pour évidentes, et qu'il est possible de nous détourner des opinions et des illusions, à condition de convertir notre regard en le tournant vers les concepts.

▶ Au-delà du monde sensible fait d'apparences changeantes et trompeuses, nous accéderons alors, dit Platon, au **monde intelligible**, plus vrai, réel et solide que celui dont nous faisons l'expérience par nos sens.

▶ Cette **conversion** s'opère par la philosophie, qui nous permet d'accéder aux concepts, ou **Idées** des choses, qui sont immuables, éternelles et existent en dehors de notre pensée. La théorie de la **réminiscence** établit que connaître, c'est se ressouvenir de ces Idées que notre âme a entrevues un jour, et qu'elle ne peut retrouver qu'en se ressaisissant elle-même.

La philosophie comme désir

▶ L'**allégorie de la caverne** décrit la conversion de celui qui apprend à se tourner vers le vrai, et à éprouver le plaisir de penser.

▶ Mais le philosophe, une fois sorti de la caverne, doit y redescendre pour éclairer les prisonniers du monde sensible. La philosophie est un désir de sagesse qui vise la vérité pour qu'elle guide nos actions : Platon développe ainsi une réflexion à la fois épistémologique, morale, politique et esthétique.

Les **textes expliqués** de Platon

Désirer, est-ce nécessairement souffrir ?

Le désir est à la fois souffrance et effort pour s'arracher à cette souffrance.

> DIOTIME. – Puis donc qu'il est le fils de Poros et de Pénia, Éros se trouve dans la condition que voici. D'abord, il est toujours pauvre, et il s'en faut de beaucoup qu'il soit délicat et beau, comme le croient la plupart des gens. Au contraire, il est rude, malpropre, va-nu-pieds et il n'a pas de gîte, couchant toujours par terre et à la dure, dormant à la belle étoile sur le pas des portes et sur le bord des chemins, car, puisqu'il tient de sa mère, c'est l'indigence qu'il a en partage. À l'exemple de son père en revanche, il est à l'affût de ce qui est beau et de ce qui est bon, il est viril, résolu, ardent, c'est un chasseur redoutable ; il ne cesse de tramer des ruses, il est passionné de savoir et fertile en expédients, il passe tout son temps à philosopher, c'est un sorcier redoutable, un magicien et un expert. Il faut ajouter que par nature il n'est ni immortel ni mortel. En l'espace d'une même journée, tantôt il est en fleur, plein de vie, tantôt il est mourant ; puis il revient à la vie quand ses expédients réussissent en vertu de la nature qu'il tient de son père ; mais ce que lui procurent ses expédients sans cesse lui échappe ; aussi Éros n'est-il jamais ni dans l'indigence ni dans l'opulence. Par ailleurs, il se trouve à mi-chemin entre le savoir et l'ignorance. Voici en effet ce qui en est. Aucun dieu ne tend vers le savoir ni ne désire devenir savant, car il l'est ; or, si l'on est savant, on n'a pas besoin de tendre vers le savoir. Les ignorants ne tendent pas davantage vers le savoir ni ne désirent devenir savants. Mais c'est justement ce qu'il y a de fâcheux dans l'ignorance : alors que l'on n'est ni beau ni bon ni savant, on croit l'être suffisamment. Non, celui qui ne s'imagine pas en être dépourvu ne désire pas ce dont il ne croit pas devoir être pourvu.
> SOCRATE. – Qui donc, Diotime, sont ceux qui tendent vers le savoir, si ce ne sont ni les savants ni les ignorants ?
> DIOTIME. – D'ores et déjà, il est parfaitement clair même pour un enfant que ce sont ceux qui se trouvent entre les deux, et qu'Éros doit être du nombre.
>
> PLATON, *Banquet*, IVe s. av. J.-C.

Ce que dit **Platon**

▶ Faut-il fuir nos désirs ou chercher à les satisfaire ? On pourrait penser que tout désir est porteur de souffrance en ce qu'il témoigne d'un manque, et nous livre à une quête sans fin. Pourtant, n'éprouvons-nous pas aussi le désir comme une énergie qui nous appelle à nous dépasser ?

▶ Dans le *Banquet*, Socrate rapporte son dialogue avec Diotime, prêtresse étrangère à la cité qui, dit-il, lui a révélé un jour ce qu'est l'**amour**. Dans ce texte, Diotime esquisse le portrait du philosophe sous la figure d'Éros.

▶ Nul ne sait ce qu'est l'amour, explique Diotime, s'il n'interroge le mythe de la naissance d'Éros. Le demi-dieu de l'amour est en effet fils de Pénia (le « dénuement », la « pauvreté » en grec), et de Poros l'« abondance », la « ressource »). Le désir est ainsi tendu par essence entre le manque et l'abondance, entre la mortalité et l'immortalité, entre la pauvreté et la richesse, entre la souffrance et l'inventivité visant à la fuir, et « entre le savoir et l'ignorance ».

▶ Éros est donc un **intermédiaire**, comparable en cela au philosophe, tendu entre la conscience de son ignorance et son aspiration à la vérité.

▶ « Ceux qui tendent vers le savoir » ne sont ainsi ni des dieux ni des ignorants, mais ceux qui sont « en chemin » vers les idées éternelles, comme Éros lui-même, figure indissociablement ardente et souffrante, dont le courage consiste à s'arracher continuellement au **manque**.

Les notions ▶ Le désir, la vérité, le bonheur

D'où viennent nos erreurs de jugement ?

Nos erreurs viennent du fait que nous croyons savoir ce que nous ignorons.

❝ SOCRATE. – Vois un peu avec moi. Quand tu ignores une chose, et que tu sais que tu l'ignores, es-tu incertain et flottant sur cette chose-là ? Par exemple, l'art de la cuisine, ne sais-tu pas que tu l'ignores ?
ALCIBIADE. – Oui.
SOCRATE. – T'amuses-tu donc à raisonner sur cet art, et dis-tu tantôt d'une façon et tantôt d'une autre ? Ne laisses-tu pas plutôt faire celui dont c'est le métier ?
ALCIBIADE. – Tu dis vrai.
SOCRATE. – Et si tu étais sur un vaisseau, te mêlerais-tu de dire ton avis s'il faut tourner le gouvernail en dedans ou en dehors ? Et, comme tu ne sais pas l'art de naviguer, hésiterais-tu entre plusieurs opinions, ou ne laisserais-tu pas plutôt faire le pilote ?

Platon

ALCIBIADE. – Je laisserais faire le pilote.
SOCRATE. – Tu n'es donc jamais flottant et incertain sur les choses que tu ne sais pas, pourvu que tu saches que tu ne les sais pas ?
ALCIBIADE. – Non, à ce qu'il me semble.
SOCRATE. – Tu comprends donc bien que toutes les fautes que l'on commet ne viennent que de cette sorte d'ignorance, qui fait qu'on croit savoir ce qu'on ne sait pas ?
ALCIBIADE. – Répète-moi cela, je te prie.
SOCRATE. – Ce qui nous porte à entreprendre une chose, n'est-ce pas l'opinion où nous sommes que nous la savons faire ?
ALCIBIADE. – Qui en doute ?
SOCRATE. – Et lorsqu'on est persuadé qu'on ne la sait pas, ne la laisse-t-on pas à d'autres ?
ALCIBIADE. – Cela est constant.
SOCRATE. – Ainsi, ceux qui sont dans cette dernière sorte d'ignorance ne font jamais de fautes, parce qu'ils laissent à d'autres le soin des choses qu'ils ne savent pas faire ?
ALCIBIADE. – Il est vrai.
SOCRATE. – Qui sont donc ceux qui commettent des fautes ? Car ce ne sont pas ceux qui savent les choses.
ALCIBIADE. – Non, assurément.
SOCRATE. – Puisque ce ne sont ni ceux qui savent les choses, ni ceux qui les ignorent mais qui savent qu'ils les ignorent, que reste-t-il, que ceux qui, ne les sachant pas, croient pourtant les savoir ?
ALCIBIADE. – Non, il n'y en a pas d'autres.
SOCRATE. – Et voilà l'ignorance qui est la cause de tous les maux ; la sottise, qu'on ne saurait trop flétrir.

PLATON, *Alcibiade majeur*, IVᵉ s. av. J.-C.

Ce que dit **Platon**

▶ Comment expliquer que nous puissions nous tromper ? *A priori*, on pourrait croire que nos erreurs viennent de notre **ignorance**. Socrate démontre pourtant dans ce dialogue que nos erreurs ne viennent pas de notre ignorance, mais d'un mauvais rapport à ce que nous savons. Si nous nous trompons, dit-il, c'est que nous croyons savoir ce que nous ignorons.

▶ Dans un premier temps, Socrate s'appuie sur deux exemples : si nous ne savons pas faire la cuisine ni piloter un navire, nous ne prétendons pas pouvoir le faire. Puisque nous savons que nous n'en avons pas les compétences, nous n'avons pas mille idées contradictoires et changeantes concernant la façon de faire la cuisine ou de piloter : nous ne pouvons donc nous tromper.

▶ Socrate distingue alors l'ignorance de celui qui sait être ignorant et s'en remet donc aux hommes compétents de l'ignorance de celui qui croit savoir alors qu'il ne sait pas. Seul ce dernier, dit-il, est susceptible d'errer dans son jugement, et, par conséquent, de se tromper.

▶ Celui qui vit dans l'erreur n'est donc ni le savant, ni l'ignorant conscient de son ignorance, mais l'ignorant qui croit savoir ce qu'en réalité il ne sait pas. Ainsi, se préserver des erreurs et des opinions changeantes nécessite avant tout de se connaître soi-même, ce qui suppose dans un premier temps de prendre conscience de sa propre ignorance.

Les notions ▶ La vérité, la morale

D'autres **textes expliqués**

▶ D'autres extraits d'œuvres sont expliqués dans les notions.

PLATON, *République*,	➔ la perception	p. 26
PLATON, *Gorgias*,	➔ le désir	p. 50
PLATON, *Phédon*,	➔ la raison et le réel	p. 122
PLATON, *Gorgias*,	➔ le bonheur	p. 242

Rousseau

Nom : Jean-Jacques Rousseau

Naissance : 1712 à Genève en République de Genève.

Mort : 1778 à Ermenonville en France.

Période : XVIIIe siècle.

À noter : Rousseau fut l'inspirateur de Robespierre et de la Constitution française.

Œuvres principales : *Discours sur l'origine et les fondements de l'inégalité parmi les hommes* (1755), *Du contrat social* (1762), *Émile* (1762).

La sensibilité est la source de la morale

Rousseau rompt avec une tradition philosophique qui fait de la **raison** la source de la morale. Son analyse de la pitié* (sentiment naturel qui nous porte spontanément à aider le plus faible et explique notre désir de justice) montre que notre aptitude morale trouve sa source dans notre **sensibilité**. Retrouver en nous cette **pureté** spontanée dont les artifices sociaux nous ont éloignés, être fidèle à soi, devient dès lors un enjeu politique et éducatif.

Retrouver notre spontanéité naturelle

▶ Sur un plan politique, Rousseau montre que ce désir naturel de justice correspond à notre capacité de nous affranchir du souci de nos intérêts particuliers, capacité qu'il nomme « **volonté générale*** ». Si le peuple est souverain, c'est ainsi parce que le citoyen est capable de vouloir le **bien commun**. Seule une démocratie directe, et non représentative, correspond à l'exercice de cette souveraineté.

▶ Mais ceci suppose que nous n'ayons pas été pervertis, c'est-à-dire détournés de nos aspirations naturelles par la vie sociale. Rousseau montre dans l'*Émile* qu'un enfant est heureux, c'est-à-dire bien élevé, quand les trois sources de son **développement** n'entrent pas en contradiction. L'enfant apprend par son corps, par le monde extérieur et par un éducateur qui doit veiller à ne pas se substituer à lui dans son apprentissage.

Les **textes expliqués** de Rousseau

Quelle est la source de la morale ?

Ce qui rend possible notre rapport moral aux autres, c'est notre capacité naturelle à souffrir de leur souffrance.

> La pitié est un sentiment naturel, qui modérant dans chaque individu l'activité de l'amour de soi-même, concourt à la conservation mutuelle de toute l'espèce. C'est elle qui nous porte sans réflexion au secours de ceux que nous voyons souffrir ; c'est elle qui, dans l'état de nature, tient lieu de lois, de mœurs et de vertu, avec cet avantage que nul n'est tenté de désobéir à sa douce voix ; c'est elle qui détournera tout sauvage robuste d'enlever à un faible enfant, ou à un vieillard infirme, sa subsistance acquise avec peine, si lui-même espère pouvoir trouver la sienne ailleurs ; c'est elle qui, au lieu de cette maxime sublime de justice raisonnée : Fais à autrui comme tu veux qu'on te fasse, inspire à tous les hommes cette autre maxime de bonté naturelle bien moins parfaite, mais plus utile peut-être que la précédente : Fais ton bien avec le moindre mal d'autrui qu'il est possible. C'est, en un mot, dans ce sentiment naturel, plutôt que dans des arguments subtils, qu'il faut chercher la cause de la répugnance que tout homme éprouverait à mal faire, même indépendamment des maximes de l'éducation.
>
> J.-J. ROUSSEAU, *Discours sur l'origine et les fondements de l'inégalité parmi les hommes*, 1755.

Ce que dit **Rousseau**

▶ Comment expliquer que nous soyons capables d'agir moralement ?

▶ Une longue tradition philosophique nous encourage à nous méfier de notre spontanéité affective, et fait de la raison ou de l'intelligence le siège de la **moralité**. Dans ce texte, Rousseau démontre au contraire que c'est notre capacité naturelle à éprouver de la **pitié*** qui nous rend capables de moralité.

▶ Dans un premier temps, il définit la pitié comme le sentiment par lequel la nature tempère cet autre sentiment qu'est l'« **amour de soi** ». Naturellement, je suis tout aussi enclin à ne pas faire souffrir les autres qu'à me conserver : grâce à la pitié, le souci de ma conservation individuelle ne menace pas celle de l'espèce.

▶ En effet, l'homme qui agit « sans réflexion », l'homme de l'état de nature ou « le sauvage » sont à la fois déraisonnables et capables de pitié. Sentiment naturel, la pitié est donc un principe d'action aussi universel que peut l'être l'égoïsme.

▶ Ainsi, ni notre raison ni notre éducation ne font notre vertu : notre sensibilité seule en est le fondement.

Les notions ▸ Autrui, la morale, le devoir

L'économie doit-elle être au centre de la politique ?

Le luxe est le signe des inégalités produites par une société marchande essentiellement corruptrice.

> Je sais que notre philosophie, toujours féconde en maximes singulières, prétend, contre l'expérience de tous les siècles, que le luxe fait la splendeur des États ; mais après avoir oublié la nécessité des lois somptuaires, osera-t-elle nier encore que les bonnes mœurs ne soient essentielles à la durée des empires, et que le luxe ne soit diamétralement opposé aux bonnes mœurs ? Que le luxe soit un signe certain des richesses ; qu'il serve même si l'on veut à les multiplier : que faudra-t-il conclure de ce paradoxe si digne d'être né de nos jours ; et que deviendra la vertu, quand il faudra s'enrichir à quelque prix que ce soit ? Les anciens politiques parlaient sans cesse de mœurs et de vertu ; les nôtres ne parlent que de commerce et d'argent. L'un vous dira qu'un homme vaut en telle contrée la somme qu'on le vendrait à Alger ; un autre en suivant ce calcul trouvera des pays où un homme ne vaut rien, et d'autres où il vaut moins que rien. Ils évaluent les hommes comme des troupeaux de bétail. Selon eux, un homme ne vaut à l'État que la consommation qu'il y fait.
>
> J.-J. ROUSSEAU, *Discours sur les sciences et les arts*, 1751.

Ce que dit **Rousseau**

▶ Contemporain d'une époque qui voit dans l'extension des échanges marchands une promesse de paix et de prospérité, Rousseau s'interroge dans ce texte sur les effets de ce que Montesquieu appelait le « doux commerce ». Est-il vrai que la société marchande soit si douce ?

▶ Rousseau développe une critique de cette société et du luxe qu'elle produit en mettant en évidence son caractère corrupteur et violent.

▶ Le texte s'ouvre sur un rappel historique adressé aux philosophes qui, tel Voltaire, s'enthousiasment pour le développement du commerce et voient dans le luxe la marque d'une humanité affranchie du besoin. L'histoire, dit Rousseau, montre que la stabilité d'un État est liée à la **moralité** du peuple et qu'elle est menacée par les **inégalités**.

▶ Certes, le luxe est un signe de richesse, mais celle-ci est-elle désirable ? Les sociétés antiques, observe Rousseau, envisageaient l'homme en tant que **citoyen**, et non en tant que consommateur et producteur ; la **justice**, et non l'argent, était alors au cœur de la politique.

Le luxe est le signe d'une richesse transformée par les sociétés marchandes en enjeu politique.

▶ De fait, la société marchande procède à une inversion des valeurs : la politique elle-même met le commerce en son centre, en s'organisant autour de l'**économie**. Cette société dissout ainsi la morale et la politique dans l'économie en étendant sur toute chose, y compris sur les hommes, le paradigme de la marchandise.

Les notions ▶ La politique, les échanges, la morale

La loi fait-elle obstacle à notre liberté ?

Nous ne sommes libres que par la loi, qui nous préserve de toute forme de domination.

❝ Il n'y a donc point de liberté sans lois, ni où quelqu'un est au-dessus des lois : dans l'état même de nature l'homme n'est libre qu'à la faveur de la loi naturelle qui commande à tous. Un peuple libre obéit, mais il ne sert pas ; il a des chefs et non pas des maîtres ; il obéit aux lois, mais il n'obéit qu'aux lois et c'est par la force des lois qu'il n'obéit pas aux hommes. Toutes les barrières qu'on donne dans les républiques au pouvoir des magistrats[1] ne sont établies que pour garantir de leurs atteintes l'enceinte

Rousseau

sacrée des lois : ils en sont les ministres[2] non les arbitres, ils doivent les garder non les enfreindre. Un peuple est libre, quelque forme qu'ait son gouvernement, quand dans celui qui le gouverne il ne voit point l'homme, mais l'organe de la loi. En un mot, la liberté suit toujours le sort des lois, elle règne ou périt avec elles ; je ne sache rien de plus certain.

1. Magistrats : ici, dépositaires de l'autorité politique.
2. Ministres : ici, serviteurs.

J.-J. ROUSSEAU, Lettres écrites de la montagne, 1764.

Ce que dit Rousseau

▶ On pourrait penser que la loi impose une limite à notre volonté, et qu'elle est en ce sens une contrainte. Mais serions-nous libres s'il n'y avait pas de lois ?

▶ Rousseau démontre dans ce texte que la **loi** est garante de notre **liberté** dans la mesure où elle est l'expression de notre **souveraineté** et nous préserve ainsi de toute domination.

▶ Pour démontrer cela, Rousseau identifie d'abord une double condition de la liberté : celle-ci n'est possible que par la loi, et à condition que cette dernière s'applique à tous.

▶ En effet, un peuple libre est un peuple que la loi protège de toute domination particulière, en particulier de celle des responsables politiques, qui ne sont pas les auteurs de la loi, mais seulement ses **gardiens**.

▶ Ainsi, Rousseau définit dans ce texte le principe de la souveraineté du peuple : auteur des lois qui s'appliquent à lui, un peuple n'est libre que dans la mesure où les lois expriment la **volonté générale***, l'affranchissant ainsi de toute domination particulière.

Les notions La politique, l'État, la liberté

D'autres textes expliqués

▶ Un autre extrait d'œuvre est expliqué dans les notions.

Rousseau, *Discours sur l'origine et les fondements de l'inégalité parmi les hommes,* ➔ la culture p. 66

Sartre

Nom : Jean-Paul Sartre
Naissance : 1905 à Paris.
Mort : 1980 à Paris.
Période : XXe siècle.
À noter : Sartre a refusé le prix Nobel de littérature en 1964 au nom de sa liberté d'écrivain engagé.
Œuvres principales : *L'Être et le Néant* (1943), *L'existentialisme est un humanisme* (1946), *Critique de la raison dialectique* (1960).

L'existentialisme : contingence et liberté

▶ Pour Sartre, l'existence humaine n'est pas prédéterminée. Il n'y a ni plan divin ni nature humaine justifiant ce que l'on doit être. Dénuée de toute **essence**, notre **existence** est « contingente » (elle n'a rien de nécessaire).

▶ Nous sommes donc libres de lui donner le sens que nous voulons. Si nous ne choisissons pas certaines situations (naissance, milieu social, etc.), nous décidons de notre façon de nous y adapter. Ce pouvoir de dépasser (de « transcender ») les contraintes permet à l'homme de s'inventer lui-même.

La responsabilité morale et le regard d'autrui

▶ Sartre estime que cette liberté nous rend pleinement responsables. Sans Dieu ni nature humaine pour légitimer nos choix, nous sommes sans excuse et seuls face à nos actions qui nous engagent devant l'humanité.

▶ D'où l'**angoisse** qui surgit de ce constat : responsables de tous nos actes, rien ne nous indique pour autant dans quel sens agir. De plus, nous devons affronter le regard d'**autrui**. Or, si ce dernier nous révèle en partie à nous-mêmes, il nous fige également dans certaines de nos attitudes, nous « chosifie », niant notre liberté de nous réinventer.

▶ Devant cette situation, certains se réfugient dans la « **mauvaise foi** ». Afin de se persuader qu'ils sont déterminés à agir d'une certaine façon, ils « jouent » un rôle au point de le prendre pour leur être véritable.

Sartre

Les **textes expliqués** de Sartre

L'homme est-il libre de se définir ?

L'homme n'est pas déterminé par une essence originaire, mais il se définit par son existence même, par la somme de ses actes.

> Qu'est-ce que signifie [...] que l'existence précède l'essence ? Cela signifie que l'homme existe d'abord, se rencontre, surgit dans le monde, et qu'il se définit après.
>
> J.-P. SARTRE, *L'existentialisme est un humanisme*, 1946.

Ce que dit **Sartre**

▶ L'homme est-il déterminé dès sa naissance à devenir ce qu'il va être ou peut-il librement choisir sa propre destinée ?

▶ Le fait que nous ne choisissions pas notre condition à la naissance (sexe, constitution physique, milieu social, etc.) tend à donner l'impression que nous ne sommes pas maîtres de notre **existence**. Mais n'avons-nous pas la capacité d'échapper à cet état premier ?

▶ L'originalité de la thèse de Sartre revient justement à affirmer que rien dans notre « situation » initiale ne suffit à nous définir. C'est notre existence, c'est-à-dire l'ensemble de nos **projets**, actes et événements vécus, qui va constituer notre « **essence** ». Cette dernière n'est pas donnée dès le départ, et chaque individu n'est à la fin rien d'autre que « la somme de ses actes ».

▶ Pour justifier cette thèse, Sartre met en avant la capacité propre à l'homme de modifier et de dépasser toute situation dans laquelle il se trouve grâce à sa **conscience** et à sa **liberté**. Sartre nomme cette capacité de dépassement la « **transcendance** ».

▶ L'homme est « jeté » dans l'existence, il « surgit dans le monde » et se « rencontre » en éprouvant les conséquences de ses actes. C'est cette expérience à chaque fois renouvelée qui l'amène à se redéfinir en permanence, à s'inventer lui-même. Il n'y a donc ni nature humaine ni essence décidée par un Dieu qui détermineraient ce qu'il doit devenir : l'homme est ce qu'il aura décidé d'être.

Les notions ▶ Le sujet, la conscience, l'existence et le temps, la liberté

Le regard d'autrui influence-t-il la conscience que nous avons de nous-mêmes ?

Lors de l'apparition de sentiments tels que la honte, autrui est un intermédiaire par lequel je me révèle à moi-même.

« La honte dans sa structure première est honte devant quelqu'un. Je viens de faire un geste maladroit ou vulgaire : ce geste colle à moi, je ne le juge ni ne le blâme, je le vis simplement [...]. Mais voici tout à coup que je lève la tête : quelqu'un était là et m'a vu. Je réalise tout à coup toute la vulgarité de mon geste et j'ai honte. [...] J'ai honte de moi tel que j'apparais à autrui. Et, par l'apparition même d'autrui, je suis mis en mesure de porter un jugement sur moi-même comme sur un objet, car c'est comme objet que j'apparais à autrui. Mais pourtant cet objet apparu à autrui, ce n'est pas une vaine image dans l'esprit d'un autre. Cette image en effet serait entièrement imputable à autrui et ne saurait me « toucher ». Je pourrais ressentir de l'agacement, de la colère en face d'elle, comme devant un mauvais portrait de moi, qui me prête une laideur ou une bassesse d'expression que je n'ai pas ; mais je ne saurais être atteint jusqu'aux moelles : la honte est, par nature, reconnaissance. Je reconnais que je suis comme autrui me voit. »

J.-P. Sartre, *L'Être et le Néant*, 1943.

Ce que dit **Sartre**

▶ Quelle est l'origine de sentiments tels que la honte ? Proviennent-ils de notre jugement spontané ou du regard déformé que l'autre projette sur nous ?

▶ De façon plus subtile, Sartre estime que la honte est la **reconnaissance**, à travers le regard d'autrui, de ce que je suis effectivement. Autrui est donc ici l'**intermédiaire** par lequel je me révèle à moi-même.

▶ Sartre expose cette thèse en deux temps. Il commence par montrer que le sentiment de honte n'apparaît pas dans l'**intimité**. Tant que je suis seul avec moi-même, je ne juge pas ce que je suis en train de faire. Mon attitude « colle » à moi et je ne prends pas de distance à son égard. C'est lorsque je réalise qu'autrui me regarde que cette prise de distance s'opère, produisant ainsi une évaluation de mes actes.

▶ Dans un second temps, Sartre prend pourtant soin de montrer que si le regard d'autrui m'affecte de la sorte, ce n'est pas parce que je crains qu'il ne dresse un tableau déformé de ma personne. C'est bien plutôt parce que j'admets la part de **vérité** de ce regard posé sur moi : je reconnais que je suis effectivement tel qu'autrui me voit. Autrui n'est donc pas ici celui qui me déforme ou me caricature. Il est cette conscience extérieure qui m'amène à une conscience plus authentique de moi-même.

Les notions La conscience, autrui, la morale

Le refuge dans l'imaginaire est-il une solution pour affronter les difficultés du monde réel ?

La préférence pour l'imaginaire est une fuite du réel et une forme d'abandon de notre liberté.

" Préférer l'imaginaire, ce n'est pas seulement préférer une richesse, une beauté, un luxe en image à la médiocrité présente malgré leur caractère irréel. C'est adopter aussi des sentiments et une conduite « imaginaires », à cause de leur caractère imaginaire. On ne choisit pas seulement telle ou telle image, on choisit l'état imaginaire avec tout ce qu'il comporte, on ne fuit pas seulement le contenu du réel (pauvreté, amour déçu, échec de nos entreprises, etc.), on fuit la forme même du réel, son caractère de présence, le genre de réaction qu'il demande de nous, la subordination de nos conduites à l'objet, l'inépuisabilité des perceptions, leur indépendance, la façon même que nos sentiments ont de se développer. [...] Le rêveur morbide qui s'imagine être roi ne s'accommoderait pas d'une royauté effective ; même pas d'une tyrannie où tous ses désirs seraient exaucés. C'est que, en effet, jamais un désir n'est à la lettre exaucé du fait précisément de l'abîme qui sépare le réel de l'imaginaire. L'objet que je désirais, on peut bien me le donner mais c'est sur un autre plan d'existence auquel je devrai m'adapter.

J.-P. SARTRE, *L'Imaginaire*, 1940.

Ce que dit **Sartre**

▶ Se projeter dans une vie imaginaire n'est-il pas un moyen efficace de percevoir autrement le monde réel et de mieux en affronter les difficultés en transformant ses aspects déplaisants ?

▶ Si tel était le cas, l'imaginaire représenterait l'accomplissement de notre **liberté**, il serait le témoignage de notre capacité à dépasser la situation présente en l'envisageant sous un autre angle.

▶ Sartre montre à l'inverse dans cet extrait que l'imaginaire n'est pas une autre perception du réel, mais une **fuite** de celui-ci. Et celui qui se réfugie en permanence dans l'imaginaire abandonne sa liberté plutôt qu'il ne la réalise, refusant l'action et les choix concrets du monde réel.

▶ Pour justifier cette thèse, Sartre rappelle que « préférer l'imaginaire » ne consiste pas seulement à enjoliver ou sublimer le réel en substituant aux objets les plus « médiocres » des images d'objets plus nobles et plus beaux. Cette préférence inclut également l'adoption d'une autre forme d'existence, une existence fantomatique dans un monde vidé de toute présence et de toute résistance. Ainsi, alors que dans la vie réelle je ne peux obtenir les objets ou communiquer avec les autres sans avoir de conditions à remplir, d'obstacles à surmonter ou de choix à faire, l'imaginaire prétend me donner tout cela sans difficulté.

Dans le roman de Cervantes, Don Quichotte confond sa vie réelle avec ses aventures imaginaires.

▶ Mais bien qu'aucune résistance ne leur soit opposée, nos **désirs** ne sont pas « réellement » satisfaits. Et les images émanant de notre conscience ne nous proposent pas tant une autre perception des choses qu'un univers factice, sans consistance et dans lequel rien n'arrive effectivement.

▶ D'ailleurs, le « **rêveur morbide** », celui qui se complaît de façon maladive, pathologique, dans l'imaginaire, ne serait pas heureux de voir ses fantasmes se réaliser dans le monde réel. Cela exigerait en effet qu'il s'adapte à cette nouvelle réalité, aussi conforme à ses désirs soit-elle. C'est-à-dire qu'il lui faudrait affronter la part d'imprévu qu'elle contient nécessairement, alors même qu'il cherche par l'imaginaire à fuir les choix et responsabilités que réclame une telle adaptation.

▶ Si donc la fuite dans l'imaginaire peut à la rigueur tenir lieu de **consolation** ponctuelle, à laquelle on se résout parfois faute de mieux, elle traduit par contre un **renoncement** à notre liberté et une forme de « **mauvaise foi** » lorsqu'elle devient systématique.

Les notions ▸ Le désir, la raison et le réel, la liberté

Schopenhauer

Nom : Arthur Schopenhauer
Naissance : 1788 à Dantzig en Prusse.
Mort : 1860 à Francfort-sur-le-Main en Allemagne.
Période : XIXe siècle.
À noter : La philosophie de Schopenhauer a inspiré Freud, Nietzsche et Proust.
Œuvres principales : *Le Monde comme volonté et comme représentation* (1818, 1844), *Le Fondement de la morale* (1841), *Parerga et Paralipomena* (1851).

Le monde est notre représentation

▶ Schopenhauer se donne d'abord pour un héritier et un critique de Kant. Le monde, dit-il, est notre **représentation** : tout ce que nous connaissons de lui, c'est la manière dont il nous apparaît à travers les **catégories** de notre raison.

▶ Mais derrière cette représentation se cache l'essence du monde, à savoir la **Volonté**. Nous ne pouvons saisir cette essence que par l'**intuition**.

La Volonté est l'essence du monde

▶ La Volonté est la volonté de vivre qui traverse tous les êtres. Cette volonté est sans but, et nous ne pouvons l'expliquer.

▶ Ainsi, l'amoureux qui croit désirer quelqu'un librement est en réalité l'instrument par lequel l'**espèce** trouve à se perpétuer. Nous croyons être des individus libres, définis par nos intérêts et par nos désirs, or nous participons tous d'une même Volonté aveugle.

▶ Nous découvrons le caractère illusoire de l'**individuation** (c'est-à-dire de notre inscription dans l'espace et dans le temps) dans l'expérience fondamentale de la **compassion** : alors seulement nous comprenons notre identité avec l'ensemble des vivants. En cela, Schopenhauer rejoint un ensemble de philosophies et de religions orientales.

▶ La sagesse consiste à reconnaître cette identité et, dès lors, à se tourner vers la **contemplation** esthétique et à cesser de désirer.

Les **textes expliqués** de Schopenhauer

Peut-on désirer sans souffrir ?

> Le désir, qu'il soit satisfait ou non, produit en nous de la souffrance. Le seul moyen de ne plus souffrir est de ne plus désirer.
>
> « Tout vouloir procède d'un besoin, c'est-à-dire d'une privation, c'est-à-dire d'une souffrance. La satisfaction y met fin ; mais pour un désir qui est satisfait, dix au moins sont contrariés ; de plus, le désir est long, et ses exigences tendent à l'infini ; la satisfaction est courte, et elle est parcimonieusement mesurée. Mais ce contentement suprême n'est lui-même qu'apparent ; le désir satisfait fait place aussitôt à un nouveau désir : le premier est une déception reconnue, le second est une déception non encore reconnue. La satisfaction d'aucun souhait ne peut procurer de contentement durable et inaltérable. C'est comme l'aumône qu'on jette à un mendiant : elle lui sauve aujourd'hui la vie pour prolonger sa misère jusqu'à demain. Tant que notre conscience est remplie par notre volonté, tant que nous sommes asservis à l'impulsion du désir, aux espérances et aux craintes continuelles qu'il fait naître, tant que nous sommes sujets du vouloir, il n'y a pour nous ni bonheur durable, ni repos. Poursuivre ou fuir, craindre le malheur ou chercher la jouissance, c'est en réalité tout un ; l'inquiétude d'une volonté toujours exigeante, sous quelque forme qu'elle se manifeste, emplit et trouble sans cesse la conscience ; or sans repos le véritable bonheur est impossible. Ainsi le sujet du vouloir ressemble à Ixion attaché sur une roue qui ne cesse de tourner, aux Danaïdes qui puisent toujours pour emplir leur tonneau, à Tantale éternellement altéré.
>
> A. SCHOPENHAUER, *Le Monde comme volonté et comme représentation*, 1818.

Ce que dit **Schopenhauer**

▶ On pourrait croire que le bonheur correspond à la satisfaction de nos désirs. Mais ne souffrons-nous que de nos désirs insatisfaits ?

▶ Schopenhauer met ici en évidence le rapport essentiel entre le **désir** et la **souffrance**. Loin de nous apporter le bonheur, le désir nous plonge nécessairement dans la souffrance, si bien qu'on ne peut être heureux qu'en cessant de désirer.

▶ Schopenhauer définit le désir comme une forme particulière de volonté dont la souffrance est la cause. Désirer, c'est s'efforcer de mettre un terme à la souffrance du manque en cherchant une **satisfaction**.

Schopenhauer

▶ Mais nous ne pouvons satisfaire que certains désirs particuliers, et non le désir lui-même : la satisfaction d'un désir est en réalité une « déception », ce qui explique qu'elle entraîne l'apparition de nouveaux désirs. La comparaison de cette satisfaction avec l'aumône faite au mendiant montre que loin de mettre un terme à notre désir, elle l'alimente.

▶ Le seul moyen d'atteindre le bonheur défini comme **repos** est donc de ne plus désirer. De fait, l'homme qui désire, écartelé entre la souffrance du manque et la souffrance de la déception, est en cela comparable à Ixion, aux Danaïdes et à Tantale, figures mythologiques soumises à un supplice sans fin.

Les notions Le désir, le bonheur

Qu'est-ce qui explique que nous soyons capables d'agir moralement ?

Nous sommes capables d'agir moralement parce que nous sommes capables de compassion.

> Or, pour que mon action soit faite uniquement *en vue d'un autre*, il faut *que le bien de l'autre soit pour moi, et directement, un motif*, au même titre où *mon bien à moi* l'est d'ordinaire. [...] Évidemment, il faut que cet autre être devienne la *fin dernière* de mon acte, comme je la suis moi-même en toute autre circonstance : il faut donc que je veuille son bien et que je ne veuille pas son mal, comme je fais d'ordinaire pour mon propre bien et mon propre mal. À cet effet, il est nécessaire que je compatisse à son mal à lui, et comme tel ; que je sente son mal, ainsi que je fais d'ordinaire du mien. Or, c'est supposer que par un moyen quelconque, je suis *identifié* avec lui, que toute différence entre moi et autrui est détruite, au moins jusqu'à un certain point, car c'est sur cette différence que repose justement mon égoïsme. Mais je ne peux me glisser dans la peau d'autrui : le seul moyen auquel je puisse recourir, c'est donc d'utiliser la *connaissance* que j'ai de cet autre, la représentation que je me fais de lui dans ma tête, afin de m'identifier à lui, assez pour traiter, dans ma conduite, cette différence comme si elle n'existait pas. Toute cette série de pensées, dont voilà l'analyse, je ne l'ai pas rêvée, je ne l'affirme pas en l'air ; elle est fort réelle, même elle n'est point rare ; c'est là le phénomène quotidien de la *pitié*, de cette *participation* tout immédiate, sans aucune arrière-pensée, d'abord aux *douleurs d'autrui*, puis et par suite à la cessation, ou à la suppression de ces maux, car c'est là le dernier fond de tout bien-être et de tout bonheur. Cette pitié, voilà le seul principe réel de toute justice *spontanée* et de toute *vraie* charité. Si une action a une valeur morale, c'est dans

> la mesure où elle en vient : dès qu'elle a une autre origine, elle ne vaut plus rien. Dès que cette pitié s'éveille, le bien et le mal d'autrui me tiennent à cœur aussi directement que peut y tenir d'ordinaire mon propre bien, sinon avec la même force : entre cet autre et moi, donc, plus de différence absolue.
>
> A. SCHOPENHAUER, *Le Fondement de la morale*, 1841.

Ce que dit **Schopenhauer**

▶ Comment expliquer que nous soyons capables d'actions morales, quand bien même ces actions ne nous apportent rien, voire nous nuisent ?

▶ Kant suppose qu'il existe en nous une **bonne volonté**, c'est-à-dire une volonté d'agir sans autre motif que de faire notre devoir. Mais comment prouver que cette bonne volonté existe ?

▶ Dans ce texte, Schopenhauer démontre que le fondement de la morale n'est pas rationnel, mais sensible. Si nous agissons moralement, c'est parce que nous sommes capables de **compassion** : par elle, nous découvrons que les autres ne sont pas séparés de nous, et qu'il est donc dans notre intérêt de ne pas leur faire de mal.

▶ De fait, nous ne pouvons vouloir du bien aux autres, explique Schopenhauer, que si nous concevons leur bien comme étant notre bien. Mais comment nous identifier à eux, dès lors que nous sommes séparés et différents ?

▶ Cette **identification** est rendue possible par la **pitié***, ce sentiment par lequel je m'approprie le mal de l'autre en souffrant de ce mal comme si je le subissais moi-même.

▶ La pitié apparaît alors comme l'expérience fondatrice de la morale, puisque ce qui se produit en elle, c'est la découverte du caractère superficiel de l'**individuation**.

Les notions ▸ Le sujet, autrui, la morale

Sénèque

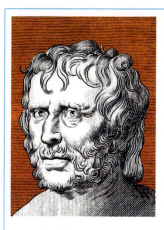

Nom : Lucius Annaeus Seneca
Naissance : environ 4 av. J.-C. à Cordoue en Espagne.
Mort : 65 apr. J.-C. à Rome en Italie.
Période : Antiquité.
À noter : Sénèque fut le précepteur puis le conseiller de l'empereur Néron, qui l'accula au suicide en 65 suite à une conspiration dans laquelle Sénèque se serait compromis.
Œuvres principales : *La Vie heureuse, Lettres à Lucilius, De la colère, De la constance du sage, De la tranquillité de l'âme*

Un maître stoïcien

▶ Sénèque professe un **stoïcisme*** rigoureux auquel, cependant, il n'hésite pas à associer des arguments puisés à d'autres écoles (notamment l'**épicurisme***). Il apparaît moins comme un théoricien que comme un homme soucieux de trouver dans la pensée philosophique les **ressources** pour faire face aux vicissitudes de l'existence et atteindre la « **tranquillité de l'âme** ».

▶ Ses œuvres reflètent souvent des préoccupations personnelles, comme la difficulté d'assumer les responsabilités du pouvoir, d'être en butte aux critiques ou de faire face à la vieillesse.

Bonheur et vertu

▶ Selon la doctrine stoïcienne, la philosophie se compose de la **logique**, de la **physique** et de l'**éthique**, mais seule cette dernière donne sens à l'ensemble : il s'agit avant tout de savoir quel genre de vie on doit mener pour qu'elle soit heureuse et bonne même si elle est brève.

▶ Pour cela, c'est à la vertu qu'on doit s'attacher et non au **plaisir** : il faut se détacher de ses **passions**, qui sont des « maladies de l'âme ». L'indifférence à leur égard est le seul moyen d'être lucide et d'accomplir ses devoirs d'homme et de citoyen en toutes circonstances. Tel est le secret d'une âme tranquille et contente d'elle-même.

Les **textes expliqués** de Sénèque

Faut-il rester maître de soi en toutes circonstances ?

Le sage ne se laisse jamais emporter par les passions, surtout pas par la colère.

> Ne nous laissons jamais aller aux querelles et aux batailles. Quittons la place et, quelques provocations que des insensés nous adressent (car elles ne peuvent venir que d'insensés), ignorons-les, ne faisons aucune distinction entre les hommages et les injures du vulgaire, et ne soyons pas plus mortifiés des unes que flattés des autres. Autrement il y a nombre d'obligations que la crainte ou le dégoût des offenses nous feront négliger, nombre de devoirs publics ou privés, parfois même d'importance capitale, auxquels nous nous déroberons, parce qu'une lâche peur d'entendre des paroles désobligeantes nous paralysera. D'autres fois, nos ressentiments contre les puissants éclateront avec une excessive liberté. Mais la liberté ne consiste pas à ne rien tolérer : c'est une erreur ; la liberté consiste à élever son âme au-dessus des injures et à se rendre tel qu'on ne tire plus aucune joie que de soi-même, à divorcer avec les choses extérieures, de manière à ne pas mener la vie anxieuse de l'homme qui appréhende le rire et les propos de tout venant. Qui ne serait en effet capable de nous offenser dès qu'un seul homme en est capable ?
>
> Sénèque, De la constance du sage, env. 56 après J.-C.

Ce que dit **Sénèque**

▶ Quelle attitude faut-il adopter devant les injures ? Doit-on réagir vivement comme nos passions nous y portent, ou bien est-il préférable de rester maître de soi ?

▶ Sénèque oppose l'agitation du vulgaire à la **constance** du sage. Les hommes sont insensés de se chercher querelle en permanence, et d'accorder de l'importance tantôt aux injures, tantôt aux louanges. Trop occupés à se demander s'ils plairont ou déplairont aux autres, ils négligent l'essentiel : accomplir leurs **devoirs** d'hommes (« devoirs privés ») et de citoyens (« devoirs publics »).

▶ Les hommes accordent trop d'importance à des choses insignifiantes : ils réagissent par la **colère** à la morgue d'un plus puissant, ils ont **honte** si l'on se moque d'eux, ils craignent les **jugements** des autres.

Leurs passions les asservissent aux opinions d'autrui et aux événements : elles leur interdisent toute forme de constance et les enferment dans des jugements erronés.

▶ Le sage connaît la vraie **liberté** car il est détaché : il a su « divorcer des choses extérieures », donc ne plus les désirer avec passion. C'est de là qu'il tient aussi son **bonheur**, puisque cette position l'exempte de toutes les passions anxieuses qui empoisonnent la vie des autres hommes. Il n'est donc jamais la proie de réactions vives et irréfléchies : sa conduite étant guidée par la **raison**, il reste maître de lui-même en toutes circonstances.

Les notions ▶ Autrui, la liberté, le bonheur

Peut-on perdre son temps ?

Les hommes perdent leur temps faute de savoir vivre dans le présent.

❝ Ceux-là ont la vie la plus courte et la plus troublée qui oublient le passé, négligent le présent, craignent l'avenir ; au dernier moment ils s'aperçoivent trop tard, les malheureux, qu'ils ont été tout le temps occupés à ne rien faire. Ne va pas chercher une preuve de la longue durée de leur vie dans les fréquents appels qu'ils adressent à la mort ; ce qui les bouleverse, c'est l'ignorance et le manque de discernement des passions qui vont précisément donner sur l'écueil qu'elles redoutent ; souvent ils souhaitent la mort parce qu'ils en ont peur. Ne va pas non plus trouver la preuve qu'ils vivent longtemps dans ce fait que la journée leur paraît parfois longue, que, jusqu'au moment fixé pour le dîner, ils se plaignent que les heures passent trop lentement ; car, lorsque leurs occupations les abandonnent, laissés à leur oisiveté, ils flottent et ne savent qu'en faire pour tuer le temps. Aussi aspirent-ils à quelque occupation et tout l'intervalle de temps qui les en sépare leur est pénible ; tenez, par exemple, lorsqu'on a affiché la date d'un combat de gladiateurs ou qu'on attend l'époque fixée pour un autre spectacle ou réjouissance publique, ils voudraient sauter les jours intermédiaires. Tout délai apporté à leurs espérances est long ; mais ce temps même qu'ils aiment est court, précipité, et beaucoup trop court par leur faute ; car ils passent d'un caprice à l'autre et ne peuvent s'arrêter à un seul désir. Les journées ne sont pas longues pour eux, mais odieuses ; au contraire combien leur semblent courtes les nuits qu'ils passent entre les bras des prostituées ou dans le vin !

SÉNÈQUE, *De la brièveté de la vie*, env. 50 après J.-C.

Ce que dit **Sénèque**

▶ Pourquoi les hommes trouvent-ils parfois le temps long alors qu'ils savent que la vie est courte ? Est-ce le fait du temps lui-même, ou bien cette conduite inconséquente vient-elle d'une vie déréglée ?

▶ Sénèque critique les hommes « occupés » qui accumulent frénétiquement les activités. Ils se jettent à corps perdu dans le **plaisir** et le **dérèglement**, mais se plaignent ensuite que les bons moments passent trop vite. Paradoxalement, les jouisseurs n'apprécient pas la vie car le temps leur file entre les doigts.

▶ Certes, ils trouvent parfois le **temps long**, mais cela montre seulement qu'ils ne savent pas goûter le présent. Tout le temps qui les sépare d'un événement attendu leur paraît négligeable et vide, en quoi ils n'ont au demeurant pas tout à fait tort car leur existence est effectivement assez creuse. Mais souvent ils ne s'en rendent compte que trop tard, dans leur extrême vieillesse.

▶ Plus que leurs **désirs**, ce sont leurs **craintes** qui les poussent à remplir le vide de leur existence : ils se divertissent par tous les moyens pour ne pas penser à la **mort**. Mais quand ils n'ont plus de moyen de se divertir, c'est la vie elle-même qui leur devient insupportable et vaine, au point qu'ils la rejettent. Paradoxalement encore, ces hommes peuvent finir par chercher la mort précisément parce qu'ils en ont peur.

▶ Le sage réprouve cette conduite inconséquente. Il est serein car il sait que la vie est courte, mais il l'apprécie pour ce qu'elle est et pour ce qu'elle lui donne. Il a avec le temps le rapport convenable : du **passé** qui n'est plus, il garde des leçons et non pas de la nostalgie ou des regrets. L'**avenir** ne l'affecte pas car il n'est pas encore. Mais surtout, il vit pleinement le **présent** car c'est le seul temps qui existe réellement.

Les notions ▶ L'existence et le temps, le désir

D'autres **textes expliqués**

▶ Un autre extrait d'œuvre est expliqué dans les notions.
SÉNÈQUE, *La Vie heureuse*, ➔ autrui p. 42

Spinoza

Nom : Baruch Spinoza

Naissance : 1632 à Amsterdam en république des Provinces-Unies (Pays-Bas).

Mort : 1677 à La Haye en république des Provinces-Unies (Pays-Bas).

Période : XVIIe siècle.

À noter : Spinoza garda longtemps son manteau troué par le poignard d'un inconnu au lendemain de son excommunication.

Œuvres principales : *Éthique* (1677), *Traité de la réforme de l'entendement* (1670), *Traité théologico-politique* (également appelé *Traité des autorités théologique et politique*, 1670).

Une philosophie rationaliste

▶ Pour Spinoza, la **philosophie** est une pratique libératrice qui s'enracine dans une connaissance du monde. Il est possible de connaître le monde parce qu'il est régi par la nécessité, et non par un arbitraire divin. En effet, aucun dieu transcendant n'est la cause du monde ni de nos actions. **Dieu**, dit Spinoza, n'est rien d'autre que la **nature**.

▶ Reste à connaître cette nécessité : c'est ce que nous pouvons faire grâce à notre **raison**, conçue comme un outil de libération des craintes, de la tristesse et des fausses croyances. Par elle seule nous pouvons accéder à la béatitude et à la vraie liberté, en nous efforçant de correspondre à ce que nous sommes, c'est-à-dire essentiellement un désir de nous conserver et de nous accroître, que Spinoza appelle **conatus***.

Le désir de liberté

▶ La question essentielle est donc de savoir comment agir pour réaliser ce désir. Cela suppose de rejeter les valeurs morales construites arbitrairement et de les fonder en raison dans le cadre d'une **éthique***.

▶ Cela implique par ailleurs de sortir des illusions religieuses, et de poser les fondements d'un État qui pourra être le cadre politique de la réalisation de notre **liberté**.

Les **textes expliqués** de Spinoza

À quelles conditions peut-on contester la loi ?

On ne peut pas transgresser la loi, mais on peut s'efforcer de la modifier si elle apparaît contraire à la raison.

> Par suite nul à la vérité ne peut, sans danger pour le droit du souverain, agir contre son décret, mais il peut avec une entière liberté opiner et juger et en conséquence aussi parler, pourvu qu'il n'aille pas au-delà de la simple parole ou de l'enseignement, et qu'il défende son opinion par la Raison seule ; non par la ruse, la colère ou la haine, ni dans l'intention de changer quoi que ce soit dans l'État de l'autorité de son propre décret. Par exemple, en cas qu'un homme montre qu'une loi contredit à la Raison, et qu'il exprime l'avis qu'elle doit être abrogée, si, en même temps, il soumet son opinion au jugement du souverain (à qui seul il appartient de faire et d'abroger des lois) et qu'il s'abstienne, en attendant, de toute action contraire à ce qui est prescrit par cette loi, certes il mérite bien de l'État et agit comme le meilleur des citoyens ; au contraire, s'il le fait pour accuser le magistrat d'iniquité et le rendre odieux, ou tente séditieusement d'abroger cette loi malgré le magistrat, il est du tout un perturbateur et un rebelle.
>
> B. SPINOZA, *Traité théologico-politique*, 1670.

Ce que dit **Spinoza**

▶ Les citoyens sont tenus d'obéir aux lois prescrites par l'État, qui limite ainsi leur pouvoir d'agir selon leur caprice. Mais cela leur interdit-il de les remettre en cause ?

▶ Spinoza démontre dans ce texte qu'il est possible de contester les lois sans que cela ne menace l'organisation sociale, mais à certaines conditions.

▶ Il distingue d'abord la **liberté d'agir selon ses opinions** de la **liberté de pensée et d'expression**. Si la première doit être limitée, puisque la possibilité même d'une vie en société en dépend, la liberté de pensée est, dit-il, « entière », puisque personne ne doit renoncer à l'exercice de sa puissance. La liberté d'expression qui en découle est tout aussi entière, à condition que le citoyen s'exprime selon sa raison.

▶ Pour préciser ce point, Spinoza distingue le « **meilleur citoyen** » du « **rebelle** ». Le premier expose publiquement au souverain en quoi une loi est déraisonnable, mais ne la transgresse pas. Ainsi, il contribue à ramener la loi à la raison, qui nous est commune. À celui-ci s'oppose le « perturbateur » et « rebelle » qui tente de déstabiliser le souverain en manipulant les **passions** du peuple.

▶ Ainsi, si le désaccord vis-à-vis d'une loi doit s'exprimer publiquement, cela ne justifie aucune transgression de cette loi. À cette condition, il est possible de contester la loi dans le cadre d'un État démocratique qui ne s'oppose pas à la liberté des citoyens mais leur permet de l'exercer.

Les notions L'État, la justice et le droit, la liberté

L'État s'oppose-t-il à la liberté ?

La raison d'être de l'État est de nous aider à réaliser notre liberté.

❝ Le but final de l'instauration d'un régime politique n'est pas la domination, ni la répression des hommes, ni leur soumission au joug d'un autre. Ce à quoi l'on a visé par un tel système, c'est à libérer l'individu de la crainte – de sorte que chacun vive, autant que possible, en sécurité ; en d'autres termes conserve au plus haut point son droit naturel de vivre et d'accomplir une action (sans nuire ni à soi-même, ni à autrui). Non, je le répète, le but poursuivi ne saurait être de transformer des hommes raisonnables en bêtes ou en automates ! Ce qu'on a voulu leur donner, c'est, bien plutôt, la pleine latitude de s'acquitter dans une sécurité parfaite des fonctions de leur corps et de leur esprit. Après quoi, ils seront en mesure de raisonner plus librement, ils ne s'affronteront plus avec les armes de la haine, de la colère, de la ruse et ils se traiteront mutuellement sans injustice. Bref, le but de l'organisation en société, c'est la liberté !

B. SPINOZA, *Traité des autorités théologique et politique*, 1670.

Ce que dit **Spinoza**

▶ À quoi sert l'État ? Quelles sont les fins qu'il doit viser ?

▶ Hobbes répond que l'État doit garantir notre sécurité, ce qui suppose d'obtenir l'**obéissance** de tous. Mais comment l'obéissance pourrait-elle être le but poursuivi par l'État, alors que sa raison d'être est notre volonté d'échapper à la domination ?

▶ Spinoza démontre au contraire que la raison d'être de l'État et ce qu'il doit viser, c'est exclusivement notre **liberté**.

▶ Il rappelle d'abord que la raison d'être de l'État réside dans notre souci naturel d'être libres et d'échapper à la crainte des autres : par conséquent, son « but final » ne peut pas être de nous dominer. L'institution de l'État, en effet, nous permet d'exercer notre « **droit naturel** » de nous préserver et de nous développer : hors de l'État, nous nous trouvons exposés à la violence des autres, et c'est pour cette raison que nous sommes conduits à nous organiser.

▶ Par conséquent, Spinoza rejette l'hypothèse selon laquelle l'État aurait pour but de nous dominer et de se faire craindre. Son argument s'appuie alors sur une définition de l'homme : ni « bêtes » ni « automates », les hommes sont doués de **raison**. Or, on ne peut pas séparer nos systèmes politiques de ce que nous sommes naturellement : l'État n'est légitime que dans la mesure où il nous aide à réaliser ce pour quoi nous sommes faits en tant qu'êtres raisonnables, à savoir la liberté. Par conséquent, la souveraineté de l'État ne saurait s'opposer à notre liberté.

Les notions La politique, l'État, la liberté

D'autres **textes expliqués**

▶ D'autres extraits d'œuvres sont expliqués dans les notions.

SPINOZA, Lettre 58 à Schuller, → la conscience p. 18
SPINOZA, *Traité théologico-politique*, → l'interprétation p. 154

Annexes

- Repères 362
- Lexique 372

Le programme donne une liste de repères, dont la compréhension doit s'articuler avec le travail sur les notions et les textes, dans le cadre de problématiques qu'ils aident à appréhender et à formuler. Ils prennent souvent un sens relatif au contexte dans lequel ils apparaissent.

absolu/relatif

▶ L'**absolu** désigne au sens le plus large ce qui n'admet aucune restriction ou exception. Il se distingue ainsi de ce qui est **relatif**, c'est-à-dire limité à un certain domaine ou objet. Si l'absolu ne connaît aucune limite, c'est qu'il est complet, se suffit à lui-même et ne dépend pas d'autre chose, alors que ce qui est relatif dépend de ce à quoi il se rapporte. Une vérité absolue, par exemple, serait une vérité valable indépendamment du contexte ou de la période où elle est énoncée, alors qu'une vérité relative ne vaut que pour un temps ou dans des situations spécifiques.

▶ Mais l'absence de limites de l'absolu n'est pas nécessairement un avantage et peut être synonyme d'exagération. Dans le champ politique par exemple, un pouvoir absolu présente le risque d'être arbitraire et excessif, quand un pouvoir relatif reste borné par des garde-fous.

Les notions ▶ L'interprétation, l'État, la justice et le droit, la morale

abstrait/concret

▶ Est **abstrait** ce qui résulte d'une abstraction, c'est-à-dire d'une opération intellectuelle consistant à isoler par la pensée certaines caractéristiques d'un objet concret. Une fois isolées, ces caractéristiques ne sont donc plus directement perceptibles par les sens.

▶ Par opposition, est **concrète** toute réalité matérielle immédiatement accessible par les sens. Ainsi, le chien que je suis en train de promener est concret, mais l'idée de chien, qui s'applique à tous les chiens et « fait abstraction » de la race, de la couleur du poil, etc., est pour sa part abstraite.

Les notions ▶ La conscience, la matière et l'esprit

en acte/en puissance

▶ L'expression « **en acte** » désigne la situation d'un être complètement achevé, qui a atteint sa perfection au sens où il a réalisé toutes ses potentialités : il est tout ce qu'il peut être. Ainsi, Dieu est le seul être parfaitement en acte : il ne devient pas autre chose que ce qu'il est, il reste stable et égal à lui-même.

Repères

▶ **« En puissance »** est une expression qui désigne au contraire un être capable de nouvelles possibilités non encore développées, qui restent à l'état virtuel mais qui peuvent se réaliser avec le temps. Par exemple, une graine est un arbre en puissance, un enfant est un adulte en puissance : ils ne le sont pas encore mais le deviendront si les conditions sont réunies. Cette opposition a été conçue par Aristote pour rendre compte du devenir sous toutes ses formes.

Les notions ▸ Le travail

analyse/synthèse

▶ L'analyse et la synthèse désignent deux modes d'accès au réel. L'**analyse** (du grec *analysis*, « décomposition ») est une opération intellectuelle qui consiste à décomposer un tout en ses parties. Par exemple, une analyse sanguine décompose notre sang en identifiant les différents éléments simples dont il est constitué (globules blancs, rouges, etc.). Analyser une chose permet donc de l'expliquer, c'est-à-dire d'établir les causes d'un phénomène.

▶ À l'inverse, la **synthèse** (de *synthesis*, « rassembler », « placer ensemble ») désigne une opération de l'esprit qui consiste à rassembler les parties en un tout, ce qui nous permet de comprendre une chose. Quand nous faisons la synthèse d'un texte, nous devons ainsi recomposer ses différents éléments en un tout cohérent.

Les notions ▸ La raison et le réel

cause/fin

▶ Du latin *causa* (« cause », « motif »), la **cause** n'est pas seulement ce qui produit un effet mais aussi le principe, l'origine d'une chose. Une **fin** (du latin *finis*, « terme », « limite ») ne désigne pas seulement un terme, mais aussi ce qui est visé, le but ou la raison d'être d'une chose. La cause et la fin ne sont donc pas nécessairement opposées.

▶ Ainsi, Aristote nomme « cause » l'ensemble de ce qui participe à la production d'un effet. Par exemple, la production d'une statue met en jeu quatre causes : la cause matérielle (le marbre dont est faite la statue), la cause efficiente (le sculpteur qui l'a modelée), la cause formelle (sa forme), et la cause finale, à savoir ce à quoi est destinée la statue (l'ornement d'un temple). La fin est donc l'une de ces quatre causes.

Les notions ▸ Le désir, la liberté

contingent/nécessaire/possible

▶ Est **possible** ce qui n'est pas, mais pourrait être (du latin *posse*, « pouvoir ») puisque rien ne s'y oppose.

▶ **Contingent** (du latin *contingere*, « arriver par hasard ») se dit de quelque chose qui est mais qui aurait pu ne pas arriver, qui pourrait ne pas être, ou qui pourrait être autrement. Au contraire, est **nécessaire** (du latin *necessarius*, « inévitable », « indispensable », « obligatoire ») ce qui ne peut pas ne pas arriver, ce qui ne peut pas être autrement. Tout ce qui est relatif aux affaires humaines peut être qualifié de contingent, puisque suspendu à des décisions qui pourront aller dans un sens ou dans un autre ; les phénomènes naturels sont au contraire régis par la nécessité des lois de la nature.

Les notions ▶ La conscience, l'existence et le temps, la démonstration, la société, la liberté, le bonheur

croire/savoir

▶ L'acte de **croire** consiste à tenir quelque chose pour vrai sans disposer de preuves. Il se distingue de celui de **savoir**, qui implique la possession de connaissances solides et attestées. La différence entre les deux ne repose donc pas sur le contenu de ce qui est tenu pour vrai, mais sur la façon d'y adhérer et de le justifier, subjective dans un cas, car relevant d'une conviction personnelle, objective dans l'autre, parce qu'appuyée sur des éléments vérifiables.

▶ Cette distinction n'induit pas nécessairement une opposition entre les deux termes. D'une part, croire en quelque chose peut nous motiver à le justifier pour en faire un authentique savoir. D'autre part, les savoirs établis reposent parfois sur des éléments improuvables ou indémontrables qui renvoient en définitive à une forme de croyance.

Les notions ▶ La conscience, la religion, la vérité, la démonstration

essentiel/accidentel

▶ Est **essentiel** ce qui appartient à la nature d'une chose (un être, un objet, un phénomène), ce qui définit son essence. Est **accidentel** ce qui ne relève pas de cette essence. Les qualités et propriétés essentielles d'une chose sont donc celles sans lesquelles elle ne pourrait pas exister, alors que ses qualités ou propriétés accidentelles ne lui sont pas indispensables.

▶ Par exemple, il est essentiel qu'un triangle possède trois côtés, puisque sans cette propriété, il ne s'agirait tout simplement pas de la même figure géométrique. En revanche, qu'il soit colorié en bleu ou de toute autre couleur est accidentel parce que cet attribut ne change rien au fait qu'il est un triangle.

Les notions ▶ Le sujet, la perception, le désir

Repères

expliquer/comprendre

▶ **Expliquer** quelque chose (un phénomène, un objet, etc.) revient à le décomposer pour identifier les différents éléments qui l'ont rendu possible. Le **comprendre** consiste à dévoiler son sens global ou sa raison d'être. L'acte d'expliquer relève donc d'une démarche analytique, quand celui de comprendre requiert une démarche synthétique.

▶ À partir de cette distinction, une tradition de pensée remontant à Wilhelm Dilthey a tenté de séparer les sciences de la nature et celles de l'esprit, en caractérisant les premières par l'explication des causes matérielles, et les secondes par la compréhension de la signification des actes humains. Mais il n'est pas certain qu'une telle frontière résiste à la diversité des méthodes scientifiques, qui proposent souvent des modèles théoriques entremêlant explication et compréhension.

Les notions L'histoire, l'interprétation

en fait/en droit

▶ « **En fait** » signifie « en réalité », « dans les faits », et désigne donc ce qui est, ce qui existe. « **En droit** » signifie « selon ce qui est prescrit par la loi » (juridique ou morale), et désigne donc ce qui doit être, mais qui ne sera peut-être jamais dans les faits.

▶ Par exemple, on peut dire que je possède « en fait » un objet que j'ai volé, puisque je m'en sers, mais ce vol ne fait pas de moi le propriétaire « en droit » de cet objet. Son propriétaire « en droit » reste celui à qui je l'ai volé, bien qu'en réalité, dans les faits il ne le possède plus.

Les notions La raison et le réel, l'État

formel/matériel

▶ Le formel et le matériel désignent deux aspects différents des choses, qui ne sont pas nécessairement opposés. Ce qui est **formel** (du latin *formalis*, « relatif à la forme ») est ce qui concerne l'apparence extérieure, la forme d'une chose. Une vérité formelle est ainsi une vérité qui est conforme aux lois de la logique (qui respecte par exemple le principe de non-contradiction).

▶ « **Matériel** » (du latin *materies*, « bois de construction », « matière », « ce dont une chose est faite ») signifie « ce qui concerne le contenu ou la consistance » d'une chose, sa matière. Une vérité matérielle est une vérité qui s'accorde à la réalité.

Les notions La perception

genre/espèce/individu

▸ Le **genre** (du latin *genus*, « genre », « origine ») désigne une catégorie générale, un groupe rassemblant des êtres ou des choses ayant des caractéristiques communes. L'**espèce** (du latin *species*, « aspect », « forme ») désigne une subdivision à l'intérieur d'un genre, et l'**individu** (du latin *indivis*, « ce qui est indivisible », « ce qui forme une unité »), un membre particulier de l'espèce.

▸ Les notions de genre, d'espèce et d'individu renvoient donc à un classement hiérarchique : les individus se répartissent en espèces, qui sont elles-mêmes contenues dans un genre. Par exemple, on parle de genre animal, au sein duquel on trouve l'espèce humaine, au sein de laquelle nous nous inscrivons en tant qu'individus.

Les notions ▸ La culture

idéal/réel

Est **réel** ce qui existe effectivement, par opposition à l'**idéal** qui n'existe qu'en idée. Dans le langage courant, « idéal » est souvent associé à « parfait », par opposition au réel qui est jugé décevant : ainsi, la fiancée qui pense avoir trouvé le « mari idéal » déchantera peut-être devant la « réalité de la vie commune ». Cette opposition peut également caractériser des visions très différentes de la politique : si Platon construit dans la *République* la représentation d'une Cité idéale, d'autres comme Machiavel revendiquent au contraire une approche réaliste de l'exercice du pouvoir.

Les notions ▸ L'art, l'histoire, la raison et le réel, la politique, la justice et le droit

identité/différence/égalité

▸ Il ne faut pas confondre l'**identité** et l'**égalité** : par exemple, les êtres humains sont égaux mais pas identiques. « Identique », qui vient du latin *idem*, signifie « le même », or deux personnes ne sont jamais absolument les mêmes. Avoir une identité implique donc l'unicité (chaque individu est unique) et la permanence (je reste le même malgré mes changements). En revanche, « égal », qui vient du latin *aequalis*, signifie « du même niveau » : on parle donc de l'égale dignité des hommes, d'égalité en droits. « Les hommes naissent libres et égaux en droits » : ils ne sont pas identiques mais ils doivent être traités de la même façon, équitablement. Parler d'« inégalités », c'est déjà prononcer un jugement négatif.

▸ La **différence**, elle, ne constitue pas nécessairement un problème : ainsi, on parle d'un « droit à la différence » : c'est le droit d'un individu ou d'une minorité à manifester son identité propre (ce qui suppose la tolérance). Est différent ce qui se distingue, pas nécessairement ce qui s'oppose.

Les notions ▸ Autrui

Repères

intuitif/discursif

▶ **Discursif** caractérise ce qui est lié au discours : une connaissance discursive suppose la médiation du langage, c'est-à-dire qu'elle nécessite un raisonnement pour être atteinte et des mots pour être formulée. Certaines idées sont au contraire connues sans nécessiter un raisonnement, tout simplement parce qu'elles sont évidentes ou bien parce qu'elles nous viennent directement des sens.

▶ Ce qui est **intuitif** désigne tout ce qui est lié à l'intuition : par exemple, Descartes estime que tout raisonnement est un composé d'intuition et de déduction : l'intuition nous fait former des pensées claires et distinctes, et la déduction nous permet de les enchaîner logiquement pour en tirer des conclusions (➔ Descartes).

Les notions ▶ Le devoir

légal/légitime

▶ Ces deux termes ont la même racine latine (*lex*, qui signifie « loi ») mais renvoient à deux conceptions différentes de la justice. Est **légal** ce qui est conforme à la loi établie dans une société : ainsi, tout ce qui n'est pas interdit est légal. Est **légitime** ce qui correspond à une idée plus haute de la justice et qui est conforme à la morale et à la raison.

▶ Cette distinction peut donc en certains cas justifier qu'on désobéisse à la loi quand elle choque notre conscience : ainsi, la Déclaration universelle des droits de l'homme pose que le peuple est fondé à exercer un « droit de révolte » lorsque les lois deviennent tyranniques.

Les notions ▶ Le vivant, l'État, la justice et le droit

médiat/immédiat

▶ **Médiat** vient du latin *medium*, qui signifie « moyen », « milieu » entre les extrêmes. Est médiat ce qui suppose un intermédiaire : dans un conflit, par exemple, on peut « nommer un médiateur » pour trouver un terrain d'entente. De même, certaines idées ont besoin d'un raisonnement plus ou moins long et d'une méthode plus ou moins complexe pour être établies.

▶ À l'inverse de tout ce qui emprunte un détour pour être donné, réalisé ou connu, ce qui est **immédiat** est atteint directement : au sens courant, immédiat est synonyme d'instantané, irréfléchi, spontané. En philosophie, le mot désigne ce qui est donné ou connu avec évidence, sans intermédiaire, comme par exemple les perceptions, les sensations, la conscience d'exister, etc.

Les notions ▶ L'inconscient, le travail, la raison et le réel, théorie et expérience

objectif/subjectif

▸ Au sens courant, **objectif** veut dire soit impartial (« il faut être objectif »), soit factuel (« ce sont des alliés objectifs »), et renvoie à l'idée d'une vision de la réalité telle qu'elle est (« voir les choses telles qu'elles sont »).

▸ À l'opposé, est dit **subjectif** ce qui traduit un point de vue partiel ou discutable. On a donc tendance à donner davantage de crédit à ce qui est objectif, comme le travail de la science, qu'à ce qui est subjectif, comme une opinion personnelle.

▸ Pourtant, la connaissance scientifique n'est pas totalement exempte de subjectivité. On sait qu'il y a par exemple une part de subjectivité dans le travail de l'historien, mais c'est le cas pour toutes les activités de la pensée : au sens le plus large, en effet, est subjectif ce qui est relatif à l'activité d'un sujet. Ce qui est subjectif n'est donc pas nécessairement illusoire.

Les notions Le sujet, l'art, la religion, la vérité, l'interprétation, la matière et l'esprit

obligation/contrainte

▸ Du latin *ob ligare* (« lier par contrat »), l'**obligation** désigne le devoir, qu'il soit prescrit par la loi morale ou par la loi juridique. Par exemple, nous agissons par obligation quand nous obéissons à notre conscience morale. Nous agissons alors sous l'effet d'une nécessité interne, puisque nous accomplissons cette action par l'effet de notre seule volonté.

▸ En revanche, la **contrainte** (du latin *constringere*, « enchaîner ») est ce qui fait obstacle à notre volonté libre. Quand nous agissons par contrainte, nous sommes donc soumis à l'action d'une nécessité extérieure. Si un homme nous demande de l'argent en nous mettant un couteau sous la gorge, nous ne lui donnons pas cet argent par obligation, mais par contrainte.

Les notions Les échanges, la liberté, le devoir, le bonheur

origine/fondement

▸ L'**origine** désigne d'abord le point de départ chronologique, le commencement historique de quelque chose (d'une réalité, d'un phénomène, etc.). En ce sens, elle se distingue du **fondement**, qui tient lieu de commencement logique. Le fondement est ce sur quoi repose un ensemble d'éléments (idées, connaissances, lois, etc.), ce qui justifie cet ensemble (le fondement d'une théorie, le fondement du droit, etc.).

▸ Mais, de façon plus élaborée, l'origine peut aussi renvoyer à la cause ou aux circonstances d'apparition d'une chose, c'est-à-dire rendre compte de la façon dont cette chose est venue à l'existence (« l'origine des espèces » selon Darwin, par exemple). De ce point de vue, la distinction initiale entre les deux termes devient alors moins évidente, l'enquête sur l'origine de quelque chose, sur le processus de sa naissance permettant dans certains cas d'éclairer ses fondements.

Les notions ▸ Théorie et expérience, la société

persuader/convaincre

▸ **Persuader** (du latin *persuadere*, « conseiller au moyen de »), c'est amener quelqu'un à croire ou à faire une chose en agissant sur sa sensibilité, ses sentiments, ses passions. La rhétorique est l'art du discours qui vise à persuader, c'est-à-dire à provoquer l'adhésion par la séduction. **Convaincre** (du latin *convincere*, « vaincre avec ») signifie conduire quelqu'un à penser une chose en développant des arguments qui s'adressent à sa raison.

▸ Dans les deux cas, il s'agit donc de conduire quelqu'un à une idée, mais par des moyens différents. Platon oppose ainsi le discours philosophique, fondé sur un effort d'argumentation, à celui des sophistes ou des rhéteurs dont le but est de soumettre leurs interlocuteurs.

Les notions ▸ La démonstration

ressemblance/analogie

▸ La notion de **ressemblance** désigne de façon générale un rapprochement entre des objets différents possédant un certain nombre d'éléments communs (la ressemblance entre les traits de deux visages par exemple).

▸ L'**analogie** consiste pour sa part à établir un lien entre des objets différents en se fondant sur leur similitude formelle (telle l'analogie entre les termes de rapports mathématiques équivalents : si A/B = C/D, A est à C ce que B est à D). L'analogie est donc une comparaison indirecte, car elle ne se fonde pas sur des éléments immédiatement communs, mais néanmoins profonde dans la mesure où elle révèle une même relation structurelle à l'œuvre au sein de deux objets distincts.

Les notions ▸ L'art

principe/conséquence

▸ Les **principes** sont des jugements concernant ce qui est bien ou mal et qui servent de règles d'action aux hommes. Les **conséquences** sont les suites ou les effets plus ou moins prévisibles résultant d'une action.

▸ Les deux termes peuvent également s'employer dans un sens logique, scientifique ou philosophique : les principes sont alors les propositions premières (du latin *primus*, « premier », et *capio*, « prendre », le principe désigne étymologiquement « ce qui est pris en premier ») et les conséquences sont les propositions qui s'ensuivent (du latin *consequi*, « venir après »).

▶ Dans le domaine moral, on distingue une approche « déontologique », fondée sur l'application rigoureuse des principes moraux (dont Kant est un représentant) et une approche « conséquentialiste », où la moralité de l'action est jugée à l'aune de ses conséquences (comme dans l'utilitarisme de Mill).

Les notions Autrui

en théorie/en pratique

▶ Une **théorie** (du grec *theoria*, « contemplation », « spéculation ») désigne une démarche spéculative ou un ensemble d'hypothèses organisées méthodiquement. La théorie est donc de l'ordre de la pensée et de la connaissance. La **pratique** (du grec *prattein*, « agir ») concerne pour sa part le domaine des faits particuliers et de l'action humaine.

▶ Le problème du rapport de la théorie, qui est générale, à la pratique, qui est toujours particulière, se pose s'agissant de l'élaboration des théories scientifiques : les faits donnés par l'expérience suffisent-ils à fonder une théorie ? Le problème se pose également dans le domaine moral : s'il est interdit de mentir en théorie, n'en est-il pas autrement quand un criminel me demande où est l'homme qu'il cherche ?

Les notions La technique

transcendant/immanent

▶ En philosophie, l'adjectif **transcendant** désigne au sens large ce qui dépasse un domaine considéré, ce qui se situe au-dessus ou au-delà de celui-ci. À l'inverse, est **immanent** ce qui appartient à ce domaine.

▶ Plus spécifiquement, l'adjectif transcendant désigne souvent tout ce qui échappe au champ de l'expérience humaine et aux lois du monde sensible, c'est-à-dire ce qui est supposé relever d'une nature supérieure (par exemple, Dieu, l'âme, ou toute autre réalité dite immatérielle). Dans ce contexte, est immanent ce dont il est possible de rendre compte par les seules lois du monde sensible (une explication immanente, une cause immanente, etc.).

Les notions La religion, la matière et l'esprit

universel/général/particulier/singulier

▶ Il est possible de distinguer les quatre termes en considérant leur degré d'extension. 1. Est **universel** ce qui ne comporte aucune exception et qui est donc valable partout et toujours (une loi universelle, une vérité universelle, etc.). 2. Est **général** ce qui est valable dans la majorité des situations, mais reste susceptible de rencontrer des exceptions. 3. Est **particulier** ce qui n'est valable que dans certains cas, pour un ou quelques individus, situations, etc. 4. Enfin, est **singulier** ce qui est unique.

▶ L'usage de ces distinctions repose donc sur des nuances subtiles, car si l'universel et le général ont comme point commun de s'opposer au particulier et au singulier, cela ne suffit pas à rendre compte de leur spécificité respective. Par exemple, le général ne doit pas être confondu avec l'universel, les règles de la logique nous interdisant de considérer qu'un principe valide dans un très grand nombre de cas (la majorité des hommes sont dotés de la vue) a le même statut qu'un principe valide dans tous les cas (tous les triangles ont trois côtés).

Les notions : Le sujet, la culture, le langage, l'histoire, la démonstration, la justice et le droit, le bonheur

aliénation

L'aliénation désigne le fait de devenir étranger à soi (la folie comme aliénation mentale par exemple). Chez Marx, l'ouvrier est aliéné au sens où il est à la fois étranger à lui-même durant son temps de travail et dépossédé de son activité ainsi que du produit qui en résulte.

artificiel

Par opposition à ce qui est naturel, est artificiel tout ce qui n'existe pas au départ dans la nature et qui découle de l'activité humaine.

ataraxie

L'ataraxie est un état de sérénité ou de tranquillité de l'âme, dans lequel elle n'est troublée par rien.

axiome

Un axiome est une proposition évidente en elle-même, qui n'a pas à être démontrée.

bioéthique

De *bios*, qui signifie « vie » en grec, et *êtikos*, « relatif aux mœurs », « moral », la bioéthique est un champ de réflexion associant un ensemble de disciplines (philosophie, médecine, biologie, droit, etc.) afin d'encadrer les pratiques rendues possibles par le développement des technosciences.

bonne volonté

La bonne volonté désigne chez Kant la volonté d'agir par devoir, et non dans un autre but. Seule la volonté peut être moralement bonne, ce qui signifie que la moralité d'une action ne peut pas s'évaluer d'après ses résultats, mais seulement d'après l'intention qui la guide.

capitalisme

Le capitalisme est un régime économique et social qui se définit essentiellement par la propriété privée des moyens de production.

classe sociale

Une classe sociale est un ensemble d'individus partageant les mêmes conditions sociales.

conatus

Conatus est un terme latin qui signifie « effort ». Chez Spinoza, le *conatus* est l'essence de toute chose en tant qu'elle s'efforce de persévérer dans son être. Consciemment ou non, nous cherchons ainsi, à travers toutes nos actions, à conserver et à développer la puissance de notre corps et de notre esprit.

contrat social

Le contrat social est une convention par laquelle les hommes acceptent de remettre une partie de leurs droits naturels à un pouvoir supérieur en échange de la sécurité et de la liberté garanties par la loi. Tout comme l'état de nature auquel il met fin, le contrat social est une fiction théorique qui permet de donner, par sa formulation, une idée de la mission et de la forme de l'État.

cynisme

Le cynisme est une philosophie popularisée par la figure de Diogène de Sinope. Il s'agit d'une sagesse pratique, d'un mode de vie guidé par le souci d'une fidélité à la nature. Ce souci implique la critique et le rejet de l'ensemble des artifices sociaux, qu'il s'agisse des coutumes, des valeurs, des religions ou des lois.

déduction

La déduction est un raisonnement formel, logique, qui part du général pour aller vers le particulier, ou, plus précisément, qui part de propositions tenues pour vraies (prémisses) pour en tirer des inférences. Par exemple, un raisonnement déductif peut prendre la forme du syllogisme suivant : 1. tous les hommes sont mortels ; 2. or, Socrate est un homme ; 3. donc Socrate est mortel.

déterminisme

Le déterminisme désigne l'enchaînement nécessaire des causes et des effets selon des lois dont la science tente de rendre compte.

dialectique

La dialectique est l'art de la discussion. La méthode dialectique procède par un échange de questions et de réponses en vue d'examiner la valeur des opinions et de rechercher en commun la vérité.

divertissement

Du latin *divertere*, se divertir signifie « se détourner de ». Au-delà des activités ludiques ou faciles auxquelles il semble *a priori* associé, le divertissement désigne pour Pascal l'ensemble des activités par lesquelles nous trouvons à nous détourner de l'idée que nous allons mourir. En ce sens, la guerre, le sport ou le travail sont aussi des divertissements.

division du travail

La division du travail est un mode d'organisation du travail qui décompose le processus de production en tâches distinctes, et s'accompagne donc d'une spécialisation du travailleur en vue d'une hausse de la productivité. Dans ce mode d'organisation collective, les travailleurs, spécialisés, deviennent interdépendants.

dogmatisme

Le dogmatisme est la position inverse du scepticisme ; il consiste à poser qu'on peut établir des vérités absolument certaines, notamment dans le domaine métaphysique. Cette attitude peut s'accompagner d'une rigidité intellectuelle et d'une difficulté à se remettre en question, voire d'un refus de la discussion.

dogme

Un dogme est une croyance considérée comme fondamentale et incontestable par une autorité religieuse.

droit naturel

Le droit naturel est un droit idéal, censé être juste « par nature » en ce qu'il découle de l'ordre du monde ou de l'essence de l'homme. En théorie, le droit naturel a donc vocation à fonder le droit positif.

droit positif

Le droit positif désigne le droit réel, tel qu'il existe historiquement dans les sociétés. Il est constitué de toutes les lois établies par les hommes.

dualisme

Le dualisme est une théorie selon laquelle la réalité est constituée de deux substances distinctes, la matière et l'esprit, obéissant à des principes de fonctionnement différents. Le dualisme s'oppose au monisme.

économie politique

L'économie politique est le terme sous lequel apparaissent les diverses tentatives d'établir des lois des phénomènes économiques (production et circulation des biens et services, distribution des richesses, etc.), à un moment où l'économie cherche à se constituer comme science.

empirique

Est empirique ce qui s'appuie sur l'expérience.

empirisme

Du grec *empeiria*, « expérience », l'empirisme est la doctrine philosophique selon laquelle toute connaissance vient de l'expérience.

en soi/pour soi

L'en-soi désigne ce qui existe en étant dépourvu de conscience ; le pour-soi désigne au contraire l'être conscient, donc l'humain, qui est témoin de sa propre existence.

épicurisme

L'épicurisme est une doctrine philosophique fondée par Épicure au IVe siècle av. J.-C., et transmise ensuite par des disciples tels que Lucrèce (Ier siècle av. J.-C.). Les épicuriens considèrent que la seule réalité existante est la matière, et veulent mettre la connaissance de la nature au service d'une recherche intelligente du bonheur.

épistémologie

Du grec *épistémè*, « connaissance », « science », et *logos* « discours », l'épistémologie désigne en un sens large l'étude de la connaissance, et plus spécifiquement l'étude critique de la connaissance scientifique. L'épistémologie est une partie de la philosophie des sciences.

équité

L'équité est un principe qui permet de corriger ou d'ajuster les lois en vigueur lorsque cela est nécessaire. Il s'agit d'une forme de justice visant à améliorer le juste légal.

esthétique

Étymologiquement, l'esthétique désigne ce qui est relatif à la sensation (en grec, *aisthésis*), mais plus particulièrement ce qui est en lien avec la beauté. Le jugement esthétique porte sur la beauté, l'esthète est celui qui aime les belles choses, et l'esthétique est la science du beau.

état de nature

L'état de nature est une situation hypothétique dans laquelle les hommes se seraient trouvés avant l'établissement de lois communes s'imposant à tous. Cette fiction théorique est un moyen de réfléchir aux raisons qui poussent les hommes à créer l'État et à la forme que celui-ci doit prendre.

éthique

Du grec *êtikos* (« relatif aux mœurs », « moral »), l'éthique est une réflexion visant à établir les conditions d'une bonne vie.

fétiche

Un fétiche est un objet auquel on prête un pouvoir magique ; par extension, quand un mot en vient à faire exister une chose qui, sans lui, n'existerait pas pour nous, on peut parler de fétiche.

hédonisme

Du grec *hedonê*, « plaisir », l'hédonisme est une doctrine philosophique prônant la recherche du plaisir.

idéologie

Chez Marx, le concept d'idéologie pointe le fait que nos idées n'ont pas d'autonomie. Elles ne sont en réalité que le reflet de la société et de l'époque qui sont les nôtres : « Ce n'est pas la conscience qui détermine l'existence, c'est l'existence qui détermine la conscience » (*L'Idéologie allemande*).

impératif catégorique

L'impératif catégorique est un concept kantien désignant une règle d'action que nous trouvons en nous, puisqu'elle est produite par notre raison, et qui nous permet de savoir comment agir moralement. Sa formule principale est la suivante : « Agis seulement d'après la maxime grâce à laquelle tu peux vouloir en même temps qu'elle devienne une loi universelle. »

induction

L'induction est un raisonnement usuel qui nous porte à tirer d'une répétition d'expériences particulières une loi générale ou nécessaire.

inné/acquis

L'inné désigne toutes les aptitudes que l'homme possède à la naissance. L'acquis comprend, par opposition, l'ensemble des compétences et des connaissances obtenues par l'éducation et l'instruction, donc par le biais d'une transmission culturelle.

intentionnalité

L'intentionnalité désigne la capacité de la conscience de se rapporter à un objet qu'elle vise. Husserl utilise ce concept pour signifier que « toute conscience est conscience de quelque chose ».

justice distributive

La justice distributive est un principe qui garantit que la répartition des biens et des fonctions au sein d'une société est proportionnelle aux mérites de chacun.

libre arbitre

Le libre arbitre est la capacité de se déterminer indépendamment de toute contrainte extérieure.

matérialisme

Au sens populaire, le matérialisme est une attitude caractérisée par un attachement exclusif aux biens matériels et par une absence d'idéal, voire de pensée. Au sens philosophique, c'est la doctrine selon laquelle la matière est la seule réalité existante, ou du moins la réalité fondamentale à partir de laquelle s'explique la vie spirituelle.

mémoire collective

La mémoire collective est la représentation qu'un groupe (Nation, communauté, classe sociale, etc.) a de son passé. Cette représentation se distingue du savoir des historiens dans la mesure où elle reste subjective. Elle privilégie donc certains souvenirs et en occulte d'autres.

métaphysique

De *méta*, « au-delà », et *phusis*, « nature », la métaphysique désigne la connaissance par la raison des réalités immatérielles telles que Dieu, l'âme ou le monde.

monisme

Le monisme est une doctrine selon laquelle la réalité n'est constituée que d'une seule substance. Le monisme matérialiste estime ainsi que tout est matière, et le monisme idéaliste que tout est esprit. Le monisme s'oppose au dualisme.

morale déontologique

Sont dites déontologiques (du grec *deonta*, « devoir ») les morales selon lesquelles l'unique critère de la bonne action est qu'elle est faite par devoir (➔ Kant).

morale eudémoniste

Sont dites eudémonistes (du grec *eudaimonia*, « béatitude ») les morales qui voient dans le bonheur le souverain bien et la fin des actions morales (➔ Épicure).

nature

La nature désigne tout ce qui existe dans le monde et qui n'est pas le résultat des transformations introduites par l'homme.

norme

Une norme est une règle propre à une société ou à un système culturel donné. Il s'agit donc d'une convention et non d'une loi de la nature.

paradoxe

Un paradoxe est une idée étonnante et souvent contradictoire en apparence. Ce terme signifie étymologiquement « ce qui va contre (en grec, *para*) l'opinion commune (en grec, *doxa*) ».

peuple

Un peuple est un ensemble d'individus unis par des lois et formant une communauté politique.

phénoménologie

La phénoménologie est un courant philosophique qui se propose, contre l'abstraction du rationalisme, d'en « revenir aux choses elles-mêmes » et de décrire la réalité telle qu'elle est vécue (du grec *phainomenon*, « ce qui apparaît »).

pitié

La pitié est un sentiment pénible qu'on éprouve au spectacle de la souffrance d'autrui. Rousseau la définit comme une « répugnance naturelle et innée à voir souffrir tout être sensible et en particulier son semblable » (*Discours sur l'origine et les fondements de l'inégalité parmi les hommes*).

plaisir

Ordinairement, on entend par plaisir une sensation, une affection du corps opposée à la douleur. Pour Épicure, le plaisir est pourtant plus qu'une affection du corps : il est l'absence de troubles, ce qui met fin à la souffrance. En ce sens, il est l'autre nom du bonheur (ataraxie*).

postulat

Un postulat est un principe qu'il faut accepter pour fonder une théorie, mais qui demanderait à être démontré.

principe transcendantal (ou *a priori*)

Chez Kant, un principe transcendantal est un principe dont on ne peut faire l'expérience, mais qui est la condition de possibilité de toute expérience. Par exemple, la causalité et l'unité sont des principes transcendantaux.

prolétaire

Du latin *proletarius*, qui désigne dans la Rome antique ceux qui ne possèdent rien d'autre que leurs enfants, le prolétaire est défini par Marx comme le salarié, c'est-à-dire celui qui doit vendre sa force de travail en échange d'une somme d'argent parce qu'il ne possède ni capital ni moyens de production.

proposition

En logique et en philosophie, une proposition est un énoncé susceptible d'être vrai ou faux.

rationalisme

Le rationalisme est une doctrine selon laquelle seule la raison nous permet de connaître la réalité (la raison est un moyen de connaître fiable et indépendant de l'expérience sensible).

réflexivité

La réflexivité est la capacité de la conscience d'opérer un retour sur elle-même. Le verbe « réfléchir » s'emploie aussi bien pour désigner l'activité de la pensée que le fait qu'un miroir renvoie une image.

refoulement

En psychanalyse, le refoulement désigne le processus psychique par lequel une représentation désagréable ou un désir frappé d'interdit sont repoussés et maintenus hors de la conscience. Ces pensées demeurent toutefois actives et continuent de se manifester par des symptômes et des actes manqués dans lesquels le sujet conscient ne se reconnaît pas.

relativisme

Le relativisme est une doctrine posant qu'aucune vérité n'est absolue et que les jugements sur le vrai et le faux, le bien et le mal, ne sont que des points de vue relatifs aux particularités des individus ou des cultures.

religion naturelle

Le concept de religion naturelle est propre aux philosophes des Lumières (XVIIIe siècle). Aux institutions religieuses fondées sur une « révélation » de la parole divine, ils opposaient la possibilité d'un accès immédiat et individuel à Dieu par le biais de nos seules facultés naturelles (la raison et la sensibilité).

rhétorique

La rhétorique désigne l'art du discours, c'est-à-dire l'ensemble des techniques ou procédés par lesquels nous visons, par le langage, à produire des impressions sur les autres.

scepticisme

Du grec *skeptomai*, « j'examine », le scepticisme est une doctrine posant que la possession de la vérité n'est jamais assurée, et prônant en conséquence la suspension radicale et définitive du jugement (doute), afin d'atteindre l'ataraxie.

sciences de la nature/sciences de l'esprit

Dilthey distingue les sciences qui se proposent de saisir les causes des phénomènes naturels (physique, chimie, biologie, astronomie, etc.), des sciences qui s'intéressent aux motivations et aux intentions à l'œuvre dans les actions humaines (histoire, psychologie, etc.), c'est-à-dire les sciences humaines.

sensibilité

La sensibilité est la capacité à éprouver des sensations ou des sentiments.

sensible

Adjectif désignant ce qui relève des informations fournies par les sens. Le monde sensible s'oppose donc à ce qui est intelligible, c'est-à-dire de l'ordre des idées.

stoïcisme

Le stoïcisme est une école de sagesse proposant de se détacher de ses désirs et autres passions et d'accepter avec confiance et tranquillité l'ordre du monde. Sénèque, Épictète et Marc Aurèle sont des représentants de ce courant.

substance

Du latin *substare*, « se tenir dessous », la substance désigne l'être réel qui demeure permanent et identique à travers les modifications du réel et sert de support à ces modifications.

superstition

Une superstition est une croyance ou une attitude exagérée et irrationnelle, reposant généralement sur l'ignorance.

technologie

Au sens général, la technologie désigne l'ensemble des techniques propres à un métier ou à un domaine d'activité. Au sens philosophique, la technologie implique une réflexion critique sur le fonctionnement et les conséquences du développement technique.

tempérance

La tempérance est la modération dans l'usage des plaisirs.

théorie mécaniste du vivant

La théorie mécaniste du vivant désigne chez Descartes la théorie établissant l'identité de fonctionnement entre le vivant et la machine, qui permet d'en dégager des lois et rend donc possible une connaissance scientifique du vivant.

utilitarisme

L'utilitarisme est une doctrine morale prônant la recherche du plus grand bonheur pour le grand nombre. Dit « conséquentialiste », l'utilitarisme évalue la moralité d'une action selon ses conséquences, et non selon les intentions de son auteur.

vengeance

La vengeance est l'acte par lequel un individu « se fait justice » lui-même. Le problème est qu'elle est subjective, reposant sur le sentiment d'injustice, partiale puisque le juge est la victime elle-même, et disproportionnée, la peine infligée étant souvent pire que le crime commis. Elle s'oppose donc au principe d'une justice objective, impartiale et proportionnée, et risque d'entraîner une spirale sans fin de la violence.

volonté générale

La volonté générale désigne chez Rousseau la volonté de chaque citoyen en tant qu'il est capable de déterminer l'intérêt commun. En cela, la volonté générale est bien plus que la somme de volontés individuelles exprimant des intérêts particuliers.

Table des textes

10	René Descartes, *Discours de la méthode*, 1637.
18	Baruch Spinoza, Lettre 58 à Schuller, 1674, *Correspondance*, trad. Maxime Rovere © Flammarion, coll. « GF ».
26	Platon, *La République*, trad. Émile Chambry.
34	Gottfried Wilhelm Leibniz, *Nouveaux Essais sur l'entendement humain*, trad. Jacques Brunschwig © Flammarion, coll. « GF ».
42	Sénèque, *La Vie heureuse*, trad. José Kany-Turpin et Pierre Pellegrin © Flammarion, coll. « GF ».
50-51	Platon, *Gorgias*, trad. Monique Canto-Sperber © Flammarion, coll. « GF ».
58	Friedrich Nietzsche, *Considérations inactuelles I et II*, trad. Pierre Rusch © Éditions Gallimard.
66	Jean-Jacques Rousseau, *Discours sur l'origine et les fondements de l'inégalité parmi les hommes*, 1755.
74	Georg Wilhelm Friedrich Hegel, *Philosophie de l'esprit*, 1817, trad. Auguste Véra.
82	David Hume, *Traité de la nature humaine*, trad. Philippe Saltel © Flammarion, coll. « GF ».
90	Karl Marx, « Économie et philosophie » trad. Jean Malaquais et Dominique Orsini, recueilli dans *Œuvres*, édition Maximilien Rubel, Bibliothèque de la Pléiade © Éditions Gallimard.
98	René Descartes, *Discours de la méthode*, 1637.
106	Sigmud Freud, *L'Avenir d'une illusion*, 1927, trad. M. Boniface, coll. « Quadrige » © PUF, 1996.
114	Emmanuel Kant, *Idée d'une histoire universelle d'un point de vue cosmopolitique*, trad. Stéphane Piobetta.
122	Platon, *Phédon*, trad. Émile Chambry.
130	René Descartes, Regulae ad directionem ingenii (*Règles pour la direction de l'esprit*), 1628, trad. Georges Le Roy, Boivin et Cie, D. R.
138	Michel de Montaigne, « Apologie de Raymond Sebond », vers 1580, recueilli dans *Essais*, édition de Pierre Michel © Éditions Gallimard.
146	René Descartes, Regulae ad directionem ingenii (*Règles pour la direction de l'esprit*), 1628, trad. Georges Le Roy, Boivin et Cie, D. R.
154	Baruch Spinoza, *Traité théologico-politique*, 1670, trad. Charles Appuhn.
162	René Descartes, Lettre à Morus, 5 février 1649.
170	Henri Bergson, *L'Énergie spirituelle*, 1919.
178	Thomas Hobbes, *Du Citoyen*, 1642, trad. Samuel Sorbière.
186	Thomas Hobbes, Léviathan, 1651, trad. François Tricaud, coll. « Philosophie politique », Sirey, 1971.
194	David Hume, *Traité de la nature humaine*, trad. André Leroy © Aubier.
202	Emmanuel Kant, *Vers la paix perpétuelle*, 1795, trad. Éric Blondel, Jean Greisch, Ole Hansen-Løve, Théo Leydenbach, coll. « Classiques & Cie Philo » © Hatier Paris, 2013.
210	Thomas d'Aquin, Secunda secundae (*Somme théologique*), 1269, trad. Albert Raulin et Aimon-Marie Roguet © Les éditions du Cerf, 1984.
218	Emmanuel Kant, *Fondements de la métaphysique des mœurs*, 1785, trad. Victor Delbos.
226	Épictète, *Entretiens*, trad. André Dacier.
234	Emmanuel Kant, *Doctrine de la vertu*, 1797, « De l'amour des hommes », trad. Jules Barni.

Table des textes

242	Platon, *Gorgias*, trad. Alfred Croiset.
251	Hannah Arendt, *Condition de l'homme moderne*, 1958 © Calmann-Lévy, 1983.
252	Hannah Arendt, *Le Système totalitaire*, *Les Origines du totalitarisme* © Éditions du Seuil, 1972, pour la traduction française, « Points Essais », 2005.
253	Hannah Arendt, *Eichmann à Jérusalem*, trad. Anne Guérin © Éditions Gallimard.
256	Aristote, *Les Politiques*, trad. Pierre Pellegrin © Flammarion.
257	Aristote, *Éthique à Nicomaque*, trad. Jules Tricot, 1990 © Librairie Philosophique J. Vrin, Paris, http://www.vrin.fr
258	Aristote, *Éthique à Nicomaque*, trad. Jules Tricot, 1990 © Librairie Philosophique J. Vrin, Paris, http://www.vrin.fr
259-260	Aristote, *Les Parties des animaux*, trad. Pierre Louis © LES BELLES LETTRES, Paris, 1957.
262	Henri Bergson, *La Pensée et le Mouvant*, 1934.
263	Henri Bergson, *L'Évolution créatrice*, 1907.
266	René Descartes, *Méditations Métaphysiques*, 1641.
267	René Descartes, *Méditations métaphysiques*, 1641.
268	René Descartes, Lettre à Élisabeth du 4 août 1645.
269	René Descartes, Lettre à Élisabeth du 15 septembre 1645.
272	Épictète, *Manuel*, trad. Raymond Létoquart revue par Claude Chrétien, coll. « Classiques & Cie Philo » © Hatier Paris, 2011.
273	Épictète, *Manuel*, trad. Raymond Létoquart revue par Claude Chrétien, coll. « Classiques & Cie Philo » © Hatier Paris, 2011.
276	Épicure, *Lettre à Ménécée*, trad. Octave Hamelin.
277	Épicure, *Lettre à Hérodote*, trad. Octave Hamelin.
280	Sigmund Freud, *Introduction à la psychanalyse*, trad. Samuel Jankélévitch © Éditions Payot, 1922, 1962 © Éditions Payot & Rivages, 2001, 2015 pour la présente édition.
281	Sigmund Freud, *Cinq Leçons sur la psychanalyse*, trad. Yves Le Lay © Éditions Payot, 1921, 1923 © Éditions Payot & Rivages 2010 pour la présente édition.
282-283	Sigmund Freud, *Métapsychologie*, trad. Jean Laplanche et Jean-Bertrand Pontalis © Éditions Gallimard.
283-284	Sigmund Freud, *Malaise dans la civilisation*, 1930, trad. Charles et Jeanne Odier © PUF, 1972.
286	Georg Wilhelm Friedrich Hegel, *La Raison dans l'histoire*, 1830, trad. Kostas Papaïoannou © Plon, 1965.
287	Georg Wilhelm Friedrich Hegel, *Leçons sur la philosophie de l'histoire*, trad. Jean Gibelin, 1998 © Librairie Philosophique J. Vrin, Paris. http://www.vrin.fr
288	Georg Wilhelm Friedrich Hegel, *Propédeutique Philosophique*, trad. Maurice de Gandillac, « Premier cours » © Les Éditions de Minuit, 1963.
291	Thomas Hobbes, *Du Citoyen*, 1642, trad. Samuel Sorbière.
292	Thomas Hobbes, *Léviathan*, trad. Gérard Mairet © Éditions Gallimard.
295	David Hume, *Enquête sur l'entendement humain*, trad. Didier Deleule, Nathan, coll. « Les intégrales de philo », 1982.
296-297	David Hume, *Traité de la nature humaine*, 1739, trad. Jean-Pierre Cléro © Flammarion, coll. « GF ».
299	Emmanuel Kant, *Métaphysique des mœurs*, trad. Alain Renaut © Flammarion, coll. « GF ».
300	Emmanuel Kant, *Idée d'une histoire universelle d'un point de vue cosmopolitique*, trad. Jean-Michel Muglioni, coll. « Les œuvres philosophiques » © Bordas, 1988.
301	Emmanuel Kant, *Métaphysique des mœurs*, trad. Alain Renaut © Flammarion, coll. « GF ».
302	Emmanuel Kant, « Sur le lieu commun : il se peut que ce soit juste en théorie, mais en pratique cela ne vaut point », trad. Luc Ferry, recueilli dans *Œuvres philosophiques*, Bibliothèque de la Pléiade © Éditions Gallimard.

303	Emmanuel Kant, *Critique de la raison pure*, 1787, 2e édition, trad. André Tremesaygues et Bernard Pacaud © PUF, 1997.
305	Gottfried Wilhelm Leibniz, *Principes de la nature et de la grâce*, 1714, publié par A. Robinet © PUF, 1986.
306	Gottfried Wilhelm Leibniz, *Nouveaux Essais sur l'entendement humain*, trad. Jacques Brunschwig © Flammarion, coll. « GF ».
309	John Locke, *Second Traité du gouvernement civil*, trad. David Mazel © Flammarion, coll. « GF ».
310-311	John Locke, *Essai philosophique concernant l'entendement humain*, trad. Pierre Coste, 1972 © Librairie Philosophique J. Vrin, Paris. http://www.vrin.fr
313	Nicolas Machiavel, *Le Prince*, 1513, trad. Thierry Ménissier, coll. « Classiques & Cie Philo » © Hatier Paris, 2011.
314	Nicolas Machiavel, *Le Prince*, 1513, trad. Thierry Ménissier, coll. « Classiques & Cie Philo » © Hatier Paris, 2011.
317	Karl Marx, Friedrich Engels, Joseph Weydemeyer, *L'Idéologie allemande*, trad. Guillaume Fondu et Jean Quétier, Geme, Les Éditions sociales, Paris, 2014.
318	Karl Marx, *Le 18 Brumaire de Louis Bonaparte*, 1851.
319	Karl Marx, *Critique du droit politique hégélien*, trad. Albert Baraquin, Les Éditions Sociales, 1975.
322	Montesquieu, *De l'esprit des lois*, 1748.
323	Montesquieu, *De l'esprit des lois*, 1748.
326	Friedrich Nietzsche, *Le Gai Savoir*, trad. Pierre Klossowski © Éditions Gallimard.
327-328	Friedrich Nietzsche, *Aurore*, trad. Julien Hervier © Éditions Gallimard.
328	Friedrich Nietzsche, *Crépuscule des idoles*, 1889, trad. Éric Blondel, coll. « Classiques & Cie Philo » © Hatier Paris, 2011.
331	Blaise Pascal, *Pensées*, 1669.
332-333	Blaise Pascal, *De l'esprit géométrique*, 1657.
335	Platon, *Le Banquet*, trad. Luc Brisson © Flammarion, coll. « GF ».
336-337	Platon, *Alcibiade majeur*, trad. Victor Cousin, 1851.
340	Jean-Jacques Rousseau, *Discours sur l'origine et les fondements de l'inégalité parmi les hommes*, 1755.
341	Jean-Jacques Rousseau, *Discours sur les sciences et les arts*, 1751.
342-343	Jean-Jacques Rousseau, « Lettres écrites de la montagne », 1764, recueilli dans *Œuvres complètes*, édition de Bernard Gagnebin et Marcel Raymond © Éditions Gallimard.
345	Jean-Paul Sartre, *L'existentialisme est un humanisme*, Les éditions Nagel, 1946.
346	Jean-Paul Sartre, *L'Être et le Néant* © Éditions Gallimard.
347	Jean-Paul Sartre, *L'Imaginaire* © Éditions Gallimard.
350	Arthur Schopenhauer, *Le Monde comme volonté et comme représentation*, 1818, trad. Auguste Burdeau.
351-352	Arthur Schopenhauer, *Le Fondement de la morale*, 1841, trad. Auguste Burdeau.
354	Sénèque, *Dialogues*, Tome IV, *La constance du sage*, trad. René Waltz revue par Paul Veyne © LES BELLES LETTRES, Paris, 1927.
355	Sénèque, *Dialogues*, Tome II, *La brièveté de la vie*, trad. Abel Bourgery revue par Paul Veyne © LES BELLES LETTRES, Paris, 1930.
358	Baruch Spinoza, *Traité théologico-politique*, 1670, trad. Charles Appuhn.
359	Spinoza, *Traité des autorités théologique et politique*, trad. Madeleine Francès, recueilli dans *Œuvres complètes*, Bibliothèque de la Pléiade © Éditions Gallimard.

Hatier s'engage pour l'environnement en réduisant l'empreinte carbone de ses livres. Celle de cet exemplaire est de : 600 g éq. CO_2
Rendez-vous sur www.hatier-durable.fr

PAPIER À BASE DE FIBRES CERTIFIÉES

Achevé d'imprimer par Rotolito Lombarda à Pioltello en Italie
Dépôt légal : 99199-8/01 - Mai 2017

Arendt

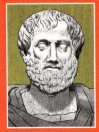
Aristote

Bergson

Descartes

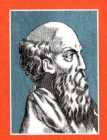
Épictète

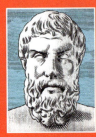
Épicure

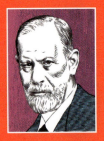
Freud

Hegel

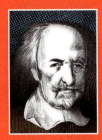
Hobbes

Hume

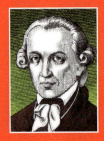
Kant

Leibniz